呂祖謙畫像 清南薰殿藏版

主持編輯　呂理胡
總　編　輯　陳年福

東萊博議今譯（下冊）

中華呂祖謙學術研究協會
浙江師範大學江南文化研究中心
合編

東萊博議今譯編輯委員會

東萊博議今譯出版委員會

目錄

邾敗魯於升陘

僖公·二十二年

天下有常勝之道，大勝小，強勝弱，多勝寡，此兵家之定論也。大有時而敗於小，強有時而敗於弱，多有時而敗於寡，豈所謂常勝者，或不可常耶？非然也。用兵，以力相加也。使各極其力，則小終無勝大之理，弱終無勝強之理，寡終無勝多之理。惟恃大、恃強、恃多，墮廢其力而不能用，則與無力者同，顧不如小者、弱者、寡者，猶有毫末之力也。以吞舟之魚而俯視螻蟻，其小大之相去，豈止相什百而相千萬哉！碭[一]而失水，反為螻蟻之食。人以為小勝大也，抑不知得水，則魚大而蟻小；失水，則魚小

〔譯文〕

天下有常勝的道理。大的勝小的，強的勝弱的，多的勝少的，這是兵家定論。但大的有時候會敗給小的，強的有時候會敗給弱的，多的有時候會敗給少的，這難道所謂常勝的，或許是不可常嗎？不是這樣的。用兵作戰，是以武力加之於對方。假使雙方都盡了力，那麼從道理上說，小的最終不可能勝大的，弱的最終不可能勝強的，少的最終不可能勝多的。只有仗恃著大，仗恃著強，仗恃著多，於是荒廢自己的力量而不能用，那就與沒有力量的一樣了，反而不如那些小的、弱的、少的，畢竟還有一點點力量。以能吞掉船隻的大魚，看那些螻蛄螞蟻，它們的大小差別，難道只是相差十倍百倍，或千倍萬倍嗎？而大魚一旦沖蕩到岸邊失去了水，反而成了螻蟻的美食。人們以為這是小的勝了大的，但卻不知道如果有水，那麼魚是大的而螻蟻是小的；如果失去了水，那麼魚是小的而螻蟻是大的。不論它們的形體而論它們的實力，這是大的勝了小的，而不是小的勝了大的。強與弱、多與少之間

而蟻大。置其形而論其力，則是大勝小，而非小勝大也。強弱、眾寡之相勝，皆此類也。故曰：「大勝小，強勝弱，多勝寡，兵家之定論也。」

［注釋］［一］碭（ㄉㄤˋ）：同蕩。

魯與邾［一］戰，兵未接之前，人皆意魯之必勝矣。然升陘之役，僖公卑邾而不設備，雖有眾，與無眾等爾，曾不若邾猶有一旅之兵、一割之用［二］。是魯無魯，而邾有邾也。以有對無，勝安得不在邾？敗安得不在魯乎？

［注釋］［一］邾（ㄓㄨ）：魯國附近的一個小邦，為魯國附庸國，下文莒、介皆附庸魯之小國。［二］一割之用：古人有所謂「鉛刀貴一割」之說，即雖然鉛刀不鋒利，但尚可割一下，貴在一用而已。

的相互取勝都是這樣的。所以說：「大的勝小的，強的勝弱的，多的勝少的，這是兵家定論。」

魯國和邾國打仗，還沒有交兵的時侯，人們都以為魯國必定會勝。但是在升陘之戰後，魯僖公輕視邾國因而不設防，雖然有眾多兵力，卻等同於沒有兵力，還不如邾國至少還擁有一旅的兵力，還可作鉛刀一割之用。所以這個魯國其實是沒有實力的魯國，但看被看輕的邾國其實是有實力的邾國。讓有真正實力的邾國和沒有真正實力的魯國作戰，勝利怎麼會不歸於邾國？失敗怎麼會不降到魯國呢？

吾嘗論：僖公之為君，納莒拏之俘[一]，受介葛盧之朝，謷然軒然，自處於眾人之上，是亦一僖公也；奔走於葵邱之會[二]，周章於踐土之盟[三]，惴然眇然，自處於眾人之下，是亦一僖公也。彼一僖公耳，昨勇今怯，朝盛夕衰，何其多變而無特操耶？殆非專僖公之罪，其居使之然也。僖公所居者魯，以魯而臨介、莒，則自大視細，心不期驕而驕；以魯而望齊、晉，則自細視大，心不期畏而畏。既見大國之可尊，必見小國之可忽，斯其所以禍生所忽，而召魚門之辱[四]與？

〔注釋〕〔一〕納莒（ㄐㄩˇ）拏之俘：僖公元年，魯敗邾，俘莒拏。僖公二十九年，介葛盧二見魯僖公。事見《左傳》。〔二〕葵邱之會：僖公九年、十五年在葵邱與齊國等國會盟，時齊桓公為霸主。〔三〕周章於

我曾經議論：魯僖公以國君的身分，接納莒國的俘虜公子拏，接受介國葛盧朝見，傲慢無禮，自高自大，把自己置於眾人之上，這是同一個僖公；在葵邱盟會上忙忙碌碌，在踐土盟會上進退周旋，惴惴不安，自甘卑微，把自己置於眾人之下，這也是同一個僖公。那同一個僖公，昨天勇敢今天膽怯，早上強盛晚上衰敗，他為何這樣善變而沒有一定的操守呢？這大概不是魯僖公一人的過錯，而是他所處的地位使得他這樣的。魯僖公所統治的是魯國，以魯國來看介國和莒國，那麼是以大視小，即使心裏並不希望驕傲也不由得不驕傲；以魯國來看齊國和晉國，那麼是以小視大，即使心裏並不希望害怕也不由得不害怕。既然看到大國可得尊敬，必定看到小國可被忽視，這就是他因忽視小國而帶來禍患，從而招致魚門之辱的原因吧？

踐土之盟：周章意為進退周旋。事在僖公二十八年，晉文公在踐土會盟天下諸侯，是為霸主，與齊桓公先後成為春秋五霸之一。〔四〕魚門之辱：僖公二十二年，邾敗魯，獲僖公甲冑，掛於魚門以辱僖公。

臧文仲之諫，忠矣。惜其能箴〔一〕僖公之病，而未知僖公受病之源也。僖公受病之源安在哉？使僖公易地而居齊、晉，則將變畏為驕；易地而居介、莒，則將變驕為畏。吾是以知尊大國者，非僖公也，魯也；忽小國者，非僖公也，魯也。僖公不以己為己，而以魯為己，故大於魯者，吾亦大之；小於魯者，吾亦小之。豈非為居之所移乎？

〔注釋〕〔一〕箴（ㄓㄣ）：同「鍼」。這裏指針灸治病。

昔者，舜自側微而登至尊，木石不能使之愚，鹿豕不能使之野，耕稼不能使之

臧文仲的進諫是很忠誠。可惜的是他能鍼治魯僖公的病，卻不知道魯僖公的病根在哪裏。魯僖公的病根在哪裏呢？假使僖公換個地方而住在齊國或晉國，那麼就會把畏懼之心變為驕傲之心了；假使換個地方住到介國、莒國，那麼將會把驕傲之心變為畏懼之心了。我因此知道尊敬大國的並不是魯僖公，而是魯國；忽視小國的不是魯僖公，而是魯國。魯僖公不把自己當作自己，而把魯國當作自己，所以比魯國大的，我就認為它強大；比魯國小的，我就認為它弱小。這難道不是被自己所居處的地方所改變了嗎？

過去舜從很卑微的地位升到帝王至尊之位，木石不能使他變得愚昧，野獸不能使他變得野蠻，耕種莊

勞，陶漁不能使之辱，袗衣〔一〕鼓琴不能使之逸，牛羊倉廩不能使之奢。蓋居為舜所移，而舜未嘗為居所移也。

噫！當僖公之時，有能誦舜之事，以起僖公之病，庶幾其有瘳乎？

〔注釋〕〔一〕袗（ㄓㄣˇ）衣：繪繡有文采的華貴衣服。

稼不能使他勞累，製陶打魚不能使他受辱，穿華貴的衣服享受音樂不能使他安逸，擁有牛羊滿圈糧食滿倉也不能使他奢侈。這是因為居處環境被舜改變了，而舜卻不曾被居處環境改變的緣故。

咳！魯僖公的時候，如果有人能夠把舜的事情諷誦給僖公聽，以救治他的毛病，魯僖公的謬誤大概有希望被糾正吧？

【古評】

鍾伯敬曰：造語新而古。

孫執升曰：胸無特操，大則畏，小則驕。當其驕中，猶懷怯情；每至於受辱，故入題即寫其昨勇今怯之狀。

朱字綠曰：魯僖意中無邾，卻是無魯，立說可謂雋妙。又因其無邾，並推到無莒、介，且推到有齊、晉。有莒、介為有魯，有齊、晉亦為有魯，只有一魯，竟無僖公。觸處通靈，無一不歸妙雋，作文所以貴有筆也。

張明德曰：事無大小，有備則無患，況君國乎？僖不自揣，又不納文仲之言，魚門之辱所自招也。文擒定主腦，引舜之履危處安，若固有之意，以反照僖公。筆之所至，妙意環生。總之東萊文字，處處有路。

左傳原文

邾敗魯於升陘 僖公・二十二年

邾人以須句故出師。公卑邾，不設備而禦之。臧文仲曰：「國無小，不可易也。無備，雖眾不可恃也。《詩》曰：『戰戰兢兢，如臨深淵，如履薄冰。』又曰：『敬之敬之，天惟顯思，命不易哉！』先王之明德，猶無不難也，無不懼也，況我小國乎！君其無謂邾小，蠭蠆有毒，而況國乎？」弗聽。八月丁未，公及邾師戰于升陘，我師敗績。邾人獲公冑，縣諸魚門。

鄭文夫人勞楚子入享于鄭　僖公・二十二年

見奔而謂之敗，見間而謂之讎，見憊而謂之疾，何其見之晚也？未奔之前，有先敗焉；未間之前，有先讎焉；未憊之前，有先疾焉。冥冥之中，其先固已瞭然而不可揜[一]，豈必待見形而後悟哉！

[注釋][一] 揜（ㄧㄢˇ）：同掩，掩蓋。

楚子帥師過鄭，納文夫人之勞，受享祀之僭，又取鄭二姬以歸，固蠻夷之常態，不足以污簡冊。吾獨怪叔詹之言，何其見之晚也？

叔詹譏楚子取鄭之二姬曰：「為禮卒於無別，無別不可謂禮。」是叔詹徒知無別之非禮，而不知受享之非禮也。使楚子不取二姬，則叔詹將遂以受享為禮之正矣。孰知

[譯文]

發現奔逃纔說是失敗了，發現被離間纔說是仇敵，發現疲乏無力纔說是有病，怎麼會發現得這麼晚呢？在沒有奔逃之前有失敗的先兆，在沒有被離間之前有仇敵的先兆，在沒有疲憊之前有得病的先兆。真相還處於昏暗之中的時侯，徵兆早已經十分明白、不可掩蓋了，難道一定要等到它們顯形了纔醒悟嗎？

楚王率領軍隊經過鄭國，接受鄭文公夫人的犒勞，享受僭越禮制的祭祀，又帶著兩個鄭國的女子回國，這本來是在蠻夷身上經常發生的事情，不足以玷污史冊。我只是覺得叔詹的話很奇怪，他的見解怎麼會來得這麼晚呢？

叔詹譏笑楚王帶走了鄭國的兩個女子，說：「執行禮節而最終至於男女無別，男女無別不能被認為合於禮制。」這是叔詹只知道男女無別不符合禮制，而不知道楚王在鄭國接受犒勞也不符合禮制。假使楚王不帶走鄭國的兩個女子，那麼叔詹就能以為楚王在鄭

夫受享之際，乃無別之先乎？當鄭之享楚子也，陳其鼎俎，肅其尊彝，蠲[一]其巾冪，豐其腶修[二]，威儀可則，進退可度，宜叔詹不悟其非禮也。

[注釋][一]蠲（ㄐㄩㄢ）：潔淨，使清潔。[二]腶（ㄉㄨㄢ）修：腶為腸病。這裏疑「脯」之訛字。修通脩，指乾肉。

抑不知生天下之善者，出於敬；生天下之惡者，出於慢。一籩一豆之相去，其為禮也微矣，嚴之而不敢犯者，敬心存也。是心苟存，將無所不敬。推而上之，至於守君臣、父子、夫婦之分，為世大法者，同一敬也。忽之而無所顧者，慢心生也；是心苟生，將無所不慢。推而下之，至於亂君臣、父子、夫婦之分，為世大戒者，同一慢也。

是故今日謹一籩一豆者，即他日謹君

國享用大禮合乎禮制嗎？他哪裏知道楚王在鄭國享用大禮之際，就是後來男女不別不講禮節的先兆。當鄭國犒勞楚王時，陳列寶鼎，整飭尊彝，潔淨覆巾，豐盛脯脩，威儀禮節值得效法，揖讓進退符合法度，難怪叔詹沒有想到這些是不合禮制的。

卻不知道天下良善的產生，是出自恭敬；天下罪惡的產生，是出自怠慢。祭祀時一籩器一豆器之間的差別，在禮制上是很細微的，嚴格按照禮制而不敢冒犯，這是存有恭敬的心。只要還存有這顆心，那麼就沒有什麼不恭敬的。以此上推，一直到君臣、父子、夫婦之間的名分，作為世上的大法則，都是同樣的恭敬之心。忽視這些禮節而無所顧忌的人，怠慢之心便從而產生了。這樣的心一經產生，就沒有什麼能不被怠慢的。以此下推，一直到擾亂君臣、父子、夫婦的名分，成為世上大戒的，都是同樣的怠慢之心。

所以現在謹守一籩器一豆器禮制的人，就是以

臣、父子、夫婦之分者也；今日易一籩一豆者，即他日易君臣、父子、夫婦之分者也。楚爵則子，而輒當上公九獻[一]之儀，庭實旅百之盛，加籩豆六品之侈，其於燕享之禮，固已無別矣。燕享之無別，即男女之無別也。均為無別耳，始之罪不為輕，而後之罪不為重；始之罪不為小，而後之罪不為大。豈可立等於其間哉！燕享之禮無別，其罪隱；二姬之無別，其罪彰。叔詹捨其隱而譏其彰。噫！何其見之晚也？

吏必先明法，然後可以責人之踰法；士必先明禮，然後可以責人之踰禮。叔詹猶以鄭之享楚為禮，則既不知禮之為禮矣，又何責楚子之踰禮哉！

[注釋][一]上公九獻：《樂記》孔疏云：「凡饗禮，案《大行人》云：上公九獻，侯伯七獻，子男五獻，並依命數。」

後謹守君臣、父子、夫婦名分的人；現在改變一籩器一豆器禮制的人，就是以後改變君臣、父子、夫婦名分的人。楚國爵位雖然是子爵，但卻承用只有上公纔配享用的九獻禮節，門庭盛大可以容納百旅，禮器奢侈超過了六種籩、豆，他們之間宴飲所享用的禮節本來就沒有什麼分別了。宴飲享用沒有分別，那麼男女之間就沒有分別了。同樣都是沒有分別，那麼即使開始犯的錯不算輕，後面再犯的錯也就算不上重；即使開始犯的錯不算小，後面再犯的錯也就算不上大。怎麼可以在他們之間分等次呢？宴飲享用的禮節沒有分別，它的過錯是隱蔽的；帶走兩位女子，它的過錯是明顯的。叔詹不批評那隱晦的而責備那明顯的。咳！他的發現怎麼這麼晚呢？

官吏必定要先明白法律，然後纔可以責備別人犯了法；士人必定要先明白禮儀，然後纔可以責備別人越過了禮制。叔詹以為鄭國犒勞楚王是合乎禮制的，那麼他已經不知道什麼是禮制了，又憑什麼去責備楚王越禮呢？

左傳原文

鄭文夫人勞楚子入享于鄭 僖公・二十二年

丙子晨，鄭文夫人華氏、姜氏勞楚子於柯澤。楚子使師縉示之俘馘。君子曰：「非禮也。婦人送迎不出門，見兄弟不逾閾，戎事不邇女器。」丁丑，楚子入饗于鄭，九獻，庭實旅百，加籩豆六品。饗畢，夜出，文華送于軍，取鄭二姬以歸。叔詹曰：「楚王其不沒乎！為禮卒於無別，無別不可謂禮，將何以沒？」諸侯是以知其不遂霸也。

楚子文使成得臣為令尹　僖公・二十三年

多而不可滿者，慾也；銳而不可極者，忿也。治慾之法，有窒而無開；治忿之法，有懲而無肆。處己，是法也；處人，亦是法也。或者之論曰：饑者，得食則止；渴者，得飲則止；寒者，得衣則止；熱者，得濯則止；慾者，得求則止；忿者，得報則止。我慾可窒，我忿可懲，乃若他人之忿慾，不有以少償之，彼亦安肯遽止乎？嗚呼！此非忿慾之譬也。忿慾譬則火，然畏火之怒，而投薪以濟之，則其勢隨投而隨熾；忿慾譬則盜，然畏盜之怒，而授刃以濟之，則其勢隨授而隨增。薪者，火之資也。刃者，盜之資也；權位者，忿慾之資也。假其資而望其止，天下寧有是也？

〔譯文〕

再多也不能使它滿足的是欲望，再銳利也達不到端頭的是忿怒。治療欲望的方法是阻塞它而不要開啟，治療忿怒的方法是懲戒它而不要放縱。對待自己，是這樣的方法，對待別人，也是這樣的方法。有人議論道：餓的人，得到食物就滿足了；渴的人，得到飲水就滿足了；受凍的人，得到衣服就滿足了；受熱的人，得到洗浴就滿足了；有欲求的人，得到所求就滿足了；忿怒的人，得以報復就滿足了。我的欲望可以堵塞，我的忿怒可以懲戒，但如果別人的忿怒與欲望，不讓他稍稍得到補償，他們怎麼能就此滿足呢？唉！這不是對忿怒和欲望的比喻。忿怒和欲望用比喻來說就是火，如果害怕火燒大，卻投放薪柴來救火，那麼火勢將隨著你的投放而更熾烈；忿怒和欲望用比喻來說就是盜賊，如果害怕盜賊行兇，卻給他刀來救助，那麼盜賊的兇勢將隨著你給他刀而增加。薪柴，是火的資本；利刃，是盜賊的資本；權位，是忿怒和欲望的資本。給他資本卻想讓他滿足而停住，天下難道有這樣的事情嗎？

先王尊權位以示天下，所以嚴萬世之巨防也。何人而無慾，何人而無忿。忿慾方興，局於無權無位而不得展，足將行而復駐，手將舉而復斂，口將言而復默，念將生而復消。有谿壑貪惏[一]之慾，鬱勃[二]炮燔之忿，莫不限於權位之巨防而止。止則回，回則有趨於善者矣。

[注釋][一]貪惏（ㄌㄢˊ）：貪婪。[二]鬱勃：形容氣勢旺盛。

天下方馳騖[一]於忿慾而不知反也，先王固未嘗與之爭也，嚴吾權位之巨防，使忿慾者窘於無資，氣衰力怠，道窮塗絕，倀倀然而無所歸，雖吾不使之趨於善，而彼自不得不趨於善。然則，權位者真先王閉忿慾之巨防也歟？先王以是為忿慾之防，後世以是

先王向天下顯示權位的尊重，就是為了使後代千秋萬世對它築起保護的大堤。哪個人沒有欲望？哪個人沒有忿怒？忿怒與欲望開始產生，由於沒有權力和位勢而不能夠展示，腳剛要行走而又停住，手剛要舉起而又放下，開口剛要說話而又沉默，念頭剛一產生而又消退。有深溪溝壑一樣的貪婪欲望，有燔肉炮炙一樣旺盛的忿怒，無不是在權力和位勢的大堤前被遏止。被遏止就會返回，返回來，就有可能向著善的方向發展。

當天下人正馳騁於忿怒和欲望之途而不知道返回時，先王本來就不曾和人爭，而是嚴守權位的大堤，讓有忿怒和欲望的人失去資源而受到困窘，氣衰力竭，道窮途盡，悵然失望而無所歸依，即便我不促使他趨向於善，他自己也不得不歸向於善。既然如此，那麼權利和地位果真是先王制止忿怒和欲望的大堤嗎？先王把它作為忿怒和欲望的堤防，後世的人卻把它作為忿怒和欲望的資源，為什麼會截然相反呢？

為忿慾之資，何其反也？

〔注釋二一〕馳騖（ㄨˋ）：馳騁，奔走。

楚成得臣有功於陳，子文推令尹之位與之，以塞其慾；齊侯既辱郤克，范武子遽請老而授郤克政，使逞忿於齊。噫！令尹豈賞功之物，而晉數百年之社稷，亦豈二三臣逞憾之具歟？楚非置兩令尹也，幸而一成得臣有功耳，如使數人者並立大功，吾不知子文復何以與之？春秋之時，行人〔二二〕見辱者，何國蔑有？姑以晉言之，若解揚之見執於宋圍，韓起、羊舌肸之見挫於楚靈，是數事者，如與郤克之辱並發於一時，則晉師亦將車轍馬汗，東馳西逐，偏遶天下，盡報諸臣之怨而後已歟？甚矣！子文、武子之不思也。

楚國的成得臣在討伐陳國時有功勞，子文把令尹的位置讓給他，想阻塞他的欲望；齊侯侮辱了晉國的郤克以後，晉范武子立即告老退休而把職權交給郤克，使他可以向齊國發洩忿怒。唉！令尹的職位哪裏會是賞功的獎品？而晉國幾百年的社稷，又怎麼會是兩三個臣子發洩忿怒的工具呢？楚國並沒有設置兩個令尹職位，幸好只有一個成得臣有功勞而已，假如有幾個人一同立下大功，我不知道子文又能拿什麼來獎賞他們？春秋時代，使者被侮辱的情況，哪個國家沒有？就拿晉國來說，如解揚在宋國遭圍困的時候被人扣留，韓起、羊舌肸被楚靈王侮辱，這幾件事，如果和郤克的受辱發生在同時，那麼晉國軍隊豈不是將要車馬疲憊，東奔西跑，繞遍天下，以報復完群臣的忿恨，然後纔罷休嗎？子文、范武子實在太欠考慮了！

［注釋］［一］行人：使者。

將以飽其慾，適以滋其慾；將以散其忿，適以張其忿。故得臣之慾，與位俱長。成師而出，服陳、服蔡、服魯、服鄭、服曹、服衛，嗜勝不止，貪以遇大敵，迄至城濮之敗，軍覆身殞，為天下笑。向若子文不畀［一］以大柄，雖驕縱怨望，不過煩司敗［二］之刀鋸耳，楚必不至於不競，晉必不至於獨霸，西廣、東宮、若敖之卒［三］，亦必不至於偕死也。至於郤克鞌之戰，雖曰幸勝，然忿不思難，至欲質齊侯之母。苟無魯、衛之諫，則以晉之驕當齊之怒，背城借一［四］之際，吾未知齊、晉雌雄之所在也。不幸而敗於垂成，則亂原禍端，武子安得不任其咎乎？得臣之慾，得子文之位而盛；郤克之忿，得武

將滿足他們的欲望，卻正好滋長他們的欲望；將消除他們的忿怒，卻正好擴張他們忿怒。所以成得臣的欲望，隨著他權位的提高而增長。成軍而出兵，征服陳國，征服蔡國，征服魯國，征服鄭國，征服曹國，征服衛國。嗜好勝利而不知道停止，因為貪婪，結果遇到了大敵，直到城濮之戰的失敗，軍隊覆滅，自身喪命，被天下人取笑。假如以前子文不給他大權，他即使驕縱怨怒，也不過是麻煩一下司法部門行刑的刀鋸手而已，楚國必定不至於從此不能與晉相抗爭，晉國也必定不至於從此獨自稱霸，而楚國的精銳部隊西廣、東宮、若敖的士兵，也不至於和他一起犧牲。至於郤克在鞌之戰，雖然僥倖取勝，但忿怒而不知道反思禍難，一心只想要讓齊侯的母親來做人質。如果沒有魯國和衛國的勸諫，那麼憑藉晉國的驕矜去抵擋齊國的憤怒，在決一死戰之際，我不知道齊國和晉國誰能勝利。如果晉國不幸在即將勝利的時候纔失敗，那麼推求發生禍亂的根源，范武子怎麼能夠不承擔這個罪過呢？成得臣的欲望，在得到子文的權位以後更加強烈了；郤克的忿怒，在得到范武子的權位以後得以

子之位而伸。君子視人之忿慾，不能救則已矣，安可假其資而成其惡乎？

〔注釋〕〔一〕畀（ㄅㄧˋ）：給予。〔二〕司敗：楚名司寇為司敗。〔三〕西廣、東宮、若敖之卒：皆楚國精銳部隊，為楚國貴族子弟兵。〔四〕背城借一：指決一死戰。即背對城牆，決一死戰。

吾嘗攷論二子之言，武子誦已亂之詩〔一〕，而誤領已亂之意，猶未足深責。彼子文之語叔伯者，一何悖耶？曰：「吾以靖國也。夫有大功而無貴仕，其人能靖者，有幾？」凡人爵不足酬功，慊之者固多矣。若遽作不靖，危其國家，自非盜賊小人，未必皆有是心也。子文之為是言，將概以盜賊小人待天下耶？自子文之言出，人臣之立大功者，人君或懼其不靖，反加屠戮，是功者，身之賊也；以是位而答是功，不復問其材之

增長了。君子看見別人的忿怒和欲望，如果不能挽救也就罷了，怎麼可以助長他們而成就其罪惡呢？

我曾經考察探討過這兩個人的言語。范武子背誦止亂的詩篇，而誤解止亂的意思，這還不足以深加責備。那個子文向叔伯所說的話，怎麼會這麼違背情理呢？他說：「我這麼做是為了使國家安定。有大的功勞而沒有顯貴的權位，這樣的人能讓國家安定的，能有幾個？」大凡授人爵位不足以獎賞其功勞，因此不能滿足的人本來就很多。如果說他們從此便不能安寧，從而危害自己的國家，只要不是盜賊小人，未必都會有這樣的心思。子文說這樣的話，不是把天下人都當成盜賊小人來看待了嗎？自從子文這話說出來後，凡是為人臣子而立了大功的，有的國君就會害怕他們不能安於其位，反而加以屠戮，這一功勞反成了自身的禍害；憑藉這一功勞而給他相應的權位，不再

能否，使播［二］其惡於民，是功者，位之賊也；既立大功，自謂居危疑不賞之地，而姦謀始生，是功者，國之賊也。一有大功，則為身之不幸，位之不幸，國之不幸，孰敢以功業自奮者耶？《詩》曰：「誰生厲階，至今為梗。」［三］

［注釋］［一］誦已亂之詩：范武子引《詩・小雅・巧言》云：「『君子如怒，亂庶遄沮。君子如祉，亂庶遄已。』君子之喜怒，以已亂也。弗已者，必益之。」范武子為平息郤克之忿，把權位給了郤克，引《詩》說自己是為了阻止禍亂的發生。已，停止。［二］播：傳。［三］誰生厲階，至今為梗：意為誰種下這個禍根，至今還在為非作梗？見《詩・大雅・桑柔》。厲階，禍端。

考察他的能力是否能夠勝任，於是讓他把自己的罪惡播撒於百姓，這一功勞反成了權位的禍害。已經立了大功，而自以為處在危險之中且受到懷疑、不能得到獎賞的地位，因而奸詐的陰謀開始萌生，這一功勞反成了國家的禍害。一旦有了大功，而成了個人的不幸、權位的不幸、國家的不幸，誰還敢拿功業來自我激勵呢？《詩》說：「是誰種下了這個禍根，至今還在為非作梗？」

【古評】

朱字綠曰：通篇責子文、武子，授忿欲者以資，而成其惡，處處激射，無一筆放寬。示之以先王之道，窮之以不能並授數人之勢，至於一殺其身、一辱其母，議論痛快，令人望而欲避其鋒。有功不賞，亂之道也。能因其欲，使伸之於仇敵，亦用人之術也。但賞功可耳，不宜授以令尹；忿加仇敵可耳，不宜逞於與國之齊。然子文、武子，推己之位以予人，自不可及。明中葉以來，首輔彼此相傾，前者不肯讓，後者不肯止，視二人不更有愧色耶？

張明德曰：武子推己之位以予人，自是不可及處，但令尹非賞功之物，而晉數百年之社稷又豈二三臣逞忿之具耶？說得淋漓確切，其結處又為二子開一條生路，橫說豎說，總是至理。

左傳原文

楚子文使成得臣為令尹 僖公．二十三年

秋，楚成得臣帥師伐陳，討其貳於宋也。遂取焦、夷，城頓而還。子文以為之功，使為令尹。叔

伯曰：「子若國何？」對曰：「吾以靖國也。夫有大功而無貴仕，其人能靖者與，有幾？」

范武子請老 宣公・十七年

春，晉侯使郤克徵會于齊。齊頃公帷婦人，使觀之。郤子登，婦人笑於房。獻子怒，出而誓曰：「所不此報，無能涉河！」獻子先歸，使欒京廬待命于齊，曰：「不得齊事，無復命矣。」郤子至，請伐齊，晉侯弗許。

范武子將老，召文子曰：「燮乎！吾聞之，喜怒以類者鮮，易者實多。《詩》曰：『君子如怒，亂庶遄沮；君子如祉，亂庶遄已。』君子之喜怒，以已亂也。弗已者，必益之。郤子其或者欲已亂於齊乎？不然，余懼其益之也。余將老，使郤子逞其志，庶有豸乎！爾從二三子，唯敬！」乃請老。郤獻子為政。

晉懷公殺狐突

僖公・二十三年

明於觀人，暗於觀己，此天下之公患也。見秋毫之末者，不能自見其睫；舉千鈞之重者，不能自舉其身。甚矣！己之難觀也。

人皆知以己觀己之難，而不知以人觀己之易。同是言也，彼言之則從，我言之則違，其必有故矣；同是事也，彼為之則是，我為之則非，其必有故矣。因人之善，見己之善；因人之惡，見己之惡。觀孰切於此者乎？

晉懷公不知己之無以致人，徒責人之不從己，殆未嘗以人而觀己也。懷公，晉國之君；彼重耳，特一亡公子耳。狐趙之

[譯文]

觀察別人看得很明白，觀察自己卻很昏瞶，這是天下人的通病。能看見秋毫末端的人，不能看見自己的睫毛；能舉起千鈞之重的人，不能舉起自己的身體。觀察自己實在是太難了！

人們都知道自己觀察自己很困難，卻不知道由別人來觀察自己很容易。同樣的話，他說了人家就聽從，我說了人家卻違背，其中一定是有原因的；同一件事，他做了就是對的，我做了卻是錯的，其中一定是有原因的。從別人的善行中，看見自己的善行；從別人的惡行中，看見自己的惡行。觀察人哪有比這更確切的呢？

晉懷公不知道自己沒有招來賢人的資本，只是責備別人不跟從自己，這大概是不曾藉別人來觀察自己。當時，懷公，是晉國的國君；那重耳，只不過是一個流亡的公子而已。狐偃、趙衰這些人，跟從重耳

徒，出從重耳，陷狄困衛，逃齊脫楚，人有不堪其憂者矣；乞食投塊，觀浴操戈，人有不堪其辱者矣；風羈雨絏，過都歷邑，人有不堪其勞者矣。使其一日捨重耳而從懷公，則里閭歡迎，姻族畢至，擊鮮〔一〕釃酒，舒發故情，此天下之至樂也；高軒華轂，豹飾羔裘，前趨後陪，光生徒馭，此天下之至榮也；堂宇靚深〔二〕，自公退食，體胖心廣，四顧無虞，此天下之至安也。懷公盍亦以人觀己乎？從彼者，憂如是，辱如是，勞如是，而狐趙輩乃就之而不辭；從我者，樂如是，榮如是，安如是，而狐趙輩乃棄之而不顧。則德之優劣厚薄，不待言而可見矣。

〔注釋〕〔一〕擊鮮：宰殺活的牲畜禽魚，充作美食。〔二〕靚深：靚通靜。幽靜深邃。

出亡，陷於狄國，困在衛國，從齊國逃奔，從楚國逃離，這是人所不能承當的憂患；乞求食物而得到的是土塊，受觀浴之辱，遭戈逐之屈，這是人所不能忍受的侮辱；風風雨雨，羈旅在外，經過一座座都邑城池，這是人所不能承受的勞苦。假使他們一旦捨棄重耳而跟從懷公，那麼便會受到鄉里的歡迎，親戚都來聚會，切著鮮肉，喝著美酒，暢敘舊情，這是天下最快樂的事；坐著高大華麗的車子，穿著繡有豹紋的羔皮裘衣，前呼後擁，連奴僕與駕車的都臉上有光，這是天下最榮耀的事；住著高大深邃的華房，從朝堂辦完公事回家進食，悠閒自在，心情舒暢，無所憂慮，這是天下最安逸的事。晉懷公為什麼不從別人身上來觀察自己呢？跟從那重耳的人，是如此憂慮，如此受辱，如此勞苦，但狐偃、趙衰這些人卻追隨而不離；跟從我，是這樣快樂，這樣榮耀，這樣安逸，但狐偃、趙衰這些卻棄而不顧。那麼德行的高下優劣，不用說就已經可以知道了。

懷公盍亦因此自反曰：樂也、榮也、安也，人之所同嗜也。狐趙之徒，所以崎嶇從重耳者，豈與人異情哉！其棄樂而就憂者，必重耳之德有以勝其憂也；其棄榮而就辱者，必重耳之德有以勝其辱也；其棄安而就勞者，必重耳之德有以勝其勞也。況吾以晉國之大，而增修其德，則人之從我者，既有道德之樂，又有名位之樂；既有道德之榮，又有名位之榮；既有道德之安，又有名位之安。重耳無我之所有，而我有重耳之所無。有無之相形，人將不待招而至矣。

此猶為懷公而言，非論之至者也。德之休明[一]，冰天桂海，荒區絕漠，將奉琛重譯[二]而皆來臣，何至下與一亡公子爭數僕役哉！陋矣！懷公之褊也。

懷公為什麼不因此自我加以反省說：快樂、榮耀、安逸，都是人們共同喜好的。狐偃、趙衰等人之所以歷經坎坷跟隨重耳，難道是他們的情懷與常人不同嗎？他們放棄快樂而承當憂患，一定是重耳的德行已勝過他們所承當的憂患；他們放棄榮耀而忍受侮辱，一定是重耳的德行已勝過他們所忍受的侮辱；他們放棄安逸而承受勞苦，一定是重耳的德行已勝過他們所承受的勞苦。況且我憑藉晉國的廣大，如能增修我的德行，那麼跟從我的人，既享有道德上的快樂，又享有名位上的快樂；既享有道德上的榮耀，又享有名位上的榮耀；既享有道德上的安逸，又享有名位上的安逸。重耳沒有我所擁有的，而我卻擁有重耳所沒有的，有和沒有之間形成對比，人們將不等你招攬就爭相到來了。

這還是就懷公來說的，不是論述得最到位。一個德行美好政治清明的聖君，就是遠自冰凍的雪國、開滿桂花的海國、荒無人煙的絕域、人跡罕至的大漠的人，都將捧著美玉，經過多重翻譯，自願前來稱臣，怎麼會淪落到與一個流亡公子爭奪幾個僕人的地步

〔注釋〕〔一〕休明：美好清明。〔二〕奉琛（ㄔㄣ）重譯：奉，捧。琛，美玉。重譯，輾轉翻譯。

懷公肆其褊心，不知反己，徒殺人以逞，使在外者絕向我之意，而堅事讎之志，計無失於此者矣。雖重耳苟安於外，彼毛偃挾不戴天之讎，思欲一逞，豈容重耳之安於外乎？是則納重耳於晉者，非秦伯也，非狐趙也，懷公也。

呢？鄙陋啊，懷公的心胸太過狹隘了！

懷公放任自己那狹隘的心胸，不知道反省自己，只靠殺人逞一時之快，使流亡在外的人斷絕了歸向懷公的意願，反而堅定了事奉懷公仇敵的志向，沒有比這更失策的計謀了。即使重耳要在國外苟且偷安，但那狐毛、狐偃他們有著不共戴天的殺父之仇，一心想著要報仇雪恨，難道會容許重耳在外苟且偷安嗎？這樣說來，把重耳接納回晉國來的，不是秦穆公，也不是狐偃、趙衰，而是晉懷公啊！

【古評】

孫月峰曰：掉轉處，文法靈甚、捷甚。

袁中郎曰：結語悠然有餘韻。

朱字綠曰：不反己而尤人。千古同歎。若能如此文一一對照，則在人無不達之情，在己無可逞之事，又何亡國敗家之有？惟不能反己，故見大臣之求退則以為要君，見小臣之抗疏則以為沽直，見善類之相引，則以為植黨；見小人之被攻，則以為挾仇，岌岌乎欲免於懷公之績豈可得耶？

張明德曰：德之休明，桂海冰天，荒陬絕壤，猶重譯來王，何至與人爭其歸附？懷公之不自責，而徒以責人也，亦殊不可解。東萊語刺心骨，情事顯然，說來更覺警策動人。尤妙在以重耳作一對照，更使懷公無詞以對。結處云納重耳於晉者，非秦伯也，非狐趙也，實懷公也，真是董狐妙筆，豈秦漢以下人所可望其項背？」

左傳原文

晉懷公殺狐突 僖公・二十三年

九月，晉惠公卒。懷公命無從亡人，期，期而不至，無赦。狐突之子毛及偃從重耳在秦，弗召。冬，懷公執狐突，曰：「子來則免。」對曰：「子之能仕，父教之忠，古之制也。策名，委質，貳乃辟也。今臣之子名在重耳，有年數矣。若又召之，教之貳也。父教子貳，何以事君？刑之不濫，君之明也，臣之願也。淫刑以逞，誰則無罪？臣聞命矣。」乃殺之。卜偃稱疾不出，曰：「《周書》有之：『乃大明服。』己則不明而殺人以逞，不亦難乎？民不見德而唯戮是聞，其何後之有？」

晉重耳奔狄止降服而囚　僖公・二十三年

晉文公自出亡至於霸天下，拔身流離阨困之中，而成閎大豐顯之業。一時諸臣，狐、趙、胥、郤[一]推挽翊贊[二]之功居多焉。疇[三]諸臣之功次者，文公未入之前，必以反晉之謀為冠；文公既入之後，必以城濮之戰為冠。吾獨以為，反晉之功不若去齊，而城濮之諸將序績論勳，曾未及寺人披、頭須之萬一也。

[注釋][一]狐、趙、胥、郤：分別指狐毛、狐偃、趙衰、胥臣、郤穀等有從行與輔佐功勞的人或有戰功的人。[二]翊（ㄧˋ）贊：輔助。[三]疇：通籌。計算。

天之生物，自蘖而條，自華而實，特造化之小者耳。霜焉，雪焉，勁烈刻勵，翦擊其枝葉，剝傷其膚理，然後能反膏收液，鬱積磅礴，發而為陽春之滋榮，此天下之大

[譯文]

晉文公從出奔流亡到稱霸天下，從困苦流離中脫身出來，成就了一番偉大顯赫的功業。當時諸臣狐偃、趙衰、胥臣、郤穀等的扶持輔佐之功最多。給各位臣子排列功勞位次，在晉文公還沒有入晉得位之前，一定以使晉文公返回晉國的謀略為第一；晉文公已經入晉得位之後，一定以城濮之戰的功勞為第一。我卻認為，讓晉文公返回晉國的功勞，比不上讓晉文公離開齊國的功勞，而城濮之戰的各位將帥，排列戰績，論其功勳，還比不上寺人披和頭須的萬分之一。

上天創生樹木，從開始萌蘗到長成枝條，從開花到結果，只是小造化而已。降霜下雪，凜冽嚴厲，剪裁擊打它的枝葉，剝傷它的表皮和肌理，然後它纔能回集膏脂，收藏汁液，積蓄磅礴之勢，而生長成為陽

造化也。必有大彫落，然後有大發生；必有大摧折，然後有大成就。

文公安齊之富，無復四方之志，苟從行諸臣亦徇其欲，則終身營邱一布衣耳。幸而從行者，識高慮遠，謀於桑下，載而去齊，奪其燕安之雨露，而壓以禍患之霜雪；激之觀浴沃盥以起其憤，激之鄭文子玉以作其憂。乃切乃磋，乃琢乃磨[一]，向來弛墮驕怠之氣掃除咸盡，伯心勃然而生。朝於武宮[二]，不失舊物[三]。向非奪其安齊，亦安能進文公之志而伯之耶？文公始所以眷眷於齊者，屬意於二十乘之馬耳。從者奪文公二十乘之馬，而與文公全晉四千乘之賦，使之棄鴻毛而得泰山，可謂知取予矣。苟不去齊，烏能入晉？然則策復國之勳，安得不以去齊為首乎？

春的繁花，這纔是天下的大造化。必定要有大的凋零與敗落，然後纔有旺盛的萌發和生長；必定要有大的摧殘與折損，然後纔有偉大的成就。

晉文公若安享齊國所給予的財富，便不再有揚名於四方的志向，如果從行諸臣也順從他的意願，那麼他一輩子只是營邱的一個平民而已。幸好跟隨他的人見識高明，思慮深遠，在桑樹下謀劃，載著他離開齊國，奪去他如雨露滋潤一般的安樂，而施於他如霜雪侵凌一般的禍患；以曹共公觀浴與懷嬴沃盥來激起他發憤，以鄭文公不禮與楚子玉請殺來激起他擔憂。於是，像加工玉器一樣切磋琢磨，把以前鬆懈墮落和驕矜怠惰的習氣掃除殆盡，稱霸的雄心壯志，勃然而生。他回到祖廟朝拜祖先，沒有失去該有的君位。此前如果不奪去他在齊國的苟安，怎麼能激發晉文公的志向而完成霸業呢？晉文公當初之所以眷戀齊國，讓他傾心的不過是數十匹馬而已。跟從者奪去了文公的幾十匹馬，而把整個晉國上萬匹兵馬交給他，使他捨棄鴻毛而得到了泰山，可以說是很懂得取捨之道了。如果不離開齊國，怎麼能夠回到晉國？既然這樣，那麼策劃文公復國的功勳，怎麼能不以離開齊國為首要呢？

[注釋][一]乃切乃磋，乃琢乃磨：比喻君子需要不斷地修行。出自《詩‧衛風‧淇奧》：「瞻彼淇奧，綠竹猗猗。有匪君子，如切如磋，如琢如磨。」[二]武宮：晉文公祖父晉武公寢廟。[三]舊物：指國君之位，意指此位原本該是重耳的。

文公既入晉，席未及煖，已忘其初。於寺人披、頭須之見，忿然有不平之心。若肆行忿戮，則懼者甚眾。雖幸免焚宮之變，安知他日無蒯聵戎州之釁[一]乎？賴披與須力抗，危言以警之。文公一聞其警，忿戾俱消，變淺陋褊急之襟量，為廣大易直之規模。隆寬盡下，人皆思奮，以取城濮之勝，豈非披與須一警之力乎？回萬里之迷途者，一呼之力也；瘳十年之廢疾者，一鍼之力也；登五霸之盛烈者，一警之力也。自披、須而視城濮諸將之功，則我源而彼流，我根而彼榦，其小大輕重判然矣。此吾所以高

晉文公進入晉國後，席子還沒有坐暖，就已經忘記了他起初的志向。在寺人披和頭須求見時十分惱火，心中憤憤不平。如果他任意殺戮以洩憤，那麼害怕的人必定很多，即使他能在焚宮叛亂中倖免於難，怎麼就知道以後不會遇到像蒯聵戎州之禍那樣的事呢？幸賴寺人披和頭須奮力抗爭，用直言來警告他。晉文公聽到他們的警告之後，憤恨和乖戾之氣全消，改變淺陋狹隘的胸襟氣度，而變為博大正直。寬厚待人，人們皆奮發作為，以此奪取了城濮之戰的勝利，這難道不是寺人披和頭須一次警醒的力量後纔有的嗎？讓迷失了萬里道路的人返回的，靠的是一次呼喚的力量；治好罹患十年痼疾的，靠的是一次針灸的力量；登上春秋五霸盛功偉業的地位，靠的是一次警醒的力量。從寺人披與頭須的角度來看在城濮之戰諸將的功勞，那麼我是源，他們是流；我是樹根，他們是樹榦，其中大小輕重的分別很明顯。這就是我看高

披、須而下城濮也。

［注釋］［一］蒯聵戎州之釁：事見《左傳・哀公十七年》。

文公方安其小，遽奪之而使不得安於小；文公方驕其大，遽警之而使不敢驕於大。奪於前而警於後，置文公於不得不伯之地。信矣！諸臣之功也。雖然，此非專諸臣之功也，其本實在於文公焉。

文公當出亡之初，不校君父之命，既有君人之資矣。其未安齊之前，危於渭濱，餓於五鹿［二］，所以動心忍性，增益其所不能者，亦非一日也。雖時有所蔽，一奪一警，初心遽還，遷移改悔，速不容瞬。若文公先無其資，二三臣者，雖有斡旋之妙用，亦安所施乎？其君有如是之資，其臣有如是

寺人披和頭須而看低城濮之戰諸將功勞的原因。

晉文公正安於他的小局面，突然把它奪去而讓他不能安於小局面；晉文公正對他的大局面感到驕傲的時侯，突然警告他使他不敢在大局面前驕傲。在前面奪去，在後面警告，把晉文公放在不得不稱霸的地位。的確啊，各位臣子的功勞很大！雖然如此，但這並非全部是各位臣子的功勞，其中的根本還是在於晉文公。

晉文公出奔逃亡當初，不肯抵抗父君的命令，就已經具有做國君的資質了。在他還沒有苟安於齊國之前，在渭河的岸邊受到威脅，在五鹿挨餓，這些都使他的心性很堅韌了，增加原來不具備的能耐，這也不是一兩天了。雖然有時侯被蒙蔽，但一次奪去和一次警告，使他的本心馬上得以返回，改正過錯並心生悔恨，在極短時間之內完成。如果晉文公先天沒有這樣的資質，兩三個臣子，即便有斡旋扭轉的妙用，又怎麼能施展呢？他們的國君具有這樣的資質，他的臣子

之用，乃僅成霸業而止，此吾所以為文公恨也。

［注釋］［一］危於渭濱，餓於五鹿：重耳出逃狄國時，在渭河岸打獵，晉惠公派寺人披去追殺他。後來在五鹿時挨餓，乞食於民，那人卻給他土塊。

洙泗之濱［一］，席間函丈，聖化天運。奪子貢之學，而一貫自通；奪顏淵之才，而卓爾自見。或謦［二］或咳，或顧或盼，或語或笑，一謦之下，萬慮消亡。吾未嘗不恨文公生夫子之前，而又自恨今之學者生夫子之後也。嗚呼！夫子則遠矣。乃若夫子之神化，蓋通萬世古今為一爐冶，初未嘗息也。孰謂吾生之晚乎？

［注釋］［一］洙泗之濱：洙水和泗水流域，指代鄒魯，為孔子和孟子的故國，文化教育鼎盛。［二］謦（ㄑㄧㄥˇ）：咳嗽。指談吐。

又具有這樣的才能，卻只是成就一番霸業便停止了，這是我為晉文公感到遺憾的地方。

在洙水和泗水之濱，師生講席之間，聖人教化如上天神運。讓子貢棄其所學，而以忠恕貫通天道；讓顏淵棄其才學，而以修身超群出眾。或是從容談吐間，或是顧盼回眸，或是說說笑笑，一次警告，萬慮皆消。我未嘗不為晉文公生在孔子之前（不能親聆聖人教化）而遺憾，而又為現在的學者生在孔子之後而遺憾。唉！孔子的時代已經很遙遠了。至於孔子的神奇教化，大概是把千秋萬世和古往今來都融於一爐進行冶煉，本來不曾熄滅過。誰又能說我出生晚了呢？

晉重耳奔狄止降服而囚 僖公・二十三年

晉公子重耳之及於難也，晉人伐諸蒲城。蒲城人欲戰，重耳不可，曰：「保君父之命而享其生祿，於是乎得人。有人而校，罪莫大焉。吾其奔也。」遂奔狄。從者狐偃、趙衰、顛頡、魏武子、司空季子。狄人伐廧咎如，獲其二女叔隗、季隗，納諸公子。公子取季隗，生伯鯈、叔劉；以叔隗妻趙衰，生盾。將適齊，謂季隗曰：「待我二十五年，不來而後嫁。」對曰：「我二十五年矣，又如是而嫁，則就木焉。請待子。」處狄十二年而行。過衛，衛文公不禮焉。出於五鹿，乞食於野人，野人與之塊，公子怒，欲鞭之。子犯曰：「天賜也。」稽首，受而載之。及齊，齊桓公妻之，有馬二十乘，公子安之。從者以為不可。將行，謀於桑下。蠶妾在其上，以告姜氏，姜氏殺之。而謂公子曰：「子有四方之志，其聞之者吾殺之矣。」公子曰：「無之。」姜曰：「行也。懷與安，實敗名。」公子不可。姜與子犯謀，醉而遣之。醒，以戈逐子犯。

及曹，曹共公聞其駢脅，欲觀其裸。浴，薄而觀之。僖負羈之妻曰：「吾觀晉公子之從者，皆足以相國。若以相，夫子必反其國。反其國，必得志於諸侯。得志於諸侯而誅無禮，曹其首也。子盍蚤自貳焉？」乃饋盤飧，寘璧焉。公子受飧反璧。

及宋，宋襄公贈之以馬二十乘。及鄭，鄭文公亦不禮焉。叔詹諫曰：「臣聞天之所啟，人弗及也。晉公子有三焉，天其或者將建諸，君其禮焉。男女同姓，其生不蕃。晉公子，姬出也，而至于今，一也。離外之患，而天下不靖晉國，殆將啟之，二也。有三士足以上人，而從之，三也。晉鄭同儕，其過子弟，固將禮焉，況天之所啟乎？」弗聽。及楚，楚子饗之，曰：「公子若反晉國，則何以報不穀？」對曰：「子女玉帛，則君有之。羽毛齒革，則君地生焉。其波及晉國者，君之餘也。其何以報君？」曰：「雖然，何以報我？」對曰：「若以君之靈，得反晉國，晉、楚治兵，遇於中原，其辟君三舍。若不獲命，其左執鞭弭，右屬櫜鞬，以與君周旋。」子玉請殺之。楚子曰：「晉公子廣而儉，文而有禮。其從者肅而寬，忠而能力。晉侯無親，外內惡之。吾聞姬姓唐叔之後，其後衰者也，其將由晉公子乎？天將興之，誰能廢之？違天必有大咎。」乃送諸秦。秦伯納女五人，懷嬴與焉，奉匜沃盥。既而揮之。怒曰：「秦、晉匹也，何以卑我！」公子懼，降服而囚。

秦伯納重耳止頭須求見 僖公・二十四年

春，王正月，秦伯納之，不書，不告入也。及河，子犯以璧授公子曰：「臣負羈絏從君巡於天下，臣之罪甚多矣。臣猶知之，而況君乎！請由此亡。」公子曰：「所不與舅氏同心者，有如白水。」投其璧于河。濟河，圍令狐，入桑泉，取臼衰。二月，甲午，晉師軍于廬柳。秦伯使公子縶如晉師，師退，軍于郇。辛丑，狐偃及秦、晉之大夫盟于郇。壬寅，公子入于晉師。丙午，入于曲沃。丁未，朝于武宮。戊申，使殺懷公于高梁。不書，亦不告也。呂、郤畏偪，將焚公宮而弒晉侯。寺人披請見，公使讓之，且辭焉。曰：「蒲城之役，君命一宿，女即至。其後余從狄君以田渭濱，女為惠公來求殺余，命女三宿，女中宿至。雖有君命，何其速也！夫袪猶在，女其行乎！」對曰：「臣謂君之入也，其知之矣。若猶未也，又將及難。君命無二，古之制也。除君之惡，唯力是視，蒲人、狄人，余何有焉？今君即位，其無蒲、狄乎？齊桓公置射鉤而使管仲相，君若易之，何辱命焉？行者甚眾，豈唯刑臣。」公見之，以難告。三月，晉侯潛會秦伯于王城。己丑晦，公宮火。瑕甥、郤芮不獲公，乃如河上，秦伯誘而殺之。晉侯逆夫人嬴氏以歸。秦伯送衛於晉三千人，實紀綱之僕。初，晉侯之豎頭須，守藏者也。其出也，竊藏以逃，盡用以求納之。及入，求見，公辭焉以沐。謂僕人曰：「沐則心覆，心覆則圖反，宜吾不得見也。居者為社稷之守，行者為羈絏之僕，其亦可也，何必罪居者？國君而讎匹夫，懼者甚眾矣。」僕人以告，公遽見之。

晉文公秦穆公賦詩

僖公・二十三年

至理之所在，可以心遇，而不可以力求。斷編遺簡，呻吟諷誦，越宿已有遺落；至於塗歌里詠，偶入吾耳，則雖終身而不忘。天下之理，固眩於求而真於遇也。理有觸於吾心，無意而相遭，無約而相會，油然自生，雖吾不能以語人，況可以力求乎？一涉於求，雖有見，非其正矣。日用飲食之間，無非至理，惟吾迫而求之，則隨得而隨失。研精極思，日入於鑿，曾不知是理交發於吾前，而吾自不遇。是非不用力之罪也，乃用力之罪也。天下之學者，皆知不用力之害，而不知用力之害。苟知力之不足恃，盡黜其力，而至於無所用力之地，則幾矣。

二帝三王之《書》，犧、文、孔子之《易》，《禮》之儀章，《樂》之節奏，

[譯文]

最精深的道理，可以隨心領悟，卻難以用力強求。斷編殘簡，吟哦誦讀，過了一個晚上就會有遺忘；至於路途歌謠、里弄吟詠，偶爾聽到，就有可能終身也不會忘記。天下的真理，有心追求時反而迷茫，無心巧遇時或能真正得到。理與我的心相觸動，無意中相遇，沒有約定而相會，油然而生，即使我知道了其中的奧妙也無法告訴別人，怎麼可能用力去強求呢？一旦有心強求，即便有所見，也不會是真理。日常生活飲食當中，無不存在真理，只是我若迫切地探求，那麼隨時得到了也會隨時失去。專心研究，竭力思考，便會逐漸穿鑿失真，卻不知道道理已交錯在我的面前，而自己卻沒能把握。這不是不用力的過錯，而是用力的過錯。世上的學者都知道不用力的害處，卻不知道用力的害處。如果知道力氣不足以憑恃，完全放棄力取，而到達無所用力的境界，那就差不多了。

堯、舜二帝與商湯、周文王、周武王三王的《書》，伏羲、周文王和孔子的《易》，《禮》所載

《春秋》之褒貶，皆所以形天下之理者也。天下之人不以理視經，而以經視經，刳剔離析，彫繢疏鑿之變多，而天下無全經矣。聖人有憂焉。汎觀天壤之間，蟲鳴於秋，鳥鳴於春，而匹夫匹婦懽愉勞佚，悲怒舒慘，動於天機，不能已而自泄，其鳴於詩謠歌詠之間，於是釋然喜曰：「天理之未鑿者，尚有此存。是固匹夫匹婦胸中之全經也。」遽取而列諸《書》、《易》、《禮》、《樂》、《春秋》之間，并數而謂之「六經」。

羈臣賤妾之辭，與堯、舜、禹、湯、文、武之格言大訓並列，而無所輕重。聖人之意，蓋將舉匹夫匹婦胸中之全經，以救天下破裂不全之經，使學者知所謂詩者，本發乎閭巷草野之間，衝口而發，舉筆而成，非可格以義例而局以訓詁也。義例、訓詁之學，

的禮儀典章，《樂》所記的音樂節奏，《春秋》所寓的褒貶大義，都是為了把天下的真理用文字表現出來。但後代的天下人不是以理來看待這些經典，而以經籍文章來看待這些經典，於是割裂離析、雕飾美化、穿鑿附會，沒有標準，因而天下已沒有完好的經典了。聖人對此而感到憂慮，於是遍覽天地之間，發現昆蟲在秋天悲鳴，鳥兒在春天歌唱，而世間男女則有歡欣、愉悅、勞苦、逸樂、悲傷、憤怒、舒暢、慘痛等各樣的感情，這些都是出於天性無法抑制的心聲的自然流露，這些心聲形成一首首的詩歌民謠，聖人於是不再憂慮，喜悅地說：「天理沒有被人穿鑿破壞的，惟有在此還保留著。這原本是存在於世間男女胸中的全經啊！」於是把它拿過來，排在《書》、《易》、《禮》、《樂》和《春秋》之間，合計而稱為「六經」。

羈旅之臣和卑賤之妾的言辭，和堯、舜、禹、湯、文王、武王的格言訓誥並列在一起，並沒有輕重之分。聖人的意思，大概是想以世間男女胸中的全經，來補救天下那些殘缺不全的經典，讓讀書人知道：那些所謂的詩，原本就是產生於里巷田野之間，脫口而出，提筆寫成，不可以用義例來訂立規格，不可以用訓詁來加以限制。義例、訓詁的學問，在《詩》中就

至《詩》而盡廢；是學既廢，則無研索擾雜之私以累其心。一吟一諷，聲轉機回，虛徐容與，至理自遇，片言有味，而《五經》皆冰釋矣。是聖人欲以《詩》之平易，而救《五經》之支離也。孰知後世反以《五經》之支離，而變《詩》之平易乎？

蓋嘗觀春秋之時，列國朝聘，皆賦《詩》以相命。《詩》因於事，不遷事而就《詩》；事寓於《詩》，不遷《詩》而就事。意傳於肯綮[一]毫釐之中，跡略於牝牡元黃[二]之外；斷章取義，可以神遇，而不可以言求。區區陋儒之義例、訓詁，至是皆敗。春秋之時，善用《詩》蓋如此。當是時，先王之《經》浸墜於地，《易》降於卜筮，《禮》墜於僭，《樂》流於淫，《史》病於舛。雖名聞諸侯，如左史倚相[三]者，亦不過以

可以完全廢棄；這些義例和訓詁之學廢棄了，那麼就沒有繁雜的研究探索的私見拖累人們的內心。一吟一誦，聲音婉轉，機趣回蕩，舒緩從容，天理自遇，片言有味，《五經》中的疑難也完全得到了解決。這是聖人想用《詩》的平易來挽救《五經》的支離破碎。誰會想到後世的人，反而用《五經》的支離破碎來改變《詩》的平易呢？

我們可以看到，春秋時諸侯各國之間的朝會聘問，都以賦《詩》的形式傳達君命。當所賦《詩》依據一定事實時，並不遷就某些事實來論《詩》；當事件寄寓在所賦的《詩》中，並不遷就《詩》的內容來論事。在關鍵而細微之處傳達出意旨，無關宏旨的雌雄玄黃表象則可以忽略；截取《詩》中一章一句的意義，可以心領神會，卻不可以通過語言來說明。那些鄙儒的義例和訓詁之學在這裏完全失敗。春秋時，人們善於用《詩》大概就是這個樣子。在那時，先王的經典逐漸廢墜在地，《易》落入卜筮之術，《禮》因僭越而墜落，《樂》流入淫蕩，《史》由於舛誤而讓人詬病。即使是在諸侯之間很有名的楚國左史倚相，也不過是有誦說《三墳》、《五典》、《八索》、《九

誦說《三墳》、《五典》、《八索》、《九邱》為能，獨賦《詩》尚未入於陋儒之學。是先王之教，未經踐躪，巋然獨全者，惟《風》、《雅》、《頌》而止耳。此孔子所以既論[四]之《六經》，而又以首過庭之問[五]也。火於秦，雜於漢，別之以齊、魯，汩之以讖緯[六]，亂之以五際[七]，狹之以專門，銖銖而析之，寸寸而較之，豈復有《詩》？噫！安得春秋賦《詩》之說語之？

[注釋][一]肯綮：要害，關鍵的地方。[二]牝牡元黃：即雌雄玄黃。比喻無關宏旨的表象。[三]左史倚相：楚國左史倚相，周景王稱許為良史，傳能讀《三墳》、《五典》等古書。[四]論（ㄌㄨㄣˊ）：選擇，編輯。[五]首過庭之問：孔子兒子孔鯉經過庭前，孔子碰見了，教育他要學詩。[六]讖（ㄔㄣˋ）緯：讖書和緯書的合稱。讖是預言吉凶的文字、圖籙，緯是附會儒家經義衍生出來的一類書。[七]五際：齊詩附會陰陽五行之說。五際即卯、酉、午、戌、亥，以為這五個年份陰陽終始際會，政治上必然發生重大變故。

邱》的才能，惟獨賦《詩》還沒有進入陋儒的學術範圍。所以先王的教化，沒有遭受蹧蹋蹂躪而屹立獨存的，只剩下了《風》、《雅》、《頌》而已。這正是孔子把《詩》編入《六經》，並以其作為教育後代的首要教材的原因。《詩》在秦代被火焚，在漢代時被弄亂，又分為齊《詩》、魯《詩》等門派，又被讖緯之學所擾亂，被五際之說所破壞，被專門的派別所拘束，一銖一毫的瑣碎分析，一分一寸的繁密比較，這哪裏還是《詩》呢？哎！怎樣纔能把春秋時賦《詩》的真實說法告訴他們呢？

【古評】

朱字綠曰：理可以心遇，而不可以力求；詩可以神遇，而不可以言求。形容自得之妙，痛摘破碎之失，皆中甘苦，非親身閱歷人，不能道。機致飛舞，不可控禦。〇理固可以心遇，然非力求之後，無忽然遇之理；詩固然可以心遇，然非知言之後，無惝然而遇之神。穿鑿附會者失之，率臆捕捉者亦未為得也。聖人之教，必先博而後約，貴好古敏求，而不慕生知。極力與「人一己百，人十己千」，而不矜不思不勉之能中，是故卓爾之既見，而後歎其欲從末由者有之矣。若謂才不必竭，而徒聽高堅前後之自呈，此必無之理也。東萊乃欲比《五經》於途歌里詠，偶然入耳，而終身不廢，是豈可得哉？羲、文之《易》，孔子且欲加數年以學之，至老猶韋編三絕而不厭，聖人力求如是，況學者乎？《儀禮》節文之繁，《周禮》之作之備，《樂》則器數音節，終藏不能窺其藩，《春秋》則字異文疏，歷世不能得其要。惟二帝三皇之書，約略易究，然上則歷象星辰，下則溝塗封域，以至《洪範》之奧，《商盤》、《周誥》之詰屈聱牙，又何一可以偶然入耳而終身不廢耶？且《六經》之刪定也，其前後不可知，顧謂《書》、《易》、《禮》、《樂》、《春秋》為鄙儒所破壞，聖人憂之。然後得《詩》為喜，用匹夫匹婦之胸，救《五經》之破裂，是何據而云然也？不亦傷於誕歟？且匹夫匹婦之歌謠，在《詩》亦止於《風》而已耳。若《雅》、《頌》則聖君賢臣之所以治天下而理萬物，仁人孝子之所以通幽明而合神人，皆於是乎在。力求之且未易以窮其蘊，豈可偶然入耳而遂神遇於無言之表乎？嗚呼！彼讀《北山》之詩而疑舜可以臣父，讀《小弁》之詩而謂宜臼不可以怨者，皆自信其神遇而不以言求也。陸子靜謂六經皆我注腳，王伯安用其說以詆朱子，大率如此。蓋未有不入於禪悟，而以不立語言文字為法門者矣。

張明德曰：《六經》皆聖人治世之書，然不能平心觀理，而求之過深，未免穿鑿附會，弊病百出。況《詩》

之為教，原令人優遊涵泳，精意自呈。歷觀古人引用篇什，原屬活活潑潑地，未嘗拘泥。俗語說詩支離破碎，先生痛懲此弊，對症發藥，故爾云云，非靖節不求甚解之意也。〇先儒謂秦世焚經而經存，漢世窮經而經亡。先生本此立意，實為當時破壞《六經》者痛下針砭，故借題發揮，千古讀書人，自當知其言之不謬。〇詩本人情，賅物理。東萊言斷簡殘編，呻吟諷誦，越宿已有遺忘，至於途歌里詠，偶入於耳，則雖終身而不廢，洵是實情實理，確有所見之論。試觀鄉中蒙館村童，終朝呻吟呫嗶，而不能背昨日所讀之書者，甚至逃學而受父兄師長嚴責。迨其閒時誦述，向者所得之歌謠，則信口而出，初非有所傳習，繼非有所溫理，其所得時也無意而相遭，無約而相會，所稱可以神遇而不可以力求，殊不誣也。然則東萊所謂偶然入耳而終身不廢，乃經中之理耳。《五經》皆所以形天下之理，天下之人不以理視經，而以經視經。故《博議》中言《五經》即言《五經》之理，若言《五經》不言理耳泥言《五經》，宜東萊乃有欲比《五經》於途歌里詠，偶然入耳而終身不廢，是「豈可得哉』之說也，非即東萊所謂「刳剔離析，離續疏鑿，以經視經」者乎？夫如是之謂力求也。論本言賦詩斷章取義，可以神會而不可以言求，蓋欲人會心於《五經》中之理，而不必屑屑於章句之末，以支離而入於鑿，故約而一之以理，歸之以神遇，而不必力求於義例訓詁之末，欲人之探本也。何言末者偏曰節文器數之繁，以及盤誥之詰屈聱牙，又何一可以「偶然入耳而終身不廢」耶？視賦斷章取義之詩為全詩，辨而別之以《雅》、《頌》；視賦詩斷章取義可以神遇不可以力求之理為《五經》，以為不力求則入於禪悟。噫！吾知之矣。《雲漢》之詩曰：「周餘黎民，靡有孑遺。」信如斯言，是周無遺民也。至論用匹夫匹婦之胸，救《五經》之破裂，為云無所據而傷於誕，曷不返而一思之乎？匹夫匹婦胸中所存者性情耳，其實一理也。《五經》所載，皆所以形天下之理也。則《五經》所破裂而不全者，非不全此理乎？以理救理，何云乎據？何傷乎誕？公餘翻閱所及，爰書此以待質。

左傳原文

晉文公秦穆公賦詩 僖公・二十三年

晉重耳奔秦。他日，公享之。子犯曰：「吾不如衰之文也。請使衰從。」公子賦《河水》，公賦《六月》。趙衰曰：「重耳拜賜。」公子降，拜稽首，公降一級而辭焉。衰曰：「君稱所以佐天子者命重耳，重耳敢不拜！」

晉侯享公賦詩 文公・三年

公如晉，及晉侯盟。晉侯饗公，賦《菁菁者莪》。莊叔以公降拜，曰：「小國受命於大國，敢不慎儀？君貺之以大禮，何樂如之？抑小國之樂，大國之惠也。」晉侯降辭，登成拜。公賦《嘉樂》。

甯武子來聘公賦詩 文公・四年

衛甯武子來聘，公與之宴，為賦《湛露》及《彤弓》。不辭，又不荅賦。使行人私焉。對曰：「臣以為肄業及之也。昔諸侯朝正於王，王宴樂之，於是乎賦《湛露》，則天子當陽，諸侯用命也。諸侯敵王所愾，而獻其功，王於是乎賜之彤弓一、彤矢百、玈弓矢千，以覺報宴。今陪臣來繼舊好，君辱貺之，其敢干大禮以自取戾？」

荀林父賦詩 文公・七年

先蔑之使也，荀林父止之，曰：「夫人、大子猶在，而外求君，此必不行。子以疾辭，若何？不然，將及。攝卿以往，可也，何必子？同官為寮，吾嘗同寮，敢不盡心乎？」弗聽。為賦《板》之三章，又弗聽。及亡，荀伯盡送其帑及其器用財賄於秦，曰：「為同寮故也。」

鄭伯宴公賦詩 文公．十三年

冬，公如晉，朝，且尋盟。衛侯會公于沓，請平于晉。公還，鄭伯會公于棐，亦請平于晉。公皆成之。鄭伯與公宴于棐，子家賦《鴻鴈》。季文子曰：「寡君未免於此。」文子賦《四月》。子家賦《載馳》之四章。文子賦《采薇》之四章。鄭伯拜，公荅拜。

公享季文子賦詩 成公．九年

夏，季文子如宋致女，復命，公享之。賦《韓奕》之五章。穆姜出于房，再拜，曰：「大夫勤辱，不忘先君以及嗣君，施及未亡人，先君猶有望也。敢拜大夫之重勤。」又賦《綠衣》之卒章而入。

公享范宣子賦詩 襄公．八年

晉范宣子來聘，且拜公之辱，告將用師于鄭。公享之。宣子賦《摽有梅》。季武子曰：「誰敢哉？今譬於草木，寡君在君，君之臭味也。歡以承命，何時之有？」武子賦《角弓》。賓將出，武子賦《彤弓》。宣子曰：「城濮之役，我先君文公獻功于衡雍，受彤弓于襄王，以為子孫藏。為也，先君守官之嗣也，敢不承命？」君子以為知禮。

叔孫穆子賦詩 襄公．十四年

夏，諸侯之大夫從晉侯伐秦，以報櫟之役也。晉侯待于竟，使六卿帥諸侯之師以進。及涇，不濟。叔向見叔孫穆子，穆子賦《匏有苦葉》。叔向退而具舟，魯人、莒人先濟。

高厚歌詩 襄公・十六年

晉平公即位，晉侯與諸侯宴于溫，使諸大夫舞，曰：「歌詩必類。」齊高厚之詩不類。荀偃怒，且曰：「諸侯有異志矣。」使諸大夫盟高厚，高厚逃歸。於是叔孫豹、晉荀偃、宋向戌、衛甯殖、鄭公孫蠆、小邾之大夫盟，曰：「同討不庭。」

穆叔賦詩 襄公・十六年

冬，穆叔如晉聘，且言齊故。晉人曰：「以寡君之未禘祀，與民之未息。不然，不敢忘。」穆叔曰：「以齊人之朝夕釋憾於敝邑之地，是以大請。敝邑之急，朝不及夕，引領西望曰『庶幾乎』！比執事之間，恐無及也。」見中行獻子，賦《圻父》。獻子曰：「偃知罪矣。敢不從執事以同恤社稷，而使魯及此！」見范宣子，賦《鴻鴈》之卒章。宣子曰：「匄在此，敢使魯無鳩乎？」

晉享季武子賦詩 襄公・十九年

季武子如晉拜師，晉侯享之。范宣子為政，賦《黍苗》。季武子興，再拜稽首，曰：「小國之仰大國也，如百穀之仰膏雨焉！若常膏之，其天下輯睦，豈唯敝邑？」賦《六月》。

晉侯鄭伯賦詩 襄公・二十六年

衛侯如晉，晉人執而囚之於士弱氏。秋，七月，齊侯、鄭伯為衛侯故如晉。晉侯兼享之。晉侯賦《嘉樂》。國景子相齊侯，賦《蓼蕭》。子展相鄭伯，賦《緇衣》。叔向命晉侯拜二君，曰：「寡君敢拜齊君之安我先君之宗祧也，敢拜鄭君之不貳也。」國子使晏平仲私於叔向，曰：「晉君宣其明德於諸侯，恤其患而補其闕，正其違而治其煩，所以為盟主也。今為臣執君，若之何？」叔向告趙文子，文子以告晉侯。晉侯言衛侯之罪，使叔向告二君。國子賦《轡之柔矣》，子展賦《將仲子兮》，晉侯乃許歸衛侯。叔向曰：「鄭七穆，罕氏其後亡者也。子展儉而壹。」

慶封來聘賦詩 襄公・二十七年

齊慶封來聘，其車美。孟孫謂叔孫曰：「慶季之車，不亦美乎？」叔孫曰：「豹聞之：『服美不稱，必以惡終。』美車何為？」叔孫與慶封食不敬。為賦《相鼠》，亦不知也。

鄭七子賦詩 襄公・二十七年

鄭伯享趙孟于垂隴，子展、伯有、子西、子產、子大叔、二子石從。趙孟曰：「七子從君，以寵武也。請皆賦，以卒君貺，武亦以觀七子之志。」子展賦《草蟲》，趙孟曰：「善哉！民之主也。抑武也，不足以當之。」伯有賦《鶉之賁賁》，趙孟曰：「牀笫之言不踰閾，況在野乎？非使人之所得聞也。」子西賦《黍苗》之四章，趙孟曰：「寡君在，武何能焉？」子產賦《隰桑》，趙孟曰：「武請受其卒章。」子大叔賦《野有蔓草》，趙孟曰：「吾子之惠也。」印段賦《蟋蟀》，趙孟曰：「善哉！保家之主也。吾有望矣。」公孫段賦《桑扈》，趙孟曰：「『匪交匪敖』，福將焉往？若保是言也，欲辭福祿，得乎？」卒享。文子告叔向曰：「伯有將為戮矣！詩以言志，志誣其上，而公怨之，以為賓榮，其能久乎？幸而後亡。」叔向曰：「然。已侈！所謂不及五稔者，夫子之謂矣。」文子曰：「其餘皆數世之主也。子展其後亡者也，在上不忘降。印氏其次也，樂而不荒。樂以安民，不淫以使之，後亡，不亦可乎？」

薳罷賦詩 襄公・二十七年

楚薳罷如晉涖盟，晉侯享之。將出，賦《既醉》。叔向曰：「薳氏之有後於楚國也，宜哉！承君命，不忘敏。子蕩將知政矣。敏以事君，必能養民。政其焉往？」

穆叔食慶封誦詩 襄公·二十八年

叔孫穆子食慶封，慶封汜祭。穆子不說，使工為之誦《茅鴟》。亦不知。

令尹趙孟賦詩 昭公·元年

令尹享趙孟，賦《大明》之首章，趙孟賦《小宛》之二章。事畢，趙孟謂叔向曰：「令尹自以為王矣，何如？」對曰：「王弱，令尹彊，其可哉！雖可，不終。」趙孟曰：「何故？」對曰：「彊以克弱而安之，彊不義也。不義而彊，其斃必速。」

穆叔子皮賦詩 昭公·元年

夏，四月，趙孟、叔孫豹、曹大夫入于鄭，鄭伯兼享之。子皮戒趙孟，禮終，趙孟賦《瓠葉》。子皮遂戒穆叔，且告之。穆叔曰：「趙孟欲一獻，子其從之！」子皮曰：「敢乎？」穆叔曰：「夫人之所欲也，又何不敢？」及享，具五獻之籩豆於幕下。趙孟辭，私於子產，曰：「武請於冢宰矣。」乃用一獻。趙孟為客，禮終乃宴。穆叔賦《鵲巢》。趙孟曰：「武不堪也。」又賦《采蘩》，曰：「小國為蘩，大國省穡而用之，其何實非命？」子皮賦《野有死麕》之卒章。趙孟賦《常棣》，且曰：「吾兄弟比以安，尨也可使無吠。」穆叔、子皮及曹大夫興拜，舉兕爵曰：「小國賴子，知免於戾矣。」飲酒樂。趙孟出，曰：「吾不復此矣。」

季武子韓宣子賦詩 昭公・二年

春，晉侯使韓宣子來聘，且告為政而來見，禮也。觀書於大史氏，見《易象》與《魯春秋》，曰：「周禮盡在魯矣。吾乃今知周公之德與周之所以王也。」公享之。季武子賦《緜》之卒章。韓子賦《角弓》。季武子拜曰：「敢拜子之彌縫敝邑，寡君有望矣。」武子賦《節》之卒章。既享，宴于季氏，有嘉樹焉，宣子譽之。武子曰：「宿敢不封殖此樹，以無忘《角弓》？」遂賦《甘棠》。宣子曰：「起不堪也，無以及召公。」

楚子賦詩 昭公・三年

十月，鄭伯如楚，子產相。楚子享之，賦《吉日》。既享，子產乃具田備，王以田江南之夢。

鄭六卿賦詩 昭公・十六年

晉韓起聘于鄭。四月，鄭六卿餞宣子於郊。宣子曰：「二三君子請皆賦，起亦以知鄭志。」子齹賦《野有蔓草》。宣子曰：「孺子善哉，吾有望矣。」子產賦《鄭》之《羔裘》。宣子曰：「起不堪也。」子大叔賦《褰裳》。宣子曰：「起在此，敢勤子至於他人乎？」子大叔拜。宣子曰：「善哉，子之言是。不有是事，其能終乎？」子游賦《風雨》，子旗賦《有女同車》，子柳賦《蘀兮》。宣子喜曰：「鄭其庶乎！二三君子以君命貺起，賦不出鄭志，皆昵燕好也。二三君子，數世之主也，可以無懼矣。」

小邾穆公季平子賦詩 昭公・十七年

春，小邾穆公來朝，公與之燕。季平子賦《采叔》，穆公賦《菁菁者莪》。昭子曰：「不有以國，其能久乎？」

宋公賦詩 昭公·二十五年

宋公享昭子，賦《新宮》。昭子賦《車轄》。明日宴，飲酒，樂，宋公使昭子右坐，語相泣也。樂祁佐，退而告人曰：「今茲君與叔孫其皆死乎？吾聞之，『哀樂而樂哀，皆喪心也』。心之精爽，是謂魂魄。魂魄去之，何以能久？」

介之推不言祿　僖公・二十四年

居爭奪奔競之中，而見曠逸高世之舉，囂塵滯慮，一掃而空，心開目明，頓還舊觀。暑風旱雨，不足以喻其快也；渴漿饑炙，不足以喻其美也；沂浴雩游〔一〕，不足以喻其清也。

晉文公反國之初，從行諸臣，駢首爭功。子犯之受璧〔二〕，顛頡、魏犫之縱爇〔三〕，要切狠戾，有市人之所不忍為者。而介之推獨超然處眾紛之外，孰謂此時而有此人乎？是宜百世之後聞其風者，猶咨嗟歎頌而不能已也。

〔注釋〕〔一〕沂（ㄧˊ）浴雩（ㄩˊ）游：典出《論語・

〔譯文〕

處在人人爭奪競取的環境之中，看到曠達閒逸、超脫凡俗的行為，那塵俗的喧擾困惑，便一掃而空，心胸為之開朗，眼睛為之一亮，頓時回到舊時清明之境。酷暑時的涼風，乾旱時的雨水，都不足以比喻它的暢快；口渴時的瓊漿，饑餓時的烤肉，都不足以比喻它的美好了；在沂水沐浴，在雩臺遊玩，都不足以比喻它的清爽。

晉文公回到晉國之初，當年跟從他流亡的各位臣子，競相爭奪功勞。子犯送還玉璧，顛頡、魏犫則縱火燒人，邀功之切，兇狠暴戾，連市井小人都做不出來。而介之推一個人超脫在眾人紛爭之外，誰會想到這個時候還有這樣的人呢？難怪百世之後聽到他的道德風尚的人，還會為之嗟歎讚頌不已。

先進篇》。孔子問弟子們的各自志向，其中曾皙曰：「暮春者，春服既成，冠者五六人，童子六七人，浴乎沂，風乎舞雩，詠而歸。」為孔子所稱許。〔二〕子犯之受璧：晉文公渡過黃河，得位在望之時，狐偃以退為進，將早年文公給他的璧奉還，說流亡時常有得罪，希望此時遁隱，文公聽後投璧於河，發誓以後不會辜負他。見《左傳・僖公二十四年》。〔三〕顛頡、魏犨（ㄔㄡ）之縱爇（ㄖㄨㄛˋ）：晉文公得位四年，攻曹伐衛。入曹，令人不得入僖負羈之宮，以報送食物及玉璧之恩。但顛頡、魏犨二人以為從亡之功不報，報什麼一飯之恩。故火燒僖負羈。見《左傳・僖公二十八年》

雖然，盜跖之風不足以誤後世，而伯夷之風反可以誤後世；魯桓之風不足以誤後世，而季札之風反可以誤後世。凡人之情，既惡之，則必戒之。其所以陷溺而不知非者，皆移於所慕也。然則介之推之失，其可不別白以警後世乎？

雖然如此，盜跖的作風不能貽誤後世，而伯夷的風範反而可能貽誤後世；魯桓公的作風不能貽誤後世，而季札的風範反而可貽誤後世。人之常情，如果討厭它，就必定會戒備它。那些之所以沉溺其中而自己不知道錯了的人，都是受到自己所仰慕的對象遷移的結果。既然這樣，那麼介之推的過失就可以不辨別明白以警告後人嗎？

推尤諸臣之貪功，其言未必非也，其言之所自發則非也。使晉文賦之以祿，推以此為辭祿之言，雖不盡中理，猶不失為狷介也。今既不得祿而為此言，則是借正義以泄私怨耳。向若晉文位定之後，首行推之賞，置之狐、趙之間，吾不知推之發是言乎？不發是言乎？竊意斯言之未必發也。推之言不在於祿方賦之初，而在於祿不及之後，吾固疑推之不主於理，而主於怨也。怨而忿詈，未足多責；惟不明言其怨，而借理以逞怨者，君子疾之。時不我用，必曰「此時不可進也」，未嘗肯明言「吾怨時之遺我也」，始若見用，則必不為此言矣；人不我舉，必曰「此人不足附也」，未嘗肯明言「吾怨人之棄我也」，始若見舉，則必不為此言矣。同是時也，用我則為治，不用我則為亂；同

介之推責備諸臣貪功，他的話未必是錯誤的，但他說那些話的出發點卻是錯誤的。假使晉文公賞給他祿位，介之推把這話作為推辭祿位的話，雖然不是很合理，他還不失為潔身孤高的人。現在既然沒有得到祿位而說這樣的話，那就是假借正義之名來發洩自己的私怨而已。假如晉文公在位置穩定後，首先給介之推賞功，把他放在狐偃、趙衰這樣的大功臣之間，我不知道介之推是說這樣的話呢？還是不說這樣的話？我個人認為他不一定會說這樣的話。介之推的話不是在祿位頒布之前說的，而是在自己沒有得到祿位之後纔說的，所以我本來就懷疑介之推不是立足於理，而是立足於怨恨。因怨恨以至於怒罵，這樣還不足以去責備；只是不明著說出自己的怨恨，卻假借道理來發洩自己怨恨的人，君子是十分痛恨的。時代不任用我，必定說「這時代不能有作為」，未必肯明說「我怨恨時代拋棄了我」。如果一開始就被任用，就必定不會說這樣的話了；別人不舉薦我，必定說「這個人不值得我依附」，未必肯明說「我怨恨人家拋棄了我」，如果一開始就被舉薦，那麼必定不會說這樣的話了。同樣是一個時代，任用我就稱之為治世，不任用我就說它是亂世；同樣是一個人，舉薦我就是賢能的，不

是人也，舉我則為賢，不舉我則為愚。何其無特操耶？此君子所甚疾也。吾固疑推之未免乎借理以逞怨也。

推，高士也，未易以凡心窺、利心量也。事固有外似而中實相遠者，安知推之果出於怨也？推，吾所敬也，因其似而加推之罪，非惟不忍，亦不敢也。以怨斷推之罪，非吾之言也，乃推之言也；非推之言也，推母之言也。推自謂：「既出怨言，不食其食。」其母亦曰：「盍亦求之，以死誰懟[一]。」母子之間，真實底蘊，舉皆披露。推安所逃情乎？

[注釋][一]懟（ㄉㄨㄟˋ）：怨恨。

推若果以從亡之臣為不當賞，則狐、

舉薦我就是愚蠢的。怎麼會這樣沒有一定的操守呢？這是君子所十分痛恨的。所以我本來就懷疑介之推不免是借理來發洩怨恨。

當然，介之推是個高士，不能隨便用凡夫之心來窺探他、用求利之心來衡量他。事情本來就有外表看來相似而實際相差很遠的，怎麼知道介之推果真是出於怨恨呢？介之推是我所敬仰的人，因為相似而給介之推加上罪名，我不但不忍心，也不敢這樣做。用怨恨來斷定介之推的罪名，不是用我的話，而是用介之推自己的話；不是用介之推自己的話，而是用他母親的話。介之推自己說：「既然說出了怨恨的話，就不吃他的俸祿了。」他母親也說：「為什麼不也去求個祿位呢？這樣死去又能怨恨誰呢？」母親與兒子之間，內心真情和本來想法，完全表露出來了。介之推又怎麼逃得掉真情呢？

介之推果真認為跟從晉文公流亡的功臣不應當獎賞，那麼狐偃、趙衰是跟從流亡的臣子，自己也是

趙從亡之臣也，已亦從亡之臣也，其不賞，均也。文公之賞狐、趙，固濫而可責也。賞者為濫，則不賞者乃理之常也。是文公失之於狐、趙，而得之於我也。君待我以常，我自安其常，怨何為而生？身何為而隱乎？是非，無兩立之理。賞者是，則不賞者非；賞者非，則不賞者是。今推既咎文公之濫賞，又咎文公之不賞，此近於人情乎？吾是以知推之言特借理而逞怨也。

天下固有迹高而心卑、形清而神濁者矣，如推之徒是也。聚爭名者於朝，聚爭利者於市。山之巔、水之涯，忽遇如推者焉，非不蕭然可喜也。怨心內積，則林麓未必非幽縶之網，澗溪未必非忿激之聲也。吾未見此之果勝彼也。

跟從流亡的臣子，如果一個也不獎賞，大家都一樣，也是公正的。晉文公獎賞了狐偃、趙衰，當然浮濫而應該被責備。賞賜是浮濫了，那麼不賞賜是合於常理的。所以晉文公對狐偃、趙衰等人犯有過失，而對我是正確的。國君以常理對待我，我安於常理，怨恨從哪裏產生呢？自己為何要隱居呢？對與錯，沒有同時共存的道理。獎賞對，那麼不獎賞就錯了；獎賞錯，那麼不獎賞就對了。如今介之推既然責備晉文公濫行賞賜，又責怪晉文公不賞賜自己，這近乎人情嗎？我因此知道介之推的話，只不過是假借道理來發洩怨恨罷了。

天下固然有行跡高遠而內心卑劣、形體潔淨而靈魂污濁的人，像介之推這樣的人就是。在朝廷有聚在一起爭奪名譽的人，在市場有聚在一起爭奪利益的人。在高山巔上，在江水涯畔，突然碰見像介之推這樣的人，怎麼可能不感到欣然愉悅呢？但是如果怨恨的心情在體內積聚，那麼山林野麓未必不是羈絆人身幽禁性靈的世網，山澗溪流未嘗不是憤怒偏激的吼聲。我並不覺得這些地方要勝過其他地方。

左傳原文

介之推不言祿

僖公・二十四年

晉侯賞從亡者。介之推不言祿，祿亦弗及。推曰：「獻公之子九人，唯君在矣。惠、懷無親，外內棄之。天未絕晉，必將有主。主晉祀者，非君而誰？天實置之，而二三子以為己力，不亦誣乎？竊人之財猶謂之盜，況貪天之功以為己力乎？下義其罪，上賞其姦，上下相蒙，難與處矣。」其母曰：「盍亦求之，以死誰懟？」曰：「尤而效之，罪又甚焉。且出怨言，不食其食。」其母曰：「亦使知之，若何？」對曰：「言，身之文也。身將隱，焉用文之？是求顯也。」其母曰：「能如是乎？與女偕隱。」遂隱而死。晉侯求之不獲，以緜上為之田，曰：「以志吾過，且旌善人。」

鄭伯使盜殺子臧

僖公・二十四年

物之有是根者，遇物必發。一粒之穀，投倉窖，歷歲月，混埃塵，焦槁穨敗，若無復有生意矣。偶得半犁之土，則芃芃[一]覆塊，無信宿之淹，根在焉故也。是根苟存，倉窖所不能腐，歲月所不能隔，埃塵所不能淹。使與土相遇，其生意蓋森然而不可禦矣。

[注釋][一]芃（ㄆㄥˊ）芃：茂盛貌。

生藏於一粒之中，無久無近，遇物則必榮；惡藏於一念之中，無久無近，遇物則必發。鄭世子華以賣國誅[二]，其弟子臧出奔宋，竟坐聚鷸冠而為鄭伯所殺。當見殺之時，去子華之誅殆將十年，而宋、鄭之封

[譯文]

凡是有根之物，遇到合適之物就會發芽。一顆穀粒，放在倉庫地窖中，歷經歲月，混同塵土，枯槁衰敗，好像不再有生機了。偶然得到半塊土壤，便會生機蓬勃的長出土外，不消兩個晚上的工夫，這是由於根存在的緣故。所以只要有根存在，倉庫和地窖不能腐爛它，歲月不能阻隔它，塵土不能埋沒它。只要與土壤相遇，它便盎然勃發而不可控制了。

生命藏在一小粒之中，不論久暫，不論遠近，遇到有利之物就會茁壯生長；邪惡藏在一閃念之中，不論久暫，不論遠近，遇到相關事物就必定展現出來。鄭國太子子華因為出賣國家而被誅殺了，他的弟弟子臧逃奔到宋國，竟然因為好收集鷸冠而被鄭伯殺害。當他被殺的時候，距離子華被殺已將近十年了，而宋國和鄭國的疆界相距也不止幾百里，聲息不相聽聞，

疆亦不啻數百里也，風聲不相接，利害不相及，鄭伯之視子臧，與塗人等耳。鷸冠之侈，第得於道路之傳，其在鄭伯初無損益。以常情揆之，不過付之一笑耳。聞之非所怒也，怒之非所殺也。今鄭伯一聞鷸冠之侈，陰謀詭計，必置之死地而後止。何其喜怒之不類耶？蓋鄭伯之怒本不在冠也，特遇冠而發之耳。

［注釋］［一］鄭世子華以賣國誅：鄭太子華向齊桓公賣國求榮而未得逞，事在僖公七年。僖公十六年，子華被鄭人誅殺。

鄭伯殺子臧之根，固已萌於朋附［一］子華之時矣。以國君而誅一亡公子，如孤豚腐鼠［二］，何所不可？乃淹遲而不發者，非有所待也，時移地移，鄭伯固已忘其怒也。怒

利害不相牽涉，鄭伯看子臧如同路人而已。子臧收集鷸冠雖然奢侈，但也只是道路上的傳言，這和鄭伯本沒有任何利害衝突。按照常情推測，他不過是會付之一笑罷了。聽說此事他本不該發怒，即使發怒，也不至於殺了他。現在鄭伯一聽到子臧收集鷸冠的奢侈行為，便用陰謀詭計，必定要把子臧置於死地然後纔罷休。鄭伯的喜怒怎麼如此不同於常人呢？大概鄭伯的憤怒，本來就不在於帽子，只不過是借著帽子這件事發洩出來罷了。

鄭伯殺害子臧的根源，早在子臧阿附子華的時候就產生了。以一國之君的身分殺害一個流亡的公子，如同對待孤豚腐鼠，無所不可，卻遲遲不肯動手，他並不是要等待什麼，只是時過境遷，鄭伯本來已經淡忘了他的憤怒。憤怒雖然淡忘，但憤怒的根源卻沒有忘記。沒有與其他事情相遇的時候，固然隱藏而不

則忘，而怒之根不忘。未與物遇之時，固伏匿而不見；及鷸冠之傳，忽動其根，前日之積忿宿憾，一旦如新，非翦滅其身，不足以逞其毒。此所以罪之小而怒之大也。雖鄭伯亦自不能言其所以怒，況他人耶？自他人視之，則冠雖未必不附於孔門；貂蟬未必不貴於漢室[三]；步搖之冠，飛翮之纓，未必不見奇於武帝也[四]。聚鷸為冠，豈有可怒之實耶？鄰人之笛，懷舊者感之[五]；斜谷之鈴，愛溺者悲之[六]。感在人而不在笛，悲在人而不在鈴，怒在人而不在冠也。以我之不怒，笑彼之怒，則過矣。

[注釋][一]朋附：勾結，阿附。[二]孤豚腐鼠：又作「孤雛腐鼠」。比喻微賤不足道的人和物。[三]貂蟬未必不貴於漢室：漢武弁大冠，附蟬為文，貂尾為飾。見《後漢書・輿服下》。[四]此三句：江充見

見；等到鷸冠的消息傳來，忽然就觸動了他憤怒的根，以前積蓄下來的夙怨舊恨，一下子和新仇一樣，如果不消滅他，就不能夠發洩他的怨毒。這就是為什麼小罪竟招致大怒的原因。即使是鄭伯也沒法說出自己為什麼發怒，何況別人呢？在別人看來，就是戴野雞毛的帽子也未必不能成為孔子的門徒；貂毛和蟬翼做的帽飾也未必不在漢室中顯得尊貴；行步而搖的帽子、飛鳥羽毛的帽帶，漢武帝見了也未必不會感到奇異。聚集鷸羽做成帽子，難道真的是讓人發怒的口實嗎？鄰居的笛聲，使懷念故友的向秀聞之感傷；斜谷的鈴音，使深愛楊貴妃的唐玄宗悲從中來。向秀的感傷源於對嵇康的懷念而不在於笛聲，玄宗的悲哀源於對貴妃的思戀而不在於鈴音，同理，鄭伯的憤怒源於對子臧的舊恨而不在於帽子。因為我自己不會感到憤怒，而嘲笑別人的憤怒，是不合適的。

武帝，冠襌纚步搖冠，飛翮之纓，加以容貌壯，故武帝見而異之。見《後漢書・江充傳》。[五]鄰人之笛，懷舊者感之：晉向秀與嵇康友，嵇康長於音樂，後被殺。向秀經其舊居，聞鄰居吹笛，聲音嘹亮，追想故友，而作《思舊賦》。見《晉書・向秀傳》。[六]斜谷之鈴，愛溺者悲之：唐玄宗於天寶年間因安史之亂入蜀，初入斜谷，於棧道中聞鈴音與山相應，十分淒涼，玄宗憶念楊貴妃，因而採其聲作《雨霖鈴》曲以寄恨。事見《明皇別錄補遺》。

嗚呼！鄭伯之怒子臧，本於一念；而子臧朋附子華之邪志，亦根一念間耳。根於一念，遇物而發，雖事在十年之前，身居數百里之外，終不能免。其亦可畏矣哉！十年之久也，數百里之遠也，而忿怒之根終不忘，吾是以知怒之不可藏也；十年之久也，數百里之遠也，而邪慝[一]之根終不忘，吾是以知邪之不可萌也。

唉！鄭伯對子臧生氣，本源於一個念頭；而子臧阿附子華的邪惡之志，也是根源於一個念頭。根植於一個念頭，遇到某些事物而發作，即使事情是在十年之前，人在幾百里之外，終究不能免除。這也是很可怕的啊！十年之久的時間，幾百里遠的距離，然而憤怒怨恨的根終究不能忘卻，我因此知道憤怒是無法掩藏的；十年之久的時間，幾百里遠的距離，而邪惡的根終究不能忘卻，我因此知道邪惡是不可以產生的。

〔注釋〕〔一〕邪慝（ㄊㄜˋ）：邪惡，怨恨。

嗚呼！去惡者，其務去其根也哉！子臧雖欲遷善改過以去邪慝之根，然鄭伯之怒已根於胸中，其能保其遇物而不發耶？曰：「鄭伯何為而怒也？」「以子臧而發也。」過在子臧，而怒在鄭伯。吾是以知人心固相通而無間也。子臧之過，既可以動鄭伯之怒；則子臧之改，獨不可以動鄭伯之喜乎？想子臧意方回於睢陽〔一〕之野，而鄭伯之顏已解於溱洧〔二〕之濱矣。心之相通，胡越無間。況父子間耶？

〔注釋〕〔一〕睢（ㄙㄨㄟ）陽：宋地，指代子臧所逃亡的宋國。〔二〕溱洧（ㄨㄟˇ）：鄭國的兩條河流，這裏指代鄭伯所在的鄭國。

唉！除惡的人務必要除去它的根本啊！子臧即使想遷善改過以除去邪惡的根本，但鄭伯的怨恨已經根植於心中，能保證他遇到某些事物而不發作嗎？問：「鄭伯為什麼發怒呢？」答：「是因為子臧而發怒。」過錯在於子臧，而憤怒在於鄭伯。我因此知道人心原本相通而沒有間隙。子臧的過錯，既然可以觸動鄭伯的憤怒，那麼子臧的改過，難道就不能使鄭伯轉喜嗎？我想如果子臧回心轉意在宋國的睢陽之野，那麼鄭伯在鄭國的溱河洧水邊上就會展開笑顏了。人心相通，猶如胡人和越人也可以沒有間隙。何況是父子之間呢？

【古評】

汪伯玉曰：通篇正解大意。

鍾伯敬曰：中用貂蟬映帶鷸字，又開纖巧之門。笛鈴二喻，穠豔而雋，可謂東萊別調。

朱字綠曰：罪鷸冠者，非罪鷸冠，亦有特見。末後翻出心之相通，此時東萊家數，往往觸著即是。張子一篇《西銘》，總不外此。

張明德曰：服之不衷，身之災也，然卒以此殺其身，自貽伊慼，子臧已無所解免。但鷸冠之聚，得之傳聞，不應怒而殺之。吾以為鄭伯之怒，不在一冠也，其所以殺身之根，已萌於附會子華之時。文覷定根原，發出妙理，死中得活，東萊筆法往往如此。

左傳原文

鄭伯使盜殺子臧 僖公・二十四年

鄭子華之弟子臧出奔宋，好聚鷸冠。鄭伯聞而惡之，使盜誘之。八月，盜殺之于陳、宋之間。君子曰：「服之不衷，身之災也。《詩》曰：『彼己之子，不稱其服。』子臧之服，不稱也夫。《詩》曰『自詒伊慼』，其子臧之謂矣。《夏書》曰『地平天成』，稱也。」

衛禮至殺邢國子

僖公·二十五年

物莫壽於金石。言於千載之上而傳於千載之下者，皆託金石以不朽。然金有時而銷，石有時而泐，其所託者未必真可恃也。一得其託，不銷不泐，視古今如旦暮者，果何物？曰：「君子之論是也。」

天下不見湯之盤，而能誦「日新」之銘者，託於《大學》也；天下不見周之量，而能誦「文思」之銘者，託於《周官》也。是則銘託於湯盤者，反不如託於《大學》之堅；銘託於周量者，反不如託於《周官》之固。君子之論其可恃，豈金石比耶？

善託於君子之論，固不朽；惡託於君子之論，亦不朽。衛禮至行險僥倖而取其國，恬不知恥，反勒其功於銘，以章示後世。

〔譯文〕

沒有東西比金石的壽命更長的。記載言語在千年之前，而流傳到千年之後的，都是依託金石而得以不朽。但是金屬有時侯會銷蝕，石碑有時候會殘泐，那麼這些所依託的金石未必真的就可靠了。但有一種一旦得到依託，可不銷蝕不殘泐，讓人看待古今就如同是早晚一樣的，究竟是什麼東西呢？回答：「就是君子的言論。」

天下已看不到商湯的銅盤，但卻能夠背誦「日新」的銘文，是因為它依託於《大學》；天下已看不到周代的量器，但卻背誦「文思」的銘文，是因為它依託於《周官》。所以依託在湯盤上的銘文，反而不如依託在《大學》長久堅固；依託在周量上的銘文，反而不如依託在《周官》長久堅固。君子的言論可以值得依恃，哪裏是金石所能比的呢？

美德依託於君子的言論，固然會不朽；罪惡依託於君子的言論，也會不朽。衛國禮至冒險而僥倖地篡奪了邢國政權，全然不知羞恥，反而刻銘文以記其功，以炫耀於後世。人們都以為禮至的惡名，是因為

人皆以禮至之惡，因金石而遺臭萬世也。抑不知禮至之惡，雖因金石而傳，不因金石而遠。自今而求禮至之所銘者，鼎耶？鐘耶？敦耶？鉶耶？而已滅已沒，化為飛塵，蕩為太虛，無絲髮之存矣。物不存，則銘不存；銘不存，則惡不存。然禮至之惡，播在人口，初不隨物而朽。吾是以知禮至之所以遺臭萬世者，非金石也，君子之論也。使幸而不為《左氏》所載，則銘亡而惡亦亡矣。豈至於今日猶為人詆訶而不已耶？見辱於市人，越宿而已忘；見辱於君子，萬世而不泯。君子所以筆誅口伐於華門圭竇[一]之間，而老姦巨猾，心喪膽落者，恃此權也。

[注釋][一]華門圭竇：華門，用荊條編制的門戶。圭竇，形狀如圭的牆洞，指鑿壁為戶。皆借指寒微之家。

遇伯樂者，駑駘[二]之不幸；遇匠石[三]

金石而遺臭萬年，卻不知道禮至的惡名，雖然因為刻在金石上而流傳，但並不是因為金石而流傳久遠。如今去尋求禮至所刻銘文的器物，是鼎呢？是鐘呢？是敦呢？還是鉶呢？而它們都已經消失湮沒，化作飛塵了，揚在空中，沒有一絲一毫保留下來。器物不存在了，那麼銘文也就不存在了；銘文不存在了，那麼惡名也就不存在。然而禮至的惡名卻在世人口中傳播，並不隨器物而腐朽。我因此知道禮至之所以遺臭萬年，不是因為金石，而是因為君子的言論。假使禮至的惡行恰好不被《左傳》記載，那麼銘文不存，他的惡名也就不會留存下來了。怎麼會等到今天還被人痛罵不止呢？在街市上被人羞辱了，過一晚上就忘記了；被君子羞辱了，千秋萬代都不會泯滅。君子在蓬門陋室中，口誅筆伐，從而使那些老奸巨滑的人心驚膽戰，靠的就是這種評判的力量。

遇到伯樂，這是劣馬的不幸；遇到良匠，這是劣

者，樗櫟[三]之不幸；遇左氏者，禮至之不幸。向若禮至之事，偶逃左氏之紀錄，其辱亦必有時而止矣。是舉衛國之嘲哂，不如左氏一字之辱也。

[注釋][一]駑駘（ㄊㄞˊ）：皆指劣馬。[二]匠石：古代名石的巧匠。[三]樗櫟（ㄕㄨ　ㄌㄧˋ）：臭椿與山毛櫸，皆劣木。

禮至之辱，雖他人為之汗顏泚顙[一]，然至曷嘗自以為辱哉！想其顯書深刻之時，未必不願君子之紀錄也。以辱為榮，其無愧而不知恥，蓋不足多責。吾竊怪戰國、秦漢以來用兵者，反覆狙詐，大率皆禮至之比。不特其人自矜其功，而作史者亦從而咨美頌嘆之，以誇示來世。甚矣！風俗之日薄也。

春秋之時，有一禮至，人固已指為異物，特書之以為笑端，孰知後世為禮至者，

木的不幸；遇到左丘明，這是禮至的不幸。假如禮至的事情偶然逃過了左丘明的記錄，那禮至的恥辱過了一定的時間也就終止了。這樣看來，整個衛國對禮至的嘲笑，還不如左丘明一個字的羞辱。

禮至的恥辱，雖然別人都為他羞愧汗顏，但是禮至自己何曾認為是恥辱呢？遙想他當時公然書寫且深刻銘文的時候，未必不想讓君子把它記載下來。把恥辱當作榮耀，不感到慚愧而且不知道羞恥，不值得去過多地責備他。我私下裏對戰國以至秦漢以來用兵的人都反復無常、詭詐多端感到奇怪，他們大概都是像禮至這樣的人。不但他們自己誇耀功勞，而且寫歷史的人也跟著讚美歌頌他們，以誇耀於後世。太嚴重了，風俗日漸澆薄呀！

春秋時代，有一個禮至，人們已指責他為怪物了，特意書寫下來作為笑柄，誰知道後世像禮至這樣

將千百而未已耶？又孰知後世執筆而記之者，亦禮至之徒耶？甚矣！風俗之日薄也。

〔注釋三一〕泚（ㄘˇ）顙：泚，出汗。顙，額頭。額頭出汗。

抑吾有所深懼焉。讀左氏之書者，夫人而能笑禮至之妄也。戰國秦漢以來，為將者其視禮至，相去幾何？然史之所載，閎麗雄偉，可喜可愕。讀史者，奪於其辭，而眩於其實，未必不慨然慕之矣。同是事也，讀左氏之書則隨左氏而輕之；讀後世之史，則隨史官而重之。吾心之真輕重安在耶？今日之游於書，他日之游於世，一也。游眾正之間，則見貪冒者賤之而不為；游眾邪之間，則見貪冒者慕之而欲為。人正亦正，人邪亦邪，正者難見，而邪者易逢，終必為小人之歸而已矣。吁！可畏哉。

的人，會不會有千百個而不止呢？又有誰知道後世執筆寫史的人，會不會也是禮至這樣的人呢？太嚴重了，風俗日漸澆薄呀！

我覺得還有更深的恐懼呢。讀《左傳》的人都會嘲笑禮至的狂妄。戰國秦漢以來，那些當將領的，他們和禮至相差有多少呢？但是歷史所記載的，宏大瑰麗，雄壯奇偉，令人歡喜，令人驚訝。讀史書的人，被其中的文辭所蒙蔽，而對事實卻沒有明白，因此未必不帶着感慨羨慕這樣的人。同樣的事，讀左氏的書，就隨著左氏而輕視這樣的人；讀後世的史書，就隨著史官而推崇這樣的人。我內心真正的權衡在哪裏呢？今天在史書中瀏覽，日後在現世社會中遊歷，是一樣的。遊歷於眾多的公正之間，那麼看見貪婪的行為就會加以鄙視而不去做；遊歷在眾多的邪惡之間，那麼看見貪婪的行為就會心生羨慕而想去做。別人正直自己也隨著正直，別人邪惡自己也隨著邪惡，正直的人很難遇見，而邪惡的人容易遇到，那麼終究要和小人為伍纔罷休。咳！真可怕呀！

【古評】

茅鹿門曰：前一轉已不勝淋漓感慨，末再一轉悽悽惻惻，幾於哭矣。

朱字綠曰：君子之論，金消石泐，而今古不磨，古今之善惡，皆托之以傳。說的煜煜有神，文情酣暢，真可發潛德之幽光，誅姦雄於既死。古人言「三不朽」，立言在立德、立功之後，其輕重次序然也。然予嘗謂：德非言不傳，無言則無德矣；功非言不著，無言則無功矣。書契未立以前，其德隆、其功高者不知幾千萬人，而後世無聞焉，言不存也。且也鬼神無紀，則世人不能識其威靈；祖宗無紀，則子孫不能記其名字。是故德與功在一時，而言垂於萬世。言雖處功德之後，而所系反有重焉者。要非有德之言，則以禮至之徒而傳禮至之事，文人無行，宜非君子所貴耳，是故立言不可不勉為君子。

張明德曰：銘之為言，所以彰功德而垂竹帛也。若無功與德，而徒建言以傳後世，適足以形其醜態耳。文借大學、周官以起左氏，用兩客作證，光焰赫赫，上燭於天。末幅又深一層，言春秋有禮至，特書之以為笑端，而後之學禮至與記禮至者何昧昧也？感慨作結，煙波無際。

左傳原文

衛禮至殺邢國子 僖公・二十五年

春，衛人伐邢，二禮從國子巡城，掖以赴外，殺之。「正月，丙午，衛侯燬滅邢」，同姓也，故名。禮至為銘曰：「余掖殺國子，莫余敢止。」

晉文請隧　啟南陽　圍陽樊　圍原　問原守

僖公・二十五年

言周、秦之強弱者，必歸之形勢。其說蓋始於婁敬。

敬之言曰：「周公營成周都雒，以為有德易以興，無德易以亡，不欲阻險，令後世驕奢以虐民也。及周之衰，天下莫朝，周不能制，非德薄形勢弱也。秦地被山帶河，四塞以為固，此所謂天府。」論周、秦之形勢者，皆宗於敬，吾獨謂敬所見者，特平王之周耳，曷嘗見文武、成康之周哉？敬以周之形勢為弱，秦之形勢為強，抑不知敬之所謂秦乃文武、成康之周也。文武、成康之世，岐豐乃周之都，如敬之言「被山帶河，四塞以為固」者，蓋皆周之形勢。當是時，安得

〔譯文〕

談論周和秦強弱的人，必定歸結到地理形勢上。這種說法大概是婁敬先提出來的。

婁敬說：「周公營建成周，定都洛陽，認為有德就容易興盛，無德就容易衰亡，不想利用地形的險要，讓後世子孫驕狂奢侈，以暴虐百姓。等到周室衰微，天下諸侯都不朝拜，周王室不能控制了，並不是因為德行淺薄，而是地理形勢薄弱。秦國的地方，有高山憑依，河流環繞，四周都有要塞，形勢堅固，這就是所謂的天府。」談論周和秦地理形勢的人都推崇婁敬，我卻認為婁敬所看見的只是周平王時代的周而已，何曾見到周文王、武王、成王、康王時代的周呢？婁敬認為周的地理形勢弱，秦的地理形勢強，卻不知道婁敬所謂的秦正是周文王、武王、成王、康王時候的周。在周文王、武王、成王、康王的時代，歧、豐是周的都城，正如婁敬所說「有高山憑依，河流環繞，四周都有要塞，形勢堅固」的好地方。在那個時候，哪裏

有所謂秦者耶？

迨至平王東遷，輕捐岐豐之地以封秦，遂成秦之強。是秦非能自強也，得周之形勢而強也。秦得周之形勢，以無道行之，猶足以雄視諸侯，并吞天下。況文武、成康，本之以盛德，輔之以形勢，其孰能禦之耶？是天下形勢之強者，莫周若也。敬何所見，而遽以弱名周耶？吾故曰：「敬所見者，平王之周，而未見文武、成康之周也。」敬論周之形勢既謬，其論周之德益謬。形勢與德，夫豈二物耶？形勢，猶身也；德，猶氣也。人未有恃氣之充，而置身於易死之地者；亦未有恃德之盛，而置國於易亡之地者。王者之興，其德必有以先天下，其形勢亦必有以先天下。文武、成康之德，天下莫如也；岐豐、伊雒之形勢，天下亦莫如也。兩盡其

有所謂的秦呢？

等到周平王東遷，輕易放棄岐、豐地區以封給秦，於是成就了秦的強盛。這不是秦自己強盛，而是得到周的地理形勢纔強盛的。秦得到了周的地理形勢，施行無道的暴虐統治，尚且能夠稱雄諸侯，吞併天下。何況周文王、武王、成王、康王，以盛德為根本，以地理形勢為輔助，誰能夠抵禦他們呢？所以說天下地理形勢的強大沒有比得上周的。婁敬看到了什麼而輕易地說周朝地理形勢弱呢？因此我說：「婁敬所看見的只是周平王時代的周而已，而未見到周文王、武王、成王、康王時代的周。」婁敬論周的地理形勢已經錯了，他評論周的德就更加錯了。形勢和德，難道是兩種不同的東西嗎？形勢，如同人的身體；德，如同人的精氣。沒有人倚仗著精氣充沛而把身體置於容易死亡的危險之地；也沒有人倚仗著德的興盛而置國家於容易滅亡的境地。王者的興盛，他們的德必定超越天下，他們的地理形勢也必定領先天下。周文王、武王、成王、康王的德，天下沒有人比得上；岐、豐、伊、洛的地理形勢，天下也沒有地方比得上。兩方面都達到了極致，而沒有高下之分。君子任何時

極，而未嘗有所隆殺[一]也。君子無所不用其極者，隆其德而殺其形勢，是有時而不用其極矣，烏得為王者之道耶？陋矣哉！敬之論也。

[注釋][一]隆殺：尊卑，厚薄，高下。

非特敬為然，雖周之子孫，莫不皆然。晉文公既定子帶之難，請隧以自寵，襄王弗許，曰：「王章也。未有代德而有二王[一]，亦叔父之所惡也。」與之陽樊、溫、原、欑茅[二]之田。襄王之意以謂：吾周之為周，在德而不在形勢。典章文物之制，子孫當世守之，不可一毫之假人，至於區區土壤，吾何愛而以犯強國之怒耶？抑不知隧固王章也，千里之畿甸[三]，亦王章也。襄王惜禮文，不以與晉，自謂能守王章，抑不知割地

候都要做到極致，如果推崇德治而捨棄地理形勢，就是有時候做不到極致，這怎麼能算是王者之道呢？婁敬所論，太鄙陋了！

不但婁敬是這樣認為，即使是周王室的子孫也沒有不是這樣認為的。晉文公把王子帶的禍亂平定下來以後，請求死後按周王的墓隧制度以自重，周襄王不肯答應，說：「這是王者的典章制度。在天下還沒能取代周德之前而出現兩個王，也是叔父您所厭惡的。」於是給了他陽樊、溫、原、欑茅等田地。周襄王的意思，以為我周之所以有天下，是在於德行而不在於地理形勢。典章文物這些制度，子孫應當世代遵守，不可以借給別人一絲一毫，至於小小的一些土地，何苦因為捨不得而觸怒那些強大的諸侯國呢？但周襄王卻不知道，墓隧固然是王室的典章制度，而管理王城周圍千里的畿甸土地也是王室的典章制度。周襄王重視禮節文教而不肯答應晉國的要求，自以為守住了王室的典章制度，卻不知道割讓土地削弱了自己，那麼畿

自削，則畿甸之王章既不全矣。惜其一而墮其二，烏在其能守王章耶？形勢猶身也，德猶氣也，披[四]其肩背，斷其手足，自謂能守氣者，吾不信也。

[注釋][一]二王：指晉文公如果要享受天子的墓隧制度，就是要求天子的名分，擁有了王的名分，即為「二王」。[二]陽樊、溫、原、欑茅：皆周王室直轄地區。[三]畿（ㄐㄧ）甸：泛指京城郊外的地方。[四]披：破開，剖開。

嗚呼！周自平王捐岐豐以封秦，既失周之半矣；以破裂不全之周，兢兢自保，猶恐難立，豈容復有所侵削耶？奈何子孫猶不知惜，今日割虎牢畀鄭，明日割酒泉畀虢[一]，文武境土，歲朘月耗[二]，至襄王之時，鄰於亡矣。又頓捐數邑於晉，猶棄糧於陳、蔡之間[三]，揮金於原、曾之室，果何以堪

甸的典章制度也已經殘缺不全了。重視其中的一項，而毀墮了其中的第二項，怎麼算守住了王朝的典章制度呢？地理形勢就像人的身體，德行就像人的精氣。一個人剖開了肩和背，砍斷了手和腳，還自以為能守住精氣，我不相信。

唉！周自從平王放棄岐、豐封給秦國後，已經失去疆域的一半了；憑藉殘破不全的周土，小小心心地以求自保，還恐怕難以做到，怎麼能容忍土地再被侵奪和削減呢？無奈子孫後代還不知道珍惜，今天割讓虎牢之地給鄭國，明天割讓酒泉之地給虢國，周文王和周武王所開拓的疆土，年縮月減，到了周襄王的時候，接近於沒有了。又在短時間內送了幾個城邑給晉國，這就像孔子被困在陳國、蔡國斷糧時再拋棄糧食，在貧窮的原憲和曾參家裏揮霍金錢，這怎麼承受得了呢？周王室衰敗到這種境地，看見的人都為之感到憐

乎？周之堙替至此，見之者皆為之憫惻。晉文乃忍於此時多取其地以自肥，亦猶奪糧於陳、蔡之間，攫金於原、曾之室[四]，其亦不仁甚矣。噫！晉文獨非周之苗裔耶[五]？坐視宗國之危蹙，不能附益，反從而漁奪之，是而可忍，孰不可忍？議者反屑屑然論其伐原之信，問守之非，何其捨本而求末也？晉文之不仁至是，固自不可以人理責。向使為襄王者，知祖宗之地尺寸不可以與人，以正義大法明告於晉，晉雖強暴，未必敢遽加無道於周也。

【注釋】[一]今日割虎牢畀鄭，明日割酒泉畀虢：魯莊公二十一年，鄭伯與虢公，平王子頹之亂，周惠王割虎牢給鄭伯，割酒泉給虢公。[二]歲朘（ㄐㄩㄢ）月耗：每年每月地縮減消耗。朘，縮減。[三]陳、蔡之間：孔子周遊列國，曾一度圍困於陳國和蔡國之間，且斷了糧食。[四]原、曾之室：指孔子弟子原憲和曾參的家庭，他們都很窮困。[五]晉文獨非周之苗裔耶：

憫。晉文公卻能忍心在這個時候大量地奪取周王室的土地以擴充自己，這也相當於奪去孔子被困在陳國、蔡國斷糧時的糧食，奪去貧窮的原憲和曾參家裏的金錢，也太不仁慈了吧。唉！晉文公難道不是周王室的後代嗎？竟然坐視宗主國的危迫，不能有所幫助，反而從中漁利而巧奪橫取，這樣做都能容忍的話，還有什麼不可以容忍的呢？議論的人反而瑣瑣碎碎地談論他討伐原邑的信義，以及詢問誰可以守原邑的是是非非，怎麼能這樣捨本求末呢？晉文公不仁到了這種地步，固然不可以用人之常理來責備他。而作為周襄王，假如之前他知道祖宗的土地一尺一寸都不可以送給別人，用公理正義的大法明白地告訴晉國，晉國雖然強大兇暴，也未必敢突然對周王室無禮。

晉國的開國國君是周成王弟弟，成王把他封在唐地，為晉國的始封地。故晉本為周王室同宗。

雖然，仲叔於奚有功於衛，賞之繁纓，夫子以為不如多與之邑[一]。隧之與繁纓，不亦大乎？襄王重隧而輕邑，適合夫子之訓。夫子是，則襄王亦是；襄王非，則夫子亦非；必居一於此矣。曰：「不類。仲叔於奚，內臣也。雖多與之邑，猶衛地也。晉文公，外臣也。朝受圖，而夕設版[二]矣。是不同。」

［注釋］［一］仲叔於奚……不如多與之邑：事在成公二年。衛上卿孫良夫率兵伐齊而敗，為仲叔於奚所救，衛侯要賞賜給他封邑，他辭謝不要，而要求使用諸侯的禮樂及「繁纓」等諸侯纔能享有的飾物，衛侯答應了。孔子評論這件事時，認為不如多給仲叔於奚封邑，因為「唯器與名，不可以假人，君之所司也」，孔子十分重視名分。［二］設版：建築防禦工事。版，版築土牆，泛指工事。

雖然如此，仲叔於奚對衛國有功勞，衛侯賞給他只有諸侯纔能享有的「繁纓」飾物，孔子認為不如多給他封邑。墓隧制度相對於「繁纓」不是更重大嗎？周襄王重視墓隧而輕視封邑，恰好合乎孔子的訓誡。如果孔子是對的，那麼周襄王也是對的；如果周襄王是錯的，那麼孔子也是錯的；兩者只能居其一。回答是：「這兩種情況是不相同的。仲叔於奚是衛國的內臣，即使多給他封邑，那也還是衛國的土地。晉文公，是周王室的外臣，早上接受了版圖晚上就會在那裏設好防禦工事。因此，這是不相同的。」

【古評】

唐荊川曰：補插處筆力周到。

王聖俞曰：論形勢合德，深見帝王之大。

楊升庵曰：立論必推其原，勘理必求其至，所以與俗見迥別。

瞿昆湖曰：議論垂竭，折衷仲尼，文字汪洋，可驚可愕。且一難一解，語不費而意自析，真大手筆。

孫執升曰：德與形勢相唇齒，此文以身氣作喻，辯論精明嚴確。可以破「在德不在險」一語，婁敬亦不足辨矣。

朱字綠曰：借婁敬引起西周之形勢，說到德與形勢合一，無形勢則德無所附麗，然後破割地自削之非，真通達世故之言。其踸踔豪宕，如天馬行空，不可羈勒。隧既不可予，邑又不可割，尚須補出方略。以待晉文。問何以待之？曰：「來朝則路車乘馬，玄袞及黼，有功則彤弓玈矢，賜之斧鉞。」得專征伐，未聞自割畿內以酬功也。且齊桓故事，亦止賜文、武之胙而已。晉文雖恃功而橫，王步未改，曲以徇之，不如直以折之，何必駕齊桓之上乎？周初封建，雖諸侯得自有其封內，而其地仍歸之天子。故慶讓之典，有加地進爵之賞，有六師移之之誅。海內之地，予之奪之，一聽天子之命，非據王畿千里，自稱周而已矣。自夷王下堂而見諸侯，於是公、侯、伯、子、男各居其封，慶讓不得而及。至東遷而後，名為天子，勢已等於列國，依於晉、鄭，而取麥取禾，射王中肩，不道甚矣。齊桓首起為「葵邱之會」，煌煌五命，申告同盟，然後人知天子之尊。晉文適繼其後，雖召天子於河洛，跡已不臣，而猶不得不率諸侯以行朝禮，則以齊桓為之倡也。使周天子當齊桓初霸之時，能藉其力複先王方伯連率之制，申明周禮，恪恭震動，雖不能繼文、武、成、康之烈，必能稍起淩夷，振興周道，乃其時止有宰孔賜胙之舉，而無所修明。故晉文攜隰城之功，冒然請隧而不忌，蓋不能自強於齊桓尊周之初，而欲不依違於晉文淩逼之日，不可得矣！惜乎！○晉文以天子之田為可攘，故晉人亦以國君之地為可分，此六卿所以擅晉，而卒歸於韓、趙、魏也。

張明德曰：請隧而王弗許，割四邑以與。襄王之意以為：「王制不可亂，區區下邑，所不惜也。」獨不思典章文物，固不可以假人，而畿內之土宇，亦王章也，獨可與乎？然則為王計奈何？曰：「古者天於報有功諸侯曰錫之彤弓，賜之斧鉞，下而至於路車乘馬，所以明有功也。」割地而與，與與隧何異？東萊以形勢二字立一篇大局，以德字作骨，折倒婁敬之說，以為貶襄張本，意可哀矜，語能解頤。結處引夫子繁纓一說，更足以定襄王不王之案。

左傳原文

晉文請隧　啟南陽　圍陽樊　圍原　問原守

僖公．二十五年

晉侯辭秦師而下。三月，甲辰，次于陽樊。右師圍溫，左師逆王。四月，丁巳，王入于王城，取大叔于溫，殺之于隰城。戊午，晉侯朝王。王饗醴，命之宥。請隧，弗許，曰：「王章也。未有代德而有二王，亦叔父之所惡也。」與之陽樊、溫、原、欑茅之田。晉於是始起南陽。陽樊不服，圍之。蒼葛呼曰：「德以柔中國，刑以威四夷，宜吾不敢服也。此誰非王之親姻，其俘之也！」乃出其民。冬，晉侯圍原，命三日之糧。原不降，命去之。諜出，曰：「原將降矣。」軍吏曰：「請待之。」公曰：「信，國之寶也，民之所庇也。得原失信，何以庇之？所亡滋多。」退一舍而原降，遷原伯貫于冀。趙衰為原大夫，狐溱為溫大夫。晉侯問原守於寺人勃鞮。對曰：「昔趙衰以壺飧從徑，餒而弗食。」故使處原。

展喜犒齊師 僖公・二十六年

緩則信，急則詐；安則信，危則詐。習俗之情皆然也。

公卿大夫平居佚豫，侃侃正論，視儀秦代厲為[一]何等物。一旦羽檄[二]雷動，邊聲四起，搶攘怵迫，不知所出，有能拾儀秦代厲之遺策，以排難解紛者，則皆欣然恨聞之晚。彼非遽忘前日之論也，苟以濟一時之難，不暇顧一時之詐也。故無事則為君子，有事則為小人；在國則為君子，在敵則為小人。彼其心以為：誠信者，國家閒暇，用之以厚風俗則可耳。四郊多壘，此何時也？兩陣相向，此何地也？區區之小謀，豈當施於此耶？可以為吾利，雖置敵於害，勿恤也；可以為吾福，雖置敵於禍，勿恤也。

〔譯文〕

形勢緩和時纔講誠信，形勢危急時就狡詐多變；安全時纔講誠信，危險時就狡詐多變。世俗的情況都是這樣的。

公卿大夫平時安居享樂，侃侃而談光明正大之理，把張儀、蘇秦、蘇代、蘇厲看作不入流的人物。一旦戰報像雷聲一樣傳來，邊地的戰鼓聲四面響起，這些人就慌亂恐懼，不知所措。如果有人能夠撿起張儀、蘇秦、蘇代、蘇厲遺留下來的計策以排解危難紛爭，他們就非常高興，遺憾沒有早點與其結識。他們並不是突然忘記了以前的議論，只是如果能救一時急難，也就不暇顧忌一時的狡詐了。所以沒有事的時候他們是君子，有事的時候他們就是小人；在自己的國家時他們是君子，在敵人那裏他們就是小人。他們內心認為，誠信這東西，在國家安全無事的時候用來敦厚風俗是可以的。可是當四郊建起營壘，這是什麼時候了？兩軍對陣相向，這是什麼地步啊？小小的謀略，難道要在這個時候、這個地方施展嗎？只要能為我方謀得利益，即使是把敵人置於有害的境地也不應當憐憫；只要能為我方謀得福分，即使把敵人置於禍

〔注釋〕〔一〕儀秦代厲：指戰國時候的縱橫家張儀、蘇秦及其弟蘇代、蘇厲。〔二〕羽檄（ㄒㄧˊ）：古官府用以徵召、曉喻、征討的文書，緊急時常插有羽毛作為標誌。

彼孰知君子之道行乎兵革之間，固有兩全而不傷者耶？聞其語，未必信有其人也；聞其名，未必信有其實也。吾請舉其人、指其實以曉之。

齊孝公親帥師伐魯北鄙，魯使展喜犒師。其行也，實受辭於柳下惠焉。他人為之辭，必捭闔〔二〕詭辨，期於誤齊而全魯。吾觀柳下惠之辭，何其溫厚誠篤，守約而施博也。首告之以先王之命，以發其尊周之心；繼告之以周公太公之睦，以發其親魯之心；終告之以桓公之盛，以發其圖伯之心。既為魯慮之，又為齊慮之，初無一語之欺想。展

難之中也不應當憐憫。

他們哪裏知道君子之道用於戰爭當中，本來就有使敵我雙方都不被傷害的功用呢？聽到這樣的話，未必相信真有這樣的人；聽到他的名字，未必相信真有這樣的事實。請讓我舉出這樣的人，指出這樣的事實，來告訴人們吧。

齊孝公親自率領軍隊討伐魯國北境，魯國派展喜去犒勞齊軍。他這次前往，要說的話實際上是柳下惠所擬定的。其他人安排說辭，必定要縱橫捭闔，詭詐辯說，希望能誤導齊國而保全魯國。我看柳下惠的言辭，真是很溫和仁厚，誠懇篤實，把握要領，其用廣大。他首先告訴他們有關的先王之命，用以啟發他們尊重周王室之心；接著告訴他們周公和姜太公之間的和睦相待，用以啟發他們親近魯國之情；最後告訴他們有關齊桓公的盛大德業，用以啟發他們圖謀霸業之意。既為魯國考慮，又為齊國考慮，並沒有一句欺

喜致命之際，齊侯一聞王命之重，必肅然而敬；再聞齊魯之舊，必驩然而和；三聞伯業之盛，必慨然而奮。向來憤毒怨憾之氣，陰銷潛鑠，不知所在。是宜還轅反旆〔二〕，不待其辭之畢也。柳下惠之辭命，無儀秦代厲之詐，而有儀秦代厲之功。然則，排難解紛者，變詐之外，豈無術耶？吾今而後知存魯、亂吳、破齊、強晉、霸越者，決不出於孔子之徒也。

〔注釋〕〔一〕捭闔：猶開合。本為戰國時縱橫家分化、拉攏的遊說之術。後亦泛指分化、拉攏。〔二〕還轅反旆（ㄆㄟˋ）：還轉戰車，收回戰旗。指終止戰爭。

雖然，柳下惠之辭命則善，魯所以用其辭命則不善。齊孝公成師以出，既臨魯境，在常情論之，豈有聞一言而遽還者乎？

騙的話。相信展喜在傳達魯君之命的時候，齊侯一聽到王命的重大，必定肅然起敬；接著聽到齊國和魯國之間的傳統情誼，必定會很高興而達成和解；最後聽到霸業的興盛，必定會慷慨奮發。以前的憤怒怨恨，都悄悄地消失化解，不知道到哪裏去了。難怪不等展喜把話說完，他就掉轉戰車卷好戰旗回國了。柳下惠的言辭沒有張儀、蘇秦、蘇代、蘇厲的狡詐，而有張儀、蘇秦、蘇代、蘇厲的功用。既然如此，那麼排解危難紛爭，除了機變巧詐之外，難道就沒有別的辦法了嗎？我從此以後知道保存魯國、擾亂吳國、破壞齊國、壯大晉國、成就越國霸業的人，絕對不會出自孔子的門徒之中。

即使這樣，柳下惠的言辭完成君命是很好的，但魯國利用這一言辭的目的卻是不好的。齊孝公召集軍隊出兵，已經接近魯國的邊境了，按常理來說，哪有聽到隻言片語就突然返回去的？齊孝公超越了常情，

孝公度越常情樂於從善，不憚三軍之暴露，徒手而還，是有大造於魯也。魯曾不知報齊之施，反以德為怨，與楚連兵而伐齊，是柳下惠之辭命，適為魯款敵之具耳。古語有之，柳下惠見飴曰：「可以養老。」盜跖見飴曰：「可以黏牡。」此言非為盜跖也，為魯也。盜跖得柳下惠之飴而為盜跖，魯得柳下惠之辭而為詐。一物而兩用，一言而兩心，隨人之所見何如耳，飴與辭何罪焉？然則，魯之君臣，是一盜跖也。

樂於聽從善言，不怕三軍暴露在外的辛苦，空手回去，這對魯國有重大的恩惠。魯國竟不知道報答齊國的恩惠，反而把恩德當作怨仇，和楚國聯合出兵討伐齊國，於是柳下惠的言辭恰好成了魯國緩敵的工具。古話說，柳下惠看見了糖膏說：「可以用來養老防飢。」大盜盜跖看見了糖膏說：「可以用來黏住門栓開門。」這話不是為盜跖這樣的人說的，是為魯國說的。盜跖得到了柳下惠的糖膏而做盜跖，魯國得到了柳下惠的說辭而用來騙人。一件東西有兩種用途，一樣的話有兩樣心思，這隨著個人的見解而不同，糖膏和言辭有什麼罪過呢？既然這樣，那麼魯國的君臣，是另一個盜跖啊。

左傳原文

展喜犒齊師 僖公・二十六年

齊孝公伐我北鄙。衞人伐齊，洮之盟故也。公使展喜犒師，使受命于展禽。齊侯未入竟，展喜從之，曰：「寡君聞君親舉玉趾，將辱於敝邑，使下臣犒執事。」齊侯曰：「魯人恐乎？」對曰：「小人恐矣，君子則否。」齊侯曰：「室如懸罄，野無青草，何恃而不恐？」對曰：「恃先王之命，昔周公、大公股肱周室，夾輔成王。成王勞之而賜之盟，曰：『世世子孫，無相害也。』載在盟府，大師職之。桓公是以糾合諸侯而謀其不協，彌縫其闕而匡救其災，昭舊職也。及君即位，諸侯之望曰：『其率桓之功。』我敝邑用不敢保聚，曰：『豈其嗣世九年而棄命廢職，其若先君何？君必不然。』恃此以不恐。」齊侯乃還。

魯如楚乞師 僖公・二十六年

東門襄仲、臧文仲如楚乞師。臧孫見子玉而道之伐齊、宋，以其不臣也。

楚伐宋齊 僖公・二十六年

宋以其善於晉侯也，叛楚即晉。冬，楚令尹子玉、司馬子西帥師伐宋，圍緡。「公以楚師伐齊，取穀。」凡師能左右之曰以。寘桓公子雍於穀，易牙奉之以為魯援。楚申公叔侯戍之。桓公之子七人，為七大夫於楚。

楚滅夔 僖公・二十六年

以君子之言，借小人之口發之，則天下見其邪，而不見其正；以小人之言，借君子之口發之，則天下見其正，而不見其邪。是故《大誥》之篇，入於王莽之筆，則為姦說；陽虎之語，編於孟氏之書，則為格言。是非變其言也，氣變則言隨之變也。

於此有木焉，柯榦固未嘗改也。春氣至，則枯者榮，衰者盛，陳者新，悴者澤；秋氣至，則榮者枯，盛者衰，新者陳，澤者悴。氣也者，潛乎柯榦之中，而浮乎柯榦之外者也。惟言亦然。

溫厚之氣加焉，凡勁暴粗厲之言，皆變而為溫厚；忿戾之氣加焉，凡溫醇和易之

［譯文］

把君子說的話，用小人的口說出來，那麼天下人只看見它邪的一面，而看不見它正的一面；把小人說的話，用君子的口說出來，那麼天下人只看見它正的一面，而看不見它邪的一面。所以《書・大誥》的篇章，從王莽的筆下寫出，就成了奸邪之說；陽虎的話，編進《孟子》書中，就成了格言。這不是改變了他們說的話，只是氣變了那麼言辭也跟著變了。

在這裏有一棵樹，枝榦沒有改變。春天的氣息到了，那麼枯萎的開始繁榮，衰敗的開始茂盛，陳舊的開始變新，憔悴的開始潤澤；秋天的氣息到了，那麼繁榮的開始枯萎，茂盛的開始衰敗，新的開始變舊，潤澤的開始憔悴。氣息潛藏在枝榦之中，表露在枝榦之外。言辭也是這樣。

施加溫和寬厚的口氣，那麼所有暴烈粗俗的言辭都會變得溫和寬厚；施加憤怒怨恨的口氣，那麼所有溫厚平和的言辭都會變得憤怒怨恨。不改動一句話，

言，皆變而為忿戾。不動一辭，不移一字，而善惡相去，若天淵然，是孰使之然哉！氣也。氣可以奪言，言不可以奪氣。故君子之學，治氣而不治言。

夔子之對楚問，正也；其激楚怒而見滅者，以氣之忿而奪言之正也。夔子不祀祝融與鬻熊，禮也；衛祖康叔不敢祀后稷，魯祖周公不敢祀公劉，非所以為罪也。此固先儒之所已論也。然夔子言之所守，則是；言之所出，則非。治言而不治氣，雖有正禮大義，反為忿戾之所敗，不足以解紛，而反以速禍，豈不甚可惜哉！

夔之不當祀祝融、鬻熊，楚固知之，知之而且問者，特假以為發兵之端耳。在常情不得不忿也。忿心既生，言亦隨厲。故其

不移動一個字，其善與惡之間，就如天淵之別。是什麼使它這樣的呢？是氣。氣可以改變言辭，言辭卻改變不了氣。所以君子學習，治心氣而不是治言辭。

夔子回答楚王責問的話，是正確的；他之所以會激起楚王的憤怒而為楚所滅，是因為氣憤而改變了言辭正確的一面。夔子不祭祀祝融和鬻熊，這是符合禮制的；就像衛國的祖先是康叔而不敢追溯祭祀到后稷，魯國的祖先是周公而不敢追溯祭祀到公劉，這不成為罪過。這些本來先儒都已經談論過了。那麼，夔子的言辭所秉持的道理是對的，但說話的口氣就不對了。注意言辭而不注意說話的口氣，即便有正當的禮儀和道理作為依據，反而會被憤怒和怨恨所破壞，不僅不能夠解除紛爭，反而會加速禍亂，難道不是很可惜嗎？

夔子不應當祭祀祝融和鬻熊，楚國本來就知道，明明知道而去責問，只不過是想把它作為出兵的藉口而已。一般碰到這種情況，不能不令人氣憤。憤怒之心已經產生，言辭也就跟著變得嚴厲了。所以他回答

對楚之辭則曰：「我先王熊摯有疾，鬼神弗赦，而自竄於夔。吾是以失楚，又何祀焉？」忿戾之氣，殆如矛戟傷人。至今讀者猶為之變容，況讎敵乎？使夔有君子，亦必以不當祀為對。然其言之所自出，則異矣。惟其空國無君子，故蔽於私忿，徒能為不當祀之對，而弗暇思不當祀之由，反追咎失楚，讎鬼神之不祐，何其悖耶？

嗚呼！祖可讎，是天可讎也。果如夔子之言，則石厚之子，可以廢碏之祀，而日磾之孫，蓋有不入敬侯之廟者矣。夔之始所以不祀者，曷嘗有是意耶？人情固有自譽而以惡為美者矣，未有自誣而以美為惡者也。夔之祀典，本出於禮，今務快其忿，甘自處於悖逆，而忘其守禮之初心。忿戾之移人

楚王時就說：「我的先王熊摯有疾病，鬼神不肯赦免他，因而自己逃竄到夔。我們因此失去在楚地的一切，又何必祭祀呢？」憤怒怨恨的口氣就像用長矛刀戟一樣傷人。直到今天，讀到的人還為此改變臉色，何況是仇敵呢？假使夔國有君子，也必定以不當祭祀來回答，但他們說話的口氣就不一樣了。只是全國沒有君子，所以纔被私憤所蒙蔽，只能以不應當祭祀來應對，而沒時間考慮不應當祭祀的理由，反而歸咎於失去楚地，仇恨鬼神不肯庇佑，這是多麼違背情理啊？

唉！祖宗都可以視為仇敵，那麼上天也可以視為仇敵了。果真像夔子說的那樣，那麼石厚的兒子可以廢除對石碏的祭祀了，而日磾的孫子也可以不進敬侯的神廟了。夔子當初之所以不肯祭祀，何嘗有這樣的意思呢？人的常情，固然有為了自我標榜而把不好的說成了好的，但沒有為了抹黑自己而把好的說成不好的。夔國的祭祀典章本來是出於禮制的，現在卻為了逞一時之快而洩忿，甘心把自己處於悖逆的地步，忘記了最初守護禮制的本心。憤怒和怨恨改變一個人，實在可怕啊！憤恨楚王而上推至自己的祖先，這樣的

可畏哉！忿楚子而上及吾祖，何怒之遷也？怒止於楚，其可自附於不遷怒乎？曰：「未也。」所謂遷怒者，非待怒室及市，然後謂之遷也；非待怒甲及乙，然後謂之遷也；怒在於彼，遷之於我，是之謂遷。怒在於彼而遷之於我，是猶奪人之酖而自飲，其不裂腹潰腸者，幾希。彼顏子之不遷怒，果何以異於人哉！亦不奪酖者之智而已矣。

遷怒是多麼大啊？如果只憤恨楚國，就可以把自己算作不遷怒的人了嗎？回答是：「還不行。」所謂遷怒，不是要等到憤恨擴大到家室或市集之人，然後纔稱之為遷；也不是等到憤恨甲連帶憤恨乙，然後纔稱之為遷；發怒的是別人，而遷移到自己身上，這纔叫遷。怒在別人而遷移到我自己，這就好像搶別人的毒酒自己喝下去，不裂肚爛腸的人是很少的。那顏回不遷怒，果真是不同於常人嗎？只不過是有不搶奪別人的毒酒的智慧罷了。

【古評】

李本甯曰：開口奇特，授禮甚確。

孫執升曰：氣是本，詞是枝，故治言必先治氣。魯論出辭氣斯遠鄙倍，孟子知言必由養氣。東萊小小立論，見大學問，讀之肅然起敬，深於立言之道。」「夔子執諸侯之祀，無過其祖之禮，以是見滅，楚人以夔子歸，而《春秋》不名，胡氏以為非夔子之罪。然則楚子憑陵江、漢，滅其同姓，所以樹威而自利耳。夔即屈辱告哀，亦未必矜而全之也。東萊謂其氣暴取禍，不過為學者下針砭而已，非果當日事實也。

張明德曰：夔子之對楚問是也，其激楚之怒而滅之者，以其氣之忿而奪言之正也。東萊根源一『氣』字，探喉而出，無非至理。但此亦是空中樓閣，為粗心人下一藥石。故借養氣意思立此快論，此文之無中生有善於解嘲者。」「東萊先生以治言而不治氣，雖有正禮大義，反為忿戾之所敗，為夔子惜，乃千古人情物理所同。然後之論者，謂楚自憑陵江、漢，滅其同姓以樹威而自利，夔即能言而不暴其氣，楚亦未必矜全之也。氣暴取禍，不過為學者下針砭而已，非當日事實也。竊謂邇時王室衰微，其孱弱孰有甚於此者，楚乃觀兵於周疆，揆之其心，亦自以為可肆其憑陵，而問鼎之大小輕重焉，周其岌岌乎殆哉！王孫滿乃獨善其說詞，果使楚人卷甲韜戈逡巡自卻，而奄奄欲息之周，竟因二三委婉從容之語得以自存。可知楚雖僻處蠻夷，其君若臣無不同此人情物理者，故聞王孫滿不暴其氣之言即退耳。然則治言必先治氣，其果為學者下針砭而已乎？抑不僅為學者下針砭而已乎？吾斯未詳，贅此待質。

左傳原文

楚滅夔 僖公·二十六年

夔子不祀祝融與鬻熊。楚人讓之，對曰：「我先王熊摯有疾，鬼神弗赦，而自竄于夔。吾是以失楚，又何祀焉？」秋，楚成得臣、鬭宜申帥師滅夔，以夔子歸。

東萊博議卷十五

宋叛楚即晉　僖公・二十六年

戶有樞〔一〕，言亦有樞；射有的〔二〕，言亦有的；屠有會〔三〕，言亦有會。一得其樞，萬戶皆開；一破其的，萬矢皆廢；一中其會，萬理皆解。千世之所不能決，百家之所不能定，群說之所不能該，聖人折之以一字，而包羅交結，舉無所遺，是果何術耶？蓋所運者樞，所貫者的，所據者會也。

晉文公之伯諸侯，其謀畫，其政刑，其征伐，其盟會，使後世學者定其是非，必條陳縷數之曰：「此，臧也；彼，否也。此，優也；彼，劣也。此，工也；彼，拙也。」雖累牘聯簡，猶未能盡其是非，而吾夫子斷

〔譯文〕

門有樞紐，說話也有樞紐；射箭有標的，說話也有標的；屠宰時要按節理，說話也要有條理。一旦找到了門的樞紐，各種門都可以打開；一旦標的被射中，其他箭都可以廢棄了；一旦中其節理，所有的節理皆可解開。千年以來都沒能決斷的，百家爭議都不能定論的，各種言說都無法說明的，聖人用一個字折中，竟能全部包羅，結成一個整體，完全沒有遺漏，這究竟是用了什麼方法呢？大概所利用的就是那樣的樞紐，所貫穿的就是那樣的標的，所依據的就是那樣的節理吧。

晉文公能夠稱霸諸侯，他的謀略策劃，他的政治刑法，他的征戰討伐，他的結盟聚會，如果讓後世的學者來斷定其是與非的話，必定會條分縷析，然後說：「這個好，那個不好；這個優，那個劣；這個巧，那個拙。」即使連篇累牘的文字，仍然不能把其中的是是非非記盡，然而我們的孔夫子僅用了一個「譎」字而已。

之一字曰「譎」而已[四]。

味「譎」之一字，而觀晉文之平生，千源萬派，滔滔汩汩[五]，皆赴於一字之內。動容周旋[六]，橫斜曲直，無往非「譎」。

［注釋］［一］樞：門軸，樞紐。［二］的：靶子。［三］會：節理。［四］此句：《論語・憲問》：「子曰：『晉文公譎而不正，齊桓公正而不譎。』」譎，詭譎，不正。［五］滔滔汩汩：水涌流貌。多比喻連續不斷。［六］動容周旋：動搖徘徊。

如拔其尤[一]者論之：楚與宋，皆有德於文公者也。兼受二國之施，則當兼報二國之德，豈當有所偏助哉？文公之心，則以宋弱國也，因前日之德而親我者也；楚強國也，挾前日之德而陵[二]我者也。今楚伐宋，為吾計者，固當助宋以厚其親我之心，挫楚以奪其陵我之氣。不寧惟是，吾方圖霸

仔細體味這個「譎」字，觀察晉文公一生所做的事，千源萬流，滔滔之盛，汩汩之微，大大小小，都難以逃出這個字所涵蓋的範圍。晉文公為人處事方面的動搖徘徊，不論橫斜曲直，沒有不符合這個「譎」字的。

舉其中比較突出的一個例子來討論：楚國和宋國，都是對晉文公有恩德的。晉文公一併接受了這兩國的恩惠，那麼應當一併報答這兩國的恩德，哪裏可以有所偏袒呢？在晉文公的心裏，他認為宋國是個弱國，會因為先前對我有恩而親近我；而楚國是強國，會仗恃先前對我有恩而凌駕於我之上。現在楚國討伐宋國，為我自己考慮，固然應當幫助宋國來加深其親近我的心意，挫敗楚國以削弱他凌駕於我之上的氣勢。不但如此，我正想著圖謀霸業，如果坐視楚國到

業，坐視楚橫行而不敢較，則霸權在楚不在晉矣。然遽加兵於楚，則天下必以我為背惠食言[三]，其誰與我[四]？於是不攻楚，而攻楚之所必救。伐曹，伐衛，皆楚親暱，外無背楚之名，而內有怨楚之實。使兵端發於楚，而不發於我。待楚之先動，而後徐起而應之，則雖破楚，而無背惠之名。其為謀可謂「譎」矣。此猶非其「譎」之尤者也。

[注釋][一]尤：特別的，比較突出的。[二]陵：凌駕。[三]背惠食言：不念舊恩，違背諾言。[四]與我：贊同我，跟隨我。

文公名雖救宋，而意實在於勝楚。時天下之強國，惟晉與楚，必先摧楚之鋒，然後晉可以專霸於天下。楚子固倦於兵，其很戾而好戰者，獨一子玉耳。倘不深激楚之

處橫行，而不敢加以干涉，那麼霸權便掌握在楚國手中而不在晉國了。但是如果突然向楚國派兵，那麼天下的人都會認為我不念舊恩違背諾言，以後誰還會幫助我呢？於是晉文公不直接攻打楚國而去攻打楚國所一定救援的盟國。攻伐曹國，攻伐衛國，而這兩國都是楚國親近的友邦，這樣表面上沒有背棄楚國恩惠的名聲，而內中卻正有激怒楚國的實情。使戰爭發端於楚國，而不發端於晉國。等到楚國先動兵，然後慢慢地出兵迎戰，那麼即便打敗了楚國，也不會有背恩負義的名聲。晉文公的謀劃可以說是很「譎」啊！但這還不是他最「譎」的一面。

晉文公名義上雖然是救助宋國，而本意卻在想著戰勝楚國。當時天下比較強大的國家，只有晉國和楚國，因此必定要先挫敗楚國的鋒芒，然後晉國纔可以獨霸於天下。楚王本來是厭倦戰爭的，那兇暴乖戾而好鬥的，只有子玉一個人而已。如果不狠狠地激怒楚國，那麼楚國就會知難而退，晉國和楚國之間的強弱

怒，則楚將知難而退，晉、楚之雌雄不決矣。於是因執曹伯，分曹、衛之田賜宋，所以深激楚之怒而趣［一］之戰也。苟文公意止於救宋，則當宛春之使［二］，必欣然而從矣。何者？始伐曹、衛，本所以救宋也。今楚果以愛曹、衛之故，將釋宋圍，是適投吾欲也。我復曹、衛，彼釋宋圍，兩得其欲，何為不許之乎？文公非惟不許，乃執宛春以辱之，又私許復曹、衛以挑之，惟恐激而不怒，怒而不戰。是其心果在於勝楚，而不在於救宋也。人知文公救宋而止耳，孰知其「譎」之尤，一至於此乎？

［注釋］［一］趣：趨向，傾向。［二］宛春之使：晉楚交兵前，楚國曾派宛春向晉國議和。

至於退舍［一］之事，則其「譎」又深矣。

勝負就無法定論了。於是憑藉著扣留曹伯，把曹國、衛國的土地賞賜給宋國，來狠狠激怒楚國，讓其逐漸傾向於開戰。如果晉文公本意在於救助宋國，那麼在楚國派使者宛春前來議和的時候，就必定會高興地答應楚國的要求了。為什麼呢？因為最初討伐曹國和衛國的本意就是為了救助宋國。現在楚國果然因為愛惜曹國和衛國的緣故，而將解除對宋國的包圍，這恰好符合晉國的初衷。我撤出曹國和衛國，他解除對宋國的圍困，晉、楚雙方都滿意，為什麼不答應呢？但晉文公不但不答應，反而扣留宛春並侮辱他，又私下裏答應撤出曹國和衛國來挑撥他和楚國的關係，生怕激不起楚國發怒，即使發怒也不出兵。這表明他的心思果然在於戰勝楚國，而不是救助宋國。人們只知道晉文公救助宋國而已，誰知道他特別「譎」，竟然到了這種地步呢？

至於在退避三舍這件事情上，他的「譎」就顯

楚本無與晉競之心，文公多方以怒之，迫而使戰。雖子玉不勝一朝之忿，然上則楚子，下則士卒，皆不欲也。自常情論之，雖車馳卒奔，猶懼失楚師，況退舍避之，使子玉得假以為班師之名乎？蓋文公固已料子玉於度內，明知子玉內懷蔿賈之謗[二]，急於立功，以刷其恥；見吾之退避，必謂幸遇脆敵，功業易取，無若此時，雖吾退十舍，猶將來追，況三舍乎？文公之所以肯退者，先有以必楚之不退也。心欲戰，而形若不欲戰，用以報德，用以驕敵，用以感諸侯之心，用以作三軍之憤。一世為其所眩惑而不自知。雖明智如左氏者，猶信其「我退楚還，我將何求」之語，載之於書。信矣！文公之善「譎」也。

得更深了。楚國本來沒有和晉國競爭的心思，晉文公多方激怒楚國，以逼迫楚國開戰。雖然子玉忍不住一時的忿怒想應戰，但是上面的楚王，下面的士兵，都是不願意應戰的。按常理來說，即使是駕戰車奔馳，讓士兵衝鋒，也依然擔心楚國的軍隊逃脫，何況退避三舍，使子玉能有一個班師回朝的藉口而撤軍呢？大概晉文公在心裏策劃時已經把子玉看清了，明知道子玉懷恨蔿賈的詆謗，正急於立功來洗刷自己的恥辱；現在看見我退避，必定慶幸遇到了弱敵，認為功業的獲取，沒有比這個時候更容易的了。即使是我退避十舍他也會追來，何況退避三舍呢？晉文公之所以肯撤退，因為事先已經確信楚國不會後退。心裏想要打仗而表現得不想打仗，由此來「報答」對方的恩德，使敵人驕縱，用來感動諸侯的心志，用來激起我三軍的憤慨。舉世所有的人都被他蒙蔽了，自己卻不知道。即使像左丘明這樣聰明的人，還相信「我如果撤退楚國就會回去，我還有什麼所求呢」這樣的話，而把它載於史冊。晉文公的確擅長「譎」之道啊！

〔注釋〕〔一〕舍：古代的長度單位，三十里為一舍。〔二〕蔿（ㄨㄟˇ）賈之謗：蔿賈譭謗子玉。事見《左傳・僖公二十七年》。

文公之「譎」，夫豈一端而已哉？三日而去原，若欲自附於王者之師；然毀邱墓以脅曹，果王者之師耶？利小則用信，利大則用暴，吾是以知文公之「譎」也。三罪〔一〕而民服，若欲自附於王者之刑矣；然舍魏犨而屈法〔二〕，果王者之刑耶？疎者則用法，愛者則用私，吾是以知文公之「譎」也。統而論之，大則如託狩以召王，小則如曳柴〔三〕以誤敵，殆未易徧舉，要皆不能出夫子一字之外。聖人之言，可畏也。

〔注釋〕〔一〕三罪：指顛頡、祁瞞、舟之僑三個罪人，都被殺了。事見《左傳・僖公二十八年》。〔二〕此句：魏犨（ㄔㄡ）燒死曹國的僖負羈，但晉文公看

晉文公的「譎」，難道只表現在這一處嗎？他起初答應三日離開原邑，好像要把自已的軍隊歸入王者之師的行列。但是他卻以毀掉曹國的墳墓來威脅曹國，這果真是王者之師嗎？利益小就守信用，利益大就施用暴力，我因此知道了晉文公的「譎」。殺死顛頡、祁瞞、舟之僑三個罪人而讓老百姓信服，好像要把自己所施的刑法歸入王者的行列；但是卻放過了罪人魏犨而枉法，這果真是王者的刑法嗎？對關係疏遠的人就用刑法，對自己寵愛的人就動私心，我因此知道了晉文公的「譎」。總而言之，大的方面，如假借狩獵的名義而不合禮制地召喚周王；小的方面，如城濮之戰中拖曳樹枝揚起灰塵來迷惑敵人，這些事例，難以一一列舉出來，但都不能超出孔子的一個「譎」字之外。聖人的話，真是值得敬畏啊。

魏犨有可用之處，沒有處置他。事見《左傳・僖公二十八年》。〔三〕曳柴：城濮之戰，晉國用馬拖動樹枝，揚起灰塵，迷惑楚軍。

嗚呼！文公之「譎」所就者，區區之霸業耳。其師一動，而子叢死於魯〔一〕，子玉死於楚，叔武、歂犬、士榮、元咺、子適、子儀死於衛，鄉若晉師不出，則是皆無罪之人也。至於若偏若裨，若輿若臺〔二〕，膏潤原野，名不登於簡冊者，抑不知其百耶？千耶？萬耶？忍哉，文公之不仁也！

雖然，文公始欲「譎」人，而終不免為人所「譎」。曹伯之當執當復，衛侯之當殺當釋，出於文公可也。顧乃為巫所「譎」，而還曹伯〔三〕；為醫所「譎」，而生衛侯〔四〕；至於反衛侯於國，則為魯所餌，而使恩歸於

唉！晉文公的「譎」所謀求的，僅僅是小小的霸業而已。他的軍隊一出動，子叢就死在魯國，子玉就死在楚國，叔武、歂犬、士榮、元咺、子適、子儀就死在衛國。當時如果晉國軍隊不出動，那麼這些人都是無罪的。至於像那些地位低下，橫屍原野，名字沒有在史冊記載下來的人，又不知道是有幾百呢？幾千呢？還是幾萬呢？晉文公的不仁真是太殘忍了啊！

即便如此，一開始晉文公想「譎」別人，但終究不免被人所「譎」。曹伯應當扣留還是應當讓他復國，衛侯應當殺掉還是應當釋放，都可以由晉文公說了算。但他卻被巫師的「譎」所愚弄，而放回曹伯；被醫生的詭詐所愚弄，而不殺衛侯；到後來把衛侯送回衛國，卻又被魯國所誘騙，而使恩德歸予魯國。魯國是諸侯國，晉文公受到的「譎」，還不致感到太慚愧，

魯。魯，諸侯也，受其「譎」猶不足深愧，孰謂巫醫下流，其「譎」又有在文公之上者耶？吾所以深為文公愧，而益知「譎」之果不足恃也。

［注釋］［一］此句：魯國本沒有軍隊在衛國幫助楚國戍守，但又不敢得罪晉國，於是殺害戍守的公子子叢。下文提到的子玉、叔武等人都是由於這次城濮之戰而被殺的。［二］若偏若裨，若輿若臺：偏、裨、輿、臺，都是指地位低下之人。［三］為巫所譎，而還曹伯：還，放回。事見《左傳．僖公二十九年》。［四］為醫所譎，而生衛侯：生，使生。事見《左傳．在僖公三十年》。

然而誰能想到在巫師和醫師這些下等人中，其「譎」竟也有超過晉文公的呢？所以我深深地替晉文公感到羞愧，因而更加知道「譎」畢竟是不能依靠的。

左傳原文

宋叛楚即晉 僖公・二十六年

宋以其善於晉侯也，叛楚即晉。冬，楚令尹子玉、司馬子西帥師伐宋，圍緡。

楚子將圍宋止文之教也 僖公・二十七年

冬，楚子及諸侯圍宋，宋公孫固如晉告急。先軫曰：「報施救患，取威定霸，於是乎在矣。」狐偃曰：「楚始得曹，而新昏於衛，若伐曹、衛，楚必救之，則齊、宋免矣。」於是乎蒐于被廬，作三軍，謀元帥。趙衰曰：「郤縠可。臣亟聞其言矣，說禮、樂而敦《詩》、《書》。《詩》、《書》，義之府也；禮、樂，德之則也。德、義，利之本也。《夏書》曰：『賦納以言，明試以功，車服以庸。』君其試之。」乃使郤縠將中軍，郤溱佐之；使狐偃將上軍，讓於狐毛而佐之；命趙衰為卿，讓於欒枝、先軫。使欒枝將下軍，先軫佐之。荀林父御戎，魏犫為右。晉侯始入而教其民，二年，欲用之。子犯曰：「民未知義，未安其居。」於是乎出定襄王，入務利民，民懷生矣。將用之。子犯曰：「民未知信，未宣其用。」於是乎伐原以示之信。民易資者不求豐焉，明徵其辭。公曰：「可矣乎？」子犯曰：「民未知禮，未生其共。」於是乎大蒐以示之禮，作執秩以正其官。民聽不惑，而後用之。出穀戍，釋宋圍，一戰而霸，文之教也。

晉侯將伐曹止會諸侯於許 僖公・二十八年

春，晉侯將伐曹，假道于衛，衛人弗許。還，自河南濟。侵曹伐衛。正月戊申，取五鹿。二月，晉郤縠卒。原軫將中軍，胥臣佐下軍，上德也。晉侯、齊侯盟于斂盂。衛侯請盟，晉人弗許。衛侯欲與楚，國人不欲，故出其君以說于晉。衛侯出居于襄牛。公子買戍衛，楚人救衛，不克。公懼於晉，殺子叢以說焉。謂楚人曰：「不卒戍也。」晉侯圍曹，門焉，多死，曹人尸諸城上，晉侯患之，聽輿人之謀曰：「稱舍於墓。」師遷焉，曹人兇懼，為其所得者棺而出之。因其兇也而攻之。三月丙午，入曹。數之，以其不用僖負羈而乘軒者三百人也，且曰：「獻狀。」令無入僖負羈之宮而免其族，報施也。魏犨、顛頡怒曰：「勞之不圖，報於何有！」爇僖負羈氏。魏犨傷於胸，公欲殺之而愛其材，使問，且視之。病，將殺之。魏犨束胸見使者曰：「以君之靈，不有寧也。」距躍三百，曲踊三百。乃舍之。殺顛頡以徇于師，立舟之僑以為戎右。宋人使門尹般如晉師告急。公曰：「宋人告急，舍之，則絕。告楚，不許。我欲戰矣，齊、秦未可，若之何？」先軫曰：「使宋舍我而賂齊、秦，藉之告楚。我執曹君，而分曹、衛之田以賜宋人。楚愛曹、衛，必不許也。喜賂怒頑，能無戰乎？」公說，執曹伯，分曹、衛之田以畀宋人。楚子入居于申，使申叔去穀，使子玉去宋，曰：「無從晉師。晉侯在外十九年矣，而果得晉國。險阻艱難，備嘗之矣；民之情偽，盡知之矣。天假之年，而除其害。天之所置，其可廢乎？《軍志》曰：『允當則歸。』又曰：『知難而退。』又曰：『有德不可敵。』此三志者，晉之謂矣。」子玉使伯棼請戰，曰：「非敢必有功也，願以間執讒慝之口。」王怒，少與之師，唯西廣、東宮與若敖之六卒實從之。子玉使宛春告於晉師曰：「請復衛侯而封曹，臣亦釋宋之圍。」子犯曰：「子玉無禮哉！君取一，臣取二，不可失矣。」先軫曰：「子與之。定人之謂禮，楚一言而定三國，我一言而亡之，我則無禮，何以戰乎？不許楚言，是棄宋也。救而棄之，謂諸侯何？楚有三施，我有三怨。怨讎已多，將何以戰？不如私許復曹、衛以攜之，執宛春以怒楚，既戰而後圖之。」公說，乃拘宛春於衛，且私許復曹、衛。曹、衛告絕於楚。子玉怒，從晉師。晉師退。軍吏曰：「以君辟臣，辱也。且楚師老矣，何故退？」子犯曰：「師直為壯，曲為老，豈在久矣？微楚之惠不及此，退三舍辟之，所以報也。背惠食言，以亢其讎，我曲楚直，其眾素飽，不可謂老。我退而楚還，我將何求？若其不還，君退臣犯，曲在彼矣。」退三舍，楚眾欲止，子玉不可。夏，四月戊辰，晉侯、宋公、齊國歸父、崔夭、秦小子憖次于城濮。楚師背酅而舍，晉侯患之，聽輿人之誦，曰：「原田每每，舍其舊而新是謀。」公疑焉子犯曰：「戰也。戰而捷，必得諸侯。若其不捷，表裏山河，必無害也。」公曰：「若楚惠何？」欒貞子曰：「漢陽諸姬，楚實盡之。思小惠而忘大恥，不如戰也。」晉侯夢與楚子搏，楚子伏己而盬其腦，是以懼。子犯曰：「吉。我得天，楚伏其罪，吾且柔之矣。」子玉使鬬勃請戰，曰：「請與君之士戲，君馮軾而觀之，得臣與寓目焉。」晉侯使欒枝對曰：「寡君聞命矣。楚君之惠，未之敢忘，是以在此。為大夫退，其敢當君乎？既不獲命矣，敢煩大夫謂二三子，『戒爾車乘，敬爾君事，詰朝將見。』」晉車七百乘，韅、靷、鞅、靽。晉侯登有莘之虛以觀師，曰：「少長有禮，其可用也。」遂伐其木以益其兵。己巳，晉師陳于莘北，胥臣以下軍之佐當陳、蔡。子玉以若敖之六卒將中軍，曰：「今日必無晉矣。」子西將左，子上將右。胥臣蒙馬以虎皮，先犯陳、蔡。陳、蔡奔，楚右師潰狐毛設二旆而退之。欒枝使輿曳柴而偽遁，楚師馳之。原軫、郤溱以中軍公族橫擊之，狐毛、狐偃以上軍夾攻子西，楚左師潰。楚師敗績。子玉收其卒而止，故不敗。晉師三日館穀，及癸酉而還。甲午，至于衡雍，作王宮于踐土。鄉役之三月，鄭伯如楚致其師，為楚師既敗而懼，使子人九行成于晉。晉欒枝入盟鄭伯。五月丙午，晉侯及鄭伯盟于衡雍。丁未，獻楚俘于王，駟介百乘，徒兵千。鄭伯傅王，用平禮也。己酉，王享醴，命晉侯宥。王命尹氏及王子虎、內史叔興父策命晉侯為侯伯，賜之大輅之服，戎輅之服，彤弓一，彤矢百，玈弓矢千，秬鬯一卣，虎賁三百人。曰：「王謂叔父：『敬服王命，以綏四國，糾逖王慝。』」晉侯三辭，從命，曰：「重耳敢再拜稽首，奉揚天子之丕顯休命。」受策以出，出入三覲。衛侯聞楚師敗，懼，出奔楚，遂適陳，使元咺奉叔武以受盟。癸亥，王子虎盟諸侯于王庭，要言曰：「皆獎王室，無相害也。有渝此盟，明神殛之！俾隊其師，無克祚國，及其玄孫，無有老幼。」君子謂是盟也信，謂晉於是役也能以德攻。初，楚子玉自為瓊弁玉纓，未之服也。先戰，夢河神謂己曰：「畀余，余賜女孟諸之麋。」弗致也。大心與子西使榮黃諫弗聽。榮季曰：「死而利國，猶或為之，況瓊玉乎？是糞土也，而可以濟師，將何愛焉？」弗聽。出告二子曰：「非神敗令尹，令尹其不勤民，實自敗也。」既敗，王使謂之曰：「大夫若入，其若申、息之老何？」子西、孫伯曰：「得臣將死，二臣止之曰：『君其將以為戮。』」及連穀而死。晉侯聞之而後喜可知也，曰：「莫余毒也已！蔿呂臣實為令尹，奉己而已，不在民矣。」或訴元咺於衛侯曰：「立叔武矣。」其子角從公，公使殺之。咺不廢命，奉夷叔以入守。六月，晉人復衛侯。甯武子與衛人盟于宛濮，曰：「天禍衛國，君臣不協，以及此憂也。今天誘其衷，使皆降心以相從也。不有居者，誰守社稷？不有行者，誰扞牧圉？不協之故，用昭乞盟于爾大神以誘天衷。自今日以往，既盟之後，行者無保其力，居者無懼其罪。有渝此盟，以相及也。明神先君，是糾是殛。」國人聞此盟也，而後不貳。衛侯先期入，甯子先，長牂守門以為使也，與之乘而入。公子歂犬、華仲前驅。叔武將沐，聞君至，喜，捉髮走出，前驅射而殺之。公知其無罪也，枕之股而哭之。歂犬走出，公使殺之。元咺出奔晉。城濮之戰，晉中軍風于澤，亡大旆之左旃。祁瞞姦命，司馬殺之，以徇于諸侯。使茅茷代之。師還，壬午，濟河。舟之僑先歸，士會攝右。秋，七月丙申，振旅，愷以入于晉。獻俘授馘，飲至大賞，徵會討貳。殺舟之僑以徇于國，民於是大服。君子謂：「文公其能刑矣，三罪而民服。《詩》云：『惠此中國，以綏四方。』不失賞刑之謂也。」冬，會于溫，討不服也。衛侯與元咺訟，甯武子為輔，鍼莊子為坐，士榮為大士。衛侯不勝。殺士榮，刖鍼莊子，謂甯俞忠而免之。執衛侯，歸之于京師，寘諸深室。甯子職納橐饘焉。元咺歸于衛，立公子瑕。是會也，晉侯召王，以諸侯見，且使王狩。仲尼曰：「以臣召君，不可以訓。」故書曰：「天王狩于河陽。」言非其地也。且明德也。壬申，公朝于王所。丁丑，諸侯圍許。晉侯有疾，曹伯之豎侯獳貨筮史，使曰：「以曹為解。齊桓公為會而封異姓，今君為會而滅同姓。曹叔振鐸，文之昭也。先君唐叔，武之穆也。且合諸侯而滅兄弟，非禮也。與衛偕命，而不與偕復，非信也。同罪異罰，非刑也。禮以行義，信以守禮，刑以正邪，舍此三者，君將若之何」公說，復曹伯，遂會諸侯于許。

晉文公夢與楚子搏　僖公・二十八年

形神相接而夢者，世歸之想；形神不接而夢者，世歸之因。因之說曰：「因羊而念馬，因馬而念車，因車而念蓋，固有牧羊而夢鼓吹曲蓋者矣[一]。是雖非今日之想，實因於前日之想也，故因與想一說也。」信如是說，無想則無因，無因則無夢。舉天下之夢，不出於想而已矣。嗚呼！萬物皆備於我，萬理皆備於心，豈以想而有，豈以不想而無哉？

[注釋][一]此句：本蘇軾《夢齋銘》：「人有牧羊而復者，因羊而念馬，因馬而念車，因車而念蓋，遂夢曲蓋鼓吹，身為王公。」

耳之所聞者，有限也，然天下之聲皆具於吾耳之中，非可以聞不聞限也；目之

[譯文]

形體和精神相互接觸而做夢，世人把這歸之為想；形體和精神不接觸而做夢，世人把這歸之為因。因的說法是：「因羊而想到馬，因馬而想到車，因車而想到華蓋，所以就會有牧羊人而夢到鼓樂吹奏的儀仗所用的曲柄華蓋了。這些雖然不是今天的所想，實際上是因於先前的所想，所以做夢的因和想之說其實是一樣的。」如果這種說法是真的，那麼沒有想就沒有因，沒有因就沒有夢。全天下人的夢，都不會超出想而憑空產生。唉！天下一切事物，一切道理，無不具備於我們的心中，難道它們是因為我們想纔存在，不想就不存在了嗎？

耳朵所聽見的聲音，是有限的，但是天下的聲音都備存在我的耳中，不可以聽到與沒聽到為限；眼睛所看見的顏色，是有限的，但是天下的顏色都備存在

所見者，有限也，然天下之色皆具於吾目之中，非可以見不見限也；心之所想者，有限也，然天下之理皆具於吾心之中，非可以想不想限也。上天下澤，內華外夷，往古來今，其鉅其細，其晦其明，皆與吾心同流而無間。或感於志氣，或動於四體，或發於夢寐，層見錯出，軸運機旋，豈待想而後有因，待因而後有夢耶？苟必謂因想而後有夢，則是未想之前胸中本無是物，因想而後有是物也；未想之前，胸中本無是理，因想而後有是理也。抑不知心猶地，而想特其一塵耳；心猶海，而想特其一漚[二]耳。以想為心，何異指塵為地，指漚為海乎？是其為論淺狹潰亂，猶未離乎夢中語，反欲證他人之夢。甚矣，其惑也！

我的眼中，不可以看到與沒看到為限；心裏所想的道理，是有限的，但是天下的道理都備存在我的心中，不可以想到與沒想到為限。上到天，下到地，內華夏，外夷狄，古往今來，無論是巨是微，是明是暗，都和我們的心神一同流轉而沒有間隙。有時因心志而被感應，有時因肢體而被觸動，有時在睡夢中被感發，層層顯現，交錯而出，如同軸運機旋，難道一定要等想後纔有因，等有因後纔有夢嗎？如果一定要說因想而後纔會有夢，那麼就是說在沒想之前心中本來沒有這樣的事物，而是想了之後纔有的；沒想之前心中本來沒有這樣的道理，想了之後纔有這樣的道理。然而卻不知道心就像大地，而想不過是一粒微塵而已；心就像大海，而想只不過是一個水泡而已。把想當作心，這與把微塵當作大地，把水泡當作大海有什麼差別呢？這一論夢的看法膚淺零亂，還沒有脫離夢中囈語，反而想去驗證他人作夢的原因，這太糊塗了！

〔注釋〕〔一〕漚（ㄡ）：水中浮泡。

歷舉《左氏》所載之夢，自晉文公至於宋，得無慮〔一〕數十。名之以想，可也；名之以因，亦可也。至於叔孫穆子夢童牛之貌於牛未至之前，曹人夢公孫強之名於強未生之前，是果出於想乎？果出於因乎？雖起樂廣〔二〕於九原，吾知其未必能判是義也。以有窮之說而欲盡無窮之理，以有外之見而欲測無外之心，難矣哉！

〔注釋〕〔一〕無慮：大約，總共。〔二〕樂廣：字彥輔，晉代名士，善於言辭。劉義慶《世說新語》載有其逸事。

嗚呼！理本無窮，而人自窮之；心本無外，而人自外之。故左氏之所謂夢出於所因、所想之外蓋無幾，其餘未有不局於區區

把《左傳》中所記載的夢列舉出來，從晉文公到宋，大約有幾十條。把這些夢稱為「想」是可以的，把這些夢稱為「因」也是可以的。至於叔孫穆子在童牛未來之前就夢見過童牛的相貌，曹國人在公孫強還沒有出生之前就夢到了公孫強的名字，這究竟是出於想呢？還是出於因呢？即使讓樂廣重生，我知道他也未必能判定這其中的道理。以有限的說法而想要探究無窮無盡的道理，以有外限的見解而想要揣測無外限的內心，這是很難的啊！

唉！道理本無窮，而人們卻自以為能窮盡；心本無外限，而人們卻自以為有外限。所以左丘明所說，夢出於所因、所想之外的大概沒有多少，其餘的無不是局限在小小的思慮範圍之內。如果用樂廣的言論來

念慮之間者也。持樂廣之論以揆之，固已十中其八九矣。然醫不至於神，治常疾則精，治非常之疾則疏；論不至於極，談常夢則合，談非常之夢則敗。魯襄公之夢周公，固子服、惠伯之所能辨也，如使論孔子之夢周公，吾不知其何辭以對？

推測，固然十之八九是可以適用的。但是醫術如果沒有達到出神入化的境地，治療一般的疾病固然很有效，治療不一般的疾病就有問題了；言論如果沒有達到極高的境界，談論一般的夢時固然能適用，但談論不一般的夢時就要出錯了。魯襄公夢到周公，固然是子服、惠伯所能解釋的，但如果要談論孔子夢見了周公，我不知道他將拿什麼話去回答。

左傳原文

晉文公夢與楚子搏 僖公・二十八年

四月，晉侯夢與楚子搏，楚子伏己而盬其腦，是以懼。子犯曰：「吉。我得天，楚伏其罪，吾且柔之矣。」

楚子玉夢河神求瓊弁玉纓 僖公・二十八年

初，楚子玉自為瓊弁玉纓，未之服也。先戰，夢河神謂己曰：「畀余，余賜女孟諸之麋。」

燕姞夢天與已蘭 宣公・三年

冬，鄭穆公卒。初，鄭文公有賤妾曰燕姞，夢天使與己蘭，曰：「余為伯鯈。余，而祖也。以是為而子。以蘭有國香，人服媚之如是。」既而文公見之，與之蘭而御之。辭曰：「妾不才，幸而有子。將不信，敢徵蘭乎？」公曰：「諾。」生穆公，名之曰蘭。文公報鄭子之妃曰陳媯，生子華、子臧。子臧得罪而出。誘子華而殺之南里，使盜殺子臧於陳、宋之間。又娶于江，生公子士。朝于楚，楚人酖之，及葉而死。又娶于蘇，生子瑕、子俞彌。俞彌早卒。洩駕惡瑕，文公亦惡之，故不立也。公逐羣公子，公子蘭奔晉，從晉文公伐鄭。石癸曰：「吾聞姬、姞耦，其子孫必蕃。姞，吉人也，后稷之元妃也。今公子蘭，姞甥也，天或啟之，必將為君，其後必蕃。先納之，可以亢寵。」與孔將鉏、侯宣多納之，盟于大宮而立之，以與晉平。穆公有疾，曰：「蘭死，吾其死乎？吾所以生也。」刈蘭而卒。

魏顆夢結草之老人 宣公・十五年

秋，七月，秦桓公伐晉，次于輔氏。壬午，晉侯治兵于稷，以略狄土。立黎侯而還。及雒，魏顆敗秦師于輔氏。獲杜回，秦之力人也。初，魏武子有嬖妾，無子。武子疾，命顆曰：「必嫁是！」疾病，則曰：「必以為殉！」及卒，顆嫁之，曰：「疾病則亂，吾從其治也。」及輔氏之役，顆見老人結草以亢杜回，杜回躓而顛，故獲之。夜夢之曰：「余，而所嫁婦人之父也。爾用先人之治命，余是以報。」

韓厥夢子輿 成公・二年

韓厥夢子輿謂己曰：「且辟左右。」故中御而從齊侯。邴夏曰：「射其御者，君子也。」公曰：「謂之君子而射之，非禮也。」射其左，越于車下。射其右，斃于車中。

趙嬰夢天使 成公・五年

春，原、屏放諸齊。嬰曰：「我在，故欒氏不作。我亡，吾二昆其憂哉！且人各有能有不能，舍我何害？」弗聽。嬰夢天使謂己：「祭余，余福女。」使問諸士貞伯，貞伯曰：「不識也。」既而告其人曰：「神福仁而禍淫。淫而無罰，福也。祭，其得亡乎？」祭之之明日而亡。

晉侯夢大厲 成公・十年

晉侯夢大厲，被髮及地，搏膺而踊曰：「殺余孫，不義。余得請於帝矣。」壞大門及寢門而入。公懼，入于室。又壞戶。公覺，召桑田巫。巫言如夢。公曰：「何如？」曰：「不食新矣。」公疾病，求醫于秦，秦伯使醫緩為之。未至，公夢疾為二豎子，曰：「彼良醫也，懼傷我，焉逃之？」其一曰：「居肓之上，膏之下，若我何？」醫至，曰：「疾不可為也。在肓之上，膏之下，攻之不可，達之不及，藥不至焉，不可為也。」公曰：「良醫也。」厚為之禮而歸之。六月，丙午，晉侯欲麥，使甸人獻麥，饋人為之。召桑田巫，示而殺之。將食，張，如廁，陷而卒。小臣有晨夢負公以登天，及日中，負晉侯出諸廁，遂以為殉。

夢疾為二豎子（同上）

小臣夢負公登天（同上）

呂錡夢射月 成公．十六年

呂錡夢射月，中之，退入於泥。占之，曰：「姬姓，日也；異姓，月也，必楚王也。射而中之，退入於泥，亦必死矣！」及戰，射共王，中目。

聲伯夢瓊瑰 成公．十七年

初，聲伯夢涉洹，或與己瓊瑰，食之，泣而為瓊瑰，盈其懷。從而歌之曰：「濟洹之水，贈我以瓊瑰。歸乎！歸乎！瓊瑰盈吾懷乎！」懼不敢占也。還自鄭，壬申，至于貍脤而占之，曰：「余恐死，故不敢占也。今眾繁而從余三年矣，無傷也。」言之，之莫而卒。

中行獻子夢與厲公訟 襄公．十八年

中行獻子將伐齊，夢與厲公訟，弗勝。公以戈擊之，首隊於前，跪而戴之，奉之以走，見梗陽之巫皐。他日，見諸道，與之言，同。巫曰：「今茲主必死。若有事於東方，則可以逞。」獻子許諾。

叔孫穆子夢天壓巳 昭公．四年

初，穆子去叔孫氏，及庚宗，遇婦人，使私為食而宿焉。問其行，告之故，哭而送之。適齊，娶於國氏，生孟丙、仲壬。夢天壓己，弗勝。顧而見人，黑而上僂，深目而豭喙，號之曰：「牛！助余！」乃勝之。旦而皆召其徒，無之。且曰：「志之。」及宣伯奔齊，饋之。宣伯曰：「魯以先子之故，將存吾宗，必召女。召女何如？」對曰：「願之久矣。」魯人召之，不告而歸。既立，所宿庚宗之婦人，獻以雉。問其姓，對曰：「余子長矣。能奉雉而從我矣。」召而見之，則所夢也。未問其名，號之曰牛，曰：「唯。」皆召其徒，使視之，遂使為豎。

魯昭夢襄公祖 昭公・七年

楚子成章華之臺，願以諸侯落之。大宰薳啟彊曰：「臣能得魯侯。」薳啟彊來召公，辭曰：「昔先君成公，命我先大夫嬰齊曰：『吾不忘先君之好，將使衡父照臨楚國，鎮撫其社稷，以輯寧爾民。』嬰齊受命于蜀，奉承以來，弗敢失隕，而致諸宗祧，日我先君共王，引領北望，日月以冀。傳序相授，於今四王矣。嘉惠未至，唯襄公之辱臨我喪。孤與其二三臣，悼心失圖，社稷之不皇，況能懷思君德。今君若步玉趾，辱見寡君，寵靈楚國，以信蜀之役，致君之嘉惠，是寡君既受貺矣，何蜀之敢望！其先君鬼神，實嘉賴之，豈唯寡君？君若不來，使臣請問行期，寡君將承質幣而見于蜀，以請先君之貺。」公將往，夢襄公祖。梓慎曰：「君不果行。襄公之適楚也，夢周公祖而行。今襄公實祖，君其不行。」子服惠伯曰：「行。先君未嘗適楚，故周公祖以道之。襄公適楚矣，而祖以道，君不行，何之？」三月，公如楚。

晉侯夢黃熊 昭公・七年

鄭子產聘于晉。晉侯疾，韓宣子逆客，私焉，曰：「寡君寢疾，於今三月矣，並走羣望，有加而無瘳。今夢黃熊入于寢門，其何厲鬼也？」對曰：「以君之明，子為大政，其何厲之有？昔堯殛鯀于羽山，其神化為黃熊，以入于羽淵。實為夏郊，三代祀之。晉為盟主，其或者未之祀也乎？」韓子祀夏郊。晉侯有間，賜子產莒之二方鼎。

孔成子夢康叔 昭公・七年

衛襄公夫人姜氏無子，嬖人婤姶生孟縶。孔成子夢康叔謂己：「立元，余使羈之孫圉與史苟相之。」史朝亦夢康叔謂己：「余將命而子苟，與孔烝鉏之曾孫圉，相元。」史朝見成子，告之夢，夢協。故立靈公。

泉邱人有女夢以其帷幕孟氏之廟 昭公・十一年

泉丘人有女，夢以其帷幕孟氏之廟，遂奔僖子，其僚從之。盟于清丘之社，曰：「有子，無相棄也。」僖子使助薳氏之簉。反自祲祥，宿于薳氏，生懿子及南宮敬叔於泉丘人。其僚無子，使字敬叔。

趙宣子夢文公授之陸渾 昭公・十七年

九月，丁卯，晉荀吳帥師涉自棘津，使祭史先用牲于雒。陸渾人弗知，師從之。庚午，遂滅陸渾，數之以其貳於楚也。陸渾子奔楚，其眾奔甘鹿。周大獲。宣子夢文公攜荀吳而授之陸渾，故使穆子帥師，獻俘于文宮。

宋元公夢太子欒即位 昭公・二十五年

宋公元公將為公故如晉，夢大子欒即位於廟，已與平公服而相之。旦，召六卿。公曰：「寡人不佞，不能事父兄，以為二三子憂，寡人之罪也。若以羣子之靈，獲保首領以歿，唯是楄柎所以藉幹者，請無及先君。」仲幾對曰：「君若以社稷之故，私降昵宴，羣臣弗敢知。若夫宋國之法，死生之度，先君有命矣，羣臣以死守之，弗敢失隊。臣之失職，常刑不赦。臣不忍其死，君命祗辱。」宋公遂行。己亥，卒于曲棘。

曹人夢眾君子立于社宮 哀公・七年

初，曹人或夢眾君子立于社宮，而謀亡曹，曹叔振鐸請待公孫彊，許之。旦而求之曹，無之。戒其子曰：「我死，爾聞公孫彊為政，必去之。」及曹伯陽即位，好田弋。曹鄙人公孫彊好弋，獲白鴈，獻之，且言田弋之說，說之。因訪政事，大說之。有寵，使為司城以聽政。夢者之子乃行。彊言霸說於曹伯，曹伯從之，乃背晉而姦宋。宋人伐之，晉人不救，築五邑於其郊，曰黍丘、揖丘、大城、鍾、邘。

衛侯夢渾良夫 哀公・十七年

衛侯夢于北宮，見人登昆吾之觀，被髮北面而譟曰：「登此昆吾之虛，緜緜生之瓜。余為渾良夫，叫天無辜。」公親筮之，胥彌赦占之，曰：「不害。」與之邑，寘之，而逃奔宋。衛侯貞卜，其繇曰：「如魚竀尾，衡流而方羊裔焉。大國滅之，將亡。闔門塞竇，乃自後踰。」冬，十月，晉復伐衛，入其郛。

宋得夢己為烏 哀公・二十六年

宋得夢啟北首而寢於盧門之外，己為烏而集於其上，咮加於南門，尾加於桐門。曰：「余夢美，必立。」大尹謀曰：「我不在盟，無乃逐我復盟之乎？」使祝為載書。六子在唐盂，將盟之。祝襄以載書告皇非我。皇非我因子潞、門尹得、左師謀曰：「民與我，逐之乎？」皆歸授甲，使徇于國曰：「大尹惑蠱其君，以陵虐公室。與我者，救君者也。」眾曰：「與之。」大尹徇曰：「戴氏、皇氏將不利公室，與我者，無憂不富。」眾曰：「無別。」戴氏、皇氏欲伐公。樂得曰：「不可。彼以陵公有罪，我伐公，則甚焉。」使國人施于大尹。大尹奉啟以奔楚，乃立得。

晉侯作三行　僖公・二十八年

事固有當責而不可責者。奢者，可責也；多與之財而責其奢，不可也。醉者，可責也；多飲之酒而責其醉，不可也。晉自武公，始受一軍啟封[一]；繼以獻公之強，衍[二]其一軍為二；繼以文公之伯，衍其二軍為三。猶以為未足，復創為三行[三]之制，外避天子六軍之名，而內僭天子之實。議者並以文公為可責也，吾獨以為當責而不可責也。

[注釋][一]啟封：古代天子把土地分封給宗親或有功的大臣。[二]衍：增加。[三]三行：即三軍。

亦嘗聞周室軍旅之制乎？五人為伍，五伍為兩，五兩為卒，五卒為旅，五旅為師，五師為軍。一軍之制，為人萬二千五百，損

[譯文]

有些事情是本來應當責備而不能去責備的。奢侈，是可以責備的；但給某人很多財富卻責備他奢侈，這是不可以的。醉酒，是可以責備的，但讓人多喝酒卻責備他醉酒，這是不可以的。晉國從晉武公開始受到天子一軍的分封，接著因為晉獻公的強大，晉國將一軍擴充為兩軍，再接著憑藉晉文公的稱霸，把兩軍擴為三軍。這還不滿足，又創立所謂的「三行」軍制，表面上可以避免逾越天子六軍的名義，而實質上卻僭越了天子的禮制。議論此事的人都認為應當責備晉文公，我卻認為應當責備但不可以責備。

可曾聽說過周代軍隊的建制呢？五名士兵編為一伍，五個伍編為一兩，五個兩編為一卒，五個卒編為一旅，五個旅編為一師，五個師編為一軍。一軍的建

一人則不足，增一人則有餘。大國之三軍也，地方百里，而其人僅足以具三軍也；次國之二軍也，地方七十里，而其人僅足以具二軍也；小國之一軍也，地方五十里，而其人僅足以具一軍也。地有限，則人有限；人有限，則軍有限。雖欲僭侈其軍，亦窘於無人而不得騁[一]矣。王者之於諸侯，典祀陵節，所當問也；車服亂常，所當問也；宮室改度，所當問也；樂舞踰數，所當問也；獨軍旅之制，有所不必問焉。非軍旅果輕於典祀、車服、宮室、樂舞也，蹙[二]之以地，束之以人，雖使僭之亦不能僭也。

[注釋][一]騁：恣意施行。[二]蹙（ㄘㄨˋ）：約束，限制。

王綱上舉，侯度下修，大不侵小，強

制是一萬二千五百人，減少一個人則不夠，增加一個人就多餘。大的諸侯國擁有三軍的編制，有方圓百里的封疆，但它的人口僅夠擁有三軍；次一等的諸侯國擁有兩軍的編制，有方圓七十里的封疆，但它的人口僅夠擁有兩軍；小的諸侯國擁有一軍的編制，有方圓五十里的封疆，但它的人口只夠擁有一軍。土地面積有限，人口就有限；人口有限，軍隊數量就有限。即使想僭越加以擴充，也會因人口不足的困窘而不得恣意施行。周天子在管治諸侯國時，如果祭祀典禮超越了限定，就應當過問；車馬服飾違犯了綱常，就應當過問；宮室建造改變了法度，就應當過問；禮樂歌舞逾越了禮數，就應當過問；唯獨軍隊的建制，是可以不過問的。並不是軍隊建制真的沒有祭祀、車馬服飾、宮室、禮樂歌舞重要，而是因為存在土地的限制、人口的限制，即使讓他僭越，他也無法僭越。

在上的天子，能執行綱紀，在下的諸侯，能修

不犯弱，則地有常地，人有常人，軍有常軍，雖欲如晉之僭，豈可得哉？

晉之所以能僭六軍者，適當周室失政之時，南吞北噬，東攘西略，以斥大〔一〕其國。增地必增人，增人必增軍。野曠則風勁，川漲則舟高，國大則兵眾矣。夫何疑耶？既已容其兼并，而反責其軍制之僭，是猶多與之財而責其奢，多飲之酒而責其醉也。此吾所謂事有當責而不可責者也。

〔注釋〕〔一〕斥大：開拓，擴大。

為周室計者，當深絕晉兼并之原，至於軍數之多寡，則在周室初無損益焉。周果能治晉兼并之罪，披其地，奪其人，則善矣。不然，則合為一軍者，是眾也，晉之強自若

行法度，大國不侵犯小國，強國不侵犯弱國，那麼封地就有常規的疆域，人口就有常規的數量，軍旅就有常規的建制，即使想如晉國那樣僭越，又怎麼做得到呢？

晉國之所以能夠僭越天子而建立六軍，是由於正當周王室失政的時候，纔得以向四方吞噬侵略鄰國，來擴大他的國土。土地增加了人口必定會增加，人口增加了軍隊必定會擴充。正如郊野空曠風就大，河水上漲船就升高，國家大了士兵就會增多。這有什麼可懷疑的呢？既然已經容忍他的兼併，卻反過來責備他僭越了軍隊的建制，這好比是給人很多財富，而責備他奢侈；勸人多飲酒，而責備他喝醉。這就是我所說的有些事情應當責備但卻不可以責備。

如果要為周王室考慮，應當極力斷絕晉國兼併的根源，至於軍隊數量的多少，對周王室本沒有什麼利害關係。周果真能夠懲治晉國兼併的罪行，分割它的土地，減奪它的人民，那就很好了。否則，就是把它的軍隊合併為一軍，人還是那麼多，晉國還是一樣強大；分割為六軍，人還是同樣多，晉國還是一樣強

也；分為六軍者，是眾也，晉之強自若也。是一軍者，未分之六軍；而六軍者，既分之一軍也。吾何為喜其一，而怒其六哉？軍數之多寡，不足為損益，則先王之制禮，銖兩毫髮〔一〕至嚴而不可踰者，果非耶？曰：「賈人不得衣綺縠〔二〕者，政也；盜賊不得衣綺縠，非政也。盜賊非剽掠，不能具綺縠；晉侯非兼并，不能具六軍。舍其剽掠，而責其服之侈儉；舍其兼并，而責其軍之多寡。可不可耶？」

〔注釋〕〔一〕銖兩毫髮：皆古代數量單位，形容很細微。〔二〕賈人不得衣綺縠（ㄏㄨˊ）：我國古代重農抑商，不准商人穿華麗名貴的絲織品。綺縠，絲織品的總稱。

大。這一軍就是那沒有分割的六軍，而那六軍就是已經分割了的一軍。我為什麼對那「一」感到高興而對「六」感到憤怒呢？軍隊的多少並不能帶來什麼利害，那麼先王制定禮法，一分一毫都很嚴格而不可踰越的規定，果真就不對了嗎？回答是：「商人不得穿綾羅綢緞，這是政令的規定；盜賊不得穿綾羅綢緞，這不是政令的規定。盜賊不去搶奪就不能擁有綾羅綢緞，晉侯如果不兼併其他國家就不能具備六軍。忽略盜賊搶奪的罪行，而去責備他穿綾羅綢緞；忽略晉國兼併的罪行，而去責備他軍隊數量的多少。可不可以呢？」

左傳原文

晉侯作三行 僖公・二十八年

晉侯作三行以禦狄，荀林父將中行，屠擊將右行，先蔑將左行。

周公閱聘魯 僖公・三十年

身者，寄也；軒冕[一]者，身之寄也。是道家者流之論也[二]。

人自送丞相長史，而張君嗣厭其勞[三]；魯自待宰周公，而姬閱[四]辭其享。認而有之，非惑耶？信如是言，則有宰周公，而又有姬閱，是身與位為二也。蘇孺文視身與位為二，故指飲故人、按故人者為兩事；荀道將視身與位為二，故指殺弟、哭弟者為兩人。傷恩敗教，其禍有不可勝言者，非二之罪耶？

儒者之論，則進是矣。居其位而無其德，為身之羞；居其位而黜其禮，為位之羞。身者，一夫之私也；位者，萬世之公也。

[譯文]

身體是人的寄託，名位則是身體的寄託。這是道家一類人物的言論。

別人送來丞相長史的官職，但張君嗣厭煩身處這種官職所要付出的操勞；魯國等待周公閱來做上宰，但是姬閱推辭了這豐厚的待遇。如果承認有這樣的事存在，那不是很令人困惑嗎？果真像這樣說的話，那麼就既存在一個做宰輔的周公閱，而另外又有一個姬閱，這樣身軀和名位就畫分為二了。蘇孺文把身軀和名位畫分為二來看待，所以把以酒食款待故人和排擠故人視為兩碼事；荀道將把身體和名位畫分為二來看待，所以把殺害弟弟和為弟弟哭泣視為兩碼事。傷害恩德，敗壞禮教，這說不盡的禍害，難道不是這種兩分法的罪過嗎？

儒士的議論，則更進了一步。處在那個職位而沒有應有的才德，這是身體的羞恥；處在那個職位而不遵守它的禮制，這是職位的羞恥。身體是個人所私有的，而職位卻是萬代所公有的。

〔注釋〕〔一〕軒冕：古時大夫以上官員的車乘和冕服。這裏指名位。〔二〕此句：見《莊子．繕性》：「軒冕在身，非性命也。物之儻來，寄者也。」〔三〕人自送丞相長史，而張君嗣厭其勞：張君嗣，名裔，字君嗣，東漢末益州及三國蜀漢早期的官員。平日偏好道家，不看重名位，愛惜個人的身體，所以不想要丞相長史之類的官職，認為那是個人的拖累。他把名位和個人身體分開來看待。下文提到的孺文視、荀道將均屬此類人。〔四〕姬閱：即周公閱，周公旦后裔。魯僖公三十年，周朝天子派周公閱聘問魯國。

周公閱以德薄自愧，不敢受魯之享，抑不思所居者上宰之官，所持者天子之節，所享者先王之禮？今徒以一夫之無德，而廢萬世之常尊，是避身之羞而為位之羞也。是知身之不足當其禮，而不知身之不足當其位也。如愧之，莫若亟去其位。位則受之，禮則辭之，受其大而辭其細，豈不甚可責耶？以儒者之論而責周公閱，固無所逃罪，然吾

周公閱認為自己德行淺薄而感到慚愧，不敢接受魯國的禮遇，難道就沒有考慮到自己所處的職位是上宰一級的官爵，所持有的是天子使者所特有的符節，所享受的是先王的禮制嗎？現在僅僅因為自己一個人沒有德行，就廢棄了世代都尊奉的禮制，這雖避免了個人的羞恥但卻給所處的職位帶來了羞恥。這樣的作法表明了他只知道自己不能夠承受這樣的禮遇，卻沒有意識到自己根本沒資格擔任這個職位。如果感到羞愧，還不如盡快離開這個職位。職位霸佔著，禮遇卻推辭掉，接受大的卻辭掉小的，難道不應當嚴厲責備

竊有所矜焉。

周公之位，自周文公之沒，居其位者不知其幾人也；使於四方，享昌歜、白黑、形鹽[一]之享者，又不知其幾人也。彼豈皆德與禮稱，受之而無愧耶？晏然居之，欣然樂之，未聞有一人以德薄辭者。至周公閱之居此官、受此享，怵惕內愧，對大賓大客之前，痛自羞薄，不敢少安。其不能辭位固可責，吾未嘗不獨矜其愧心之猶在也。其視前後數公，既不辭位，又不辭禮，驕泰奢侈者，豈不賢耶？其視道家者流，傲誕荒唐，視身與位為二物者，豈不賢耶？

范鞅，一陪臣，猶索十牢於禮之外[二]；周公閱以天子之宰，乃肯辭備物於禮之內。儒者不矜其愧心而責其迹，吾竊恨儒者之不

嗎？以儒士的標準來責備周公閱，他固然難辭其咎，但我對他私下裏還有些稱許的。

周公的職位，從周文公死後，擔任的人不知道有多少了；那些被派往四方，享受昌歜、白黑、形鹽之類款待的人，又不知道有多少了。他們難道都是德行和禮遇相稱，無愧於接受這樣的禮遇的人嗎？他們安心地處於其位，欣然享樂，沒有聽說有一個人因為自己德行不夠而推辭這種禮遇的。而當周公閱處在這個職位，受到這樣的禮遇時，他卻驚恐不安，內心愧疚，面對著重要的賓客，感到自己十分鄙陋，不敢有一絲安心。他沒能辭去職位固然應為責備，但我依然會稱贊他還有羞愧之心。在他之前與之後的幾位上宰，既不辭退職位，又不辭退禮遇，驕縱奢侈，與他們相比，周公閱難道不是要賢德一些嗎？信奉道家的那些人傲慢荒誕，把身體和名位分開來看待，與他們相比，周公閱難道不是要賢德一些嗎？

范鞅作為一名陪臣，尚且還在禮制之外索取十組祭祀品；周公閱作為天子的宰臣，卻願意推辭掉在禮制範圍內預備的禮物。儒士不稱贊他的羞愧之心，卻去責備他的行事，我私下對儒士的這種不寬恕表示遺

恕也。然既曰知愧矣，不愧其大而愧其細，獨何歟？吾又未見儒者之不恕也。

［注釋］［一］昌歜（ㄔㄨˋ）、白黑、形鹽：皆當時諸侯款待周天子使者的禮物。昌歜，用菖蒲根作的醃菜。白黑，稻米羹和黍米粥。形鹽，特製成虎形的鹽。［二］范鞅，一陪臣，猶索十牢於禮之外：范鞅即士鞅，春秋後期晉國才幹卓越的政治家、外交家；牢，古代祭禮用的牛、羊、豕三牲，三牲各一為一牢。事見《左傳·昭公二十三年》。

憾。然而，周公閱雖說已經知道羞愧了，但並不羞愧大的方面而只羞愧小的方面，這究竟是為什麼呢？我卻又沒有看到儒士在這方面對周公閱的不寬恕。

左傳原文

周公閱聘魯 僖公・三十年

冬，王使周公閱來聘。饗有昌歜、白黑、形鹽。辭曰：「國君，文足昭也，武可畏也，則有備物之饗，以象其德。薦五味，羞嘉穀，鹽虎形，以獻其功。吾何以堪之？」

臧文仲如晉分曹田 僖公・三十一年

利則居後，害則居先，此君子處利害之常法也。是故見利而先謂之貪，見利而後謂之廉；見害而先謂之義，見害而後謂之怯，皆古今之定名，未有知其所由始者也。人之於利，憂其銳而不憂其怠，憂其急而不憂其緩，憂其弱而不憂其強。天下豈有憂蟻之避羶、憂蚋之捨醯者耶？晉文公私有討於曹，披裂其地，為諸侯者，坐視不能救則亦已矣，乃乘其危而共取其利，是誠何心也？臧文仲所以遲遲其行者，其亦忸怩而有所不安歟？

異哉，重館［一］人之論也！曰：「晉新得諸侯，必親其共，不速行，將無及也。」重館之人所謂「共」，其諸異乎聖人之「共」歟？信如是說，則狡商庸賈，趨利如風雨

［譯文］

見利益就處在後面，有危害就衝到前面，這是君子對待利益和危害的正常態度。所以看見了利益而爭先叫作貪婪，看見了利益而不爭叫作廉潔；看見了危害而挺身而出叫作正義，看見危害而後退叫作膽怯，這都是古往今來形成定論的名稱，不知道是從什麼時候開始的。人們對於利益，多半擔心其銳進而不擔心其怠忽，擔心其急速而不擔心其緩慢，擔心其弱小而不擔心其強大，天下難道有人擔心螞蟻會避開腥膻，擔心蚊蟲會捨棄酸醋嗎？晉文公私自討伐曹國，分割它的土地，作為諸侯坐在一邊不去營救，也就罷了，但卻乘人之危而也去分取利益，這到底是什麼居心？臧文仲行動很緩慢的原因，也是有些羞愧而感到不安嗎？

重館人的議論好奇怪啊！他們說：「晉國新近獲得諸侯依附，我們一定要親近它和它一同分享其中的好處，不趕快去就來不及了。」重館人所謂的「一同分享」，和聖人所謂的「一同分享」是不同的吧？果真像他們所說的話，那麼奸商庸販們，像疾風驟雨一

者，皆重館人之所謂「共」也。世之「共」者，何其多耶？彼逡巡推揖，恥於冒利之君子，格以重館人之言，皆不「共」之大者也。其說陋甚。雖始學者，猶知謝而卻之，孰知以臧文仲之賢，反為其說之所動乎？

〔注釋〕〔一〕重（ㄓㄨㄥˋ）館：魯國的一個地方。

昔萬章與石顯善，顯免官歸，留物數百萬與章，章不受，曰：「吾以布衣見哀於石君，石君家破，不能有以安也，而受其財物，此為石氏之禍，萬氏反當以為福耶？」魯與曹同出姬姓，並列諸侯，其恩義信誓之重，非如石顯、萬章一時之私交也？魯坐視曹之翦覆，不惟不能辭其地，又奔走而趨之，以曹之禍為魯之福。曾謂臧文仲之賢，不如萬章乎？使臧文仲緩轡徐驅，徘徊不進，以致吾不忍之意，雖後諸侯之期，不

樣追逐利益，都是重館人所謂的「一同分享」了。世上追求這種「一同分享」的人，怎麼會這麼多呢？那些猶豫推讓，不好意思貪利的君子，如果用重館人的話來衡量，那都是最不願與大家「一同分享」的。重館人的說法真是非常鄙陋啊！即使是稍有修養的人都懂得應為謝絕並推辭掉這種「分享」，誰知道以臧文仲的賢能，他反而會被他們的說法所煽動呢？

過去萬章和石顯很友善，石顯被罷官，回去的時候給萬章留下了幾百萬的資產，萬章不接受，說：「我曾經以平民的身分而被石君您愛憐，現在石君家庭衰敗，沒能有安身的地方，而此時我如果接受您的財物，就等於成了石家的禍害，我萬家難道反而會把這當作是福分嗎？」魯國和曹國同出自姬姓，一同列為諸侯，它們之間深厚的情義和堅實誠信的誓言，難道會比不上石顯和萬章一時的個人交情嗎？魯國面對曹國被翦滅顛覆而袖手旁觀，不但沒能推辭掉給他的土地，反而又跑去分享曹國滅亡所帶來的利益，把曹國的禍難當作了魯國的福分。難道說臧文仲的賢德還不如萬章嗎？假使臧文仲放鬆馬的轡繩慢慢地驅趕，

得尺土以歸吾，親親之義已盡矣。今冒利競進，雖得地之多，吾恐文仲所喪者之多於地也。

前日，魯僖之請復衛侯，文仲嘗為謀主矣。其言曰：「諸侯之患，諸侯恤之，所以訓民也。君盍請衛侯以示親於諸侯，且以動晉？夫晉新得諸侯，使亦曰：『魯不棄其親，其亦不可惡。』」於是納玉於晉，以免衛侯。曹、衛，一體也。免衛之難，其義既可以動晉；辭曹之田，其義獨不可以動晉乎？文仲於衛，則割我之所有，棄之而不惜；於曹，則奪彼之所有，受之而不疑。是非恩衛而仇曹也，本心易失，而利心易昏也。吁！可畏哉。

雖然，太公[一]之就封，道宿行遲，逆旅[二]人曰：「客寢甚安，殆非就國者也。」

徘徊不前，以表達自己不忍心的意思，即使在諸侯規定的期限裏遲到了，最後沒有得到一尺一寸的土地，但他親恤親人的仁義已經盡到了。而現在卻貪圖利益快速前往，即使得到很多土地，恐怕臧文仲所喪失的，比他所得的土地還要多。

以前魯僖公請求晉文公讓衛侯復國，臧文仲曾經是出謀劃策的主要人物。他說：「對於諸侯的禍患，其他諸侯應當體恤，這是為了訓導百姓。您何不請求晉文公放了衛侯，以便把自己的親善彰顯於諸侯之間，而且可以感動晉國。晉國剛剛得到諸侯的擁護，我們那樣做，可以讓它也說：『魯國不厭棄它的友邦，也並不可惡。』」於是向晉文公進獻美玉，使衛侯獲得了赦免。曹國和衛國本是一體，免去了衛國的危難，這樣的仁義之舉既然可以感動晉侯，那麼如果他辭退曹國的土地，難道就不可以感動晉侯嗎？臧文仲對衛國則割捨自己所擁有的，捨棄而不吝惜；對曹國則奪取它所擁有的，一味地接受而不遲疑。這並不是恩待衛國而仇視曹國，而是人的本心容易喪失，好利之心容易被迷惑而已。哎！真是可怕啊。

即使如此，當初姜太公前往他的封地，在路上

太公聞之，夜衣而行，黎明至國，則萊侯既與之爭營邱矣。太公聽逆旅之言，其亦未免於趨利歟？非也。君子固不以利自浼[三]，亦不以利自嫌[四]也。一國之重，有民人焉，有社稷焉，吾其可避趨利之小嫌，濡滯逗撓[五]，使為姦寇之所伺乎？故太公之不可遲，猶臧文仲之不可速也。然受封分地之事，逆旅重館之言，其同其異，其是其非，相去間不容髮[六]。若之何而辨之？曰：「在明善。」

[注釋][一]太公：姜太公，齊國的始祖，西周初分封到齊國。[二]逆旅：迎接客人之處，即旅店。逆，迎接。[三]浼（ㄇㄟˇ）：同「浼」，玷污。[四]嫌：此處當為「避嫌，避忌」之義。[五]濡滯逗撓：濡，遲緩。滯，滯留。逗，逗留。撓，阻止。此處為徘徊不進之義。[六]間不容髮：之間的距離容不下一根頭髮。形容距離很短，相差無幾。

留宿，走得慢了，旅店主人就說：「客人您睡得很安穩，大概不是前往封地吧？」姜太公聽了，連夜穿好衣服就走，天剛亮就到了齊國，但萊侯已經在和他爭奪營邱這個地盤了。姜太公聽了旅店主人的話，難道也不能免於追逐利益嗎？不是的。君子固然不能因為利益而自我玷污，但也不能因為利益而避嫌。一個國家中最重要的，有人民，有社稷，我怎麼可以為了避免追逐利益的小嫌疑，滯留徘徊，讓奸詐的盜賊有機可趁呢？所以姜太公不可以遲疑，正如臧文仲不可以急迫。但接收封地和分割土地的事情，旅店主人和重館人的話，其中的異同是非，其實是相差無幾的。如果是這樣的話，那麼該如何去辨別呢？回答是：「在於明辨善惡。」

【古評】

唐荊川曰：先自委曲辨明，使人不得議其君，此東萊論法最高處。因文仲行之遲遲，懸斷其忸怩不安，有不忍分曹之意。因從館人之言，不能如存衛之義，懸斷其本心易失，利心易昏，遂歸結之曰在明善，此一篇前後起伏呼應之細脈也。以萬章相形，謂文仲以禍為福；又以文仲免衛侯相形，謂文仲恩衛仇曹。斷制精明，使文仲無可置辯。

胡氏謂：不系國者，吾故田也。臧孫所以從重館人之言者，殆知復吾故田之為急，而不知以亂易亂之為非也歟！

張明德曰：東萊文章所以為後學開法門者，全在立義高而出筆快。每遇一題，必先度其題之虛實輕重，創定一不拔之論，推原出一段至理，說得原原本本，令人無可議處。此文先借文仲行之遲遲，懸斷其不安不忍之意；後又從館人之一言，以斷其利令智昏之處。前後起伏，無一不規規於法。

左傳原文

臧文仲如晉分曹田 僖公・三十一年

春，取濟西田，分曹地也。使臧文仲往，宿於重館。重館人告曰：「晉新得諸侯，必親其共，不速行，將無及也。」從之。分曹地，自洮以南，東傅于濟，盡曹地也。襄仲如晉，拜曹田也。

晉作五軍以禦狄

僖公・三十一年

為善未盡，猶愈不為；改過未盡，猶愈不改。堯、舜之善，非可一日為也；桀、紂之惡，非可一日改也。百善而有其一，固可漸自附於堯、舜矣；百過而去其一，固可漸自離於桀、紂矣。雖然，為善未盡者，君子固矜而進之也，寬而待之也，徐而誘之也。至於人之改過者，君子必用其察焉。

改過而未盡者[一]，在所恕；改過而不盡者[二]，在所誅[三]。始發之善端，新而未固；已染之惡習，舊而難除，是改過未盡者也，是力不足者也。鐫[四]其毫末，以蓋邱山之愆[五]；去其一二，以塞眾多之議，是改過不盡者也，是誠不足者也。力不足者，猶有時而足焉；誠不足者，前過未盡，今偽已生，是益其過耳，何改過之云乎？曾不如

［譯文］

好事沒做到底，仍強於不做好事；改正過錯不徹底，仍強於不改正過錯。堯、舜的大善，不是一天就可以做到的；桀、紂的罪惡，不是一天就可以改掉的。擁有百種善行中的一種，已經可以漸漸地讓自己向堯、舜靠近了；去掉百種過錯中的一種，已經可以使自已漸漸地遠離桀、紂了。即使如此，做好事而沒有做徹底，君子必定會同情並讓他更進一步，寬厚地對待他，慢慢地誘導他。至於改正過錯的人，君子必定認真觀察。

想要改正過錯而尚未徹底改正的人，就應當寬恕；改正過錯但不想徹底改正的人，就應當責備。剛開始出現善端而難以穩固，已染上的惡習，因為時間久了而難以去除，這是改正過錯尚未徹底的人，是意志力不足的人。粉飾像毫末一樣小的過錯，以便掩蓋像山丘一樣大的過錯；改掉其中的一兩點錯誤，以便搪塞別人對其他眾多錯誤的議論，這是不能徹底改過的人，是誠意不足的人。意志力不足的人，以後還有希望；誠意不足的人，以前的過錯還沒有改盡，新的錯誤又已產生了，這是增加了過錯，怎麼能說是改過

不改之為愈也。

〔注釋〕〔一〕改過而未盡者：這裏指有心改過，只是未能一下子改掉，還需要繼續改正的人。〔二〕改過而不盡者：這裏指無心改過，只是偶爾改正一點點錯誤以便粉飾自己，並不打算徹底改正的人。〔三〕誅：指責，責備。〔四〕鐫（ㄐㄩㄢ）：雕飾，粉飾。〔五〕愆（ㄑㄧㄢ）：過錯，罪責。

瞑眩之藥，不可再投；背城之戰〔一〕，不可再接。藥未投，雖危疾，猶有望其瘳；戰未接，雖危國，猶有望其勝。一發而不中，則其望窮矣。過而不改者，雖元惡大憝〔二〕，君子猶不忍輕絕，何也？所恃者，改過之術存也。乃若改過而不肯盡，略爾裁抑，苟以欺人，則是改過之術，既試而不效矣，夫復何所望耶？

〔注釋〕〔一〕背城之戰：背靠著城池作最後的抗爭，指頑強的抵抗。〔二〕憝（ㄉㄨㄟˋ）：怨恨，憎惡。此處指可惡的人。

呢？那還不如不改更好一些。

喫了會讓人頭昏眼花的藥，不可以再用了；背靠著城池的戰爭，不可以再打了。只要那樣的藥還沒有用，即使疾病很危險，也尚有希望治好；只要那樣的戰爭還沒有打，即使國家很危險，還有希望獲勝。一旦貿然行動而失敗，那麼就沒有任何希望了。錯了而不知道改正的人，即使是罪魁和很可惡的人，君子還是不忍心輕易放棄他們，為什麼？君子這樣做所憑藉的，正是改過的方法還在。但如果改過而不肯改徹底，只是稍微改一點點，暫且用來欺騙別人，那麼這樣的改過方法已經試過了，卻見不到預期的效果，這又還有什麼希望呢？

積昏所以致明也，積蔽所以致通也，積迷所以致悟也。人心至神，雖懵懵罔罔，不知過之當改，久閉斯開，久鬱斯發。是惟無改，改則若決江河，而莫能禦矣。三年鐘鼓之間，乃所以陰養其一日之修省也。今既知過之當改，反毛舉細故，公為欺誕，以竊改過之名，是既累其心於不誠矣。心既不誠，則善端何時而復發耶？本無昏，安得明？本無蔽，安得通？本無迷，安得悟？

吾是以知改過之不盡者，終無改過之路也。

晉文公始兼三行三軍之制，以擬天子之六軍。曾未數年，知僭侈之過，復蒐於清原，損其一而為五軍焉。晉文公果知過之當改，則亟出令，盡復諸侯之舊可矣。乃於改

長時間地處於昏暗是為了最終見到光明，長時間處於蒙蔽是為了最終達到通徹，長時間地處於迷惘是為了最終達到醒悟。人心十分奇妙，即使懵懵懂懂，不知道應當改過，但蒙蔽久了也會開竅，淤塞久了也會通徹。這只怕沒有改，一旦改正了，就像長江黃河決了口，沒有什麼可以抵擋的了。三年的禮樂薰陶，是為了暗暗地修養使他某一天能夠醒悟過來。現在已經知道應當改正過錯，反而瑣碎地舉一些細小的原因，公然欺騙大眾，來竊取改過自新的名聲，這是把自己的心放在不誠實的境地了。心既然不誠實，那麼善念的開端什麼時候纔會再次發展出來呢？原本沒有昏惑，怎麼能有之後的明白？開始沒有蒙蔽，怎麼能有之後的通徹？本來沒有迷惑，怎麼能有之後的醒悟？

所以我知道，改過而不徹底的人，終究不會有改過的途徑了。

晉文公一開始兼併了三行和三軍的制度，來比擬天子的六軍。還沒過幾年，知道了僭越和奢侈的過錯，又在清原這個地方集合軍隊，減去一軍而變作五軍。晉文公如果真的知道自己的過錯應當改正，那麼就應

過之時，而為文過之事，創立軍制，上則異於天子，下則尊於諸侯。明知其過，而不能盡改，外邀恭順之名，內享泰侈之實，其機不可謂不巧，其謀不可謂不譎矣。巧如是，譎如是，其良心乎？偽心乎？良心無巧，巧者偽心也；良心無譎，譎者偽心也。軍雖損其一，而偽心之增者，不知其幾矣。

嗚呼！易則易，於則於[一]，易於雜者，未之有也。天下之分，非君則臣；天下之俗，非夷則夏；天下之事，非善則惡；天下之說，非正則邪。出臣則入君，出夷則入夏，出善則入惡，出正則入邪。天下豈有出乎此而不入乎彼者耶？宜晉文之心勞日拙也。

[注釋][一]易則易，於則於：易，改變。於，在，處在，這里指保持原來的樣子。大意是要改變就改變，要保持就保持原來的樣子。

當馬上下令全部恢復諸侯的舊制，這樣就可以了。但他卻在改過的時候，做一些粉飾過錯的事情，另外創建軍制，往上看與天子的建制不同，往下看又比其他諸侯國尊貴。明明知道這是錯的卻不改正，在外取得恭敬順從的名聲，在內卻享受着切實的舒適與奢侈，他的手段不可不說是很巧妙，他的計謀不可不說是很詭詐。如此的巧妙，如此的詭詐，這是良心呢，還是虛偽之心？良心不會有機巧，機巧是虛偽的心纔有的；良心不會有詭詐，詭詐是虛偽的心纔有的。軍隊的數量雖然減少了一支，但他的虛偽之心不知道增加了多少。

唉！要改變就改變，要保持就保持，改變和保持相互混雜的情況，向來是不存在的。天下的名分，不是君就是臣；天下的風俗，不屬於夷狄就是屬於華夏；天下的事情，不是善的就是惡的；天下的說法不是正直的就是邪惡的。逾越了臣職就進入了君位，脫離了夷俗就進入了夏風，離開了善就進入了惡，跳出了正軌就進入了邪道。天下難道還有跳出這裏，又不進入那裏的事情嗎？晉文公心思勞累但卻越做越糟，那是理所當然的。

左傳原文

晉作五軍以禦狄 僖公・三十一年

秋，晉蒐于清原，作五軍以禦狄。趙衰為卿。

先軫死狄師 僖公・三十三年

至難發者，悔心也；至難持[一]者，亦悔心也。凡人之過，狠者遂之，詐者文之，愚者蔽之，吝[二]者執之，誇者諱之，怠者安之，孰能盡出數累[三]之外而悔心獨發者乎？

是悔也，未發則憂其難發；既發則憂其難持。曷為其難持也？悔心初發，自厭自愧，自怨自咎，戚然焦然，不能一日安。苟無以持之，則自厭者，苟且弛縱，必入於自肆矣；自愧者，退縮羞赧[四]，必入於自棄矣；自怨者，鬱積繳[五]繞，必入於自懟矣；自咎者，憂憤感激，必入於自殘矣。是悔固

[譯文]

最難萌發的是懺悔之心，最難把持的也是懺悔之心。大凡人有了過錯，兇狠的人就繼續錯下去，狡詐的人就文飾過錯，愚蠢的人就掩蓋過錯，悔恨的人就執著於過錯，誇誕的人就諱言過錯，懈怠的人就安於過錯。誰能夠完全跳到這幾種牽累之外，而生發出懺悔之心呢？

懺悔這種東西，沒有萌發的時候，就擔心它難以生發；生發出來以後，就擔心它難以把持。為什麼會很難把持呢？懺悔之心剛剛萌發的時候，自我厭棄，自我愧疚，自我埋怨，自我責備，傷心難過，焦灼憂慮，沒有一天能夠安心。如果不能把持，那麼自我厭棄的人得過且過，鬆散放任，必定會進入自我放縱的境地；自我愧疚的人畏畏縮縮，慚愧害羞，必定會進入自暴自棄的境地；自我埋怨的人胸中鬱悶，難以釋懷，必定會進入自我怨懟的境地；自我責備的人憂愁憤懣，難以平靜，必定會進入自我殘害的境地。這樣

可以生善，亦可以生不善也。

〔注釋〕〔一〕持：護持，控制。〔二〕吝：恨，遺憾。〔三〕累：拖累，牽累。〔四〕羞赧（ㄋㄢˇ）：因害羞而臉紅。〔五〕繳（ㄐㄧㄠˇ）：纏繞，放不開。

萬斛〔一〕之舟，放乎滄海，非遇大風則不回。苟操舟者無以持之，固有因風力之勁，而反致覆溺者矣。舟之所以回者，風也；舟之所以溺者，亦風也。一念之悔，其勁烈，蓋甚於風，烏可不知所以持之耶？

〔注釋〕〔一〕斛（ㄏㄨˊ）：容量單位，常用作糧食的單位。

吾讀《左氏》至先軫之死，未嘗不嘉其悔，而又傷其無以持悔也。軫以晉襄公之縱〔一〕秦囚，不顧而唾，無禮於君甚矣。及箕之役，深悔前過，免胄而死於狄師，其

的懺悔之心固然可以萌生善良，也可以萌生不善。

大噸位的巨輪被放入大海，如果沒有遇上大風，就不會回到岸邊。如果開船的人不能駕馭，必定會發生因風力強勁反而翻船溺死的情況。船回到岸邊是因為風，船被吹翻也是因為風，一個懺悔的念頭，其剛勁猛烈甚至超過了風，怎麼可以不知道如何加以把持呢？

我讀《左傳》至先軫之死，未嘗不讚揚先軫的懺悔之心，但我又對他控制不住自己的懺悔而感到悲傷。因晉襄公放走了秦國的俘虜，先軫對國君無所顧忌地唾罵，太過無禮了！箕地之戰，他又對以前的過錯感到深深地懺悔，脫去了盔甲，死在狄國的軍隊裏，

一念之勁烈如此。使有以持之，固可以一日而收克己復禮[二]之功矣。惟其無以持之，不用是力於禮義，而用是力於血氣。身為元帥，總三軍之重，而輕棄其身。身死無名，驕敵辱國，沒有餘責，殆與自經於溝壑者等耳。先軫所犯者，晉君也；所死者，狄師也。前日犯君者，謂之悖；今日死狄者，謂之狂。聞以義掩利惡矣，聞以善掩惡矣，曰悖，曰狂，其過惟均，豈聞有為狂而能掩悖者乎？先軫未能改前日之過，而適所以生今日之過也。先軫意在於改過，而反至於生過，其失不在於悔，而在於不能持其悔也。

[注釋][一]縱：放。[二]克己復禮：約束自我，使言行合乎先王之禮。見《論語「顏淵」》：「克己復禮為仁。」

風之無力者，不能回舟，至於風力之

他的一個念頭竟然如此剛勁強烈！假如能有所作為地把持好，本來可以在一天之內就收到約束自己而合乎禮制的功效。只是他不能把持好，不在禮義上下功夫，而用力於血性意氣上。身為元帥，總攬三軍的重任，卻輕易地捐棄自己的性命。自己死了卻沒有好名聲，使敵人驕傲，使國家受辱，自己不承擔任何責任，恐怕這與自殺在溝壑中無異。先軫冒犯的是晉國國君；死的地方，是在狄國的軍隊裏。以前冒犯國君，叫作悖逆；現在死在狄軍，叫作狂妄。聽說過用正義去掩蓋私利，聽說過用善良去掩蓋罪惡。悖逆和狂妄，它們的過錯均等，難道聽說過做狂妄的事而能掩悖逆的嗎？先軫不能改正以前的過錯，正是發生現在過錯的原因。先軫的本意在於改正過錯，卻反倒產生了新的過錯，他的過錯不在於懺悔，而在於沒能把持好自己的懺悔。

無力的風不能使船回到岸邊，至於力量強勁的

勁者，惟善操舟者為能持之；悔之無力者，不能遷善，至於悔力之勁者，惟善治心者為能持之。如使人之有過者，不自厭自愧，自怨自咎，則終始如此而已矣。厭愧怨咎，正吾入德之門。然毫釐之差，復陷於過，果可以持之乎？曰：負擔而趨家者，不勝其勞；弛擔而至家者，不勝其逸。負擔之勞，乃所以為弛擔之逸也。悔過之初，厭愧怨咎；改過之後，舒泰恬愉。先軫悔過而至於殺其身，意者徒知悔，而未知改乎？使果能持其悔，亟改而歸之善，則舒泰恬愉之地，自有真樂，必不肯輕殺其身也。既歸家，則忘其勞；既改過，則忘其悔。豈有既歸而猶勞，既改而猶悔者乎？是則其過當改也，悔亦當改也。

風，只有善於駕船的人纔能把握住它；無力的懺悔不能使自己變好；至於強勁的懺悔，只有善於修養心性的人纔能把持好。假如人們有了過錯，不去自我厭棄、自我愧疚、自我埋怨、自我責備，那麼錯誤便始終存在而無法改正了。自我厭棄、愧疚、埋怨、責備，正是我們進入道德的門徑。但是細微的差錯，就會再度陷入過錯之中。果真可以把持得好嗎？回答是：挑著擔子回家，沒有比這更勞累；放下擔子到家，沒有比這更輕鬆。挑擔很勞累，所以放下擔子纔會感到輕鬆。懺悔過錯之初，自我厭棄、愧疚、埋怨、責備；改正過錯之後，感到舒適、安泰、恬淡、愉快。先軫懺悔自己的過錯，以致於害死了自己，猜想他大概只知道懺悔，而不知道改過吧？如果他真的能控制自己的懺悔，馬上改正而趨向於善，那麼舒適、安泰、恬淡、愉快的境地自然有真正的快樂，必定不會輕易地葬送自己的性命。既然回到了家裏，就會忘記勞累；既然改正了過錯，就會忘記懺悔。難道有已經回了家還很勞累、已經改正了還在懺悔的情況嗎？所以這就是他的過錯要改，懺悔也要改的原因。

【古評】

孫月峰曰：寫人情歷歷如見，乃知不深維世故，不可以為文章。

王鳳洲曰：只就悔心難持四字，翻論到底，句句名言。

朱字綠曰：說不能持悔心，引風一段為喻，極親切有味。○先軫為人，大約氣質粗猛，始而唾其君，既而死於敵，同一暴氣也。其唾君也為國事，其死敵也亦為國事，初非有所私。但於寇之既縱，即爭之已遲，而何之於唾？於寇之方來，正當嚴大帥旗，而何為免冑以投其鋒？是所謂血氣之勇，不能自克者也。東萊欲引舒泰恬愉之樂，似非所以告戰陣之士，然執詩說禮，乃大將才，則其言未為迂也。

張明德曰：拈定難持二字，千廻百折，反覆辨難，直窮到無可生發處，總是得孟子養氣大意。推勘得透，後又歸根治心上頭，正是持其志無暴其氣之意。先軫果操持到這等地位，又何有免冑入師之事乎？先生不獨行文勝人幾籌，即此等經濟，此等學問，亦周程張朱遺派也。○篇末引先軫以舒泰恬愉之樂，乃東萊先生進將才以學問，令作風流之儒將耳。若謂非所以告戰陣之士拘矣。夫戰陣之士，軍中自有紀律，尤當聽命於大帥之旗鼓，亦非可以粗暴猛戾為也。

左傳原文

先軫死狄師 僖公・三十三年

狄伐晉，及箕。八月，戊子，晉侯敗狄于箕。郤缺獲白狄子。先軫曰：「匹夫逞志於君，而無討，敢不自討乎？」免冑入狄師，死焉。狄人歸其元，面如生。

臼季舉郤缺 僖公・三十三年

人之觀，隨所遇而變。過朝廷，則觀政；過障戍，則觀備；過營壘，則觀兵；過廛市[一]，則觀貨。所觀未嘗不隨所遇也。惟因所遇而觀，故將求士者，必之庠焉，序焉，校焉，塾焉[二]，捨庠、序、校、塾而適野，則所見畎畝而已矣，稼穡而已矣，農夫而已矣，於此而求士，是猶求魚於山，求獸於海，果何從而得之哉！

[注釋][一]廛（ㄔㄢˊ）市：市場。[二]庠（ㄒㄧㄤˊ）焉，序焉，校焉，塾焉：庠、序、校、塾，都是古代的教育場所，相當於現在的學校。

彼臼季出使，而得冀缺[一]於耕饁[二]之間，其亦異於人之觀矣。臼季，文公之近臣也。居則華屋，出則雕軒[三]。方其奉君

[譯文]

人們的觀察隨著遇到的情況而改變。經過朝廷就考察政治，經過邊戍就考察戰備，經過軍營就考察部隊，經過市場就考察貨物。考察的內容，未嘗不是根據遇到的情況而改變。正是根據所遇的情況而考察，所以要尋求士人，必定要去庠、序、校、私塾。捨棄庠、序、校、私塾而到野外去找，那麼所看見的只有田畝、莊稼、農夫而已，在這裏尋求士人，就像到山上去尋找魚，到海裏去尋找野獸，怎麼可能尋找得到呀！

臼季出使時，在耕種和送飯的人群中發現了冀缺，他的觀察異於常人。臼季是晉文公親近的臣子，住著豪華的房屋，出行乘坐雕飾過的車馬。當他奉國君的命令而出使時，佩帶寶玉，身著長袍，光彩照

命而使，佩玉長裾，光麗溢目，麾幢旌節[四]，貴震一時。使他人居之，則意必滿，氣必揚，下視農夫霑體塗足之勞，將顰蹙嘔噦，而不肯觀矣。況東阡西陌，不知其幾畝也；前耘後耕，不知其幾人也；婦饁子餉[五]，不知其幾家也。棼棼闐闐[六]，往來如織，何以辨其孰肅，孰慢，孰莊，孰肆，孰敬，孰怠耶？臼季於道路駐足之頃，驟拔冀缺於千鎛[七]萬笠之間，舉之於君，列之於卿大夫之間，迄[八]為名臣，不負所舉。吾不知臼季且何術以觀之也？

[注釋][一]冀缺：即郤缺，因為是食邑於冀，所以又稱冀缺。[二]饁（ㄧㄝˋ）：給田間幹活的人送飯。[三]雕軒：有花紋的馬車。[四]麾（ㄏㄨㄟ）幢旌節：都是儀仗旗幟之類。[五]餉（ㄒㄧㄤˇ）：同饁，給田間幹活的人送飯。[六]棼（ㄈㄣˊ）棼闐（ㄊㄧㄢˊ）闐：紛亂喧鬧貌。[七]鎛（ㄅㄛˊ）：鋤頭。[八]迄（ㄑㄧˋ）：

人，儀仗威嚴，他的高貴震動一時。如果是其他人處在這種地位，就會心滿意足、趾高氣揚，俯視農夫，看到他們身上腿上都沾滿了泥土在勞動，就會蹙眉作嘔，不肯再看下去。更何況東西交錯的阡陌，不知道有多少田地；前後耕耘的農夫，不知道有多少人；妻子兒女都在送飯，不知道有多少戶人家。紛亂喧鬧，來來往往，穿梭如織，怎麼去辨別誰嚴肅誰傲慢，誰莊重誰放肆，誰恭敬誰怠慢呢？臼季在路邊歇腳的片刻，突然從眾多的鋤頭斗笠中間選拔出冀缺，舉薦給國君，使他位列卿大夫中間，最終成了名臣，而不負臼季的舉薦。我不知道臼季究竟是用什麼方法考察他的。

畢竟，終究。

蓋嘗聞之，昔之在公卿之位者，未嘗不以求士為首務。旦之所思者，士也；暮之所思者，士也。在朝退朝，出疆入疆，未嘗須臾忘士。思之既深，故雖田野之間，莽蒼之外，寸長片善，未有不投吾之意，而動吾之目者。吾非數數然求見之也，吾心在於求士，則士自見於吾心也。鑑以照物為職，吾明既徹，則物自入其照；公卿以求士為職，吾誠既立，則士自入其求。如使本無求士之誠，則雖左顧右盼，見一人而問之，又見一人而質之，體煩目眩，精耗神竭，而所謂真賢實能者，未必不失之交臂之間矣。

觀茅容之避雨，未有知容之賢者也，而郭泰獨知之者[一]，非泰之觀異於眾人，

曾經聽說以前位居公卿的人，無不以尋求士人為首要任務。朝思暮想的都是招賢納士，無論是上朝下朝，還是出國歸國，不曾半刻忘記士人。思念得很深，所以即使在田野之間，空曠的郊外，人們哪怕是一點點的長處和善心，都會引起我的注意，且吸引我的關注。我並非急切地去尋找士人，既然我的心在於尋求他們，那麼士人自然會在我的心中出現。鏡子以反映物體為職責，我既然像鏡子一樣已經通明透徹，那麼物體自然入其映照之中；公卿以尋求士人為職責，我的誠心既然已經確立，那麼士人自然會進入他們的尋求範圍。如果本來就沒有尋求士人的誠心，那麼即使左顧右盼，見到一個人就問，又見一個人也問，使身心煩勞，眼睛暈眩，精神耗竭，但所謂真正的賢能之人，卻未必不會失之交臂。

看到茅容避雨，沒有人知道茅容的賢能，只有郭泰能發現，並非郭泰的觀察異於別人，只是郭泰尋求

泰求士之心異於眾人也；過冀缺之耕饁，未有知缺之敬者也，而臼季獨知之者，非季之見異於眾人，季求士之心異於眾人也。苟所觀者以目而不以心，則見避雨而偶不箕踞者，遽謂之茅容，見耕饁而偶不嫚侮者，遽謂之冀缺，可耶？

［注釋］［一］此句：茅容在避雨時，即使淋濕了身體，也要保持端莊的儀表。當時郭泰以善於舉薦人才而著稱，看見了茅容的嚴謹，就認為此人必定賢能。事見《後漢書》。

吾嘗攷臼季、冀缺之事，而知古今風俗之變有大不同者焉。古者公卿有不遇之歎，而布衣無不遇之歎；後世布衣有不遇之歎，而公卿無不遇之歎。古者公卿以求士為己責，故常以不遇賢者為憂，至於布衣，外無責，內無憂，囂囂然［二］何往而不遇哉！

賢士的心異於別人；冀缺在田間耕種和吃飯時，人們從旁邊經過，沒有人知道冀缺的恭敬，但臼季卻知道他的恭敬，並非臼季看見的異於別人，只不過臼季尋求賢士的心異於別人。如果只用眼睛而不是用心去考察，那麼看見避雨時偶然能保持端正儀容的人，馬上就稱他是茅容一樣的人，看見在田間耕種和吃飯時偶然表現得不輕慢的人，馬上就將他與冀缺等同，這行嗎？

我曾考察過臼季、冀缺的事情，因而知道古今風俗的變化有很大不同。古代，公卿有遇不見賢士的感歎，但平民沒有受不到賞識的感歎。後世，平民有受不到賞識的感歎，而公卿沒有遇不見士人的感歎。古代公卿以尋求賢士為己任，故常因遇不見賢人而憂慮，至於平民百姓，外無職責，內無憂慮，安閒自適，何來不遇的感嘆呢？所以，臼季擔心遇不到冀缺，而冀缺不擔心遇不到臼季。後世的公卿，將得到官位視

故曰季惟恐不遇冀缺，而冀缺不恐不遇曰季也。後世之公卿，以得位為遇；後世之布衣，以無位為不遇。下求之愈急，上應之愈緩，而風俗日以薄矣。非自拔於污俗之中，殆未足與論遇不遇之真在也。

［注釋］［一］囂囂然：這裏指自適從容，安閒貌。

作際遇好；後世的平民將沒有官位視作際遇不好。下面人的索求越是急迫，上面人的回應越是遲緩，因而風俗一天天地淡薄了。如果不從污穢的世俗中跳脫出來，大概不能與他談論知遇和被知遇的真正意義。

左傳原文

臼季舉郤缺 僖公·三十三年

初，臼季使過冀，見冀缺耨，其妻饁之。敬，相待如賓。與之歸，言諸文公曰：「敬，德之聚也。能敬必有德，德以治民，君請用之。臣聞之，出門如賓，承事如祭，仁之則也。」公曰：「其父有罪，可乎？」對曰：「舜之罪也殛鯀，其舉也興禹。管敬仲，桓之賊也，實相以濟。《康誥》曰：『父不慈，子不祗，兄不友，弟不共，不相及也。』《詩》曰：『采葑采菲，無以下體。』君取節焉可也。」文公以為下軍大夫。反自箕，襄公以三命命先且居將中軍，以再命命先茅之縣賞胥臣，曰：「舉郤缺，子之功也。」以一命命郤缺為卿，復與之冀。

晉陽處父侵蔡，楚子上救之，與晉師夾泜水而軍

僖公・三十三年

國毀當辨，身毀當容；國辱當爭，身辱當受。是固不可格以一律也。

昔夫子能忍匡人之圍〔一〕，而不能忍萊夷之兵〔二〕；能忍南子之見〔三〕，而不能忍優施之舞〔四〕。聖人之心，何其多變也？繞指之柔，忽變而為擊柱之剛；緩帶之和，忽變而為奮髯之怒。迭弛迭張，迭弱迭強，闔闢推移，不主故常，是非聖人樂於多變也，處身之與處國，其法固不相參也。毀辱在身，聖人納之而不校也，此匡人之圍、南子之見，夫子所以未嘗一動念也；毀辱在國，聖人競之而不置也，此萊夷之兵、優施之舞，

〔譯文〕

如果國家被毀謗，就應當辯白，如果個人被毀謗，就應當容忍；如果國家被侮辱，就應當爭論，如果個人被侮辱，就應當承受。二者當然不能用一種標準來衡量。

過去孔子能容忍匡人對自己的圍困，但不能容忍萊夷軍隊對魯定公的劫持；能容忍南子對自己的召見，但不能容忍優施在定公面前舞蹈。聖人的心思怎麼如此多變呢？環繞手指般的溫柔，忽變作擊柱般的剛硬；緩步飄帶般的柔和，忽變作衝冠的憤怒。時而放鬆，時而繃緊，時而柔弱，時而剛強，開合變換，不固守常態。這並非因為聖人喜歡多變，對待國家和對待個人，其原則絕不相同。對個人毀謗和侮辱，聖人就會容忍而不去計較，所以對匡人的圍困、南子的召見，孔子並沒有絲毫動心；對國家毀謗和侮辱，聖人就會不顧一切地爭辯，所以對萊夷的軍隊、優施的舞蹈，孔子沒有絲毫寬恕。

夫子所以未嘗一毫貸[五]也。

[注釋][一]匡人之圍：孔子周遊列國時，曾在匡這個地方被當地人圍困，被誤認為是陽虎，陽虎曾暴虐過匡人。[二]忍萊夷之兵：定公十年，齊國和魯國的國君在夾谷會盟，齊國預謀使萊夷之士兵劫持魯定公，被孔子識破，及時阻止了此事的發生，維護了魯國的名譽。[三]南子之見：南子是衛靈公的寵妾，當時孔子正在衛國，南子以小君（即國君夫人）的身分召見孔子，孔子不好推辭，遂去拜見。[四]優施之舞：優施，即名叫施的優人。魯定公十年，齊魯夾谷會盟時，齊侯讓優施到定公跟前跳舞，孔子認為這是侮辱魯國的國君，於是命人殺了優施。[五]貸：寬恕，寬容。

楚子上為陽處父所薄而退舍，加以遁逃之謗。為子上者，盍思是謗其身之謗乎？其國之謗乎？使所謗止於子上之身，則不與之校者，盛德也，闊量也，大度也。今遁逃之謗，不專及其身，而且及其師；不專及其

楚國子上受陽處父逼迫而後退了三十里，還被當成逃遁而受到毀謗。作為子上，為什麼不想想這次毀謗是針對個人，還是針對國家呢？如果受毀謗的僅僅是子上個人，那麼不去計較，這是品德高尚、寬宏大度的表現。如今這逃跑的毀謗不僅是針對他個人，而且是針對他的軍隊；不僅是針對他的軍隊，而且是

師，而且及其國。為子上者，安可嘿嘿受謗，遽帥師而歸乎？楚與晉爭衡久矣，一旦為陽處父而被以逃遁之名，子上曾不出一語與之競，天下必以為楚師之真遁，皆將雄晉而雌楚[一]。吾不知而今而後，幾戰幾勝而後可洗此耻耶。

針對他的國家。作為子上，怎能默默地忍受毀謗，立刻率軍回歸呢？楚國和晉國爭奪霸權已經很久了，突然被陽處父加上逃跑的罪名，子上竟然一句也不去爭辯，天下人必定會認為楚國軍隊真的逃跑了，都將尊重晉國而蔑視楚國，我不知道從今以後，需要打贏多少次勝仗纔可以洗掉這樣的恥辱呀。

〔注釋〕〔一〕雄晉而雌楚：雄雌即指高下，雄晉而雌楚，即尊重晉國而輕視楚國。

然則，為子上者將奈何？曰：「夾泜之師，兩軍相望，先濟不可也，先退亦不可也。先濟則晉將乘之，逞邀擊之計；先退則晉將藉[二]之，為班師之名。子上盍當退舍之際，遣一介[三]之使，以告晉師曰：『大國有命，敝邑不敢違[三]，是以在此為大國退。既成列矣，使人敢請濟[四]期。』」彼

既然這樣，那麼作為子上，他應該怎麼辦纔好呢？回答是：「兩軍夾河而望，先渡河不可以，先撤退也不可以。先渡河，晉國就會實施乘機半路阻擊的計謀；先撤退，晉國就有藉口，聲稱此為撤軍。子上為什麼不在後撤三十里時，派遣一個使者，告訴晉國的軍隊說：『晉國這樣的大國下了命令，我們小邦國是不敢違抗的，所以在這裏為貴國而撤退。軍隊已經列隊，斗膽派人來問你們什麼時候渡河？』那陽處父無言以對，然後楚國捲起鎧甲束馬而退。即使這樣做追趕不上晉國軍隊，但逃跑的罪名將在晉國而不在楚

陽處父無辭以對，然後卷甲束馬而趨之。雖使不及晉師，然遁逃之名，將在晉而不在楚矣。處父何自駕其謗？商臣何自入其譖哉？

〔注釋〕〔一〕藉：藉口。〔二〕一介：一個。〔三〕大國有命，敝邑不敢違：這是先秦時典型的外交辭令，表示尊敬對方而稱呼對方的國家為「大國」，把對方的軍事挑釁稱之為「有命」，而把自己的國家謙稱為「敝邑」（即小地方，破地方），把自己的應戰謙稱為「不敢違」（不敢違抗貴國的命令）。〔四〕濟期：渡河的日期。

大抵君子勇於公，而怯於私。在家庭，在鄉黨，在田野，含垢忍恥，見侮不校，恂恂愉愉〔一〕，人百欺之而不以為忤；在廟堂，在軍旅，在官府，燭奸擿隱〔二〕，洞見肺肝，凜凜冽冽，雖人一欺之，亦未嘗容。其所以不移朝廷、軍旅、官府之勇，而變家

國。陽處父怎會散佈對他自己的毀謗？太子商臣又怎還會陷入他自己的詆毀呀？

總之，君子在公事上勇敢而在私事上膽怯。在家裏，在鄉里，在田野，包容污垢，容忍恥辱，受到侮辱而不計較，謹小慎微，別人多次欺侮他，也不感到是忤逆；在朝廷，在軍隊，在官府，把奸詐陰險者揭發出來，心胸坦蕩，大義凜然，即使別人只欺辱一次也不會容忍。他之所以不用在朝廷、軍隊、官府時的勇氣來改變在家庭、鄉里、田野時的膽怯，並非怕有利己的嫌疑。個人的尊嚴，萬物無可匹敵。之所以不與別人計較，不是不敢計較，而是覺得沒有什麼可以

庭、鄉黨、田野之怯，非嫌於私己也。一己之尊，萬物無對。其所以不與人校[三]者，非不敢校也，不見有可校者也。舉梃[四]擊空，適以自勞；舉刀斷水，適以自困。彼之來毀譽者，適所以自損耳。吾從容無為，而置彼於不足校之地，勇不既大矣乎？至於國家之事，則存亡安危繫焉，不得已而出力與之校。校而以力，則其威褻[五]矣。是知怯於私者，眾人以為怯，而君子則以為勇之大也。

[注釋][一]恂（ㄒㄩㄣˊ）恂愉愉：小心翼翼。[二]燭奸擿隱：燭，照見，揭露。擿，選出，揭露。隱，陰暗，陰險。[三]校（ㄐㄧㄠˋ）：同較，計較。[四]梃（ㄊㄧㄥˇ）：木棒。[五]褻：不莊重，污穢。

計較的。拿著木棒擊打空氣，只會使自己勞累；舉著大刀砍斷流水，只會使自己困倦。那些來毀謗的人，只不過使自己受損害而已。我從從容容，不採取行動，而把他們置於不足以計較的位置，這種勇氣不是更大嗎？至於國家的事情，那就關乎安危存亡了，是不得已纔出力與別人計較。計較時很賣力，對方的淫威也就會收斂。所以在私事上膽怯者，眾人認為他很膽怯，君子卻認為那是最大的勇敢。

左傳原文

晉陽處父侵蔡，楚子上救之，與晉師夾泜水而軍 僖公・三十三年

晉陽處父侵蔡，楚子上救之，與晉師夾泜而軍。陽子患之，使謂子上曰：「吾聞之，『文不犯順，武不違敵』。子若欲戰，則吾退舍，子濟而陳，遲速唯命。不然，紓我。老師費財，亦無益也。」乃駕以待。子上欲涉，大孫伯曰：「不可。晉人無信，半涉而薄我，悔敗何及？不如紓之。」乃退舍。陽子宣言曰：「楚師遁矣。」遂歸。楚師亦歸。太子商臣譖子上曰：「受晉賂而辟之，楚之恥也。罪莫大焉。」王殺子上。

周叔服相公孫敖二子　文公・元年

勢相敵而後訟，未有非其敵而訟者也。非其敵而訟焉，則大者喪其為大矣。公卿之於皂隸[一]也，巨室之於窶氏[二]也，儒者之於卜祝也，邈乎其勢之不相敵也。親屈公卿之貴而與皂隸訟，親屈巨室之富而與窶人訟，親屈儒者之重而與卜祝訟，勝之不武，不勝為笑，適以自卑而已矣。

［注釋］［一］皂隸：地位低下的僕役。［二］窶（ㄐㄩˋ）氏：貧苦人家。

荀卿以大儒而著《非相》之篇，下與卜祝較，何其不自愛也。彼挾相術以苟衣食者，卑冗凡賤，廁迹[一]於巫醫優伶之間，仰視儒者，如斥鷃望大鵬於羊角扶搖[二]之上，敢有一毫爭衡之心乎？荀卿忽降尊貶

［譯文］

勢力相當時纔會爭訟，沒有勢力不相當還去爭訟的。勢力不相當而去爭訟，那麼強大的一方就不再強大。公卿和奴隸，富豪和貧民，儒士和占卜者，勢力懸殊不相匹敵。親自放下公卿的尊貴而去和奴隸爭訟，親自放下富豪的富有而去和貧民爭訟，親自放下儒士的莊重而去和占卜者爭訟，勝了也不勇武，不勝就成了笑話，正好使自己卑賤罷了。

荀卿作為一代大儒而著《非相》這樣的篇章，下賤地與占卜者爭訟，多麼不自愛呀。那些靠著相形之術糊口的人，卑微平庸、凡俗低賤，與巫師遊醫歌伎同類。這些人仰視儒士，猶如小鳥仰望那順著旋風翱翔於九霄雲外的大鵬，怎敢有絲毫爭勝之心呢？荀卿突然自降尊貴、自貶莊重，絮叨地與相師爭辯，長篇

重，譊譊然〔三〕與相師辨，連簡累牘而不已。是書一出，相師之氣，坐〔四〕增十倍，互相告語，以謂：「我，何人也？卜祝也；彼，何人也？儒者也。我何足以致彼之爭？彼亦何苦與我爭也？今彼乃明目張膽，極其辨而與我爭曲直恐不勝者，是必我之道可以與彼抗也。」由是卜祝之流，人相勸，家相勉，支分派別，相形之術，遂蔓延於天下矣。然則荀卿之於相術，將以排之，適以助之；將以抑之，適以揚之。《非相》之篇，吾恐未免為「是相」之篇也。

〔注釋〕〔一〕廁迹：側身，列位。即與之同列，與之同類。〔二〕斥鷃望大鵬於羊角扶搖：斥鷃，是一種很小的鳥雀。羊角，即旋風，形容其狀。扶搖，即龍捲風。典出《莊子．逍遙遊》。〔三〕譊（ㄋㄠˊ）譊然：嘮叨的樣子。〔四〕坐：不費力。

大論而不休。此書一出，相師的勇氣徒然增長十倍，互相轉告說：「我是什麼人？是小小的占卜者；他是什麼人？是大儒士。我怎麼能夠招致他的爭論？他又為什麼與我苦苦爭論？現在他明目張膽，極力與我爭論是非曲直，惟恐贏不了我，這必定是因為我的道術可以與他相抗衡。」從此，占卜者，人人相鼓勵，家家互勸勉，分門別派，相形之術於是就遍佈了天下。然而，荀卿對待相術，本打算排擠它，反而幫助了它；本打算抑制它，反而弘揚了它。《非相》的篇章，我想恐怕難免成了「是相」的篇章。

自孔子以前，相術固已概見於世矣。若周叔服相公孫敖之二子，一言其必食子，一言其必收子，是以相而預言人之福也；子文及叔向母，見越椒、伯石之始生，一言其必滅若敖氏，一言其必喪羊舌氏，是以相而預言人之禍也。數十年之後，福焉而福，禍焉而禍，無一不合。誇於口者有之，筆於書者有之。孔子未嘗過而問焉，豈孔子衛道之心反緩於荀卿耶？孔子以謂：天下之曲伎小術，雜焉而不可縷數。如蜩蟬蛙黽〔二〕，自鳴自止，本不足為吾道之輕重，荀獨取其一而辨焉，則天下必以是為術也，至勞聖人與之辨，必其道可與聖人抗，殆將有陷溺而從之矣。是不能為吾道損一異端，反為吾道增一異端也。天下本未嘗以異端待相術，荀卿強斥以為異端而與之辨，無故而為吾道增一

孔子之前，相術本來已經在世上出現了。比如，周朝的叔服給公孫敖的兩個兒子看相，說其中一個必定會贍養公孫敖，另一個必定會收葬公孫敖，這是以相術來預言人家的福分；子文和叔向的母親看見剛出生的越椒和伯石時，說其中一個必定會使若敖氏滅絕，另一個必定會使羊舌氏滅絕，這是以相術來預言人家的禍患。數十年之後，說有福分的果然有福，說有禍患的也果然有禍，無一不吻合。有讚賞於口者，有記載於書冊者，孔子從來不曾過問這樣的事情，難道孔子捍衛道德之心反而比荀卿遲緩嗎？孔子認為：天下的小道小術，混雜而不可細數，如蟬如蛙，讓他們自鳴自止好了，本來就不足以增減我們的道德。如果單獨選擇其一來辯論，那麼天下的人必定認為這是一家之術，已經到了要勞駕聖人與之辯論的地步，其中必定有可以與聖人相抗衡的地方，這樣一來大概就會有沉迷而跟隨的人。如此不僅不能為我們的大道消除異端，反而為我們的大道增添異端。天下本來不曾把相術當成異端，荀卿硬是將它斥責為異端並與它爭辯，無緣無故地為我們的大道增添異端，這不是荀卿的過錯嗎？

異端。非卿之罪耶？

[注釋][一]蜩（ㄊㄧㄠˊ）蟬蛙黽（ㄇㄥˇ）：即蟬類、蛙類。

吾觀孔子周遊於天下，鄙夫陋人每以區區相術而窺之，有曰「額[一]，類堯也」，有曰「項，類皋陶也」，有曰「肩，類子產也」，孔子與門弟子聞之，不過付之一笑耳。豈非曲伎小術，初不足與論是非耶？乃若吾夫子之門，自有相書，殆非卜祝所誦之相書也。「申申、夭夭」，即孔門相容貌之術；「誾誾、侃侃」，即孔門相言語之術；「躩如、翼如」，即孔門相步趨之術；「勃如、怡如」，即孔門相顏色之術[二]。一部一位，一占一候[三]，毫釐不差。季咸、唐舉、許負之術，至是皆敗矣。曾子傳此相書以相

我看孔子周遊天下時，鄙陋之人常用小小的相術來窺視孔子，有的說他的額頭像堯，有的說他的脖子像皋陶，有的說他的肩膀像子產。孔子和門徒們聽了，不過是付之一笑而已。這難道不是因為小小的道術本來就不值得與它爭論是非嗎？至於我們孔夫子的門派內，自有觀相之書，但不是占卜者所誦讀的相書。如「申申、夭夭」，就是孔子門下相容貌的方術；「誾誾、侃侃」，就是孔子門下相言語的方術；「躩如、翼如」，就是孔子門下相步法的方術；「勃如、怡如」，就是孔子門下相顏色的方術。每一個部位，每一次占候，毫釐不差，而季咸、唐舉、許負的相術，都未能達到這種層次。曾子傳授此相書來相人，所以發展為「動容貌」的理論；子思傳授此相書來相人，所以發展為「動乎四體」的理論；孟子傳授此相書來相人，所以發展為「眸子瞭眊」的理論。如果荀卿得到孔門的相書，醉心服膺它還來不及，怎麼會有功夫

人，故發而為「動容貌」之論；子思傳此相書以相人，故發而為「動乎四體」之論；孟子傳此相書以相人，故發而為「睟子瞭眊」之論［四］。荀卿得孔門之相書，將心醉服膺之不暇，何暇非他人之相書耶？

［注釋］［一］顙：額頭。［二］申申夭夭……孔門相顏色之術：申申夭夭、誾（ㄧㄣˊ）誾侃侃、躩如翼如、勃如怡如，皆用以形容孔子言行符合禮制。申申，整飭貌。夭夭，和舒貌。誾誾，和敬貌。侃侃，和樂貌。躩如，快步貌。翼如，舒翅貌。勃如，莊重貌。怡如，自得貌。［三］一占一候：占，占卜，占驗。候，占候，觀察。［四］曾子傳此……睟子瞭眊（ㄇㄠˋ）之論：我國儒家傳統所強調的道統觀念，由孔子至曾子，由曾子至子思，由子思至孟子。動乎容貌、動乎四體、睟子瞭眊之論，分別為曾子、子思、孟子關於察人的言論，指可以根據一個人的舉動（如容貌、四肢）、儀表（如睟子的明暗）來判斷一個人。這些均散見於《禮記》、《孟子》等儒家經典中。四體，四肢。瞭，明亮。眊，昏暗。

去非難別人的相書呢？

【古評】

茅鹿門曰：末一段語帶調笑，正完其不足與辨之意。

孫月峰曰：絕異端以不辯，自是聖人居上流之法，而又就相冷敲熱棒，痛喝一番，奇文妙義，匪夷所思。

楊升庵曰：落筆何等矜貴，東萊胸次，曠然可想。

袁中郎曰：掀翻名利之窟，而妙在以遊戲出之。

朱字綠曰：說小術不足與較。占得地步高，發得議論透。○荀子謂相形不如論心，論心不如擇術。形相雖惡，而心術善，無害為君子；形相雖善，而心術惡，無害為小人。亦是透闢之論。然穀難形相善，而心術亦善，越椒伯石形相惡，而心術亦惡，故不若置之不辨為得也。

張明德曰：星相術數之說，各立門戶，非聖賢光明正大道理，與之辨論，已於吾道樹敵。篇中引孔子以為證據，深闢荀卿《非相》之篇，多此一說，自是衛道正旨。又從孔子身上說出多少相法，東萊善於解嘲，另是一種筆法。

左傳原文

周叔服相公孫敖二子 文公．元年

元年，春，王使內史叔服來會葬。公孫敖聞其能相人也，見其二子焉。叔服曰：「穀也食子，難也收子。穀也豐下，必有後於魯國。」

越椒生而子文知其滅若敖氏 宣公·四年

初，楚司馬子良生子越椒。子文曰：「必殺之。是子也，熊虎之狀而豺狼之聲，弗殺，必滅若敖氏矣。諺曰『狼子野心』，是乃狼也，其可畜乎？」子良不可。子文以為大慼。及將死，聚其族曰：「椒也知政，乃速行矣，無及於難。」且泣曰：「鬼猶求食，若敖氏之鬼不其餒而！」及令尹子文卒，鬭般為令尹，子越為司馬。蔿賈為工正，譖子揚而殺之，子越為令尹，己為司馬。子越又惡之，乃以若敖氏之族，圄伯嬴於轑陽而殺之，遂處烝野，將攻王。王以三王之子為質焉，弗受。師于漳澨。秋，七月，戊戌，楚子與若敖氏戰于皐滸。伯棼射王，汰輈，及鼓跗，著於丁寧。又射，汰輈，以貫笠轂。師懼，退。王使巡師曰：「吾先君文王克息，獲三矢焉，伯棼竊其二，盡於是矣。」鼓而進之，遂滅若敖氏。

伯石生而叔向之母知其喪羊舌氏 昭公·二十八年

初，叔向欲娶於申公巫臣氏，其母欲娶其黨。叔向曰：「吾母多而庶鮮，吾懲舅氏矣。」其母曰：「子靈之妻殺三夫，一君、一子，而亡一國、兩卿矣，可無懲乎？吾聞之：『甚美必有甚惡。』是鄭穆少妃姚子之子，子貉之妹也。子貉早死，無後，而天鍾美於是，將必以是大有敗也。昔有仍氏生女，黰黑，而甚美，光可以鑑，名曰玄妻。樂正后夔取之，生伯封，實有豕心，貪惏無饜，忿纇無期，謂之封豕。有窮后羿滅之，夔是以不祀。且三代之亡、共子之廢，皆是物也。女何以為哉！夫有尤物，足以移人。苟非德義，則必有禍。」叔向懼，不敢取。平公強使取之，生伯石。伯石始生，子容之母走謁諸姑，曰：「長叔姒生男。」姑視之。及堂，聞其聲而還，曰：「是豺狼之聲也，狼子野心。非是，莫喪羊舌氏矣。」遂弗視。

閏三月非禮 文公・元年

天下之事，有若贅而實不可損者，君子之所當察也。

三月而春，三月而夏，三月而秋，三月而冬。孟，其始也；仲，其中也；季，其終也[一]。孟、仲、季之月具，而始、中、終之序全，殆不可一毫加益。彼所謂閏[二]者，果何為者耶？閏在春，則春之贅也；閏在夏，則夏之贅也；閏在秋，則秋之贅也；閏在冬，則冬之贅也。閏之附於四時，若附贅然。聖人果何為置之耶？及問諸知曆者，然後知閏者實曆數之基本，四時之所待而正者也。

[注釋][一]孟其始也，仲其中也，季其終也：古代將一個季節分為孟月、仲月、季月，如在春天的

[譯文]

天下的事情，有的像是多餘，但實際上是不可減損的，君子對此應當明察。

經過三個月到了春天，經過三個月又到了夏天，再經過三個月到了秋天，又經過三個月到了冬天。孟月是一個季節的開始，仲月是中間，季月是結尾。孟、仲、季三個月具備了，那麼開始、中間、結尾的次序就周全了，不可以有絲毫增加。那所謂的閏，究竟是什麼呢？閏月置在春季，就成了春天的累贅；閏月置在夏季，就成了夏天的累贅；閏月置在秋季，就成了秋天的累贅；閏月置在冬季，就成了冬天的累贅。閏月附於四季，好像附加的累贅一樣。但是聖人究竟為什麼要設置閏月呢？等到詢問知曉曆法的人，纔知道閏月其實是曆數的根本，四季都依賴它而得到糾正。

第一個月，可稱之為孟春。[二]閏：地球公轉一周，即一年所用的實際時間比我國傳統的曆法太陰曆多出一定的差額，這些差額累計起來就要在正常的曆數之間設置閏月加以調整。

太極運三辰、五星於上，而元氣轉三統[一]、五行於下。上下經緯，而天下至變生焉。苟不置閏以通其變，則周天之餘度[二]，誰與受之？期年之餘日，誰與受之？以有常之曆，而追無常之天，日疎日遠，日舛日差，積而至於久，將見曆在震，而時已夏矣；曆在離，而時已秋矣[三]。此魯曆之差，仲尼之譏，《左氏》之論，未嘗不本於置閏也。閏定則曆定，曆定則時定，孰知吾向日視為贅物者，乃曆數之大本乎？

[注釋][一]三統：古代曆法名，漢代劉歆所創。
[二]周天之餘度：由於曆法是根據天體的運行而設置

太極在上界，運行日月星三辰、金木水火土五星；元氣在下界，運轉三統曆法與五行。上下各自經天緯地，天下最大的變化就發生了。如果不設置閏來貫通這種變化，那麼將如何承受曆法與天體實際運行的差額？一年多出來的天數，將如何承受呢？用固定的曆法來追蹤變動的天道運行，會一天天變得疏遠，一天天變得有差錯，長久累積下來，就會出現曆法上本當是在萬物復蘇的冬春之交，時節卻成了夏天；曆法上是萬物生長的季節，時節卻到了蕭條凋落的秋天。這就是魯曆有差錯，孔子所譏諷的，《左傳》所議論的，未嘗不是本於置閏的原因啊。閏月設定了，那麼曆法纔能定；曆法定了，那麼季節纔能定。誰知道我們以前看作是累贅的東西，卻是曆數的根本呢？

的，但我國的陰曆和實際的天體運行間期有一定差額，所以會有餘額，出現所謂周天之餘度。〔三〕曆在震，而時已夏矣；曆在離，而時已秋矣：曆，曆數，和天體運行相關。震，八卦之一，可代表萬物復蘇的季節，即冬去春來之際。離，也是八卦之一，代表萬物生長的季節。句意為本當是曆法上萬物復蘇的冬春之交，卻成了夏天。本當是曆法上萬物生長的季節，卻到了秋天蕭條凋落的季節。

因曆數而例其餘，則吾平居嗤笑以為贅而無用者，未必非至理之所在也。一揖可矣，三揖則贅；再拜可矣，百拜則贅；終日恪誠，足以格鬼神，乃贅為七日之齋；終年勤苦，足以通倫類〔一〕，乃贅為九年之學。是皆吾平日之甚不快，猶是閏之贅也。

〔注釋〕〔一〕倫類：人倫道德之理。

以閏為贅而損之，則所差者特寒暑之

由曆數的例子而推廣到其他方面，那麼我們平時嘲笑為累贅而無用的東西，未必不是至高的真理之所在。作揖一次可以，三次就成了累贅；下跪兩次可以，下跪百次就成了累贅；每天恭敬誠懇，足可以感通鬼神，卻累贅地齋戒七天；整年勤勞刻苦，足以通曉人倫道理，卻累贅地學習九年。這些都是我們平時很不樂意的事，就像置閏的累贅一樣。

把置閏視為累贅而減損它，那麼差錯只在於寒暑的季節而已；至於把作揖當作累贅的人，減了又減，

節耳；至於以揖為贅者，損之又損，必至於不揖；以拜為贅者，損之又損，必至於不拜；以齋為贅者，損之又損，必至於不齋；以學為贅者，損之又損，必至於不學。然則聖人之教，凡世指為苛細繁委、贅而無用者，皆可以陰養天下之有用也，豈止一閏法而已哉！

雖然，斗指兩辰謂之閏，是閏非辰之正也；月無專建[一]謂之閏，是閏非月之正也；中氣不在謂之閏，是閏非氣之正也。如是則人非特以為贅，天固以為贅矣。曰：「非也。」閏者，曆之樞也。使斗杓可得而指，月建[二]可得而名，中氣可得而攝，則是亦四時之一耳。何以定四時而成歲乎？惟閏也。非辰之辰，而斗杓所不能指；非月之

必定會到達不作揖的地步；把跪拜當作累贅的人，減了又減，必定會到達不跪拜的地步；把齋戒當作累贅的人，減了又減，必定會到達不齋戒的地步；把學習當成累贅的人，學習時間減了又減，必定會到達不學習的地步。但是聖人的教育，凡是世人指責為苛小繁瑣細碎、多餘而無用的東西，都可以暗暗地助長天下有用的東西，難道僅僅是一個置閏的曆法而已嗎？

雖然這樣說，北斗星的斗柄指向兩個星辰之間叫做閏，所以閏月並不是十二辰之正；月份無專屬叫做閏，所以閏月也不是月建中的正月；中氣不在月中叫做閏，所以閏月也不是中氣中的正月。如果這樣，那不只是人認為它是累贅，即使上天也會認為它是累贅。回答：「不是這樣。」置閏是曆法的樞紐。如果北斗星的斗柄可以隨意指放，一年的第一月可以隨意命名，中氣可以隨意含攝在每個月中，那麼閏月也只是四季的一季而已。怎麼纔能夠測定四季而成一年呢？只有置閏。不是十二辰中的辰，斗柄就不能指著它；不是十二個月中的月份，年首的第一月就不能

月，而月建所不能名；非氣之氣，而中氣所不能攝。居章會統元之間〔三〕，視之若贅，而千載之日繫焉。為曆官者，安可棄而不攷耶？天下之理，固有手之所不能指，口之所不能名，說之所不能攝，古今共棄而不攷者矣。此又非曆官之責也。

〔注釋〕〔一〕建：北斗星斗柄所指叫作建。〔二〕月建：古代有建子、建丑、建寅的曆法，即北斗星的斗柄分別在農曆的十一月、十二月、正月指向周天十二位的子位、丑位、寅位，周代、商代、夏代分別以這三個月份為一年的第一個月。〔三〕章會統元：指曆法。古時曆法，以十九年為一章，章有七閏；四章為節，二十節為紀，三紀為元。統元，南宋紹興五年，詔命陳得一所修曆法名。

以它為名；不是二十四節氣中的節氣，中氣就不能含攝。閏月在曆法中，看起來是累贅，但千百年的曆法與時序卻以它來維繫。作為掌管曆法的官吏，怎麼可以廢棄而不加以考察呢？天下的道理，本來就有手不能指、口不能說、說也說不透、古今都廢棄而不去考察的。這就不是曆法官員的職責了。

左傳原文

閏三月非禮 文公・元年

於是閏三月，非禮也。先王之正時也，履端於始，舉正於中，歸餘於終。履端於始，序則不愆；舉正於中，民則不惑；歸餘於終，事則不悖。

閏不告朔 文公・六年

閏月不告朔，非禮也。閏以正時，時以作事，事以厚生，生民之道，於是乎在矣。不告閏朔，棄時政也。何以為民？

辰在申再失閏 襄公・二十七年

十一月，乙亥，朔，日有食之。辰在申，司曆過也，再失閏矣。

火西流司曆過 哀公・十二年

冬，十二月，螽。季孫問諸仲尼，仲尼曰：「丘聞之，火伏而後蟄者畢。今火猶西流，司曆過也。」

楚太子商臣弒成王　文公・元年

天下之言，察於利害未驗之前，人皆以為難；察於利害既驗之後，人皆以為易。鯀能欺四岳於九載之初[一]，而不能欺比屋[二]於九載之後，非比屋果智於四岳也，未驗之與已驗，其難易固不同也；少正卯能欺子貢於兩觀方誅之始[三]，而不能欺市人於兩觀既誅之餘，非市人果智於子貢也，未驗之與已驗，其難易固不同也。未見汩陳之禍[四]，而能察鯀之策，則天下皆堯矣；未見偽辨之慝，而能察少正卯之言，則天下皆孔子矣。如必待既驗而後察之，特比屋、市人之智耳。是故出夏癸[五]於南巢，則必思伊尹[六]不可再留；起商辛[七]於牧野，則必思祖伊[八]不可再用；脫夫差[九]於姑蘇，

[譯文]

天下的言論，在利害還沒有被驗證之前就考察清楚的，人們都認為很難；在利害被驗證之後考察清楚的，人們都認為很容易。鯀可以在九年前欺騙四方諸侯，卻不能在九年之後欺騙百姓，並不是百姓果真比四方諸侯更聰明，而是沒有驗證和驗證之間的難易本身不同；在兩觀被殺之前，少正卯可以欺騙子貢，卻不能在兩觀被殺之後欺騙一般市民，並不是一般市民要比子貢聰明，而是沒有驗證和驗證之間的難易本不相同。沒有看到堵塞洪水的禍害，卻能看清鯀的治水計策不行，那麼天下的人都是堯了；沒有見過欺詐巧辯的奸邪，卻能看清少正卯的言論的錯誤，那麼天下的人都是孔子了。如果一定要等到驗證之後纔看清，這只不過是一般百姓和市民的智慧而已。因此，如果把夏桀從南巢救出，那麼他就必定會思念賢臣伊尹，後悔不能重新把他留在身邊；在牧野把商紂救起，那麼他就必定會思念賢臣祖伊，后悔不能重新任用他；把夫差從姑蘇解脫出來，他必定會思念賢臣伍子胥，悔恨他無法重生。當利害已經得到驗證之後，即使是最愚蠢極兇暴的人，尚且知道應該聽從勸告而後悔自

則必思子胥不可再生。當利害既驗之後，雖至愚極暴之人，猶知其可從而悔其不從也。然則天下之言當利害未驗之時察之，安得不謂之難乎？自利害既驗之後察之，安得不謂之易乎？

[注釋][一]鯀（ㄍㄨㄣˇ）能欺四岳於九載之初：堯曾找人治水，四岳（四方的侯伯）認為鯀可以。但九年之後，鯀治水方法不當而失敗了，遭到刑殺。[二]比屋：即挨家挨戶，指所有的老百姓。[三]少正卯能欺子貢於兩觀方誅之始：少正卯，能言善辯，巧言令色，妖言惑眾，後來在兩觀被作司寇的孔子所殺。[四]汨（ㄍㄨˇ）陳之禍：見《書・洪範》：「鯀陻洪水，汨陳其五行。」汨陳，錯亂陳列。[五]夏癸：即夏桀。[六]伊尹：商湯輔臣。名摯。助湯伐桀滅夏，湯尊為阿衡。[七]商辛：即商紂。[八]祖伊：紂時賢臣。[九]夫差：春秋時吳國國君。

吾獨以為利害之未驗，察言者若難而實易；利害之既驗，察言者若易而實難。

已沒有聽從。然而，天下之事，當利害還未得到驗證之前就考察清楚，怎能說不困難呢？在利害已經得到驗證之后纔再來考察，怎能說不容易呢？

我偏偏認為利害沒有驗證之前，考察一個人的言語好像很困難，實際卻很容易；利害被驗證之後，考

吾非樂與說者反也，所謂正言似反者也。利害未驗之前，利未見利，害未見害，吾心未為利害之所分，則所用以察言者，皆心之正也，以吾心之正而察天下之言，其善、其惡、其邪、其正，畢陳於前，而莫能遁，非難而易耶？至於利害既驗之後，吾見其言之驗，則竊意其言之可從，是以事信之，而非以心信之也；吾見其言之不驗，則竊意其言之不可從，是以事疑之，而非以心疑之也。信與疑不出於心，而出於事，其弊可勝既耶？人臣之以是諫非者，君從之則有利，君不從之則有害。後世因其事之驗，而信其言之驗，可也。抑不知天下固有以非諫非者。雖能知君之過，而己之諫亦不免於過；雖能舉君之失，而己之諫亦不免於失。君不從其言，固有害也；君從其言，亦有害也。後世徒見其

察一個人的言語好像很容易，實際卻很困難。我並不是喜歡與別人持相反說法，正所謂正確的言論往往好像與世所公認的相反。利害沒有驗證之前，既沒有看見利益，也沒有看見害處，我的心沒有被利害所分散，那麼用來考察他人言論的都是正直之心。我用正直之心去考察天下的言語，好的壞的，邪的正的，都陳列在我的跟前，不能逃匿，這不是看似很難而實際很容易嗎？至於利害已經驗證之後，我看見他的言語已經得到驗證，就私下以為他的話可信，這是憑借事情而信任，不是出於內心而信任；我看見他的話沒有被驗證，就私下認為他的話很可疑，這是因事情而懷疑，不是因內心而懷疑。信任和懷疑都不出自內心，而出於事情，這種弊端還有完結的時候嗎？臣子用對的勸諫錯的，君主聽從了就有益處，君主不聽從就有害處。後人因為這件事驗證了而相信他的話很靈驗，這是可以的。卻不知道天下本來有用錯誤勸諫錯誤的情況。雖然知道君主的過錯，但自己的勸諫也難免錯誤；雖然可以舉出君主的過失，但自己的勸諫也難免過失。君主不聽從他的勸說固然有害，但是若君主聽從他的勸說也有害處。後人僅僅看到君主不聽其勸諫的害處，而沒有看見聽從其勸諫的害處。沉溺於事情的驗

君不從其言之害，而不見從其言之害。溺其事之驗，而忘其理之差，爭拾其遺說而襲之，蓋有亂亡相尋[一]而不悟者矣。此吾所謂若易而實難者也。楚子上之事是已。

[注釋][一]亂亡相尋：相尋，相互追逐。禍亂和衰亡相互追逐，即禍亂和衰亡一個接一個。

子上諫楚成王之立商臣，既中楚成王之非矣，而子上之所以諫者，亦未免於非也。既曰：「君之齒未也，而又多愛，黜乃亂也。」又曰：「楚國之舉，常在少者。」此二說者，實萬世禍亂之權輿。使楚成從其前之說，則國本不建，儲位久虛，得無起覬覦之姦乎？使楚成從其後之說，則嫡庶不明，長幼失序，得無開簒奪之萌乎？此二禍者，吾未知與熊蹯之變[二]，孰先孰後也。

證與否，而忘記了其中道理的不同，競相拾掇他們遺留下來的言辭而蹈襲，大概會出現接連遇到敗亂滅亡卻依然執迷不悟的情況。這就是我們所說的看似簡單而實則困難的道理。楚國子上的事情就是個例子。

子上勸諫楚成王冊立商臣為太子，這已經指出了楚成王的錯誤，但是子上用來勸諫的理由也難免錯誤。既說：「您的年紀還不老，而且愛妾很多，如果後來廢黜太子就會出禍亂。」卻又說：「楚國常常冊立年少者為太子。」這兩種說法，實際上是萬世禍亂的開始。如果楚成王聽從他前一種說法，那麼國家的根基無法確立，儲君之位長久空缺，難道不會引發覬覦儲位的奸邪之事嗎？假如楚成王聽從他後一種說法，那麼嫡庶不分，長幼失序，能不開啟簒逆爭奪的禍端嗎？這兩種可能的禍害，我不知道和熊蹯之變哪個會在先哪個會在後。後世的人只看到子上預料商臣的這件事很靈驗，於是就相信他的話作為招致禍亂的

後世徒見子上料商臣之驗，遂信其言而納於禍。有以立嗣為諱，如唐宣宗[二]者，實子上「齒未」之言誤之也；有以庶孽奪宗，如隋文帝[三]者，實子上「舉少」之言誤之也。其餘以此墜命隕姓者，未易枚舉。豈非樂已驗之言，而蹈未見之禍乎？

［注釋］[一]熊蹯之變：熊蹯，熊掌。楚成王被其子商臣圍困在宮中時想吃熊蹯，此處指代這次事變。[二]唐宣宗：即李忱。他遲遲不肯冊立太子。[三]隋文帝：隋代開國君主，即楊堅，他本來冊立了長子楊勇為太子，但後來又寵信庶子楊廣，最後楊廣篡得太子之位並即位為皇帝，即隋煬帝。

彼商臣之惡，自非梟獍[一]其心者，皆知疾趨而避之。其禍後世，殆未若子上之烈也。張角[二]不足為漢禍，而討張角者乃為漢禍；盧循[三]不足為晉禍，而滅盧循者乃

根源。有君主把冊立太子作為忌諱的事情，比如唐宣宗，實際上是子上「年紀還不老」的話誤導了他；有庶子奪走嫡子之位的情況，比如隋文帝，實際上是被子上「冊立年少者」的話所誤導。其他因為這個原因而導致個人和家族覆滅的人，不勝枚舉。這難道不是喜歡採用已經驗證的話結果卻誤蹈於未見的禍害嗎？

那商臣的罪惡，只要不是像梟獍那樣有嗜父食母之心的人，都會知道趕快逃跑躲避。因此他對後世的禍害還沒有子上嚴重。張角不足以成為漢代的禍害，但討伐張角的人卻成了禍害漢代的人；盧循不足以成為晉代的禍害，而消滅盧循的人卻成了禍害晉代的

為晉禍；商臣不足為萬世禍，而排商臣者乃為萬世禍。天下之禍，固有機於此而動於彼者矣。夫豈始慮所及耶？

〔注釋〕〔一〕梟獍（ㄒㄧㄠ ㄐㄧㄥˋ）：舊說梟為惡鳥，生而食母；獍為惡獸，生而食父。比喻忘恩負義之徒或狠毒的人。〔二〕張角：東漢末年農民起義軍領袖，最後在曹操等人的圍剿下失敗。但是東漢並沒有因此得以延續，反而被曹丕纂奪了政權。所以說東漢不是亡在張角之手，而是亡在消滅張角者之手。〔三〕盧循：東晉末年的農民起義軍領袖，最後在劉裕的鎮壓下失敗，但是東晉也並沒有因此得以延續，因為劉裕趁機奪取了政權，建立劉宋。

人；商臣不足以成為萬代的禍害，但排斥商臣的人卻成了禍害萬世的人。天下的禍害本來就有原由在此、發動在彼的情況。這難道是開始時就能預料的嗎？

左傳原文

楚太子商臣弒成王 文公・元年

初，楚子將以商臣為太子，訪諸令尹子上。子上曰：「君之齒未也，而又多愛，黜乃亂也。楚國之舉，恒在少者。且是人也，蠭目而豺聲，忍人也，不可立也。」弗聽。既又欲立王子職而黜太子商臣。商臣聞之而未察，告其師潘崇曰：「若之何而察之？」潘崇曰：「享江芊而勿敬也。」從之。江芊怒曰：「呼，役夫！宜君王之欲殺女而立職也。」告潘崇曰：「信矣。」潘崇曰：「能事諸乎？」曰：「不能。」「能行乎？」曰：「不能。」「能行大事乎？」曰：「能。」冬，十月，以宮甲圍成王。王請食熊蹯而死，弗聽。丁未，王縊。謚之曰靈，不瞑；曰成，乃瞑焉。

因人而有過者，君子不謂之過；因人而有善者，君子不謂之善。周公之過，因管叔而過也[一]；過在管叔，而周公何與焉？孔子之過，因昭公而過也[二]；過在昭公，而孔子何與焉？過端發於人，而不發於己，是安得為周、孔累哉！漢高帝因傾項籍，而為義帝服[三]，非真悲也，服帝所以挫羽也；劉裕因傾桓玄，而興復晉祚[四]，非真忠也，復晉所以滅玄也。時無項籍，則高帝必不為服義帝之喪；時無桓玄，則劉裕必不倡復晉祚之師。其為善果出於己耶？因人而過者，猶鑑遇嫫母[五]而醜，本非鑑之醜也；因人而善者，猶木託於岳而高，本非木之高也。是故因人而有過者，雖百過不足尤；因人而

［譯文］

因為別人而犯了過錯，君子不把這稱為過錯；因為別人而有善行，君子不把這叫做善行。周公的過錯，是因為管叔犯錯；過錯在管叔，與周公有什麼關係呢？孔子的過錯，是因為魯昭公而犯下的；過錯在魯昭公，與孔子有什麼關係呢？過錯發端於別人，而不在自己，這怎麼可以讓周公和孔子受牽累呢？漢高祖因為要壓倒項羽，而為義帝服喪，這不是真正的悲傷，為義帝服喪是為了挫敗項羽；劉裕因為要壓倒桓玄，而謀劃恢復晉朝的正統，這不是真正的忠誠，恢復晉朝是為了消滅桓玄。當時如果沒有項羽，那麼漢高祖必定不會替義帝服喪；當時如果沒有桓玄，那麼劉裕必定不會倡導恢復晉朝的正統。他們的善舉果真是出於真心嗎？因為別人而犯錯的人，就像是鏡子裏出現了嫫母而醜陋，本來不是鏡子醜陋；因為別人而行善，就像樹木託身在高山上而高大，而非樹木本身很高。所以因為別人而犯了過錯的人，即使犯了百次也無可厚非；因為別人而去行善，即使有百次善行也不值得高興。行善應出於自身，難道能因為別人而去行善嗎？

有善者，雖百善不足喜。為善由己而由人乎哉！

〔注釋〕〔一〕周公之過，因管叔而過也：周武王病逝，武王之弟周公輔佐年幼的周成王，總攬大權，招致管叔等人的猜忌。管叔等人作亂，被周公鎮壓。〔二〕孔子之過，因昭公而過也：孔子曾在魯國當政，但魯昭公沒有堅持任用孔子，於是孔子開始周遊列國。〔三〕漢高帝因傾項籍，而為義帝服：秦朝末年，劉邦、項羽起義，二人表面上均尊奉義帝。義帝死後，劉邦為了擊敗項羽而替義帝服喪。〔四〕劉裕因傾桓玄，而興復晉祚：東晉末年，桓玄作亂，劉裕打著恢復晉朝的旗號消滅了桓玄。後來，劉裕實力增強，篡奪了晉朝，建立劉宋。〔五〕嫫（ㄇㄛˊ）母：我國古代有名的醜女。

晉襄公即位而朝王於溫，人皆善其尊周也。及攷其朝王之由，蓋將討衛之不朝，故身先朝周以責之。其意曰：「周，王也；晉，霸也；衛，小侯也。晉獨朝周，而衛不

晉襄公即位後在溫地朝拜了周王，人們都表揚他尊敬周王。等到考察他朝拜周王的理由，卻發現他是為了討伐衛國的不朝拜，所以自己先朝拜周以便責難衛國。他的意思是說：「周朝是王室，晉國是霸主，衛國是小小的諸侯國，唯獨晉國朝拜周王室，而衛國

朝晉，可乎？」故朝王之事，名為尊周，而實則討衛也。因討衛而後朝周，非因朝周而後討衛也。然則，尊王之善，豈襄公之本心哉！特因衛而發耳。向若衛侯之車先叩於晉關，則吾知晉襄公之旆[一]未必入於周境矣。彼因人而有善者，果足以為善耶？

[注釋][一]旆（ㄆㄟˋ）：旗。

臣之於君，猶子之於父也。子必因責人而始敬父，則父得子之敬寡矣；臣必因責人而始朝君，則君得臣之朝寡矣。周之諸侯苟皆若晉襄之用心，則是父無故終不得子之敬，君無故終不得臣之朝也。又況子之敬父，自敬汝父耳，於人何有？臣之朝君，自朝汝君耳，亦於人何有？挾敬父之孝而辱人者，必反為人所辱；挾朝君之忠而陵[一]人

卻不朝拜晉國，這可以嗎？」所以朝拜周王的事情，名義上是尊重周王，實際上卻是為了討伐衛國。因為要討伐衛國而後纔來朝拜周王，不是因為朝拜周王而後去討伐衛國。既然如此，那麼尊敬周王的善意難道是出自晉襄公的本心嗎？只不過是因為想討伐衛國而萌發罷了。如果衛侯的車子以前先一步到了晉國，那麼我想晉襄公的儀仗未必會到周王室的境內。他因為別人的緣故而有了善行，果真可以算得上是善嗎？

臣子對待國君就像兒子對待父親。兒子一定要因為責求別人纔孝敬自己的父親，那麼父親得到兒子的孝敬就會很少；臣子一定要因為責求別人纔來朝拜君主，那麼君主得到臣子的朝拜必定會很少。周朝的諸侯國，如果都像晉襄公那樣的心思，那麼這就是父親如果沒有原由就終究得不到兒子的孝敬，君主如果沒有原由就終究得不到臣子的朝拜。何況兒子孝敬父親是自己孝敬自己的父親，和別人有什麼關係？臣子朝拜君主，是自己朝拜自己的君主，和別人有什麼關係？挾持著對父親的孝敬來侮辱別人，必定會被別人侮辱；挾持著對君主的忠誠來欺凌別人，必定會反被

者，必反為人所陵。使晉襄之事周，春朝秋覲，史不絕書，亦昏定晨省[二]之常耳，猶不足以自高，況甫陟周之庭[三]，遽傲然自足，鳴鐘擊鼓，峻[四]責他人之無禮，安得不納孔達之侮哉！

[注釋][一]陵：同淩，欺淩。[二]昏定晨省：本指晚間為父母鋪定床衽，晨起省問安否，後來泛指向親長問安。[三]甫陟（ㄓˋ）周之庭：甫，纔，剛剛。陟，登，進入。[四]峻：刻薄。

世有妄人嘗拜其父者，他日執塗人而責之曰：「我常拜父，汝何為不拜我？」天下未有不笑其狂者。晉襄之責衛非此類耶？

雖然，「無諸己而後非諸人」，《大學》之道也。《大學》，古之遺言也。晉襄先朝王而後責衛，似合於《大學》之旨，庸可毀

別人欺淩。如果晉襄公侍奉周王室，春天去朝拜，秋天去覲見，史書上記載得很多，也只不過是像早晚探望父母一樣罷了，尚且不足以自誇，何況剛剛到了周朝廷，就立刻傲慢自滿，鳴鐘擊鼓地張揚，刻薄地指責別人的無禮，怎麼會不受到孔達的侮辱呢！

世上有曾拜見自己父親的狂妄人，有一天他抓住路人責難說：「我經常拜見自己的父親，你為什麼不拜見我？」天下沒有人不嘲笑他的狂妄。晉襄公責難衛國不是和這類似嗎？

雖然這樣說，「自己不做壞事，然後纔能責難別人做壞事」，這是《大學》裏的道理。《大學》是古代遺留下來的名言。晉襄公先朝拜周王然後責難衛國，似乎合乎《大學》的主旨，怎麼可以毀謗晉襄公

耶？非也。觀書要當忘言而得意，《大學》之意，在於「無諸己」而不在於「非諸人」也。欲學者將非人之時，常思「無諸己」之戒；不欲學者持「無諸己」之論用為非人之資也。故先曰「無諸己」，次曰「非諸人」，其意主於攻己過而不主於攻人過，明矣。黠吏姦民，將與人訟，必痛自刻削，不入文法，鄉閭未有以修飾許之者，以其身之治而心之險也。豈有士君子而嘗懷非人之心者耶？吾恐說經者以文害辭，浸入黠吏姦民之用心，故力辨之以告吾黨之士云。

呢？不是的。讀書應當忘掉辭藻而領會含意。《大學》的旨意在於「自己不做壞事」，而不在於「責難別人做壞事」。目的是想讓學習者在責難別人時，常常想到「自己不做壞事」的自我警戒；而不想讓學習者拿「自己不做壞事」當作責難別人的資本。所以先說「自己不做壞事」，後說「責難別人做壞事」，它的旨意主要在於指責自己的過失，而不在於指責別人的過錯，這是很明白的。狡猾的官吏與奸詐的百姓，他們要和別人爭論時，必定會先痛快而嚴厲地責難自己，說得都顧及不到語言的條理，但鄉里的人並沒有人認為他們善於修身養性，因為他們修身但內心很陰險。難道有士人君子會懷揣責難別人的心思嗎？我恐怕解說經書的人會因為文句的表象而歪曲了文辭的意思，慢慢被狡猾的官吏和奸詐的百姓之用心所侵染，所以盡力辨別，來告訴我們這輩的士人。

【古評】

邱瓊山曰：妙解若環。

焦弱侯曰：尊周大義，齊桓晉文皆由是耳，豈但朝王於溫哉？此五霸之所謂假之也。

鍾伯敬曰：中拜父一喻，寫呆愚之狀，可發一笑。

孫執升曰：欲衛之朝己而朝王，是非尊周，乃自尊。自尊者無周矣。中責以君父大義，後論無己非人，庶幾不惡而嚴。

朱字綠曰：小小結構，氣概亦復淩厲無前。

張明德曰：目無天王，已非一日，而乃假以尊王之意，聲罪致討，殊屬可笑。篇中以父喻君，以子喻臣，以子之事父，喻臣之事君，極平常語，卻寫得一種呆人說夢之妙。伯恭以嘲笑作為文字，讀者當為絕倒。

左傳原文

晉襄公朝王先且居胥臣伐衛 文公．元年

晉文公之季年，諸侯朝晉。衛成公不朝，使孔達侵鄭，伐緜、訾及匡。晉襄公既祥，使告于諸侯而伐衛，及南陽。先且居曰：「效尤，禍也。請君朝王，臣從師。」晉侯朝王于溫，先且居、胥臣伐衛。

東萊博議卷十七

禘太廟躋僖公　文公・二年

議禮如聚訟[一]，斷禮如聽訟。競禘爭祫[二]，駁郊難社[三]，大訴牒也；據章守句，執文秉法，大券契也；棟充宇積，帙千簡萬，大案牘也。前師後儒，乃禮中之證佐；黨同伐異，乃禮中之讎敵；析言曲辨，乃禮中之姦宄。斷禮者，苟欲隨事而折之，隨說而應之。彼以《經》來，我以《經》對；彼以《傳》來，我以《傳》對；彼以《史》來，我以《史》對。是猶聽訟者，欲與珥筆之民[四]爭長於律令質劑之間，終必反為所困而已矣。善聽訟者，出於律令質劑之外，折以人情，一言而訟可息；善斷禮者，出於詁訓

[譯文]

討論禮制就像爭訟，斷定禮制也像聽訟。爭論用禘制，爭論用祫禮，駁斥郊祭，非難社禮，這些就像是訴訟的訟辭；依據典章，謹守文句，拿著條文，端著法律，這些就像是爭訟中握著重要證據；書籍汗牛充棟，資料千帙萬簡，這些就像是爭訟中的重大文件。前有大師，後有儒士，這些就是禮制爭論中的佐證人；聯合同黨、討伐異己，這就是禮制爭論中的對敵雙方；剖析言論，迂曲辯解，這些就是禮制爭論中的奸民。斷定禮制的人，只是想隨著事情來折中，根據各種言辭來應對。他們以《經》書來問，我就以《經》書來應對；他們以《傳》解來問，我就以《傳》解來應對；他們以《史》書來問，我就以《史》書來應對。這就好像是聽訟的人想要和那些能文好訟之徒互以法律條令和證據爭長，最終必定反為其所困而已。善於聽訟的人，跳出法律條文和證據之外，用人情來折中，一句話就可以平息爭訟；善於評斷禮制的人，跳出訓詁和注釋之外，用人情來折服人，一句話就可以使禮

箋釋之外，折以人情，一言而禮可明。人情者，訟之所由生，亦禮之所由來也。

［注釋］［一］聚訟：爭訟，眾說紛紜。［二］競禘（ㄉㄧˋ）爭祫（ㄒㄧㄚˊ）：爭論用禘禮，爭論用祫禮。禘，古代帝王的一種祭禮，祭祀祖先。祫，古代帝王在太廟祭祀先祖的禮制，一般三年一次。［三］駁郊難社：駁斥郊祭，非難社禮。郊，郊祭，在郊外祭祀天地神靈，社，社禮，祭祀土地神。［四］珥筆之民：指訴訟之人。

吾先得其所由生者而制之，自綱觀條，自源觀派，物迴縷解，冰釋露晞，雖老於議禮者，墜筆失簡，莫敢支梧［一］。苟捨其本，瑣瑣然下與彼角逐於詁訓箋釋之間，是固彼之所長，而我之所短也。以我之所短而遇彼之所長，其受侮也則宜。此古今斷禮者，所以每為人屈，而鮮有能屈人者也。魯祀僖

制昭明。人情，是訴訟萌生的根源，也是禮制產生的根源。

我先知道它們產生的根源，再來評斷，從綱領出發來看條理，從源流出發來看支脈，事情的曲折因由就會緩緩地解開，並慢慢地得到解決，就像冰一樣融化，像露水一樣蒸發。即使是擅長爭論禮制的人，這時也會驚得扔筆丟簡，不敢再爭論，支支吾吾地說不出話來。如果捨棄根本，瑣細地競相在訓詁與注釋上與他們爭論，這本來就是他們的長處、我的短處。拿我的短處去應對他們的長處，必然會受到悔辱。這就是古今評斷禮制的人常常被人駁倒，卻很少能駁倒別人的緣由。魯國祭祀魯僖公，開始悖逆，後來纔忠

公，始逆終順，禮家之說，互有從違，其論篤而義精者固多矣，未有折之以人情者也。吾請悉置禮家之說，而專以人情明之。

[注釋][一]支梧：同支吾，說話斷斷續續，不連貫。

人之情，欲尊其親者，將欲為親榮也。尊吾父而坐之吾伯父之上，則人必以吾父為不弟矣；尊吾父而置之吾君之上，則人必以吾父為不忠矣。不弟，大惡也；不忠，大刑也。本欲尊吾父，而納之於大惡；本欲尊吾父，而納之於大刑。為人之子，無故而納父於大惡，陷父於大刑，非不孝之尤者乎？

生與死，一理也；寢與廟，一制也；宴與祀，一儀也。文公溺於夏父弗忌之諂[一]，躋僖公於閔公之右，以尊其父。胡不

順，禮家的說法各有牴牾，論述篤實而見解精辟的有不少，卻無人用人情的觀點來駁斥它。請讓我把禮家的說法全部列出來，而專門用人情來明斷吧。

人之常情，若要讓自己的親長受人尊敬，就是想讓他得到榮耀。尊敬我的父親而把我父親的位置放在我伯父之上，那麼人們必定會認為我父親不尊敬兄長；尊敬我的父親而把他的位置放在國君之上，那麼人們必定會認為我的父親不忠於君主。不尊敬兄長，這是很大的罪惡；不忠於國君，這是很重的罪行。本來想尊敬我的父親，卻使他陷入到很大的罪惡中；本來想尊敬我的父親，卻使他陷入到很重的罪行中。作為兒子，無緣無故而使父親陷於大惡、遭受重刑，這不是極為不孝嗎？

侍奉生者和死者是同樣的道理，規定寢制和廟制是同樣的禮制，舉行宴享和祭祀是同樣的禮儀。魯文公被夏父弗忌的讒言欺騙，升魯僖公的神位在魯閔公的右邊，以示尊敬自己的父親。為什麼不用人情來推

以人情推之？若使閔公、僖公俱無恙，一旦忽使僖公以弟躐［二］兄，以臣躐君，則謗讟［三］之集、刑戮之加，不旋踵矣。是則愛僖公者，乃所以辱僖公也。人情，自非大不孝，未有忍辱其親者，亦未有見辱其親而不怒者。苟文公誠不為枝辭蔓說［四］所蔽，獨斷以常情，則知夏父弗忌者，乃吾父之讎，將奮戈之不暇，豈有反聽其說者乎？

［注釋］［一］諂（ㄔㄢˇ）：隱瞞，說謊。［二］躐（ㄌㄧㄝˋ）：踐踏。［三］謗讟（ㄉㄨˊ）：怨恨的話，痛恨的話。［四］枝辭蔓說：雜亂不實的言辭。

躋僖公於閔，殆百餘祀，想僖公有神，震慄惶灼，蹙然不寧［一］，日望一日，歲望一歲，庶幾人或正之，得還昭穆之舊。而魯之臣子，例皆蒙蔽，不能度以人情，因謬

論呢？如果魯閔公、魯僖公都還在，一旦讓魯僖公以弟弟的身分踐踏哥哥，以臣子的身分踐踏君主，那麼怨言誹謗積聚，刑罰殺戮相加，都是頃刻就會降臨的事。這是愛僖公的人反倒侮辱了僖公。按照人之常情，只要不是大不孝的人，沒有人忍心侮辱自己的父親，也沒有人看見自己的父親被侮辱而不憤怒的。如果魯文公確實沒有被雜亂不實的言辭所蒙蔽，只按照人之常情來評斷，就會知道夏父弗忌是我父親的仇人，舉戈奮擊打他都來不及，怎麼會反而聽信他的話呢？

升僖公神位在閔公之上，祭祀了大約一百年，想來魯僖公若有神靈，一定會戰慄驚懼，焦急不寧，一天盼過一天，一年盼過一年，只希望有人能糾正位置，以恢復原來輩分的秩序。但是魯國的臣子們照例全都被蒙蔽，不能用人情來衡量，因襲著錯誤而繼續錯下去，一直沒有提出改正。反而使按秩序祭祀的舉

承誤，迄莫能正，反使順祀之舉，出於陽貨之手，是可羞也。噫！唐不能還魏徵之宅，反使強藩請之[二]；魯不能序僖公之廟，反使賊臣正之，國尚為有人乎？吾以為魯失寶玉、大弓之辱[三]，未如順祀之為大辱也。

[注釋][一]震慄惶灼（ㄓㄨㄛˊ），蹙然不寧：皆為心情惶恐不安貌。[二]唐不能還魏徵之宅，反使強藩請之：魏徵，唐初名臣，唐太宗時官至諫議大夫，敢於犯顏進諫。強藩，地方豪強勢力。還宅事件見《新唐書》本傳。[三]魯失寶玉、大弓之辱：事見《左傳・定公八年》。

動，出自亂臣陽貨之手，這實在羞恥啊。唉！唐朝不能歸還魏徵的宅第，反而是在強藩的請求之下纔得以贖還；魯國不能按秩序排列僖公之廟位，反而是因賊子亂臣得以更正，國家還算是有明理之人嗎？我認為魯國丟失了寶玉和大弓的恥辱，都比不上這次由陽貨恢復祭祀順序的恥辱之大。

左傳原文

禘太廟躋僖公 文公・二年

秋，八月，丁卯，「大事于大廟，躋僖公」，逆祀也。於是夏父弗忌為宗伯，尊僖公，且明見曰：「吾見新鬼大，故鬼小。先大後小，順也。躋聖賢，明也。明順，禮也。」君子以為失禮。禮無不順。祀，國之大事也，而逆之，可謂禮乎？子雖齊聖，不先父食，久矣。故禹不先鯀，湯不先契，文、武不先不窋。宋祖帝乙，鄭祖厲王，猶上祖也。是以《魯頌》曰：「春秋匪解，享祀不忒，皇皇后帝，皇祖后稷。」君子曰禮，謂其后稷親而先帝也。《詩》曰：「問我諸姑，遂及伯姊。」君子曰禮，謂其姊親而先姑也

順祀先公 定公・八年

冬，十月，順祀先公而祈焉。辛卯，禘于僖公。

出姜貴聘而賤逆　文公・四年

義之所責，民略而士詳；法之所禁，市寬而軍急。士，吾所厚也，責之不當如民之薄也；軍，吾所重也，治之不當如市之輕也。此說者之所共守者也，君子之意果出於是乎？

君子以同天下為心者也。厚士而薄民，重軍而輕市，非所以同天下也。待之同而治之異者，稱物平施[一]，而歸之同也。為士者身處於籩豆弦歌[二]之間，視禮義如寢食；而愚鄙之民，蓋有不聞禮義之名者矣。是士宜不犯義，而民宜犯義者也。在軍者身處乎旗鼓鈇鉞[三]之間，視法律如寢食；而市廛之氓[四]，蓋有不聞法律之名者矣，是軍宜不犯法，而市宜犯法者也。宜不犯義者責之

［譯文］

道義的要求，對平民百姓較為疏略而對士人較為謹嚴；法律的禁令，對市民很寬鬆而對軍隊很嚴厲。士人，我寄予厚望，對他們的要求不應像對老百姓那樣低下；軍隊，我極為看重，治理他們的法度不該像管理市民一樣寬鬆。這是論說者共同遵守的信條，君子的意見果真是這樣嗎？

君子對天下人一視同仁。厚望士人而薄待百姓，看重軍隊而輕視市民，這不是對天下人一視同仁。同等地對待而不同地治理，就像稱量東西，平均地施放而使每一份的量相同。作為士人，置身於籩豆禮器與弦歌禮樂之間，看待禮儀就像吃飯睡覺一樣平常；但是愚昧鄙陋的百姓，可能有人不曾聽說過禮儀的名稱。所以，士人不應該違背禮儀，而百姓可以有違背禮儀的人。在軍中的人，置身於旗鼓鈇鉞之間，看待法律就像吃飯睡覺一樣平常；但是市井百姓，可能有人沒有聽說過法律的名稱。所以，軍人不應該犯法，而市民中可以有犯法的人。對於不應當違背禮儀者的責求要謹嚴，對於可以違背禮儀者的責求要疏略；對

詳，宜犯義者責之略；宜不犯法者治之急，宜犯法者治之寬。其不同乃所以為同也。是所謂「稱物平施」者也。抑又有說焉。

［注釋］［一］稱物平施：稱量東西，平均施放。［二］籩（ㄅㄧㄢ）豆弦歌：指代儒家的禮樂文化。籩豆，祭祀用的禮器。［三］旗鼓鈇鉞：這裏指代戰爭，軍法。鈇鉞，刑器，兵器。［四］市廛（ㄔㄢˊ）之氓：狡猾的市民。廛，市場。

居於義之中而犯義，居於法之中而犯法，非盡蔑棄［一］義、法而不顧，必不敢也。其犯雖小，而蔑棄義、法之心則大也。彼其處於義與法之外者，雖過惡暴著［二］，特未知義、法而然耳。身過雖大，而心過則小矣。天下之過，有眾人以為大，而君子以為小者，必身過也；有眾人以為小，而君子以為大者，必心過也。

不應該犯法的人要嚴峻治理，對難免犯法者的要寬鬆治理。這些不同是為了達到相同，這就是所謂的「稱量東西，平均施放」。或許這還有別的說法。

處身禮儀之中而違背禮儀，處身法律之中而觸犯法律，如果不是輕視禮儀、法律而不顧，必定不敢這樣做。他們所犯的過錯即使很小，但輕視破壞禮儀法律的居心卻很大。那些處身在禮儀和法律之外的人，即使過錯和罪惡十分顯著，也只不過是因為不知道禮儀和法律纔如此而已。身體所犯的過錯雖然很大，但內心的過錯很小。天下有些過錯，眾人都以為很嚴重，但君子認為很小，這必定是身體犯下的過錯；有些過錯，眾人都以為很小，君子卻以為很大，這必定是有心犯下的過錯。

〔注釋〕〔一〕蔑棄：輕視、鄙棄。〔二〕過惡暴著：過錯和罪惡十分明顯。暴，這裏用作程度副詞。

魯文公迎姜氏於齊，命使差輕，是眾人之所謂小過耳，而君子視之若大惡。然論姜氏之逐，魯國之禍，皆本之於一使之不備；驗襄仲之難其言無不讎者，其所觀者在心不在事也。魯人之於禮，猶越人之漁、胡人之獵也〔一〕。晝與禮俱作，夜與禮俱息，不見異物而遷者也。失禮之愆，在他國則可，在魯國則不可。蓋越人不能獵，非恥也；胡人不能漁，非恥也；在越而不能漁，在胡而不能獵，則舉國笑之矣。蓋生漁、獵之俗而不能者，必天下之至拙；生禮、義之俗而不守者，必天下之至慢也。

〔注釋〕〔一〕魯人之於禮，猶越人之漁、胡人之獵也：魯國被認為是禮儀之邦；越國地處南方，多水，

魯文公派人到齊國去迎娶姜氏，所派使臣的地位很低，眾人都認為這是很小的過錯而已，君子卻認為是天大的罪惡。若論及姜氏被驅逐以及魯國的禍患，大家都認為是根源於這個使臣沒有選派得當；檢視襄仲在魯所造成的災難，則君子的預言沒有不應驗的，這是因為君子所觀察的在於行事的居心而不是事情。魯國人之於禮儀，就像越國人之於捕魚，胡人之於打獵。白天起來與禮儀同在，晚上睡覺也是與禮儀同在，不會因為看見奇異的事物而改變禮儀。失禮的過錯如果是發生在別的國家是可以的，發生在魯國則不可以。因為如果越國人不會打獵，這不是恥辱；胡人不會捕魚，這也不是恥辱；在越國而不會捕魚，在胡地卻不會打獵，那麼全國的人都會嘲笑他。因為生長在捕魚和打獵的故鄉都不曾學會它們，必定是天下最笨拙的人。出生在禮義之邦卻不能謹守禮儀，必定是天下最怠慢的人。

百姓善於捕魚；胡地處北方草原，百姓善於打獵。這些都是當地的風俗，是很常見的事情。

一使之不備，他國之所謂小過，而魯之所謂大過也；一使之不備，其事固小，至於蔑棄周公數百年之禮法〔一〕，其心則大也。履堯、舜之朝而為欺者，真欺也，欺一言重於他時之欺萬言者也；入夷齊〔二〕之里而為盜者，真盜也，盜一金重於他時之盜萬金者也。見堯、舜而敢欺，事夷齊而敢盜，居魯國而敢犯禮，推是心以往，何所不至耶？惡發於心者大，則禍應於心者亦大。是非報其事也，報其心也；非報其人也，報其天也。

〔注釋〕〔一〕周公數百年之禮法：周公是魯國的先祖，是周初制禮作樂的重要人物，魯國比較完整地繼承了周禮，從周公到文公已有幾百年。〔二〕夷齊：即伯夷和叔齊，都是古代有名的義士。

一個使者如果沒有選派好，在別的國家是小過失，而在魯國卻是大過錯。一個使者沒有選派好，這事固然很小，但是背棄了周公數百年的禮法制度，這種錯誤的思想很嚴重。在堯、舜的時代行騙，是真正的欺騙，在這時說一句謊言比其他的時代說一萬句謊言還要嚴重；進入伯夷、叔齊的鄉里而偷盜的人，這是真正的偷盜，在這裏偷一兩金比其他時代偷一萬兩金還要嚴重。看見了堯、舜還敢欺騙，事奉伯夷、叔齊還敢偷盜，居住在魯國還敢違背禮儀，按著這樣的思路推延下去，那什麼事情做不出來？從內心發出來的罪惡是最大的，那麼相應地，從內心產生的禍害也最大。這不是針對某件事的報應，而是報應他的心；不是對他個人的報應，而是為了替上天報應。

晉、楚、齊、秦聘娶之際，其犯禮蓋有大於出姜者矣，而其得禍不皆若文公之烈者，以其冒禮而非侮禮，事雖醜而心則未如文公之縱也。不然，則文公一過而得譴[一]，他君百過而無尤，天何私於晉、楚、齊、秦，而獨讎魯耶？

[注釋][一]譴：罪過。

晉國、楚國、齊國、秦國朝聘嫁娶的時侯，他們對禮制的違背大概有比迎娶姜氏更為嚴重的，但他們所得到的禍害都沒有魯文公這樣慘烈，因為他們冒犯禮儀而不是侮辱禮儀，事情雖然很醜惡，內心卻比不上魯文公那麼放縱。要不然，魯文公一犯錯就遭受罪罰，其他國君犯了多次錯誤卻沒有惡報，上天為什麼要偏向晉、楚、齊、秦等國，而單獨仇視魯國呢？

左傳原文

出姜貴聘而賤逆 文公・四年

逆婦姜于齊，卿不行，非禮也。君子是以知出姜之不允於魯也。曰：「貴聘而賤逆之，君而卑之，立而廢之，棄信而壞其主，在國必亂，在家必亡。不允宜哉！《詩》曰：『畏天之威，于時保之。』敬主之謂也。」

襄仲殺惡及視立宣公出姜歸齊 文公・十八年

文公二妃。敬嬴生宣公。敬嬴嬖，而私事襄仲。宣公長，而屬諸襄仲。襄仲欲立之，叔仲不可。仲見于齊侯而請之。齊侯新立，而欲親魯，許之。

冬，十月，仲殺惡及視，而立宣公。書曰「子卒」，諱之也。仲以君命召惠伯，其宰公冉務人止之，曰：「入必死。」叔仲曰：「死君命可也。」公冉務人曰：「若君命，可死；非君命，何聽？」弗聽。乃入，殺而埋之馬矢之中。公冉務人奉其帑以奔蔡，既而復叔仲氏。「夫人姜氏歸于齊」，大歸也。將行，哭而過市，曰：「天乎！仲為不道，殺適立庶。」市人皆哭。魯人謂之哀姜。

楚滅六蓼　文公·五年

物莫不惡傷其類。桃僵而李仆，若樗若櫟［一］，必不為之仆，何也？非其類也。芝焚而蕙歎，若蕭若艾，必不為之歎，何也？非其類也。楚人滅江，而秦穆為之憂［二］，君子未嘗疑焉；秦之與江，同諸侯也，同盟會也，同利害也。類同則憂同，固其所也。

［注釋］［一］若樗若櫟：像樗樹、櫟樹。樗、櫟，和桃樹種類相差比較大的樹木。下面提到的芝、蕙、蕭、艾，在古代文人眼中，前二者為香草，後二者為惡草。［二］楚人滅江而秦穆為之憂：事見《左傳·文公四年》。江，國名。

臧文仲，魯國一大夫耳。大夫束脩之問，不出境，其視他國之休戚［一］，固非職所當憂。況六與蓼，邈然在江、淮之間，自

［譯文］

生物無不為同類遭到傷害而感到痛恨。桃樹倒下了李樹就會為它而仆倒，但像樗樹、櫟樹就不會為它仆倒，為什麼？因為它們不是同類。芝草被焚燒了蕙草就會感歎，但像蕭草、艾草，必定不會為它們感歎，為什麼呢？因為它們不是同類。楚國人滅掉了江國，但秦穆公為此而憂慮，君子不曾懷疑過；因為秦國和江國，同是諸侯國，參與共同的盟會，有共同的利害關係，是同類那麼就有相同的憂慮，這是應當的。

臧文仲，只是魯國的一個大夫而已。大夫平時斂容肅敬的聘問，並不需要出境，對待別國的安危，本不是其職責所應當擔心的。何況六和蓼這兩個國家，

魯視之，蓋風馬牛不相及，其存與亡，何與於魯大夫事哉！而臧文仲一聞其滅，蹙頞[一]深憂，且遠傷皐陶[二]之不祀，此世之所以共疑其闊於事情也。見故人之子顛頓困阨，則惻怛[四]流涕，解衣推食之不暇；他日遇塗人之子，則是心衰焉。必厚其父祖，然後憐其子孫者，人之常也。

［注釋］［一］休戚：安危。［二］蹙頞（ㄜˋ）：即蹙額，皺眉頭。［三］皐陶：傳說中虞舜時的司法官，和鯀同時。［四］惻怛：悲痛憐憫。

皐陶之沒，下竟[一]春秋千有餘年矣，臧文仲生千有餘年之後，初不識皐陶於何地，友皐陶於何時，而視其子孫之亡，憫惜痛悼，不啻[二]數十年膠漆之契[三]，是心安從生哉？

遠遠地處在江淮之間，在魯國看來，彼此風馬牛不相及，它的存亡與魯國大夫有什麼關係呢？但臧文仲一聽到楚國滅掉它們，皺起眉頭而深深地憂慮，並且遠到擔憂皐陶得不到祭祀，這就是為什麼世人質疑臧文仲是否擔憂的事太廣泛了。看到老朋友的孩子處在困頓中，就會為之憐憫而痛哭，馬上解開自己的衣服溫暖他，給他吃自己的食物，惟恐來不及；但若他日遇到不相干路人的孩子處於困境，那麼這一同情之心就沒有了。必定要與他父、祖輩有深厚交情，然後纔會憐愛他們的子孫，這是人之常情。

從皐陶去世，下及春秋之時，已經有千餘年了。臧文仲生在一千年之後，本不知道到哪裏去認識皐陶，在什麼時候與皐陶交朋友，但看到他的子孫飄零，十分憐憫痛惜，無異於看待幾十年深交的故友子孫，這種心情是怎麼產生的呢？

類之同者，移千歲於一朝；類之異者，睽[四]一朝為千載。皋陶之所與同朝者，曰共，曰鯀，曰兜，曰苗[五]，禮貌非不相際也，言語非不相接也，然一則在雲天之上，一則在沮洳[六]之下；一則在風塵之表，一則在膏火之中。對席而分胡越，接步[七]而判古今，想共、鯀、兜、苗之心，其視皋陶如寇讎，然日夜伺隙，惟恐害皋陶之無路耳，矧[八]有閔[九]惜其子孫之意哉！是所謂時同而類異者也。

[注釋][一]竟：到……的時候。[二]不啻（ㄔˋ）：無異於，如同。[三]膠漆之契：像膠漆一樣粘合的交情。契，交情。[四]睽（ㄎㄨㄟˊ）：分開。[五]此句：共，即共工；鯀，即禹的父親；兜，即驩兜；苗，即三苗。共工等四人在當時被稱為四害，後來舜帝「流共工於幽陵，放驩兜於崇山，竄三苗於三危，殛鯀於羽山」，因而「天下咸服」。事見《尚書・舜典》。[六]沮洳

如果是同類的契合，可以把一千年縮短為一天；不同類的隔閡，可以把一天延長到千年。與皋陶同朝共事的人有共工、鯀、驩兜、三苗，他們之間並不是沒有禮貌上的問候，並不是言語上不相往來，但是一方有如在雲天之上，一方卻有如在濕地之下；一方有如在風塵之上，一方卻有如油火之中。對席而坐像胡人和越人一樣隔閡，走在一起像是古人與今人一樣分明。想來共工、鯀、驩兜、三苗他們的心中，看待皋陶有如仇敵一般，日夜等待機會，惟恐沒有辦法陷害皋陶，又怎麼會有憐憫其子孫的意思呢？這就是所謂同一個時代而不同類的人啊。

（ㄐㄩˋ ㄖㄨˋ）：低濕之地。〔七〕接步：腳步接近，形容走得很近。〔八〕矧（ㄕㄣˇ）：況且。〔九〕閔：同憫。

天下之理，未嘗無對。既有時同而類異者，亦有時異而類同者。故皋陶近不與共、鯀、兜、苗為類於唐虞之朝，而遠與臧文仲為類於春秋之世。想文仲之心，仰不知皋陶之在唐虞，俯不知身之在春秋。無形之中，自相拜酬；無聲之中，自相賡〔一〕載。跡遠而心近，跡疎而心親。此所以見皋陶之不祀，慨嘆憫惜，不能自已，殆甚於合堂同席之交。

〔注釋〕〔一〕賡（ㄍㄥ）：接續。

大抵君子必與君子合，小人必與小人合。學者欲自驗其心，盍以是觀之。吾見君子失志而憂，見君子之子孫衰替〔二〕而憂，

天下的道理，未嘗沒有相對的。既然有同時而不同類的，也就有不同時而同類的。所以皋陶與近在唐虞時的共工、鯀、驩兜、三苗不同類，而與遠在春秋時的臧文仲同類。我想臧文仲的心思，向上看，並不知道皋陶是唐虞時的人物，向下看，也沒意識到自己身處春秋之時。無形之中，自相拜會酬對；無聲之中，自相接續交結。行跡相隔雖然疏遠，但心意卻相近相親。這就是為什麼臧文仲看見皋陶斷了祭祀之後，慨歎憐惜，不能自已，甚至超過了同屋同席之間的交情。

大抵說來，君子必定與君子相契合，小人必定與小人相契合。學者想要自己驗證這一心性，何不用這種道理來考察呢？我看見君子不得志而為之憂慮，

則是吾心與君子合也；吾見君子失志而不憂，見君子之子孫衰替而不憂，則是吾心不與君子合也。憂人之憂，本末足稱，然吾心與君子合，則大可喜；不憂人之憂，本末足貶，然吾心不與君子合，則大可懼。欲占吾心於君子合與不合，當察吾心於君子憂與不憂。自省之術，孰要於此哉？

〔注釋〕〔一〕衰替：衰落。替，廢。

看見君子的子孫衰落而為之憂慮，那麼這是我的心與君子的心相契合；我看見君子不得志而不為之憂慮，看見君子的子孫衰落而不為之憂慮，那麼我的心就與君子的心不相契合了。替別人的患難擔憂，本沒有什麼可以稱道的，但我的心和君子的心相契合，卻是非常高興的事情；不替別人的患難擔憂，本沒有什麼可以責備的，但是我的心與君子之心不相契合，那就是很可怕的事情。想要檢驗我的心和君子的心相契合還是不相契合，應當考察我的心是不是會為君子的患難而憂慮。自我反省的方法，還有什麼比這個更重要的呢？

左傳原文

楚滅六蓼 文公・五年

六人叛楚即東夷。秋，楚成大心、仲歸帥師滅六。冬，楚子燮滅蓼。臧文仲聞六與蓼滅，曰：「臯陶庭堅不祀，忽諸，德之不建，民之無援，哀哉！」

秦穆公以子車氏之三子為殉　文公・六年

三良之殉君，古今之論，是者半，非者半。是之者，壯其忘身之勇也；非之者，議其忘身之輕也。是非之論雖不一，至論其忘身則一而已矣。吾獨以謂：三良惟不能忘其身，然後殉君；使其果能忘身，必不至於殉君也。

殺身以殉其君，非忘身者不能，今反謂不能忘身者，獨何歟？殉葬非厚也，是從君於昏也，是納君於邪也，是陷君於過也。以三良之明，非不知也，知之而不敢辭者，為其嫌於愛身也。以愛身自嫌者，未能忘其身者也。使三子果能忘其身，則視人如己，視己如人。君欲以他人為殉，吾固爭之；所爭者，殉葬之失也，不知其在人也。君欲以

〔譯文〕

三位賢良的臣子為國君殉葬，古今的議論，毀譽參半。贊成的人，表揚他們忘身的行為很勇敢；反對的人，非議他們忘身的行為很輕率。是和非的議論雖然不一樣，但說他們忘掉個人安危，卻是一致的。我獨以為三位良臣正是因為不能忘記自身，然後纔會為國君殉葬。假如他們果真忘了自身，必定不至於為國君殉葬。

能殺身以殉君，如果不是能夠忘身的人是做不到的，現在反而說他們是不能忘身的人，那是為什麼呢？因為殉葬並不是忠厚的行為，這是跟著國君一起昏庸，是把國君納入邪惡、讓國君陷入罪惡的行為。以三良的賢明，不會不知道這一道理，明知道而不敢推辭，是為了避免有愛惜自身的嫌疑。把愛惜自身當作一種嫌疑，這正是不能忘記自身的表現。假使三良果真能忘記自身，那麼他們看待別人也像看待自己，看待自己也像看待別人。國君如果想要讓別人去殉葬，我當然要去爭辯，所爭辯的只為殉葬是錯誤的，

我為殉，吾亦爭之；所爭者，殉葬之失也，不知其在己也。吾尚不知有吾身，又安有愛身之嫌哉！身天下之身，理天下之理。苟強認其身而有之，凡事之涉於吾身，明知天下之正理，避嫌而不敢言，是橫私天下之身，而橫私天下之理也。吾方欲救吾君萬世之惡名，豈暇置一身之嫌於其間哉！三子果不置一身之嫌於胸中，則論己事如論人事，居之不疑，言之不怍，必不至黽勉而受秦穆之命矣。其所以寧殺身而不忍犯愛身之嫌者，惟其未能忘身也。人徒見三子奮然捐軀，駢首就死，共指之為忘身，孰知其所以死，實生於不能忘身也歟！

或曰：三子之不能忘身則信，要不可謂之不厚其君也。吾又以為不然。為君計

而沒有考慮這是為別人而爭。國君若想以我殉葬，我也要去爭辯，所爭辯的只為殉葬是錯誤的，而沒有考慮到這是為自己而爭。我尚且不知道有自身的存在，又怎麼會有愛惜自身的嫌疑呢？以天下人的身體為身體，以天下人的道理為道理。如果強調自身的存在，那麼凡事涉及到自身，即使明明知道天下的正當道理，但也會為了避免嫌疑而不敢說，這是強私天下人的身體，又強私天下正理的行為。我本來想把國君從萬世的惡名中救助出來，哪裏有空去顧及自身的嫌疑呢？這三位賢臣如果沒有把個人的嫌疑放在心中，那麼討論自己的事就會像討論別人的事一樣，平時沒有什麼疑慮，言語沒有什麼愧怍，必定不會勉強去接受秦穆公殉葬的遺命。他們之所以寧可殺身，而不忍心觸犯愛惜自身的嫌疑，正是因為不能忘記自身。人們僅僅看到這三人奮不顧身，列隊赴死，就都說這是忘身之勇。誰又能知道他們之所以就死，實際是因為他們不能忘記自身的緣故呢？

有人說：認為這三人不能忘記自身是對的，但不能說他們對待國君不忠厚。我還是認為這是不對的。為國君考慮，是能厚愛國君的人；若為個人考慮，是

者，厚其君者也；為身計者，厚其身者也。三子若為君計，必思殉葬為吾君無窮之累，吾身縱不自惜，豈不為吾君惜乎？惟其專為身計，而不為君計，故當秦穆命殉葬之際，謂不從則受偷生之責，從之則君受害賢之責，吾知免吾責耳，彼君之責，吾何預焉？是心也，果厚於君乎？果厚於身乎？然則三子之厚其君，乃所以薄其君也。

厚待自己的人。這三人如果為國君考慮，必定會考慮到殉葬將會成為國君永久的牽累，我即使不愛惜自身，難道能不愛惜國君的名聲嗎？正因為他們專為自身考慮，而不為國君考慮，所以當秦穆公命令他們去殉葬的時候，他們認為如不聽從就要受到苟且偷生的責難，如聽從了那麼國君就要受到迫害賢才的責難。我只知道免去我的責難，那國君的責難，與我有什麼關係？這樣的居心，果真是厚待國君嗎？還是為厚待自己呢？所以，這三人為了厚愛國君，結果卻是薄待了國君。

左傳原文

秦穆公以子車氏之三子為殉 文公．六年

秦伯任好卒。以子車氏之三子奄息、仲行、鍼虎為殉，皆秦之良也。國人哀之，為之賦《黃鳥》。君子曰：「秦穆之不為盟主也，宜哉！死而棄民。先王違世，猶詒之法，而況奪之善人乎？《詩》曰：『人之云亡，邦國殄瘁。』無善人之謂。若之何奪之？古之王者，知命之不長，是以並建聖哲，樹之風聲，分之采物，著之話言，為之律度，陳之藝極，引之表儀。予之法制，告之訓典，教之防利，委之常秩，道之以禮則，使毋失其土宜，眾隸賴之而後即命。聖王同之。今縱無法以遺後嗣，而又收其良以死，難以在上矣。」君子是以知秦之不復東征也。

季文子如晉求遭喪之禮行 文公・六年

天下之患，不發於人之所備，而發於人之所不備。十事而記其九，來問者必其一之不記者也；六經而習其五，來難者必其一之不習者也；四封而守其三〔一〕，來攻者必其一之不守者也。十而九焉，六而五焉，四而三焉，所備者不為不多矣，然吾敵者，置其九而問其一，置其五而難其一，置其三而攻其一，緣間投隙〔二〕，專擇吾之不備而徑犯之，何其逆料陰揣，如是之巧耶？此世所以共憂為備之難也。然為備而不盡則難，為備而既盡則易。人之游於世，罕與所長遇，多與所短遇；罕與所精遇，多與所略遇。雖左隄右防，朝戒暮警，偶有毫芒之不盡，則禍必發於此，而不發於其他，信矣！為備之難也。

〔注釋〕〔一〕四封而守其三：四面邊境而守護其中

〔譯文〕

天下的禍患不是從人有所防備的地方爆發，而是從人們沒有準備好的地方爆發。十件事情記得其中九件，來問的人必定會問其中被遺忘的那一件；六經學習了五經，來詰難的人必定會過問那沒有學習的一經；四面邊境守護了三面，侵犯者必定是從沒有守護的那面來襲。有十事記九事，有六經學五經，有四面守三面，所防備的不算不多，但是我的對手，放掉九件而問一件，放掉五經而問難一經，放掉三面而進攻一面，依託間隔，循著空隙，專門選擇我沒有防備的地方來直接進犯，為什麼他們的預料和揣摩會這麼巧合呢？這就是為什麼世人都憂慮防備之難的原因。所以防備而沒有防備周全，就很難防備，如果周全了就很容易。人們生活在這個世上，很少遇到自己所擅長的事，而是更多地遇到自己不擅長的事；很少遇到自己所精通的事，而是更多地遇到自己所疏略的事。即使左右提防，早晚警戒，但稍有一點鬆懈，那麼禍害就會在這時發生，而不是在其他時候發生。防備確實很難啊！

三面。〔一二〕緣間投隙：趁著間隙。

是非為備之難也，為備不盡之難也。必猶有短，然後人得而乘之；必猶有略，然後人得而困之。無所不長，彼孰得以乘吾短；無所不精，彼孰得以困吾略。苟無所不備，禍雖欲發，終無所發之地矣。是故君子之為備也，人以為無，我以為有；人以為後，我以為先。蚤正素定〔一〕，使胸中無一之不備。及與事物接，此來則以此應，彼來則以彼應，從容談笑，各就條理。吾是以知為備既盡者，如此其易也。

〔注釋〕〔一〕蚤正素定：早早地端正好自己，在事情未發生時就做好決定。蚤，同早。

季文子聘晉，求遭喪之禮而行。且卿大夫之出聘，所備者，郊勞贈賄之儀耳，張旜

但這不是防備很難，而是防備周全很難。必定是還有漏洞，然後別人纔可以有機可乘；必定是還有疏忽，然後別人纔可以困住我。如果我沒有什麼不擅長的，他們誰能趁機利用我的短處？如果我無所不精通，他們誰能夠困住我所疏略的？如果無所不備，禍患即使想爆發，終究沒有爆發的機會。所以，君子的防備是：別人認為沒有憂患，我認為會有憂患；別人認為可以後做的，我認為要先去做。凡事都及早做好決定，使胸中沒有一處無防備。一旦事情到來時，從這邊過來就在這邊應對，從那邊過來就在那邊應對，從從容容，談笑風生，有條不紊。因此，我知道要是做到防備周全的話，事情就會如此容易。

季文子出使晉國，向別人詢問到遭遇喪事時應當行的禮節後纔出發。卿大夫如果出使，應當準備的，不過是郊勞、賄贈的禮儀而已，張開旗幟校錄禮物的

展幣[一]之節耳，專對答賦之辭耳，至於遭喪之事，眾人以為必無，後其禮而不講者也。魯使如晉者，冠蓋相望，而輪蹄相躡[二]，豈有他人皆不遭喪，而文子獨遭喪者乎？文子獨以為時無止、變無常，牆數年而一頹，固有適遇其頹者矣；人百年而一死，固有適遇其死者矣。安可恃他人之不遭，而必己之不遭者乎？於是屬意眾人之所無，博講眾人之所後，當暇豫之時，而汲汲然[三]扣遭喪之禮。吾意魯國之人竊笑文子之迂闊者多矣。噫！當暇豫之時，而求遭喪之禮，文子固迂闊也。至晉而果遭襄公之喪，使未嘗講喪者處之，其搶攘[四]為如何？其顛錯為如何？及是時，回視文子之問禮，果迂闊乎？果不迂闊乎？始笑文子之迂闊者，未必不反服文子之精審也。

禮節而已，對答、賦詩的言辭而已。至於遇到喪葬的事，眾人都認為必定不會有，把這種禮節放在後面而不過問。魯國派往晉國的使者，冠蓋相連、車水馬龍，難道別人都沒有遇到喪事而惟獨季文子會遇到喪事嗎？只是季文子認為時間流動，變化無常，牆壁數年會傾塌一次，必然有恰好碰到它傾塌的時候；人百年死一次，必然有遇到喪事的時候。怎麼可以憑著別人沒有遇到喪事而認為自己必定不會遇到呢？於是留意別人所不關注的禮節，探求別人所不看重的禮儀，當閒暇無事的時候，勤勤懇懇地詢問喪事的禮節。我想，魯國竊笑季文子迂闊的人會有很多。哎呀！在閒暇無事的時候，卻去詢問遇到喪葬時的禮節，季文子果然很迂闊啊。等他到了晉國，果然遇到晉襄公死了，如果是一個不懂得喪事禮節的人處在這個境地，他會慌張到什麼地步呢？他會錯亂到什麼地步呢？等到此時，回過頭來看季文子問葬禮，究竟是迂闊呢？還是不迂闊呢？開始時笑他迂闊的人，未必不反而佩服他的心思縝密。

[注釋][一]張旝（ㄓㄢ）展幣：張開旗幟、校錄禮物。旝，赤色、無飾、曲柄的旗；幣，禮物。[二]冠蓋相望，而輪蹄相躡：帽子和車蓋可以相互看見，車輪和馬蹄互相挨著，形容人很多。[三]汲汲然：勤勉貌。[四]搶攘：紛亂，慌張。

嗚呼！晝者，夜之對，未有常晝而不夜；生者，死之對，未有常生而不死。當晝而謀寢息之具者，人未嘗有以為怪；文子當晉侯之存而問遭喪之禮，亦何足怪乎？矧文子所問者，遭他人之喪耳？倘如子路當生而問死，則世愈不勝其怪駭矣。

雖然，文子猶有所未盡也。聘與喪無二禮，而文子獨問喪，是猶以喪為異也；生與死無二理，而子路獨問死，是猶以死為異也。異聘於喪，故欲備喪；異生於死，故欲備死。合聘、喪為一本，貫生、死為一條者，夫何備不備之足言哉！

哎呀！白天，是與黑夜相對的，不會一直是白天而沒有黑夜；生，是與死相對的，沒有一直是生而不死。在白天的時候準備睡覺的器具，人們不會認為有什麼好奇怪的；季文子在晉侯活著的時候詢問遇到喪葬時的禮節，又有什麼好奇怪的呢？何況季文子所問的是遇到別人喪葬時的禮節而已。倘若像子路在活著時詢問關於死亡的事，那麼世人會更加忍不住感到驚異了。

雖然這麼說，但季文子還是沒有做徹底。聘問和喪葬並不是兩種不相關涉的禮節，而季文子單單詢問喪葬的禮節，這是把喪禮看作異常的禮節；生和死遵循同一種道理，而子路單單去問關於死的事情，這是把死看作異常之事。認為聘問不同於喪葬，所以想事先準備喪禮；認為生不同於死，所以想事先準備死。把聘問和喪葬之禮合為一本，把生和死之理貫通為一條，這樣，對於備喪不備喪、備死不備死的問題，哪裏還值得一提呢？

左傳原文

季文子如晉求遭喪之禮行 文公・六年

秋，季文子將聘於晉，使求遭喪之禮以行。其人曰：「將焉用之？」文子曰：「備豫不虞，古之善教也。求而無之，實難。過求何害？」八月，乙亥，晉襄公卒。

趙孟立公子雍

文公・六年

一國之惡，易以義奪；一夫之惡，難以義爭。一國，至眾也；一夫，至寡也。義可以勝眾而不可以勝寡，何也？公與私之異也，有公惡，有私惡。惡出於公，雖眾易奪；惡出於私，雖寡難爭。故君子之論難易，不施諸眾寡之間，而施諸公私之際。

廢立，大惡也。晉人欲立長君，捨靈公而迎公子雍；齊陳乞欲立長君，廢荼而召陽生。其惡同也。然公子雍之謀，一國之所共，宜若難奪，而穆嬴之弱，反能以義奪之；陽生之謀，一夫之所專，宜若易爭，而鮑牧之強，反不能以義爭之。障稽〔一〕天之浸，而不能遏畎澮〔二〕之流；掃燎原之焰，而不能息束縕〔三〕之火。抑有由矣？

〔譯文〕

一國人共同的惡念，容易用正義去糾正；一個人的惡念，卻很難用正義來相爭。一國人，人數最多；一個人，人數最少。正義可以勝過多數，而難以勝過少數，這是為什麼呢？這是因為公與私的不同。惡念有公惡、私惡之分。惡念若出自公心，即使人數眾多也容易糾正；惡念若出自私心，即使人數很少也難以相爭。所以君子議論難易，不是把它與人數的多少相聯繫，而是把它放在公心和私心之間來討論。

擅自廢立嗣君，這是大惡。晉人想要立年長的公子為國君，捨棄晉靈公而迎接公子雍；齊國陳乞想要立年長的公子為國君，廢黜太子荼而召回公子陽生。他們的惡念是相同的。但是迎立公子雍的計謀，是一個國家共同策劃的，應該很難糾正，但是憑藉穆嬴的柔弱，反而能以正義去改變；召回公子陽生的計謀，出於一個人的策劃，應該很容易爭回，但憑藉鮑牧的強大地位，反而不能用正義來爭回。可以抵擋漫天的大水，卻不能遏止涓細的水流；可以掃滅燎原的烈焰，卻不能熄滅一束麻絮所引的火種。這大概是有原

〔注釋〕〔一〕稽：至，到。〔二〕畎澮（ㄑㄩㄢˇ ㄎㄨㄞˋ）：田間小溝。〔三〕縕（ㄩㄣˋ）：破麻，破絮。

晉人之迎公子雍，舍冢嗣而外求君，視置君如弈棋，其為惡固不待言，然其情非以私己也，非以求利也，非以危國也，惟欲得長君以靖難耳。是固晉人之所同欲也，事則惡，而心則公也。其心既公，故迎子雍，其事未嘗不出於公焉。卿士合謀，公之也；支庶並擇，公之也；兩使如秦，公之也；三軍並迎，公之也。舉國之人雖陷於惡逆，其心猶誤以為公。一言一動，皆明白簡直，未嘗有纖毫覆匿掩蔽之意。豈非公心尚存？雖一國銳欲立雍，有排山倒海之勢，穆嬴一女子，動之以義，而一國之人，怵迫焦灼，如負芒刺，如中刀槊，如臥薄冰，不畏秦師之銳鋒，而畏穆嬴

因的吧？

晉國人迎立公子雍，捨棄嫡長子而外求嗣君，視國君的廢立如同下棋，他們的為惡本來不用多說，但是他們實際的用心並不是為了一己的私念，也不是為了牟取個人的私利，更不是要危害國家，不過是想得到年長一些的國君來平定國難而已。這本來是晉國人共同的願望，事是惡行，但他們的用心卻是公正的。正因為用心公正，所以迎立公子雍這件事未嘗不是出於公正。卿士們共同謀劃，這是公正的；嫡子和庶子一同加以選擇，這是公正的；派兩位使者去秦國，這是公正的；三軍一同迎立，這是公正的。雖然全國人都陷入罪惡和叛逆，但是他們的心裏都誤以為這是公正的。每一句話，每一個動作，都明明白白，簡潔直率，沒有絲毫掩蓋遮蔽的意思。這難道不是公心尚存的表現嗎？雖然全國人民很想擁立子雍，有如排山倒海的聲勢，但穆嬴以一弱女子，用正義來說動大家，於是全國的人民，迫切焦慮，如背負芒刺，如身上中刀，如危臥薄冰，他們不怕秦國強大的兵力，卻害怕穆嬴的涕泣哭訴，急忙放棄了公子雍而擁立晉靈公，

之涕泣，亟棄雍而立靈公，不啻如反掌之速？吾是以知惡出於公者，雖眾而易奪也。

至於陳乞之立陽生，雖以齊國有憂，少君不可訪為名，自附於晉人之義，然其意實貪策立之功，以為篡齊之資耳。心私則事私，故其援立陽生，自始至末，無非相與為私焉。偽參乘而事高、國者，乞以私而除陽生之害也；託習馬而出魯境者，陽生以私而應乞之召也。乞之召陽生，其始固已相與為私，故投暮夜之隙以隱其歸，混饋者之中以匿其迹，惴惴然若狗偷鼠竊之為者。其擅置廢立，雖與晉人同，然陳乞則畏人之知，晉人則不畏人之知；陳乞畏事之泄，晉人則不畏事之泄。是晉人以公自處，而陳乞以私自處也。陳乞先以私自處，故雖聞鮑牧至公之義，邈然如風之歷耳，

無異於反掌般快速。所以，我知道惡念若出自公心，雖然人數眾多，也容易糾正。

至於陳乞擁立公子陽生，雖然以齊國有憂患，年幼的國君不能謀議為名義，自附於晉人立長君之義，然而他的用意卻是貪圖冊立國君的功勞，以便作為篡奪齊國政權的資本而已。內心自私那麼行事也就自私，所以他幫助策立公子陽生，自始至終，無非是相與為私而已。如偽裝陪乘侍奉高昭子與國惠子，這是陳乞為了私心而為公子陽生除去危害；假託訓練馬匹而潛離魯境，這是公子陽生為了私利來配合陳乞的召喚。陳乞召喚公子陽生，從一開始就已經相與為私，所以趁著夜間以隱藏陽生的歸來，混在送飯的人群中以隱匿陽生的行跡，惴惴然憂懼難安，有如狗偷鼠竊作為的人。他擅自處置廢立國君雖然與晉人相同，但陳乞則害怕人知道，晉人卻不怕人知道；陳乞害怕事情洩露，晉國人則不怕事情洩露。這是因為晉國人以公心自持，而陳乞卻是以私心自持。陳乞先以私心自持，所以雖然聽到鮑牧很公正的義理之言，卻漠然地像聽耳邊風，因為陳乞的內心與義理久已隔絕了。正是假如讓上百的人來勸說他，也不能稍稍抑制他的欲

蓋乞之心自絕於義久矣。政[一]使百人搖之，猶不能少概[二]其心，況一飽牧哉！

[注釋][一]政：通正，正好，恰好。[二]概：概，抑制。

大抵惡出於公，則其根淺而易搖，故雖一國之勢，弱女子勝之而有餘；惡出於私，則其根深而難拔，故雖一夫之謀，強大夫排之而不足。百圍之木，根不附土，未終朝而可仆；拱把樸樕[一]，蟠根繞蔓於九泉之下，雖千夫未易動也。故君子能受萬人之公毀，而不願受一人之私讎，寧救萬人之公過，而不能救一人之私慝。

[注釋][一]拱把樸樕：指叢生的灌木。

心，何況一個飽牧呢？

大體說來，惡念若出自公心，那麼它的根就很淺而容易搖動，所以雖然是一國人的勢力，一個弱女子勝它還有餘力；惡念出自私心，那麼它的根就很深而難以拔除，所以雖然是一個人在謀劃，但強勢的大夫都不能排斥它。一百圍的大樹，若根沒有附在土裏，不到一個早上就可以弄倒；叢生的灌木，在很深的土裏面盤根錯節，即使用一千個人也不容易拔動。所以，君子可以承受萬人的毀謗，也不願意遭受一個人的私怨；寧可挽救一萬人共同的過錯，卻無法挽回一個人的惡念。

左傳原文

趙孟立公子雍 文公・六年

八月，乙亥，晉襄公卒。靈公少，晉人以難故，欲立長君。趙孟曰：「立公子雍。好善而長，先君愛之，且近於秦，秦，舊好也。置善則固，事長則順，立愛則孝，結舊則安。為難故，故欲立長君。有此四德者，難必抒矣。」賈季曰：「不如立公子樂。辰嬴嬖於二君，立其子，民必安之。」趙孟曰：「辰嬴賤，班在九人，其子何震之有？且為二嬖，淫也。為先君子，不能求大，而出在小國，辟也。母淫子辟，無威；陳小而遠，無援。將何安焉？杜祁以君故，讓偪姞而上之；以狄故，讓季隗而己次之，故班在四。先君是以愛其子，而仕諸秦，為亞卿焉。秦大而近，足以為援；母義子愛，足以威民。立之，不亦可乎？」使先蔑、士會如秦，逆公子雍。

趙孟背先蔑而立靈公 文公・七年

秦康公送公子雍于晉，曰：「文公之入也無衛，故有呂、郤之難。」乃多與之徒衛。穆嬴日抱太子以啼于朝，曰：「先君何罪？其嗣亦何罪？舍適嗣不立，而外求君，將焉寘此？」出朝，則抱以適趙氏，頓首於宣子，曰：「先君奉此子也，而屬諸子，曰：『此子也才，吾受子之賜；不才，吾唯子之怨。』今君雖終，言猶在耳，而棄之，若何？」宣子與諸大夫皆患穆嬴，且畏偪，乃背先蔑而立靈公，以禦秦師。

齊景公使國惠子高昭子立荼 哀公・五年

齊燕姬生子，不成而死。諸子鬻姒之子荼嬖，諸大夫恐其為太子也，言於公曰：「君之齒長矣，未有太子，若之何？」公曰：「二三子間於憂虞，則有疾疢，亦姑謀樂，何憂於無君？」公疾，使國惠子、高昭子立荼，寘羣公子於萊。秋，齊景公卒。冬，十月，公子嘉、公子駒、公子黔奔衛，公子鉏、公子陽生來奔。萊人歌之曰：「景公死乎不與埋，三軍之事乎不與謀，師乎師乎，何黨之乎？」

陳乞逐高國 哀公．六年

齊陳乞偽事高、國者，每朝必驂乘焉。所從必言諸大夫，曰：「彼皆偃蹇，將棄子之命。皆曰：『高、國得君，必偪我，盍去諸？』固將謀子，子早圖之。圖之，莫如盡滅之。需，事之下也。」及朝，則曰：「彼虎狼也，見我在子之側，殺我無日矣。請就之位。」又謂諸大夫曰：「二子者禍矣！恃得君而欲謀二三子，曰：『國之多難，貴寵之由，盡去之而後君定。』既成謀矣，盍及其未作也，先諸？作而後悔，亦無及也。」大夫從之。夏，六月，戊辰，陳乞、鮑牧及諸大夫，以甲入于公宮。昭子聞之，與惠子乘如公，戰于莊，敗。國人追之，國夏奔莒。

陳僖子立公子陽生 哀公．六年

八月，陳僖子使召公子陽生。陽生駕而見南郭且于曰：「嘗獻馬於季孫，不入於上乘，故又獻此，請與子乘之。」出萊門而告之故。闞止知之，先待諸外。公子曰：「事未可知，反與壬也處。」戒之，遂行。逮夜至於齊，國人知之。僖子使子士之母養之，與饋者皆入。冬，十月，丁卯，立之。

陽處父改蒐賈季殺陽處父

文公・六年

私者，人之所惡也。立乎人之朝，相結以私情，相交以私利，相報以私恩，不復知公義之所在，固人之所共惡也。是其為私，雖人之所共惡，亦人之所共知，猶非可惡之尤者也。天下之尤可惡者，其惟私之私乎？受私而矯情以示公，示公而匿機以行私，私中有公，公中有私，深閟險譎〔一〕，舉世皆莫能窺，此所謂私之私也。君子之所尤惡也。

〔注釋〕〔一〕深閟（ㄅㄧˋ）險譎：深深地隱蔽，陰險狡猾。

陽處父私於趙盾，犯君命，墮國法，

〔譯文〕

自私，是人所厭惡的。立身於為人的朝廷，用私情來相互結好，用私利來相互結交，用私恩來相報答，不再知道公理正義的所在，這本來是人們共同痛恨的。這樣的自私行為，雖然人人都厭惡，但也是人人所共知，卻還不是最令人厭惡的。天下最令人厭惡的是自私中的自私吧？接受私利而矯情地顯示公正，顯示公正而又隱藏心機來做自私的事，私中有公，公中有私，深藏密隱，陰險詭譎，全天下沒有人能看清楚，這就是所謂的自私中的自私，是君子最痛恨的。

陽處父私愛趙盾，不但觸犯國君詔命，敗壞國

擅蒐[一]於董，奪賈季之位以畀盾，其私於盾者，深矣。使盾果公存心，必思命當出於君，而不當出於臣。君命既定，而臣擅易之，是無國法也。竊財者謂之盜，受其財者亦謂之盜；擅命者謂之叛，受其命者亦謂之叛。其可貪一時之寵，而自納於叛乎？苟盾持此義以固拒陽處父之命，吾始信盾之真公也。今盾安受處父之擅命，恬處父正卿之位，受其利而欲逃其名，背惠棄恩，疎絕處父，自示其公，以避受私之謗，盾之用心，可畏也哉！

[注釋][一]蒐（ㄙㄡ）：檢閱軍隊。

何以知盾疎絕處父以示公也？以賈季殺處父而知之也。賈季所以敢殺處父者，以其無援於晉也。晉國之權，專出於盾；而盾

家法紀，擅自在董地閱兵，奪取賈季的權位給趙盾，他對趙盾私心偏愛，實在夠深厚的了。如果趙盾果然存有公心，必定會想到命令應當出自國君，而不應當出自臣子。國君詔令已定，而臣子擅自更改，這是沒有國法。偷盜財物的人叫做賊，接受贓物的人也叫做賊；擅奪君命的人叫做叛臣，接受叛臣命令的人也叫做叛臣。怎麼可以貪圖一時的尊寵而讓自己納入叛臣之列呢？如果趙盾用這種正義來堅決地拒絕陽處父的任命，我纔相信趙盾是真正的公正。現在趙盾接受陽處父擅自更易的詔令，坦然地處在正卿的位置，接受他的好處而又想逃避他的罪名，背棄恩惠，疏遠陽處父，以表示自己公正，以避免遭受徇私的毀謗，趙盾的用心，實在可怕呀！

怎麼知道趙盾疏遠陽處父是為了表示公正呢？從賈季殺害陽處父可以知道。賈季之所以敢殺害陽處父，是因為認為他在晉國沒有後援。實際上，晉國的權力被趙盾專斷，但趙盾的權勢出自陽處父的擅自

之權，專出於處父。有盾以為處父援，天下之援，豈有強於此者乎？而賈季反謂處父無援於晉者，是必盾既得位之後，視處父如路人，利害不相關，患難不相救，此賈季所以知其無援也。盾之不援處父者，豈不知處父之恩不可負哉！其矯情以示公者，急於自解，而不暇顧人耳。然其示公之中，未嘗不匿機以行其私焉。

賈季既殺陽處父，盾歸其獄於續簡伯。不探其情而誅賈季者，蓋以賈季之所以殺處父者，不平其私於我也。是處父之死，由我也。處父由我而死，我為處父復讎而殺賈季，則未免於私之嫌也。故宥〔一〕賈季於遠，又送其帑〔二〕以致勤厚之意，皆矯情以示公也。孰知其示公之中，陰匿其至私而不悟

專斷。如果有趙盾作為陽處父的後援，天下的後援還有比這更強大的嗎？但是賈季反而認為陽處父在晉國沒有後援，這必定是因為趙盾得到權位之後，視陽處父為陌路人，彼此利害已不相關，患難也不相救助，這就是賈季之所以知道陽處父沒有後援的原因。趙盾不救助陽處父，難道不知道陽處父的恩情不應該辜負嗎？趙盾矯情地以示公正，急於為自己開脫，而無暇顧念恩人了。但是他表明公正之中，未嘗沒有隱藏心機來謀取私利。

賈季殺陽處父之後，趙盾把這個罪責歸咎於續簡伯，卻不追究實情來殺掉主使的賈季，大概是因為賈季殺害陽處父，是不滿意陽處父偏私於我。這樣，陽處父的死是因為我。陽處父因我而死，我為陽處父報仇而把賈季殺掉，那麼就難免有謀私的嫌疑。所以寬宥了遠逃至狄國的賈季，又將他的妻子兒女護送前去以示殷勤忠厚之意，這都是矯情虛偽以顯示他公正。誰知道他所顯示的公正之中，其實隱藏了他最大的私心而不欲讓人知曉呢？

乎？

〔注釋〕〔一〕宥（ㄧㄡˋ）：寬宥，放掉。〔二〕帑（ㄋㄨˊ）：妻子。

盾之所使送賈季之帑者，臾駢。臾駢，賈季之讎。送帑而使其讎，實欲臾駢盡殺賈氏，以逞吾憾也。苟盾果出於善意，則舉晉國之人，豈無可任以送帑之責者，今不付之他人而獨付諸其讎，則盾之情可見矣。若臾駢從其黨之言盡殺賈氏，則全賈氏之恩歸於盾，滅賈氏之惡歸於駢。外示公義，內復私怨，其機可謂險矣。臾駢不悟其機，反謂盾行禮於賈季，抑忿釋憾，衛之出境，其事雖善，吾恐未必投盾之機也。衛瓘將殺鄧艾，知田續有憾於艾〔一〕，使田續追之曰：「可以報江油之辱矣。」續果殺艾。瓘使仇讎追

趙盾派去護送賈季妻兒的人是臾駢，而臾駢是賈季的仇人。趙盾給賈季送妻兒，卻使派賈季的仇人，實際是想要臾駢把賈季殺掉，來發洩我的怨恨。趙盾如果真是出於善意，那麼全晉國的人難道就沒有一個可以擔當送妻兒的任務嗎？現在不託付給別人，而單單託付給賈季的仇人，那麼趙盾的心思可想而知。如果臾駢聽從同夥的勸告，把賈季全家殺掉，那麼保全賈季的恩情就要歸到趙盾，而滅殺賈季的罪惡就要歸到臾駢。表面上顯示了正義，內心卻是報私人怨仇，他的心機可說是夠陰險了。臾駢不明白他的用心，反而認為趙盾對賈季施行禮義，於是抑制自己的私憤，放棄自己的怨恨，保衛賈季出境。這事情雖然做得很好，我卻恐怕這未必合趙盾本來的心意。衛瓘想要殺害鄧艾，知道田續對鄧艾有怨恨，於是讓田續去追鄧艾，說：「可以報江油之辱了。」田續果然殺害了鄧艾。衛瓘派仇敵去追鄧艾，趙盾派仇敵去送賈季，

鄧艾，盾使仇讎送賈氏，其機本同，然衛瓘之機淺，故田續悟其機而殺之；盾之機藏，故臾駢不悟其機而生之[二]。是全賈季者，雖臾駢之美，而本非盾之意也。盾示之惡，而臾駢誤以為善；盾示之邪，而臾駢誤以為正。人之誤每如此，亦何患於誤乎？

[注釋][一]衛瓘將殺鄧艾，知田續有憾於艾：衛瓘、鄧艾、田續，都是魏晉時人，鄧艾曾攻克蜀國，功勞很大，受人嫉妒。衛瓘，曾官至太保。二人有隙，衛瓘假裝派田續去追留鄧艾，而田續本是鄧艾的仇敵，結果把鄧艾殺了。衛瓘這是借刀殺人。[二]臾駢不悟其機而生之：臾駢不明白他的心機而放過了賈季。

惡機可以感善，邪機可以感正。是善常在於惡之中，而正常在於邪之中也。善在惡之中，是天下本無惡；正在邪之中，是天下本無邪也。是言也，是理也，微矣哉！

他們的心機本來是一樣的，但是衛瓘的心機很淺，所以田續明白了他的心機而殺了鄧艾；趙盾的心機很隱蔽，所以臾駢不明白他的心機而放過了賈季。所以保全賈季的，雖然是臾駢的美德，但不是趙盾的本意。趙盾出之以惡念，而臾駢誤認為是善意；趙盾出之以邪念，而臾駢誤認為是公正。如果人們的誤會每每如此的話，那麼又何必憂慮有誤會呢？

罪惡的心機可以感發善舉，邪惡的心機可以感發正義。所以善良常存在罪惡之中，而正義常存在邪惡之中。善良存在罪惡之中，這表明天下本沒有罪惡；正義存在邪惡之中，這表明天下本沒有邪惡。這樣的言論，這樣的道理，很精微啊！

左傳原文

陽處父改蒐賈季殺陽處父 文公・六年

春，晉蒐于夷，舍二軍。使狐射姑將中軍，趙盾佐之。陽處父至自溫，改蒐于董，易中軍。陽子成季之屬也，故黨於趙氏，且謂趙盾能，曰：「使能，國之利也。」是以上之。宣子於是乎始為國政。制事典，正法罪，辟刑獄，董逋逃，由質要，治舊洿，本秩禮，續常職，出滯淹。既成，以授大傅陽子與大師賈佗，使行諸晉國，以為常法。

八月，乙亥，晉襄公卒。靈公少，晉人以難故，欲立長君。趙孟曰：「立公子雍。好善而長，先君愛之，且近於秦，秦，舊好也。置善則固，事長則順，立愛則孝，結舊則安。為難故，故欲立長君。有此四德者，難必抒矣。」賈季曰：「不如立公子樂。辰嬴嬖於二君，立其子，民必安之。」趙孟曰：「辰嬴賤，班在九人，其子何震之有？且為二嬖，淫也。為先君子，不能求大，而出在小國，辟也。母淫子辟，無威；陳小而遠，無援。將何安焉？杜祁以君故，讓偪姞而上之；以狄故，讓季隗而己次之，故班在四。先君是以愛其子，而仕諸秦，為亞卿焉。秦大而近，足以為援；母義子愛，足以威民。立之，不亦可乎？」使先蔑、士會如秦，逆公子雍。賈季亦使召公子樂于陳。趙孟使殺諸郫。賈季怨陽子之易其班也，而知其無援於晉也。

九月，賈季使續鞫居殺陽處父。書曰：「晉殺其大夫。」侵官也。

冬，十月，襄仲如晉，葬襄公。

十一月，丙寅，晉殺續簡伯。賈季奔狄。宣子使臾駢送其帑。夷之蒐，賈季戮臾駢，臾駢之人欲盡殺賈氏以報焉。臾駢曰：「不可。吾聞《前志》有之，曰：『敵惠敵怨，不在後嗣。』忠之道也。夫子禮於賈季，我以其寵報私怨，無乃不可乎？介人之寵，非勇也；損怨益仇，非知也；以私害公，非忠也。釋此三者，何以事夫子？」盡具其帑，與其器用財賄，親帥扞之，送致諸竟。

宋昭公將去羣公子 文公·七年

見怒於人，為吾解者，必與吾親者也；見疑於人，為吾辨者，亦必與吾親者也。抑不知怒可使疏者解，不可使親者解；疑可使疏者辨，不可使親者辨。

人之方怒也，人之方疑也，望其親厚者來，固逆以游說待之矣。先持游說之心以待其至，則雖有公言亦視以為私，雖有正論亦視以為黨，豈特塞耳而不聽哉！解其怒而甚其怒者，有矣；辨其疑而增其疑者，有矣。嗚呼！親者猶不可解，況於自解乎？親者猶不可辨，況於自辨乎？苟不審勢，不見機，不察言，不觀色，身往辨解，徑犯其疑怒之鋒，則一顧而生百忿，一詰而生百猜；辭多則謂之爭，辭寡則謂之險；貌莊則謂之傲，貌和則謂之侮。進退周旋，無非罪者。

［譯文］

被別人怨怒，替我勸解的人，必定是與我親近的人；被別人懷疑，替我辯解的人，也必定是與我親近的人。卻不知道怨怒可以讓與我疏遠的人來勸解，而不可以讓與我親近的人來勸解；懷疑可以讓與我疏遠的人來辯解，而不可以讓與我親近的人來辯解。

人們正發怒的時候，正懷疑的時候，看到與對方親近交厚的人來了，必定反感地以為是來遊說的。先懷有對方是來遊說的心態等待其到來，那麼就是有公正的話語，也被看作是為了私利；即使是正當的話語，也被認為是有所偏袒。哪裏僅僅是塞住耳朵而不聽呢？本來為了消解憤怒有的卻增加了憤怒，本來是為了解除疑慮有的卻增加了疑慮。唉！親近的人尚且不能化解，何況自己替自己化解呢？親近的人尚且不能辯解，何況自己替自己辯解呢？如果不能審事度勢，不能見機行事，不能察言觀色，自己冒然前往辯解，直接觸犯對方憤怒和懷疑的鋒頭，那麼一照面就會產生各種忿怒，一問話就會產生各種猜疑；說多了就會被認為是爭辯，說少了就會被認為是陰險；行態端莊就會被認為是傲慢，態度溫和就會被認為是輕

束手而赴讎家，其見殺者，非讎之過也，我自送其死於讎也；裸裎而投虎穴，其見噬者，非虎之暴也，我自送其死於虎也。彼方蓄怒積疑，欲致毒於我，而未得逞，我乃委身其前以投之，其得全也難哉！

宋昭之無道，嗣位之初，欲盡去羣公子，其志銳甚，吾意為羣公子所親者，皆將遠嫌退縮，而不敢預其禍，獨樂豫拳拳亹亹[一]，力進諫而止之意者。豫之視羣公子聲迹不相聞，休戚不相及，居無嫌之地，可以肆言而不忌乎？及詳考之於傳，豫實戴公之裔，乃所謂羣公子之一也。身在羣公子之數，不以自嫌，獨敢辨解於昭公之前，昭公雖不從，亦安其言，而不以為憾也。豫不以嫌自處可耳，至於使無道之君亦安其言而不憾，是豈一朝一夕之故哉！

侮。舉止進退，沒有不是過錯的。自縛雙手前往仇家，若被殺害，這不是仇人的過錯，是我自己到仇人那裏去送死；光著身子自投虎穴，若被老虎吃了，這不是老虎暴虐，是我自己到老虎那裏去送死。對方正蓄怒積疑，想要毒害於我而沒有得逞，我卻委身前去，自投羅網，這樣還想全身而退可謂是難啊！

宋昭公是個無道的國君，剛剛即位，就想把諸公子全都除去，他的心意非常堅決！我想，為諸公子所親近的人，都會遠離嫌疑而退縮，不敢參與此事以免遭禍，惟獨樂豫是一個忠誠勤勉，極力進諫想要制止此事的人。難道是樂豫與諸公子素無往來，利害不相關，處在沒有嫌疑之地，可以放言直說而沒有顧忌嗎？等到詳細考察經傳的記載，樂豫實際上是戴公的後代，也是所謂的諸公子之一員。身處諸公子之數，卻不以此身分自避嫌疑，獨敢在宋昭公面前辯解，昭公雖然不聽從，但也安然地對待他的話，而不認為是怨恨。樂豫不以有嫌疑而自處是可以的，至於讓無道的國君也安於他的勸諫而不感到怨恨，難道這是一朝一夕就能做到的嗎！

［注釋］［一］拳拳亹（ㄨㄟˇ）亹：忠誠勤勉貌。

竊意豫平居暇日，處羣公子間，身廊廟而心山林，身軒冕［二］而心布褐，身鐘鼎而心簞瓢。和而不同，羣而不黨，豫固不以公子自處，而人亦未嘗敢以公子處豫也。惟其素不以公子自處，故雖在利害之中，實出利害之外。從容進諫，忠誠懇惻，專悟於君，物莫能間。當是時，豫豈自知身之為公子哉？何獨豫不自知為公子，雖昭公亦豈知豫之為公子哉！儻豫自知為公子，則嫌心生而不敢言；儻昭公知豫之為公子，則忿心生而不能忍。將見諫語未終，先羣公子而賜絕命之書矣。惟兩出於不知，此所以兩相安，而不相忌也。

［注釋］［二］軒冕：車子和帽子，指代公卿的待遇。

我想，樂豫平素閒暇時，處在諸公子之間，身在朝廷而心在山林，高居官位而心在平民，身處鐘鼎美食之家而心在簞食瓢飲。與人和平相處而不隨便同流，與人合群而不結黨營私，樂豫固然不以公子的身分自居，而別人也未必敢以公子身分待他。正因為他平時不以公子自居，所以雖然處在厲害關係之中，實際上卻能跳出利害之外。於是從容地進諫，忠誠懇切，專心希望國君醒悟，任何人都不能離間。這個時候，樂豫難道知道自身是一個公子嗎？不但樂豫不知道自己的公子身分，即使宋昭公，難道知道樂豫是公子嗎！如果樂豫知道自己身為公子，就怕有嫌疑而不敢再進諫；如果宋昭公知道樂豫是公子，就會產生忿恨的心而不能容忍。恐怕不用等他進諫完，就會先於諸公子之前賜給他絕命書了。正是雙方都忘卻了這一身分，所以纔能兩相安和而不相猜忌。

昭公雖能安豫之言，而不能從豫之言，迄至羣公子之亂，刃交矢接，公室如綴旒[一]，豫復與六卿和公室，舍其司馬以畀昭公之弟印，使昭公知公族之中，固有視富貴如鴻毛者，以深釋昭公之疑怒。是昔以言諫，而今以身諫也。非心無富貴，其能勇退如此之決乎？豫心無富貴，故始不以公子自嫌而進言，忘攖鱗之危；終不以司馬自累而棄位，過脫屣之速[二]。苟藏於心者，有毫芒之顧惜，則發於口者，有邱山之畏怯[三]矣。故棄人之所不能棄，然後能言人之所不能言。

[注釋][一]綴旒：帽子前面的珠串子，戴在頭上時，會隨之擺動，這裏形容局勢動盪。[二]脫屣之速：形容放棄得很乾脆。[三]邱山之畏怯：形容畏怯之大，如丘山一樣大。

宋昭公雖然能安於樂豫的進諫，卻不能聽從樂豫的諫言。直到諸公子亂事發生後，兵刃相交，弓矢相接，公室動盪不安，樂豫又與六卿出面調解，纔與公室達成和解，又捨棄自己的司馬之位送給宋昭公的弟弟公子印，使得宋昭公知道他的家族中原來還是有人視富貴如鴻毛，纔深深地緩解了宋昭公的疑慮和憤怒。這就是過去用言語進諫，現在用身進諫的表現。若非心裏不存富貴，他能果斷地從司馬之位退下來嗎？樂豫心裏沒有想著富貴，所以一開始就沒有因為公子的身分害怕有嫌疑而進言，不怕有觸怒宋昭公的危險；末了不以司馬的權位牽累自己而放棄官位，比脫鞋還快。如果有私利藏在心中，有絲毫的顧惜之心，那麼說話時，就會有丘山一樣大的畏怯。所以，放棄別人所不能放棄的，然後纔能說別人不敢說的話。

左傳原文

宋昭公將去羣公子 文公・七年

昭公將去羣公子，樂豫曰：「不可。公族，公室之枝葉也。若去之，則本相無所庇陰矣。葛藟猶能庇其本根，故君子以為比，況國君乎？此諺所謂『庇焉而縱尋斧焉』者也。必不可！君其圖之。親之以德，皆股肱也，誰敢攜貳？若之何去之？」不聽。穆、襄之族率國人以攻公，殺公孫固、公孫鄭于公宮。六卿和公室，樂豫舍司馬以讓公子卬。

士會不見先蔑

文公・七年

物之易合者，莫如居患難之時。同川之魚，鱣不知鮪，鮪不知鱣，游泳不相顧也。及失水，則相沫相濡，驩然而相親。豈得水則不仁，失水則仁耶？居患難之地，不得不合也。同舟之人，胡不知越，越不知胡，語言不相入也；及遇風，則相赴相救，慨然而協力。豈無風則不義，有風則義耶？居患難之地，不得不合也。

隨會之與先蔑，並立於晉朝，其遊居周旋之久，豈如胡越之無情哉！及以公子雍之故，俱得罪而奔秦，此政涸澤之魚相濡沫之時，會之視蔑，乃漠然無情，歲律三改，而曾不與之一面。居患難之地，而反落落難合，何耶？

〔譯文〕

物類容易結合在一起，沒有比得上處在患難的時候。同一條河裏的魚，鱣魚不知道鮪魚，鮪魚不知道鱣魚，游泳時都不相看顧。等到無水時，就會用唾沫來互相滋潤，高興地互相親近。難道是有水時就不仁義，無水時就仁義了嗎？處在患難的境地，不得不相互結合。同在一條船上的人，就像胡人不知道越國人，越國人不知道胡人那樣，言語不通；等到遇到了大風，就互相救助，慷慨地相互協助。難道無風時就不仁義，有風時就仁義了嗎？處在患難的境地，不得不結合啊。

士會和先蔑，在晉國同朝共事，他們之間的交遊往來時日已久，難道會像胡人和越國人那樣沒有感情嗎？等到因為公子雍的緣故，共同獲罪而逃到秦國，此時正是失水的魚兒相互用唾沫滋潤的時候，然而士會看待先蔑，卻是漠然無情，三年時間過去，竟然不與他見一面。同處患難之地，反而落落難合，這是為什麼呢？

人知患難之易合，而未知其所以合也。憂同則易合，怨同則易合，忿同則易合。同憂相遇，必相親以謀其憂；同怨相遇，必相親以致其怨；同忿相遇，必相親以逞其忿。其朝夕聚會，握手而語，促膝而議者，豈復有善意哉！非訾人則訾[一]人也，非私計則詭計也。以憂濟憂，以怨濟怨，以忿濟忿，交日深而惡日長矣。其所以易合者，果正耶？果不正耶？

[注釋][一]訾（ㄗˇ）：抵譭，指責。

竇嬰、灌夫[一]，父子歡於廢退之時；淮南、衡山[二]，昆弟語於怨望之日。其終之為何如耶？是宜隨會之所不忍為也。吾嘗聞君子處患難矣，內省不疚[三]者也，反求諸己者也，素其位而行者也。本未嘗憂，

人們只知道患難的時候容易結合，而不知道為什麼結合。憂患相同的人就容易結合，怨恨相同的人就容易結合，憤怒相同的人就容易結合。憂患相同的人相遇了，必定會相互親近，以應對他們的憂慮；怨恨相同的人相遇了，必定會相互親近，以傾訴他們的怨恨；憤怒相同的人相遇了，必定會相互親近，以發洩他們的憤怒。他們天天聚會，握手而語，促膝而談，難道還會有什麼善意的話題嗎？不是責備別人就是詆毀別人，不是耍私小計謀，就是耍陰謀詭計。用憂慮來助長憂慮，用怨恨來助長怨恨，用憤怒來助長憤怒，交情一天天加深，而罪惡一天天增多。他們之所以容易結合在一起，是正當呢？還是不正當呢？

竇嬰和灌夫，情如父子，在竇嬰失勢後相處歡洽；淮南和衡山，本為昆弟，在有怨恨時相互議謀。但他們的關係最終又如何呢？難怪士會不忍這樣做啊。我曾聽說君子處在患難的時候，是內心反省而不感到痛苦的人，是反過來從自己身上尋求原因的人，是淡泊名位而行事磊落的人。本來沒有憂慮，何必與別人一同憂慮？本來沒有怨恨，何必與別人一同怨

何必與人共其憂？本未嘗怨，何必與人共其怨？本未嘗忿，何必與人共其忿？使其人道義可慕，忠信可友，樂易可近，慈仁可依，則未有患難之始，吾固與之合矣，豈必待有患難而與之合耶？待患難而始合，則其合者，非吾本心也，驅於患難，苟合以濟事也。是宜隨會之所不忍為也。

[注釋][一]竇嬰、灌夫：魏其侯竇嬰在不得志的時侯和灌夫很投合，交情如父子。但後來關係不和。事見《史記・魏其武安侯列傳》。[二]淮南、衡山：指淮南王劉安，衡山王劉賜。二人兄弟相稱，但後來淮南王謀反，於是關係破裂。事見《史記・淮南衡山列傳》。[三]內省不疚：疚，內心痛苦。《論語・顏淵》：「內省不疚，夫何憂何懼？」

貧者不肯與富者狎，而與貧者狎，是何也？富者其所忌，兩貧則無所忌也。愚者不肯與賢者狎，而與愚者狎，是何也？賢者

恨？本來沒有憤怒，何必與別人一同憤怒？如果這人的道義值得仰慕，忠信值得結交，和樂平易值得親近，仁愛慈祥值得依靠，那麼從前沒有患難的時侯，我必定與他結交了，難道一定要等到患難時纔與他結交嗎？等到有了患難纔開始結交，那麼這種結交，不是出自我的本心，只是被患難逼迫，不得不苟合以謀成事。這當然是士會不忍心去做的了。

貧苦的人不肯與富有的人相親近，而與同樣貧苦的人相親近，這是為什麼呢？富有的人有所顧忌，但兩個貧苦的人就無所顧忌了。愚昧的人不肯與賢能的人相親近，而與同樣愚昧的人相親近，這是為什麼

其所忌，兩愚則無所忌也。人居患難之時，以己之在難，而疾人之無難。其視優豫愉佚之人，且憎且忌，望望然去之。惟其同在難者，款密親狎，而無間其心。豈不甚淺狹而可憐耶？是宜隨會之所不忍為也。

或曰：「趙盾實執晉柄[一]，背先蔑而立靈公，則盾之所讎者惟蔑爾。至隨會雖以累而俱出，本非盾所怒也。會明絕蔑於秦，乃所以陰結盾於晉，僥倖歸國，不顧賣友以市恩，非險薄之尤者乎？」吾應之曰：「此後世之心，而非隨會之心也。以後世之利心，而量君子之公心，則其舉、其措、其語、其默，無不可名以利，豈獨先蔑一事哉！會果出於利心，則其險譎，僅足以欺一夫耳。不動聲色，而羣盜自奔[二]，是亦可以利心感之耶？光輔五君[三]，而名聞諸侯，是亦

呢？賢能的人有所顧忌，但兩個愚昧的人就無所顧忌了。人們處在患難的時候，因為自己處在困難的境地，而痛恨別人沒有困難。在他們看來，那些從容安逸的人，既可恨又可嫉，還是悻悻地離開他們好。只有共處患難的人，纔能親密無間，心無嫌隙。這樣的用心，難道不是很膚淺狹隘而且可憐嗎？這當然是士會不忍心去做的了。

有人說：「趙盾實際上掌握著晉國的政權，背棄了先蔑而擁立晉靈公。那麼趙盾所仇恨的只是先蔑而已。至於士會，雖然由於牽連而一同逃離，本來不是趙盾所痛恨的人。士會表面上在秦國與先蔑斷絕了關係，就是為了暗暗地結交在晉國的趙盾，僥倖回到晉國，不顧恩情而出賣朋友，這不是極其陰險刻薄的人嗎？」我回答說；「這是後世人的看法，而不是士會的用心。用後世人的貪利之心來揣度君子的公正之心，那麼他的一舉一動，說話或沉默，沒有不能冠以私利之名，難道僅僅是先蔑這一件事嗎？士會如果真的出自貪利之心，那麼他的陰險詭詐僅僅能欺騙趙盾一個人而已。不動聲色而能使眾多盜賊自行逃散，這也是貪利的心可能感化的嗎？輔佐晉國五代君主，而名聞於諸侯，這也可以憑藉貪利之心做到的嗎？本來

可以利心圖之耶？固不可以後世之利心，量君子之公心也。」

［注釋］［一］執晉柄：掌握晉國的政權。［二］羣盜自奔：士會當上中軍帥以後，國內的盜賊都逃跑了。事見《左傳．宣公十六年》。［三］光輔五君：指士會曾輔佐過晉國的五位君主，即文公、襄公、靈公、成公、景公。

雖然，會之公心，吾猶有憾焉。會不以同患而親蔑，可也；至於絕迹不見，則矯枉過直矣。吾不知會在晉之時，於朝廷、於官府、於衢路，果能避蔑而不見耶？在晉則見之，在秦則不見，是不免以罪自嫌，而非公之盡也。以公自處，則去國如在國，有難如無難，雖不加親，亦不加疎，豈以晉、秦二其心哉！吾固疑會公心之未盡也，吾固以公心責之，而不以利心量之也。

就不可以用後世人的私心去揣度君子的公心。」

雖然這樣，但是對於士會的公心，我還是感到有遺憾的地方。士會不因為同患難而與先蔑親近，這是可以的；至於絕交而完全不相見，那就未免矯枉過正了。我不知道士會在晉國的時候，在朝廷上、在官府裏、在道路上，果真能夠躲避先蔑而不見嗎？在晉國就相見，在秦國就不相見，這就難免有害怕罪責的嫌疑，而不是完全的公心。如果以公心自處，那麼離開晉國與在晉國一樣，有禍難和沒有禍難一樣，即使不更加親近，也用不著加以疏遠，難道要因為在秦國或者在晉國而有兩種用心嗎？我當然要懷疑士會沒有完全出於為公的心，我當然也是以公心來責備他，而不是以貪利的私心來衡量他。

左傳原文

士會不見先蔑 文公・七年

宣子與諸大夫皆患穆嬴，且畏偪，乃背先蔑而立靈公，以禦秦師。箕鄭居守。趙盾將中軍，先克佐之；荀林父佐上軍；先蔑將下軍，先都佐之。步招御戎，戎津為右。及堇陰，宣子曰：「我若受秦，秦則賓也；不受，寇也。既不受矣，而復緩師，秦將生心。先人有奪人之心，軍之善謀也；逐寇如追逃，軍之善政也。」訓卒利兵，秣馬蓐食，潛師夜起。戊子，敗秦師于令狐，至于刳首。己丑，先蔑奔秦，士會從之。先蔑之使也，荀林父止之，曰：「夫人、太子猶在，而外求君，此必不行。子以疾辭，若何？不然，將及。攝卿以往，可也，何必子？同官為寮，吾嘗同寮，敢不盡心乎？」弗聽。為賦《板》之三章，又弗聽。及亡，荀伯盡送其帑及其器用財賄於秦，曰：「為同寮故也。」士會在秦三年，不見士伯。其人曰：「能亡人於國，不能見於此，焉用之？」士季曰：「吾與之同罪，非義之也，將何見焉？」及歸，遂不見。

穆伯取己氏

文公・七年

問脩怨［一］於君子，必以為非；問脩怨於小人，必以為是。二者皆未為定論也。專於報怨者，商鞅氏［二］之徒耳，范雎氏［三］之徒耳，格之以聖人之門，在所擯也；專於忘怨者，老聃氏之徒耳，莊周氏之徒耳，格之以聖人之言，亦在所擯也。吾聖人之門，未嘗脩怨，未嘗不脩怨，權其小大輕重，而中持衡焉。小者忘之，大者報之；輕者忘之，重者報之。未嘗倚一偏而主一說也。

［注釋］［一］脩怨：報宿怨。［二］商鞅氏：即商鞅，法家，戰國時人，在秦國推行變法，為人嚴厲。［三］范雎氏：范雎，縱橫家，戰國時魏人，善於遊說。

穆伯為襄仲聘婦於莒，中道而奪之，夫豈細怨也哉！而惠伯區區［一］其間，委曲調護，始則釋其憾，終則全其恩。彼非不知

［譯文］

向君子請教報怨的事，必定會認為是錯誤的；若向小人請教報怨的事，則必定會認為是對的。但這兩者都不是定論。致力於報怨，是商鞅、范雎之流的行為，若來到聖人的門中，就應當摒棄；致力於忘怨，是老子、莊子之流的作法，若以聖人之言來衡量，也應當擯棄。在聖人門下，未必報怨，也未必不報怨，權衡事情的大小輕重，然後折中決定。小的怨仇就忘記它，大的怨仇則當報復；輕的怨恨就忘記它，重的怨恨則當報復。不偏向一邊而主張一種說法。

穆伯到莒國為襄仲行聘娶妻，卻在半路上自己娶了去，這難道是小怨恨嗎？然而惠伯在其中誠懇地百般調解，委婉勸說，先化解他們的怨恨，最終保全

輕重小大之所在也，蓋穆伯之於襄仲，兄弟也。怨之小大，在他人，可言耳，兄弟之間，非較小大之地也；怨之輕重，在他人，可言耳，兄弟之間，非較輕重之地也。合以人者，有時而離；合[二]以天者，無時而離。兄弟之屬天也，人怨不足以害之。襄仲之怨穆伯，以人觀之，則固大矣、重矣；以天視之，則兄弟之親，與生俱生，而不可離，豈以恩而加？豈以怨而損哉！

[注釋][一]區區：這裏指誠懇的樣子。[二]合：吻合，這裏指對照，檢驗。

雨暘變於前，太虛之真體未嘗動也；恩怨交於前，兄弟之真情未嘗動也。曰雨曰暘，而真體之中，本不知有雨、暘；自恩自怨，而真情之中，本不知有恩、怨。襄仲向者之怨，私情之怨耳；今者之解，私情之解

了他們兄弟間的恩情。惠伯並非不知道事情的大小輕重，實在是因為穆伯和襄仲是兄弟關係。怨恨的大小，他人可以計較，而兄弟之間，並不是較量怨恨大小的地方；怨恨的輕重，他人可以計較，而兄弟之間，並不是較量怨恨輕重的地方。因人而結合的關係，有時候會分離；因天生而結合的關係，永遠不會分離。兄弟關係是天生的，人為的怨恨不能夠損害它。襄仲怨恨穆伯，在別人看來，這的確是大的怨恨、重的怨恨；用天生來看，那麼兄弟之間的親情，與生俱來，不可以分離，怎麼可以因為有恩而增加，有怨而減損呢？

天氣的晴雨時有變化，但天空的本體並沒有變動；恩怨交錯於前，兄弟的真情並沒有改變。說雨說晴，但天空本體中之中並沒有所謂的雨、晴；自恩自怨，但兄弟真情中並沒有恩、怨。襄仲以前的怨恨，是私情中的怨恨而已；現在所化解的，也是私情的化解而已。至於那胸中蘊藏的天生親情，則向來沒有怨

耳。乃若胸中之天，則向無怨，而今無解也。不然，則豈惠伯立談之頃所能回耶？

焚廩捐階之虐，治棲入宮之侮[一]，百世之後，讀其書者，猶為舜切齒，而舜之恩意源源不絕者，非以德而報怨也。以弟待象，而不以象待象也；以天觀象，而不以人觀象也。蓋鬱陶而思舜者，乃象之天；彼傲而害舜者，特象之人耳。舜之胸中，純乎天，故見象之天，而不見象之人也。使惠伯立於舜之朝，將化於舜之天而不自知矣。雖有喙三尺[二]，焉攸用？

［注釋］［一］焚廩捐階之虐，治棲入宮之侮：廩，糧倉。階，階梯。棲，住處。指舜在倉庫的房頂上修葺的時候，他弟弟象和父親焚燒倉庫，撤下階梯，想害死舜，修好房子後，舜卻又被趕走，住進了堯帝所賜的宮室裏。事見《史記·五帝本紀》。［二］有喙（ㄏㄨㄟˋ）三尺：喙，鳥嘴，比喻善於言辭。

恨，到現在也無需化解。不然的話，難道是惠伯短暫的言談可以挽回的嗎？

舜受到父弟焚廩撤梯的虐待，遭到修房被趕的侮辱，百世之後，讀到這一段記載的人，仍為舜的遭遇切齒痛恨，但舜對弟弟象的恩情卻源源不斷，這並非舜有意以德報怨。是以兄弟的親情來對待象，而不是以象的所作所為來對待象；是以天生的親情來對待象，而不是以人的行為來對待象。心中鬱悶而思念舜，這是象的天性；倨傲不馴想要害死舜，只是象的人為而已。舜的心胸中充滿了天性，所以見到的是象的天性，而沒有見到象的人為。如果惠伯處在舜的朝廷，將會不自覺地被舜的天性所感化。即使有很厲害的口才，又有什麼用呢？

【古評】

李袁一曰：中段提出天合，覺恩怨皆有所不及。

朱字綠曰：兄弟之間，不可較怨一語。可救人倫之患。

張明德曰：恩怨報復之理，總是人情天理四字，可以解釋得清楚。穆伯為襄仲娶於莒，中道而奪之，怨孰甚焉。而得惠伯之片言，委曲調護於其間，釋怨而全自息。文於平淡中說得親切醒快。中間喚出天合二字，更見根底。千古人倫之變，於舜而極，而入宮之後，處之恬然。胸中純乎天理，又何人情之不合也。

左傳原文

穆伯取己氏 文公・七年

穆伯娶于莒，曰戴己，生文伯，其娣聲己生惠叔。戴己卒，又聘于莒。莒人以聲己辭，則為襄仲聘焉。冬，徐伐莒。莒人來請盟。穆伯如莒涖盟，且為仲逆。及鄢陵，登城見之，美，自為娶之。仲請攻之，公將許之。叔仲惠伯諫。曰：「臣聞之，兵作於內為亂，於外為寇。寇猶及人，亂自及也。

今臣作亂而君不禁，以啟寇讎，若之何？」公止之。惠伯成之。使仲舍之，公孫敖反之，復為兄弟如初。從之。

穆伯以幣奔莒 文公・八年

穆伯如周弔喪，不至，以幣奔莒，從己氏焉。

穆伯歸魯復適莒 文公・十四年

穆伯之從己氏也，魯人立文伯。穆伯生二子於莒，而求復。文伯以為請。襄仲使無朝，聽命，復而不出，二年而盡室以復適莒。文伯疾，而請曰：「穀之子弱，請立難也。」許之。文伯卒，立惠叔。穆伯請重賂以求復，惠叔以為請，許之，將來。九月，卒于齊。告喪，請葬，弗許。

齊人歸公孫喪聲己不視 文公・十五年

齊人或為孟氏謀，曰：「魯，爾親也。飾棺寘諸堂阜，魯必取之。」從之。卞人以告。惠叔猶毀以為請，立於朝以待命。許之，取而殯之。齊人送之。書曰「齊人歸公孫敖之喪」，為孟氏，且國故也。葬視共仲。聲己不視，帷堂而哭。襄仲欲勿哭，惠伯曰：「喪，親之終也。雖不能始，善終可也。史佚有言曰：『兄弟致美。救乏、賀善、弔災、祭敬、喪哀，情雖不同，毋絕其愛，親之道也。』子無失道，何怨於人？」襄仲說，帥兄弟以哭之。

鄧舒問趙衰趙盾於賈季　文公・七年

天下之物，不可以疑心觀也。萬物錯陳於吾前，鳧短鶴長，繩直鉤曲，堯仁桀暴，夷廉跖貪，區別彙分，本無可惑。疑心一加，則視鳧如鶴，視繩如鉤，視堯如桀，視夷如跖，是非物之罪也，以疑先物所見，固非其正也。內疑未解，外觀必蔽，不求之於心，而求之於目，難矣哉！此猶非其難也。物未嘗眩吾，而吾則疑物也；吾先以疑待物，而物之似復適投吾之所疑。以我之疑，觀物之似，此天下之至難辨也。

賈季之仇趙盾，古今莫不聞，言發於仇讎之口，人固先以疑心聽之矣。使季譽盾之清耶，人必曰「陽譽[一]其清，而陰譏其陋」也；使季譽盾之剛耶，人必曰「陽譽其

〔譯文〕

天下的事物，不可以用懷疑的心來觀察。萬物錯雜地陳列在我們面前，鴨腳短，鶴腿長，繩子直，鉤子彎，堯仁慈，桀殘暴，伯夷廉潔，盜跖貪婪，各有區別類分，本來沒有什麼可以疑惑的。一旦有了疑心，就會把鴨看成鶴，把繩子看成鉤，把堯看成桀，把伯夷看成盜跖，這不是事物的過錯，而是在觀看之前，先存有疑心，所看到的必定不客觀公正。內心的疑惑沒有解除，觀察外物必定會被蒙蔽，不從內心尋求，而用眼睛去尋求，這是很難的啊！這還不是最難的。事物未必會迷惑我，而是我對事物有所懷疑；我先用懷疑的態度來對待事物，那麼事物的假像正好投合我的懷疑。我用懷疑的態度，觀察事物的真偽，這是天下最難辨別的！

賈季仇恨趙盾，從古至今沒有人不知道，話從仇敵的口中說出，人們必定先用疑心去聽。如果賈季讚美趙盾清明，人們必定會說：「假裝讚美他清明，而背地裏譏諷他鄙陋。」如果賈季讚美趙盾剛正，人們必定會說：「假裝讚美他剛正，而背地裏譏諷他兇

剛，而陰譏其狠」也。季以公心譽之，人以疑心聽之，言在此而意在彼，雖其辭坦明易直，無疑可指，且猶揣摩猜度，靡[二]所不至，況所譽之言，未免於可疑耶？

[注釋][一]陽譽：假裝讚譽。[二]靡：無。

冬日，人所愛也；夏日，人所畏也。季目衰以冬，而目盾以夏，吾不知季以衰勝盾耶？抑以盾勝衰耶？是殆未可知也。以盾之威為可畏耶？抑以盾之虐為可畏耶？是殆未可知也。一言而挾勝負之兩意，一字而具威虐之兩端，苟季素與盾無間然之隙，則人固未敢以毀盾疑也。今季與盾，其仇若此，其語又若此，以前之仇，驗後之語，雖有知者觀之，亦必斷然謂之毀盾矣。

狠。」賈季用公心來讚美他，人們用疑心來聽，言此意彼，雖然言辭明白通曉，沒有什麼可懷疑的，聽的人尚且還揣度琢磨，無所不至，更何況所讚美的話未免有可疑的地方呢？

冬天的太陽，是人們所喜愛的；夏天的太陽，是人們所畏懼的。賈季把趙衰看成冬天的太陽，而把趙盾看成夏天的太陽，我不知道賈季是認為趙衰勝過趙盾呢？還是趙盾勝過趙衰呢？大概這是無法確知的。是認為趙盾的威嚴可敬畏呢？還是認為趙盾的威虐可畏懼？大概這也是無法確知的。一句話帶有褒貶有兩方面意思，一個字具有威嚴和威虐兩種可能，如果賈季平時和趙盾沒有什麼隔閡，那麼人們必定不會懷疑這是譭謗趙盾。現在賈季和趙盾，他們之間如此仇恨，賈季的言語又如此，用從前的仇恨來檢驗後來的話，即使智者看來，也必定斷然地認為這是譭謗趙盾。

信如是，則季之毀非似也，真也；人之觀季非疑也，明也。吾何以知季之非毀盾耶？幽囚野死之謗，不出於康衢之間，而出於秦漢之後。蓋以秦漢之心，而量唐虞[一]之心。信乎！其可疑也。癰疽瘠[二]環之謗，不出於洙泗之濱[三]，而出於戰國之末。蓋以戰國之心，而量仲尼之心。信乎！其可疑也。持後世之心，而觀古人之迹，蓋無適而非可疑者，豈獨賈季事哉！

[注釋][一]唐虞：指堯舜的時代，是理想的上古時代。[二]癰疽瘠：都是膿瘡之類的疾病。[三]洙泗之濱：指代鄒魯，是孔子和孟子的故鄉，被視為禮儀之邦。

兄弟鬩於墻[一]，外禦其侮，古之人未嘗以私鬭忘其家也，自後世之心量之，未必不疑其匿怨也；人之行不以所惡廢鄉，古之

如果真是這樣，那麼賈季的詆謗，不是好像如此，而是果真如此；人們觀察賈季的態度，就不是心存懷疑，而是明確的認定了。我怎麼知道賈季不是詆謗趙盾呢？因為幽囚野死的詆謗，不是出自唐堯時代的《康衢謠》歌中，而是出自秦漢以後。這大概是用秦漢人的心來揣度唐虞時人的心。確實是可疑啊！癰疽瘠環的詆謗，不是出自春秋時孔子講學的鄒魯之鄉，而是出自戰國末期。用戰國時人的心來揣度孔子之心，確實是可疑啊！用後世人的心，來觀察古人的行跡，大概沒有什麼不可懷疑，難道只是賈季這件事嗎？

兄弟在家裏爭鬥，在外面卻能共同抵禦外侮，古今之人並沒有因私人爭鬥而忘記是一家人，用後世人的心來揣量，未必不懷疑他是隱藏了怨恨；人的

人未嘗以私惡忘其鄉也，自後世之心量之，未必不疑其矯情也。季盾易班之仇，私仇耳；百年父母之邦，豈以一盾，而大棄之耶？盾所以敢使季責酆舒者，知其怨盾而不怨晉也；季所以肯對酆舒而譽盾者，亦主晉而不主盾也。盾以晉使之，而不以盾使之；季子亦為晉言之，而不為盾言之。烏可以後世淺心量之乎？

〔注釋〕〔一〕兄弟鬩（ㄒㄧˋ）於墻：兄弟在家裏爭鬥。

以冬擬衰，以夏擬盾，其迹似優衰而劣盾也，其心則為戎狄難以愛懷，易以威服，欲酆舒知盾之威不可犯，非如衰之猶可狎也。張盾之威，所以張晉之威，所謂實與而文不與也。馬援未嘗尊高帝而卑光武，激言

行事，並不因為己身所惡而不關懷鄉里，古代的人並沒有因一己私恨而忘卻鄉里，用後世人的心來揣量，未必不懷疑他是矯情做作。賈季和趙盾調換了職位的怨仇，是私人之間的仇恨；生活了百年的父母之邦，難道就因為趙盾一人而背棄嗎？趙盾之所以敢派賈季去責備酆舒，就是因為知道賈季怨恨趙盾而不怨恨晉國；賈季之所以肯在酆舒面前讚美趙盾，也是站在晉國的立場而不是站在趙盾的立場。趙盾以晉國的名義派遣賈季，不是為了趙盾而派遣的；賈季也是為了晉國纔這樣說，而不是為了趙盾纔這樣說。怎麼可以用後世淺薄的用心來揣量這件事情呢？

用冬陽比擬趙衰，用夏陽比擬趙盾，表面上似乎是讚美趙衰而貶低趙盾，而賈季的用心卻是因為戎狄難以用仁愛來懷柔，容易用威嚴來懾服，想要酆舒知道趙盾的威嚴不可冒犯，不像趙衰那樣慈愛可以隨意親近。張揚趙盾的威嚴，是為了張揚晉國的威嚴，正所謂實際上贊同而表面文詞好像不贊同。如馬援並沒有讚美漢高祖而貶低光武帝，所以會有這樣激切的言

之者，所以使隗囂知光武細謹之不可欺；賈季未嘗優趙衰而劣趙盾，激言之者，所以使酆舒知趙盾威靈之不可犯。馬援嘗與光武有睚眦之隙，則世又將以疑季者疑援矣。心未古而遽欲觀古人之書，其疑可勝既耶？

論，是為了讓隗囂知道光武帝的細心和謹慎是不可欺侮的；賈季並沒有讚美趙衰而貶低趙盾，所以會有這樣激切的言論，是為了使酆舒知道趙盾的威嚴不可冒犯。如果馬援曾經和光武帝有過小小的怨隙，那麼後世人又要用懷疑賈季的方式來懷疑馬援了。人心不古而突然想讀古人的書，其中的疑慮還有完嗎？

左傳原文

酆舒問趙衰趙盾於賈季 文公．七年

狄侵我西鄙，公使告于晉。趙宣子使因賈季問酆舒，且讓之。酆舒問於賈季曰：「趙衰、趙盾孰賢？」對曰：「趙衰，冬日之日也；趙盾，夏日之日也。」

晉郤缺言於趙宣子歸衛地 文公・七年

急人之聽者，必以言之緩為大戒，然其所以終不合者，非傷於緩也，傷於急也。大其聲，疾其呼，而聽者猶若不聞；危其言，激其論，而聽者猶謂不切。檻可折，墀可丹，冠可免，笏可還〔一〕，而聽者之心，終不可移。忠臣義士，感慨憤悱，自尤其言之猶未急，更相激揚，更相摩厲，言愈迫，而效愈疏。他日聞有一言悟意，回難回之聽者〔二〕，意其言必剴切的近〔三〕，出於吾平日所慮之外。及徐問其說，乃吾異時所共訕侮，以為迂闊者也。言者急，而聽者緩；言者緩，而聽者急。豈聽者樂與言者相反覆耶？覆觴推盎，不能止人之飲，而談笑諷詠，可以使人終身視酒如仇讎；閉門投轄，

〔譯文〕

急切地想說服他人的人，必定以輕言慢語為大戒，但最終沒有談攏的原因，不是因為說得慢，而是說得太快。雖然大聲疾呼，但聽的人卻好像沒有聽見；雖然危言聳聽，激烈辯論，但聽的人還是認為不貼切。即使以頭折門檻，鮮血塗階，摘除官帽，奉還手笏的決心，但聽者的心意最終還是沒有改變。還有忠臣義士，感慨激動，擔心自己的話還不夠急切，更加激昂，更加銳利，但說得越是迫切，效果卻越差。某一天聽說有一句話就能讓人幡然醒悟，使難以回轉心意的聽者回心轉意了，心想這樣的話必定是切中事理，鮮明貼近，出乎我平日的意料之外。等到慢慢地把這樣的言辭打聽出來，纔知道就是我過去所訕笑輕侮，以為不切實際的話語。說的人很急切，而聽的人反應遲緩；說的人很遲緩，而聽的人急切不已。難道是聽的人喜歡與說的人相反行事嗎？打翻酒杯，推掉酒缸，這不能阻止別人飲酒，但談笑之間委婉勸說，卻可以讓人終身視酒如仇敵；關住門，鎖住車，不能把人留住，但邂逅相遇，一言契合，卻可以使人終身跟隨我，像父子一樣。強迫別人聽，必定不如讓別人

不能挽人之留，而邂逅遇合，可以使人終身從我如父子。強人之聽者，固不若使人之自聽也。

［注釋］［一］檻可折，墀（ㄔˊ）可丹，冠可免，笏（ㄏㄨˋ）可還：表示不怕侮辱，不怕丟官。墀，臺階。笏，上朝時所用的記事手扳，這裏指代官位。［二］回難回之聽者：使難回轉的聽者回轉了。［三］剴（ㄎㄞˇ）切的近：剴切，切中事理。的，鮮明。

以衛之弱而取怒於晉，壤地侵削，鄰於危亡，君臣側席，朝不謀夕，勢可謂至急矣。為衛謀者，必亟問亟禱，急自解於晉可也。今郤缺為衛請侵地於趙宣子，乃取古人之陳言，所謂「六府」、「三事」、「九歌」［一］者，諄諄而誦之，此何時而為此言耶？然言出而地歸，曾不旋踵，持斷編腐簡熟爛之語，而速於辨士說客捭闔之功。吾是以知

自己來聽。

以衛國的弱小，卻得罪了強大的晉國，以致於國土淪喪，幾近滅亡，君臣側席難安，朝不保夕，形勢可以說十分危急了。如果為衛國考慮，必定會急切地四處討教和祈禱，急忙地向晉國解釋清楚，這些是可以的。現在郤缺為衛國向趙宣子請還國土，卻選取古人的陳詞濫調，即所謂的「六府」、「三事」、「九歌」，反復地諷誦，這都什麼時候了還說這些話？但這些話一說而衛國的土地就歸還了，竟然如足不旋踵一樣快。執持著斷編殘簡上的陳腔爛調，卻比那些辯士說客縱橫遊說之術收效更迅速。我因此知道世人所

世人之所謂急者，未始不為緩；世人之所謂緩者，未始不為急也。嗚呼！以此之利害，而解彼之利害，是同游乎利害之內者也；以此之是非，而攻彼之是非，是同游乎是非之內者也。

〔注釋〕〔一〕六府、三事、九歌：《左傳・文公七年》載，郤缺云：「九功之德皆可歌也，謂之九歌。六府、三事，謂之九功。水、火、金、木、土、穀，謂之六府；正德、利用、厚生，謂之三事。」

晉既以壤地為急，為衛請者，復以壤地為急，言者、聽者，俱墮於是非利害之內。是猶兩人之角，其勝、其負，安可預必乎？故郤缺之進說，綽約容與〔一〕，不與宣子爭於是非利害之內，而置宣子於是非利害之外。彼方瑣屑猥細〔二〕，滯心壤地尺寸之末，而吾忽以聖人之法語大訓、仁聲正樂投

謂急切的事，未必不可以緩慢處置；世人所謂緩慢的事，未必不可以急切的手段處理。唉！用這邊的利害去化解那邊的利害，這是同在利害關係內打轉；用這邊的是非去攻擊那邊的是非，這也是同在是非之內打轉。

晉國把土地看作是當務之急，而為衛國請求歸還失地的人，又以土地為急切之務，那麼說的人和聽的人都陷入了是非利害之中。這就像兩個人的角逐，他們的勝負怎麼可以提前斷定呢？所以郤缺的勸說，不慌不忙，從從容容，不與趙宣子在是非利害上爭論，而把趙宣子放到是非利害之外。當他正在瑣細地留心於土地大小的細節時，而我忽然把聖人的格言訓誡、仁聲正樂投入在他耳中，使他心融神釋，就像在朝見舜、禹並陪伴著夔、龍一樣，胸中豁然開朗，曠達而

於其耳，心融神釋，如朝舜、禹而陪夔、龍[三]，胸中洞然，曠無畛域[四]，至此豈復知有晉疆衛界之辨乎？此其所以不用力，不費辭，而平兩國之憾於片言，還數年之侵於一日也。

[注釋][一]綽約容與：形容不慌不忙，從從容容。[二]瑣屑猥細：指很瑣細，瑣碎。[三]夔、龍：皆堯、舜時的臣子。[四]畛（ㄓㄣˇ）域：領域，範圍。

雖然，舜之琴不若舜自鼓，禹之樂不若禹自歌，琴存而操已變，樂是而人已非。郤缺追誦「六府」、「三事」、「九歌」之語於春秋爭奪之中，豈能動物悟人[一]如此之速乎？蓋樂有作輟，而至音無存亡；世有久近，而至理無今古。《九敘之歌》[二]在唐虞聽之不為新，在晚周聽之不為舊，愈言

沒有界域，到了這時候，難道還會有晉國的邊疆、衛國的邊界這樣的區分嗎？這就是他為什麼不用力氣，不費言辭，而用片言隻語就平息了兩國間的怨恨，在一天內就使侵佔了數年之久的土地得到歸還。

雖然如此，但是舜的琴不如舜自己來彈奏，禹的音樂不如禹自己來歌唱，而今人事全非，琴雖仍在但彈奏的人已經改變，樂曲雖同但歌唱的人已不是原來的了。郤缺在春秋這個你爭我奪的時代追論「六府」、「三事」、「九歌」的言辭，難道這麼快就能觸動物事、感悟人心嗎？因為樂曲雖有演奏和停輟的時候，但感人的音樂沒有存亡的分別；時代有遠近，真理卻沒有古今的分別。《九歌》在唐虞的時代聽到不新鮮，在晚周的時代聽到不算陳舊，越說越深刻，越聽越感人。一個念頭的警醒啟發，固然可以讓人在几席之間再重

愈深，愈聽愈感。一念警發，固可以再還唐虞之天地於几席之間，又奚止戚田之還耶？

〔注釋〕〔一〕動物悟人：使物觸動，使人醒悟。〔二〕《九敘之歌》：即《九歌》，傳說是夏啟從天上偷來的音樂。

返到唐虞之世，又何止於歸還戚地這件小事呢？

左傳原文

晉郤缺言於趙宣子歸衛地 文公・七年

晉郤缺言於趙宣子曰：「日衛不睦，故取其地。今已睦矣，可以歸之。叛而不討，何以示威？服而不柔，何以示懷？非威非懷，何以示德？無德，何以主盟？子為正卿，以主諸侯，而不務德，將若之何？《夏書》曰：『戒之用休，董之用威。勸之以九歌，勿使壞。』九功之德皆可歌也，謂之九歌。六府三事，謂之九功。水、火、金、木、土、穀，謂之六府。正德、利用、厚生，謂之三事。義而行之，謂之德禮。無禮不樂，所由叛也。若吾子之德，莫可歌也，其誰來之？盍使睦者歌吾子乎？」宣子說之。

晉歸衛田 文公・八年

八年，春，晉侯使解揚歸匡、戚之田于衛，且復致公壻池之封，自申至于虎牢之竟。

宋襄夫人殺昭公之黨 文公・八年

待人欲寬，論人欲盡。待人而不寬，君子不謂之恕；論人而不盡，君子不謂之明。善待人者，不以百非沒一善；善論人者，不以百善略一非。善待人者，如天地，如江海，如藪澤，恢恢乎無所不容；善論人者，如日月，如權衡，如水鑑，昭昭乎無所不察。二者，要不可錯處也。

待人當寬，世固已知之矣；至於論人當盡，學者每疑其近於刻，而不敢盡焉。抑不知論人者，借人之短，以攻我之短；借人之失，以攻我之失。言主於自為，而非為人也。品題[一]之高下，所以驗吾識之高下；

〔譯文〕

待人要寬厚，論人要詳盡。若待人不寬厚，君子就不以為恕；若論人不詳盡，君子就不以為明。善於待人的人，不會因為別人的很多錯誤，而忽略他的一次正確；善於評論人的人，不會因為別人的很多優點，而忽略他的一點缺點。善於待人的人，他的胸襟就如天地，如江海，如湖泊，寬大廣闊而無所不能包容；善於評論人的人，他的心胸如日月，如權衡，如水鏡，光明朗照而無所不能鑑察。這二者，關鍵是不可弄錯了地方。

待人應當寬厚，世人本來就已經知道了；至於論人應當詳盡，學者每每懷疑這未免近於苛刻，因而不敢詳盡。卻不知道評論別人是借助別人的短處來攻治我自己的短處，借助別人的過失來攻治我自己的過失。評論主要是為了檢討自己，而不是為了攻擊別人。品評別人的高下，是為了檢驗我自己見識的高下；裁決別人的公私，是為了檢驗我自己內心的公私。如果

與奪之公私，所以驗吾心之公私。苟發於言者，略而不盡，則藏於心者，必有昏而未明者矣。吾夫子譏賜也之方人[二]，言未絕口，而自操《春秋》之筆，善善惡惡，無毫髮貸[三]，是豈遽忘前日之語哉！待人與論人，固自有體也。

[注釋][一]品題：品評。[二]吾夫子譏賜也之方(ㄅㄤˋ)人：指孔子譏刺子貢喜歡毀謗別人。方，同謗，毀謗。事見《論語・憲問》。[三]而自操《春秋》之筆……無毫髮貸：相傳《春秋》經過孔子手編，一個字就隱含了褒貶。

宋襄夫人之亂，蕩意諸始則出奔，終則致死。大浸稽天，而砥柱不移；風雨如晦，而雞鳴不已。凜然亂臣賊子之大閑[一]也。雖使有一行之未當，一善之未全，君子尚忍復議之乎？當是時，奔走於夫人之宮

發表言論，疏略而不詳盡，那麼隱藏在心中的必定有昏暗不明白的地方。我們老師孔子曾譏刺子路好批評別人，話未說完，自己卻操筆作《春秋》，品評人事，揚善抑惡，沒有絲毫的寬宥，這難道是孔子突然忘記了以前說過的話了嗎？其實孔子待人和論人，本來就不同。

宋襄夫人所引起的亂事中，蕩意諸開始是出奔到魯國，最終還是為昭公殉死了。如同大水漫天，而中流砥柱屹立不移；風雨如晦，而雞鳴仍然不止。蕩意諸正氣凜然，是亂臣賊子的最大障礙。即使有一次行為不當，一次善行未能周全，君子還忍心又去議論他嗎？當時，來回奔走於宋襄夫人宮中的人，車馬冠蓋

者，冠蓋相望；受施於公子鮑之室者，蹢躚相躡。至於安受昭公之賜，橐珍囊寶，散而之四方者，又不知其幾人也。不思議此，而惟意諸之是責，吾不知與逆徒何親，與公室何讎乎？與小人何厚，與君子何薄乎？讎公室而親逆徒，厚小人而薄君子，雖鄉黨自好者，猶恥為之；未有名為學者，而反不恥者也。然立論之際，先則譽意諸之忠，後則責意諸之過，變譽為責，夫豈得已哉！蓋將假意諸既往之過，為吾身將來之戒也。言發於意諸，而心主於吾身也。意諸效節[二]之去，義當去也；意諸從田[三]之死，義當死也。是皆不可毀也。

[注釋][一]大閑：大的柵欄。指防止，限制。[二]效節：獻出符節。[三]從田：陪從田獵。

相望，不絕於途；受施求利於公子鮑府中的人，摩肩接踵，多不可數。至於安心地接受宋昭公的賞賜，橐裝囊裹各類珍寶，事發後作鳥獸散逃到各地去的人，又不知道有多少人。不考慮到這些，而只是責備蕩意諸，我不知道那些評論者為何要對叛逆的人親近，對公室卻像仇敵呢？為何對小人那麼厚道，對君子那麼刻薄呢？仇視公室而親近叛逆，厚待小人而薄待君子，即使是鄉里那些潔身自好的人，也會恥於做這樣的事，沒有身為學者反而不以此感到羞恥的。但是立論的時候，先讚譽蕩意諸的忠誠，後來又責備蕩意諸的過失，把讚譽變為責備，這難道是得體之論嗎？這是要借助蕩意諸過去已犯的過錯，作為我將來的訓戒。話是因蕩意諸而說，但用意是立足於我自身。蕩意諸交出符節出奔離去，從道義上來說，是應當離去的；蕩意諸陪從宋昭公田獵而死，從道義上來說，是應當殉死。這些行為都是不應該詆毀的。

然意諸親則公族，官則司城[一]，坐視昭公之失道、襄夫人之蓄怒、公子鮑之陰謀，凶德參會，待釁[二]而發。上則不聞有正救之諫，中則不聞有調護之功，下則不聞有擊斷[三]之勇。見亂而始去，去何晚也？見弒而始死，死何補也？想夫亂機之將兆，弒械[四]之將成，通國之內外，舉知之矣，曾謂意諸之賢，獨不知耶？其所以徘徊濡滯[五]，不能翻然高舉者，蓋懷其父「去官則族無所庇」之言，顧位苟祿，日復一日。其意以謂，無難則忍恥以庇宗，有難則捐身以刷恥，以後之節，贖前之非，後世君子要必有哀吾之用心者。殊不知君子不忍一日置其身於可愧之地，今日為善，尚恐他日為惡，詎有身居可愧之中，預指他日之節以贖今日之非乎？他日之節未至，今日之非方增。斯

但是蕩意諸按血緣來說則身為公室親族，按官位來說則官居司城，卻坐視宋昭公荒唐無道、宋襄夫人積怨蓄怒、公子鮑暗中圖謀，各種違背仁德的行為交會在一起，等待隙端發作。就其行為來說，上則沒有聽到任何匡正補救的進諫，中則沒有聽到任何調解護衛的功勞，下則沒有聽到任何果敢堅決的勇氣。直到禍亂發生纔開始離去，怎麼離去得這樣晚呢？直到昭公被弒纔殉死，死了又於事何補？我想，那亂事已顯徵兆，謀弒昭公的陰謀將要完成的時候，全國上下的人都知道了，而以蕩意諸的賢能，惟獨他不知道嗎？他之所以猶豫遲緩，不能斷然退隱離去，是因為心裏想著他父親所說「辭去官位那麼族人就沒有什麼庇護了」的話，所以留戀高位，苟安於俸祿，過了一天又一天。他心裏以為，沒有禍難就忍受恥辱以庇護宗族，有禍難就捐棄性命以洗刷恥辱，用後來的氣節來救贖以前的錯誤，後世的君子總會有人能憐憫我的良苦用心。卻不知道君子不容許哪怕是一天處身在可愧疚的境地，今天修行向善，尚且恐怕他日會犯過作惡，哪有在身處可愧疚的境地，而想著用以後的氣節來救贖現在的錯誤的呢？以後的氣節還沒有到來，現在的錯誤正在增加。這樣的用心，是君子呢？還是小人呢？

心也，君子乎？小人乎？此吾所以為意諸懼也，此吾所以不為意諸懼，而為吾身懼也。

〔注釋〕〔一〕司城：即司空，掌管刑獄。〔二〕釁：縫隙，裂痕，引申為事端。〔三〕擊斷：立即決斷。〔四〕弒械：同殺機，指殺害之前的心機。〔五〕濡（ㄖㄨˊ）滯：濡，停留，緩慢。滯，滯留。

這就是我為蕩意諸害怕的原因，這也是我不為蕩意諸害怕而替我自己害怕的原因。

【古評】

朱字綠曰：胡氏謂：「蕩意諸死職，《春秋》削之，不得班於孔父、仇牧、荀息者，三子閑其君而見殺，《春秋》所取。意諸知國人將弒其君，而不能止；知昭公之將見殺，而不能止。坐待其及禍而死之，所謂匹夫匹婦，自經於溝瀆者。」東萊文約略本其意。○正救，調護，擊斷，三者俱無，徒一死塞責，說盡庸臣之態。○方正學論又推到無難則忍恥以庇身，有難則捐身以刷恥，言似深文，而亦切中情事。君子當憬然於是言。○甲申之事，泥首賊庭者不足論，豫讓，大約本此。然讓猶欲為主報仇，不克而死，較後自經入井者，為更勝也。○甲申之事，泥首賊庭者不足論，其賢者多以身殉國。錢衵論之曰：「古之失天下者，不稱同死社稷之為賢。蜚廉死商之亂，惡來哭紂之屍，皆不可以為忠。長惡速亡，罪之大者也。《春秋》弒君三十六，死者三，宋華督弒其君與夷而及孔父，宋萬弒其君捷而及仇牧，晉里克弒其君卓而及荀息，然皆死於賊，非自裁也。衛之石碏號純臣，不死州吁；齊晏嬰稱賢相，不死崔杼；周公召公著績共和，不死流彘。人臣謀國之忠，豈徒賢於一死哉？三代而下，死社稷者多有，近代莫不稱文信國。其入燕也，三年而後死，丞相博羅詰之曰：『爾立二王，竟何成功？知其不可，何必強為？』信國曰：『父母有疾，雖不可為，無不下藥之理。』由是言之，信國豈徒拱手以天下與人，而第以身殉為烈耶？崇禎諸臣，議論紛更，使天子無終朝之令，進人不必舉其忠良，譽人則必張其朋黨，政以賄成，爵以賂冒，此必不可移之志也。及大事既去，曰吾死已耳。是社稷可墟，國君可亡，天下可拱手授賊，所稱謀人之社稷謂何，而徒以死自勵也。」其言與東萊相發明。故附錄之，使後之君子讀之，知後之節不能贖前之罪，庶不以蕩意諸自處，而扶危定傾，當早謀於未敗之先矣。

張明德曰：意諸死職，律以人臣之義，意諸近之。《春秋》乃削而不書，正在知其禍之將及，而不能早為之計，死亦何濟於君乎？東萊歷觀往事，知三代以下，死社稷者多有，往往以天下與人，第以身殉為烈。意諸所為，大率類此。文先寬其罪，後誅其心。譽自譽，責自責，各不相蒙。說到以後之節，贖前之非云云，更覺愧死。可見扶危定傾，當預圖於早也。

左傳原文

宋襄夫人殺昭公之黨 文公·八年

宋襄夫人，襄王之姊也，昭公不禮焉。夫人因戴氏之族，以殺襄公之孫孔叔、公孫鍾離及大司馬公子卬，皆昭公之黨也。司馬握節以死，故書以官。司城蕩意諸來奔，效節於府人而出。公以其官逆之，皆復之，亦書以官，皆貴之也。

宋襄夫人殺昭公 文公·十六年

昭公無道，國人奉公子鮑以因夫人。於是華元為右師，公孫友為左師，華耦為司馬，鱗鱹為司徒，蕩意諸為司城，公子朝為司寇。初，司城蕩卒，公孫壽辭司城，使意諸為之。既而告人曰：「君無道，吾官近，懼及焉。棄官，則族無所庇。子，身之貳也，姑紓死焉。雖亡子，猶不亡族。」既，夫人將使公田孟諸而殺之。公知之，盡以寶行。蕩意諸曰：「盍適諸侯？」公曰：「不能其大夫，至于君祖母以及國人，諸侯誰納我？且既為人君，而又為人臣，不如死。」盡以其寶賜左右以使行。夫人使謂司城去公。對曰：「臣之而逃其難，若後君何？」冬，十一月，甲寅，宋昭公將田孟諸。未至，夫人王姬使帥甸攻而殺之。蕩意諸死之。書曰「宋人弒其君杵臼」，君無道也。

箕鄭父殺先克　文公・八年

見人之禍，必思求其得禍之道，古今之通蔽也。人之得禍，果皆以其道，是天下無不幸而遇禍者也。天下固有得禍而非不幸者矣。四裔之囚〔一〕，見者不嗟，非不幸也；兩觀之僵〔二〕，過者不憫，非不幸也。得禍而非不幸，惟此時為然爾。

〔注釋〕〔一〕四裔之囚：流放到四面邊遠地區的囚徒。這裏指舜曾把四凶流放到邊遠地區：「流共工於幽州，放驩兜於崇山，竄三苗於三危，殛鯀於羽山。」事見《尚書・舜典》。〔二〕兩觀之僵：指孔子在當上魯國的司寇的時候，少正卯妖言惑眾，孔子在兩觀誅殺少正卯。

時，非虞也；君，非舜也；國，非魯也；相，非丘也。流竄相望，安可概以凶族待之乎？刀鋸相尋，安可概以少正卯待之

〔譯文〕

看見別人遭逢災禍，必定會思考探求他得禍的原因，這是古今所共有的弊病。如果人得災禍，果真都有可尋的原因，那麼天下就沒有不幸而遇到災禍的人了。天下本來就有得禍但並非不幸的人。被舜流放到四方邊境的囚犯，看到的人不為之哀歎，因為他們並不是不幸的；少正卯被誅殺在兩觀之下，經過的人不憐憫他，因為他並不是不幸的。得禍而不是因為不幸，只有這個時候是如此的。

時代，並非虞時；國君，並非舜帝；國家，並非魯國；司寇，並非孔子。即使因犯罪而流放的犯人隨處可見，怎麼可以把他們一概視為兇惡之徒呢？即使因犯罪而受刑的犯人相繼不斷，怎麼可以把他們一

乎？吾恐四裔之遠，未必無如稷、如契、如垂、如益〔一〕者也；吾恐兩觀之下，未必無如參、如騫、如由、如賜〔二〕者也。王綱隕絕〔三〕，忿慾橫流，以私讎公，以邪戕正，得禍而不以其道者，夫豈一人耶？

〔注釋〕〔一〕如稷、如契、如垂、如益：稷、契、垂、益，皆舜時賢臣。〔二〕如參、如騫、如由、如賜：參、騫、由、賜，分別指曾參、閔子騫、子路、子貢，皆賢能而各有所長的孔子弟子。〔三〕王綱隕絕：王法墜毀。

《左氏》所錄公卿大夫之遇禍者，必求其召禍之由，信如是說，則春秋之時無一人不幸而受禍者也。使左氏移此筆，以書虞之典，續魯之論，則雖曰無一人不幸受禍，吾孰敢以為非哉！今記載春秋衰亂之世，見人之遇禍者，則吹毛求疵，捃摭〔一〕其過，

概視為少正卯之流呢？我恐怕像四裔之囚一樣被流放於遠方的人當中，未必沒有像稷、像契、像垂、像益這樣的賢人；我擔心像少正卯一樣被誅殺在兩觀之下的人當中，未必沒有像曾參，像閔子騫，像子路，像子貢這樣的君子。王法墜毀，忿慾橫流，公報私仇，以邪害正，無緣無故惹禍上身的，難道只是一兩個人嗎？

《左傳》所記載公卿大夫中遭遇到禍害的，必定探求他招致禍害的緣由，相信這一說法，那麼春秋的時候，沒有一個是因不幸而得到禍害的人了。如果左丘明用這一筆法來記載虞舜時代的史典，接續魯國的史論，那麼即使是說沒有一個人是因不幸而受害的，我想誰敢認為這是錯的呢？他現在記載的是春秋衰亂的世代，看見別人遇到禍害，就吹毛求疵，拾取人家的過錯，來證明他的罪惡。不憐憫君子受到禍害的不

以證成其罪。不憫君子受禍之不幸，而惜小人殺人之無名，此吾所以深為左氏惜也。姑以先克一事明之。

〔注釋〕〔一〕捃摭（ㄐㄩㄣˋ ㄓˊ）：拾取。

《左氏》將書先克之死，以謀帥之事列其前，以奪田之事繼其後，積二事以為先克召禍之由。欲後世知箕鄭父輩之作亂，不為無說；先克之致死，不為無罪。其為箕鄭父輩謀則忠矣，吾不知先克何負於左氏？且謀帥，大事也。國之興衰，民之死生，所由繫者也。先克身為近臣，親見晉侯謀帥之未當，詎肯坐視耶？匿情而不言，不可也；畏禍而不言，大不可也。於是上不敢順主欲，下不敢恤眾仇，奮然請於晉侯而更之，可謂不負其君矣。至於菫陰之役，以軍事奪蒯得

幸，而顧惜小人殺人而沒有正當的名義，這是我深深地為左丘明感到憐惜的地方。姑且用先克被害的這件事來說明。

《左傳》將要記述先克死的時候，先把謀用將帥的事件列在前面，把奪取蒯得田地的事件接在後面，積累這兩件事來作為先克招惹禍害的理由。想讓後世的人知道箕鄭父一幫人作亂，不是無緣無故的；而先克的被害而死也不是無罪無辜的。左丘明替箕鄭父這類人考慮可以說很忠誠了，我不知道先克是什麼地方對不住了左丘明？而且任用將帥是軍政大事，國家的興衰，百姓的生死，都維繫在這上。先克身為君主親近的大臣，親眼看見晉侯挑選的將帥不合適，怎麼肯坐視不管呢？隱瞞實情而不說，這是不可以的；害怕禍害而不敢說，這更是不應該。於是對上不敢順應君主的心意，對下不敢顧及眾人的對抗，卻奮然請求晉侯更換將帥，可以說沒有辜負他的國君了。至於在菫陰的戰鬥，先克憑藉軍事力量奪取了蒯得的田地，這又是晉國的軍政，而不是先克的家政。從大到謀用將

之田，此又晉之軍政，而非先克之家政也。大而謀帥，小而奪田，為先克者，知致吾義，守吾職而已。人怨耶，不暇問也；人不怨耶，亦不暇問也。苟預憂人之怨，畏首畏尾，則在朝必不敢發一言，在軍必不敢舉一罰〔一〕矣。人皆持此心，社稷〔二〕何賴焉？國家何賴焉？先克所以明知他日之禍，而不敢避也。為左氏者，盍亦深嘉先克之忠，毀斥箕鄭父輩之罪？俾當官而行者有所勸，覆出為惡者有所懲，則庶可自附於《春秋》褒貶之義矣。既乃無一言直先克之枉，屑屑然若為箕鄭父輩解殺人之謗者，此吾所以深為左氏惜也。

〔注釋〕〔一〕舉一罰：施行一次懲罰。〔二〕社稷：本指土神和穀神，借指為國家、政權。

或曰：「陽處父易狐射姑〔一〕、趙盾之

帥，小到奪人田地，身為先克只知道應盡自己的義務，謹守自己的職責而已。別人會怨恨嗎？無暇去過問；別人不會怨恨嗎？也無暇過問。如果預先擔心別人的怨恨，縮頭縮尾，那麼在朝廷必定不敢說一句話，在軍中必定不敢施行一次懲罰了。如果人們都是這樣的一種心態，那麼社稷還依賴什麼？國家還依賴什麼？所以先克明明知道以後的災禍，但卻不敢躲避。作為左丘明，何不也深深嘉許先克的忠誠，而斥責箕鄭父之流的罪惡？使當官而盡責有為的人有所勸勉，使那些反覆作惡的人有所懲戒，這樣纔差不多可以比附於《春秋》褒善貶惡的大義。既沒有替先克的冤枉說一句正直的話，卻又很瑣細地，好像是替箕鄭父之流解脫殺人的誹謗，這就是我為什麼替左丘明深深惋惜的原因。

有人說：「陽處父調換了狐射姑（賈季）、趙盾

班，終以見殺。其事適與先克類，然則左氏所載者，亦非歟？」曰：「不然。陽處父易中軍之帥，在晉侯命既出之後；先克謀中軍之帥，在晉侯命未出之前。命既出而擅更之，逆也；命未出而亟救之，忠也。處父之逆，司寇不誅，至使狐射姑不勝其忿而自戕之，襄公於是失刑矣。至於先克之忠，猶當十世宥之，以勸事君，孰謂堂堂晉國不能保一臣，而使盜賊竊發之謀敢行於朝乎？」

君子是以知晉之不競也。處父之事，在所戒；先克之事，非所戒。處父之禍，在所懲；先克之禍，非所懲。名則魯衛，實則胡越〔二〕，烏得均之處於一域耶？

〔注釋〕〔一〕狐射姑：即賈季，胡偃之子。〔二〕名則魯衛，實則胡越：魯衛兩國相近，胡越相距很遠。句謂名義上相似，實際上相差很遠。

的位置，最終被殺了，他的事正和先克類似，既然這樣，那麼左丘明所記載的，也不對嗎？」回答：「不是的。陽處父變換中軍的將帥，是在晉侯的命令發出之後；先克選擇中軍的將帥，是在晉侯的命令還沒有發出之前。命令已經發出了而擅自更改，這是叛逆；命令還沒有發出而急忙挽救，這是忠誠。陽處父有叛逆之行，但司寇不加誅殺，以致使狐射姑（賈季）不勝憤恨而自己派人殺了他，使晉襄公失去了刑法上的公正。至於先克的忠誠，應當寬恕十代，以勸勉侍奉國君的人。誰料到堂堂的一個晉國竟不能保護一個忠臣，而使得盜賊之徒的陰謀敢公然行於朝廷之上呢？」

君子因此知道晉國不再強大了。陽處父被殺之事，應引為戒；先克被害之事，不需要戒惕。陽處父所遭的禍害，是應得的懲罰；而先克所遭的禍害，並不是應得的懲處。這兩件事名義上好像是魯國和衛國一樣很近，實際上是像胡地與越國一樣隔得很遠，毫不相干，怎麼能夠相等的擺在一塊呢？

左傳原文

箕鄭父殺先克 文公・八年

夷之蒐，晉侯將登箕鄭父、先都，而使士縠、梁益耳將中軍。先克曰：「狐、趙之勳，不可廢也。」從之。先克奪蒯得田于堇陰，故箕鄭父、先都、士縠、梁益耳、蒯得作亂。九年，春，王正月，己酉，使賊殺先克。

范山說楚子圖北方

文公・九年

觀人之道，自近者始。一言之誤，一行之愆，同室者知之，同里者未及知也；同里者知之，同國者未及知也。國疏於里，里疏於室，地愈疏則知愈晚，理也，亦勢也。

自鄒視魯，有踰日而不知者矣；自燕視齊，有踰月而不知者矣；自越視胡，有踰歲而不知者矣。是近者之舊聞，即遠者之新聞；近者之飫見，即遠者之創見。庸有近未知，而遠先知者乎？

晉靈公即位之初，其失德未有聞於人也。內而欒、郤、胥、原[一]日陪日侍，傳不載其諷諫之辭；外而宋、衛、陳、鄭[二]時聘時覲，傳不載其怨誹之語。彼范山者，

[譯文]

觀察人的方法，應從身邊的事物開始。人有一句話的錯誤，一個舉動的過失，同一個屋子裏的人會知道，同一個鄉里的人未必會知道；同一個鄉里的人知道了，同一個國家的人未必會知道。國比里遠，里比室遠，地方越遠，知道的越晚，這是常理，也是常勢。

從鄒邑探視魯地的消息，有超過一天也還不知道的；從燕國探視齊國的消息，有超過一個月也還不知道的；從越地探視胡地的消息，有超過一年也還不知道的。因此，近處人已是舊聞，對遠處人來說即是新聞；近處人司空見慣了的，對遠處人而言還是首次見的。難道會有近處人不知道而遠地人先知道的情況嗎？

晉靈公剛即位的時候，他行為上的失德還沒有人聽說。在朝中有欒盾、郤缺、胥臣、原軫四大夫每天陪在身邊侍奉，史傳上沒有記載他們的諷諫之辭；在國外有宋、衛、陳、鄭四國時時來聘問朝覲，史傳上也沒有記載他們的怨恨之語。而楚國的那個范山，遠在漢水和方城之間，遙望晉國的汾水、澮水，就像是

邈然介居漢水、方城[三]之間，顧瞻汾、澮[四]，如在絕域，果何自而知靈公之可輕，北方之可圖乎？是非道聽塗說之誤，必臆度意料之妄也。然楚師一出，諸夏披靡，莫敢枝梧[五]，果不出山之所料。豈觀於近，反不若觀於遠耶？

[注釋][一]欒、郤、胥、原：即欒盾、郤缺、胥臣、原軫等人，均為晉國大臣。[二]宋、衛、陳、鄭：均為晉國的盟國。[三]漢水、方城：漢水、方城流域為楚國的中心地帶。[四]汾、澮：晉國的河流汾水與澮水，這裏指代晉國。[五]枝梧：同支吾。

吾知其說矣。以地以勢，則近者詳而遠者略；以情以理，則近者蔽而遠者明。問官府之政於鈴下馬走[一]，甲是乙非，嘈嘈嘵嘵，迄無定說；至大山之隈[二]，絕澗之曲，農夫樵父，相與畫地，而譏長吏之能

一個隔絕的地方，他究竟從哪裏知道晉靈公是可以輕視的，北方是可以貪圖的呢？這如果不是道聽塗說的誤傳，必定就是狂妄的意料和猜測。但是楚國的軍隊一出動，中原各國就失敗了，沒有一個敢作聲，果然不出於范山的預料之外。難道說在近處看反而不如在遠處看得清楚嗎？

我知道這一說法的道理了。按照地理形勢來說，那麼近處的看得詳細而遠處的看得疏略；但按照情理來說，則近處容易受蒙蔽而遠處反而看得明白。向護衛隨從詢問官府的政績，甲肯定而乙否定，吵吵鬧鬧，根本沒有一個結果。到深山之坳，幽澗之邊，與農夫樵夫，相與畫地而談，他們議論官吏們是否賢能，若

否，若辨黑白，若數一二，較然而不可欺。彼豈嘗識刺史之屏，而望縣令之舄〔三〕哉！其言堅定精審，反勝於左右前後擁篲奉轡之人〔四〕。蓋愛憎絕於耳目之前，則毀譽公於郊野之外。近者之蔽，固不如遠者之明也。

〔注釋〕〔一〕鈴下馬走：指身邊的僕人。〔二〕隈（ㄨㄟ）：坡。〔三〕舄（ㄒㄧˋ）：鞋子。〔四〕擁篲奉轡之人：指身邊的傭人。

靈公之不君〔一〕，基於始而成於終。當其嗣服〔二〕之初，雖無萌芽之可尋，豈無兆眹之可卜？舉世不知，而范山獨知之，豈合眾人之智不如一范山乎？亦有所蔽焉耳。嬖幸〔三〕者，靈公恩賞之所及也，故蔽於愛而不知；卿大夫者，靈公政令之所及也，故蔽於尊而不知；列於齊盟者，靈公兵威之所及

辨黑白，如數一二，清楚明瞭而無可欺瞞。他們難道常常見到刺史的屏風，望見過縣令的鞋子嗎？他們的言論肯定而精確，反而勝過了官吏左右前後的隨從與僕役。大概是因為他們的耳目沒有受到愛憎的影響，那麼他們在郊野之外的毀譽反而很公正。近處的人被蒙蔽了，當然就不如遠處的人那麼明白。

晉靈公不行君道，起因於開始而形成於最後。當他剛即位的時候，雖然沒有事端可以探尋，難道沒有什麼徵兆可以發現的嗎？全天下的人都不知道，而惟獨范山一個人知道，難道匯合眾人的智慧都比不上一個范山嗎？也只是有所蒙蔽而已。受到寵倖的人，是晉靈公的恩惠和賞賜所及的對象，所以他們被偏愛所蒙蔽了而不明真相；那些卿大夫們，是晉靈公的政令所及的對象，所以他們被尊重之心所蒙蔽而不明真相；那些一同會盟的諸侯，是晉靈公的兵威所及的對象，所以他們被畏懼蒙蔽了而不明真相。只有范山，

也，故蔽於畏而不知。惟范山立楚之朝，食楚之祿，其視靈公若風馬牛，非恩賞之所及，故不為愛所蔽；非政令之所及，故不為尊所蔽；非兵威之所及，故不為畏所蔽。三蔽既盡，一心自明，此其所以雖身居萬里之表，而揣摩靈公之巧。揆之趙盾、隨會之諫，反在於十年之先也。孰謂近者難揜而遠者易欺耶？

[注釋][一]不君：不行君道。[二]嗣服：即位。[三]嬖幸：寵倖。

吾嘗深味范山「晉君不在諸侯」之一語，有所深感焉。晉主夏盟[一]，自文至靈三君矣。靈公即位之始，其拊循[二]諸侯，必未敢遽改先世之舊。玉帛瑞節，猶文、襄也；芻粟牲牢，猶文、襄也；物采辭令，猶

立身於楚國的朝廷，享有楚國的俸祿，他與晉靈公，就像風馬牛一樣不相及，因為不是恩賞所及的對象，所以不會被偏愛所蒙蔽；不是政令所及的對象，所以不會被尊敬之心所蒙蔽；不是兵威所及的對象，所以不會被畏懼所蒙蔽。三種蒙蔽既然都不存在，心中自然就明白了，這就是他為什麼雖然身處於萬里之外，卻能巧妙地揣摩定晉靈公行為的原因。所以和趙盾、隨會的勸諫相比，反而比他們早了十年時間。誰還能說近處的人難以蒙蔽，而遠方的人容易欺騙呢？

我曾經深深地體味范山所說的「晉國的國君心不在諸侯」這一句話，而有很深的感觸。晉侯作為中原各國的盟主，從晉文公到晉靈公，有三個國君了。晉靈公即位當初，他安撫諸侯，必定不敢突然改變以前的舊制。玉帛禮品，瑞玉符節，還是文公、襄公時候的舊制；糧草穀物，牲口犧牲，還是文公、襄公時候的舊制；物品文采，外交辭令，還是文公、襄公時的

文、襄也；盟約要束，猶文、襄也。惟其心不在諸侯，故幣雖厚，而人自見其薄；禮雖備，而人自見其略；儀雖華，而人自見其瘁；令雖嚴，而人自見其慢。猶人之將疾，百骸九竅[三]，物物備具，然而神不主體，耳、目、鼻、口，手、足、肩、背，解散而不屬，弛縱而不隨，形雖在，而其精華英靈之氣，枵然[四]無復存矣。范山之論晉，置其形而索其神，遺其跡而察其心，其亦妙於觀國哉！

[注釋][一]晉主夏盟：晉國作為中原各國的盟主。[二]拊（ㄈㄨˇ）循：柔服，懷柔，安撫。[三]百骸九竅：指代人體的各種器官。[四]枵（ㄒㄧㄠ）然：枵，指樹木中空。泛指空無貌。

舊制；會盟條約，要契誓文，還是文公、襄公時候的舊制。正因為他的心思不在於掌控諸侯，所以禮物雖然豐厚，但人們只覺得微薄；禮節雖然完備，但人們只覺得疏略；儀式雖然豪華，但是人們只覺得疲累；命令雖然威嚴，但是人們只覺得簡慢。就像人即將發病，形體骨骼與各種器官，雖然件件都還完備，但他的神智不能作為身體的主宰了；因此耳、目、鼻、口與手、足、肩、背這些器官或肢體，分散而不相連屬，鬆弛而不相依隨，形體雖然還在，但他的精華英靈之氣卻已蕩然無存了。范山議論晉國，拋開它的形體而探求它的精神，捨棄它的行跡而考察它的真相，他真是善於觀察一個國家啊！

【古評】

王鳳洲曰：東萊文字妙處，在必究其原。

袁中郎曰：觀其雋秀處，直據歐蘇之上。

鍾伯敬曰：構思深細，人服其論理；下筆疏宕，吾賞其多姿。

孫執升曰：道古宕逸，唱歎有餘韻，而詞意工整，俱經百練，近蔽遠明，尤為論事卓識。

朱字綠曰：近蔽遠明，說得可畏。《詩》所云「鶴鳴于九皐，聲聞于天」，殆謂是也。人君知此，則所以謹於言行，以待千里之應違者，不容忽矣。〇晉靈之立也，使解揚歸匡戚之田於衛，復致公壻池之封，自申至於虎牢之境，似能睦鄰矣。已而殺先克、先都、梁益耳、士轂、箕鄭父，國內大亂，故來范山之謀。東萊謂拊循諸侯，不減先世之舊，而歸之於近蔽遠明，恐亦不盡當時情事。晉自文、襄而後，被弒者靈、厲二公。靈之失德，不甚著聞，然委政趙氏，未能自行一事。會盟征伐，弗復親行，而以熊蹯殺人，彈人於臺而觀其避丸，其及禍有故。若厲，則勤於諸侯，遠追文、襄，後啟悼公。曹伯之執，歸於京師，所謂伯討，視齊桓、晉文，殆於近之。徒以多外嬖，除強族，身遭弒逆，死後猶被惡聲。吾友方靈皐力辨其誣，足以解千古之惑。其說甚詳，今不及具載。

張明德曰：近蔽遠明四字，根究其本原，洞見肺腑。精思卓論，以一唱三歎而出之，百鍊鋼亦遶指柔也。

左傳原文

范山說楚子圖北方 文公・九年

范山言於楚子曰：「晉君少，不在諸侯，北方可圖也。」楚子師于狼淵以伐鄭，囚公子堅、公子尨及樂耳。鄭及楚平。

楚范巫矞似謂成王子玉子西皆強死

文公・十年

凡人之情，厭常而嗜怪，駭正而從偽，此古今之通病也。奮臂大呼，不足以動一旅，而狐鳴魚腹之詐，不移晷而成軍；徒步獻書，不足以取一官，而祭竈鬬棋之誕，不終朝而胙土。久矣！夫人之嗜怪而從偽也。

天下之常道，惟恐人之不嗜，至於怪則惟恐嗜之太深；天下之正理，惟恐人之不從，至於偽則惟恐從之太過。巫覡之說，怪偽之尤者也。

楚巫矞似謂成王、子玉、子西皆將強死。三人者，銘其說於心。至於城濮之敗，成王汲汲赦子西、子玉之罪，惟恐巫言之或

〔譯文〕

一般人的常情，多是厭棄常見的而嗜好怪異的，害怕正理而順從虛偽，這是古今的通病。振臂高呼，不能夠感動一支軍旅，然而陳勝、吳廣用狐鳴與魚書的詐術，不到一個時辰就成立了一支軍隊；徒步獻書，不能夠獲得一官半職，然而李少君、欒大利用祭竈和鬬棋的荒誕，不到一天就得到了分封與重賞。人們嗜好怪異而順從虛偽已經很長時間了！

天下常理，惟恐人們不喜好，至於怪異，就惟恐人們嗜好太深；天下正理，惟恐人們不聽從，至於虛偽，就惟恐人們順從得太過。而巫覡的說法，是最為怪異虛偽的。

楚國的巫師矞似認為楚成王、子玉、子西都不得好死。這三個人都把他的話銘記在心裏。到了城濮之戰楚國失敗了，楚成王急急忙忙地赦免了子西、子玉的戰敗之罪，就是惟恐會應驗巫矞似的預言。然而

驗。既而子玉果不及止而死，是巫言既一中矣。有神妖之說誘之於前，有子玉之死堅之於後，為成王者尚不知戒。溺愛奪嫡，取熊蹯之禍，是巫言既再中矣。巫言其三，而中其二，惟子西惸然[一]孑立，顧影獨存，是宜朝警夕戒，擇地而行，深圖自免之術，乃顯行逆亂，以殺其身。

[注釋][一]惸（ㄑㄩㄥˊ）然：孤獨無依貌。

巫者，人之所甚信；死者，人之所甚畏。不信人之所信，不畏人之所畏，子西豈與人異情哉！蓋所以信巫者，私心也；所以作亂者，亦私心也。私心之生，乍發乍止，上無所蔕。下無所根，烏能持久而不變耶？始怵於妖而信之，終怵於利而忘之。以私奪私，互為消長。無惑乎子西之遽忽其所信

子玉果然沒有等到成王阻止就自殺了，這表明巫矞似的預言有一個應驗了。有神仙妖孽之說在前引誘，又有子玉的死亡在後確證，但作為楚成王還是不知道警戒。由於溺愛庶子而剝奪嫡長子的繼位權，從而引發了熊蹯之禍被世子商臣弒殺，這時說明巫矞似的預言第二次應驗了。巫矞似預言中的三個人中應驗了兩個人，只有子西煢然孑立，顧影獨存。這本應該早晚警戒，擇地而行，盡力圖謀以求自我免除禍患的方法，但他卻毫無忌憚的叛逆作亂，以致招來殺身之禍。

巫師，是人們十分相信的；死亡，是人們十分害怕的。不相信人們所相信的，不害怕人們所害怕的，子西難道和別人有不一樣的心志嗎？大體說來，子西之所以相信巫師的預言，是因為有私心；他之所以叛逆作亂，也是因為有私心。私心的萌生，突然萌發，突然停止，上面沒有蒂，下面沒有根，怎麼保持長久而不變呢？開始是害怕神妖而相信巫師的話，最後是被私利所引誘而忘了巫師的話。以私心奪取私心，互為消長。難怪子西會突然忽視了他所相信的話。

也！

世衰道微，邪說暴行。有作張詭幻禍福之說，以誑脅愚俗，是亦巫覡類耳。儒者或以陰助教化許之，遽謂蘂宮金地[一]之說未必真有，要可以引人為善；酆都泥犁[二]之說未必真有，要可以止人為惡。所示者虛，所得者實，亦何負於天下耶？

[注釋][一]蘂宮金地：指道教所謂的神仙居住的地方。[二]酆都泥犁：指佛教所謂的陰間地獄。

抑不知牆之始築，有一臿[一]之虛，則其頹敗必見於風雨之時；念之始發，有一毫之虛，則其渝毀必見於事變之日。人之始信禍福之說，固已失其本心矣。以誑而趨善，非本欲為善也；以脅而避惡，非本不為惡也。是心本無，特暫為禍福虛說之所誑脅

世風衰敗，道德式微，各種邪說橫行。有人宣揚詭異奇幻的禍福之說，用以欺騙和威脅世俗之人，這也就是巫師這類人而已。有的儒士則認為這些巫師之說暗助於教化而予以稱許，於是認為所謂蘂宮金地的神仙之居的傳說未必真的有，關鍵在於它可以引人為善；所謂酆都泥犂的陰間地域的說法未必真的有，關鍵在於它可以阻止人作惡。以為所告示的雖是虛假的，但所得到的卻是實在的，這有什麼對不住天下的呢？

但卻不知道開始築牆的時候，如果有一鏟土沒有夯實，那麼牆的傾塌頹敗，必定會在風雨交加的時候出現；心念開始出現的時候，有絲毫的虛假，那麼人心的變壞，必然會出現在出事的時候。人們開始相信禍福之說，本來就已經失去本心了。因為受騙而趨向善，這並不是本來想行善；因為威脅而躲避惡，這並不是本來不想作惡。內心本沒有向善避惡的念頭，只是暫時被禍福的虛妄之說欺騙和威脅而已，以後又

爾，他日復為利害所誑脅，安得不變而之他耶？此亦一誑脅也，彼亦一誑脅也，亦何分輕重於其間哉！有實理然後有實心，有實心然後有實事，豈有借虛說而能收實效者耶？如成王、子西，其始信喬似之說，至堅至篤，曾未幾何，蔑棄而不顧，則詭幻禍福之說，不能久使人信，明矣。

〔注釋〕〔一〕臿（ㄔㄚ）：鍤。

其始之銳，固可以占知其終之怠；其始之執，固可以占知其終之移。本心不堅，事物攻之者四面而至，固可以拱手而俟其敗，何必親與之角哉！故吾始憂異端之難攻，而終知異端之不足攻也。

被利害所欺騙和威脅，怎麼能夠不改變而順從其他的想法呢？這也是一種欺騙和威脅，那也是一種欺騙和威脅，為什麼要在其中分輕重呢？有實理然後纔有實心，有實心然後纔有實事，哪裏有借助虛妄之說而能夠收到實際的效果呢？像楚成王、子西，他們開始相信巫喬似的預言，十分堅決誠懇，然而沒有多久，就忽視而不顧了，那麼詭異奇幻的禍福之說，不能使人長久地相信，這是很明白的事了。

那開始就尖銳的，本來就可以預知它最終會變鈍；那開始很堅決的，本來就可以預知它最終會改變。本心不堅定，各種事物的攻擊從四面八方而來，本來就可以拱手以等待他失敗，何必親自與他爭鬥呢？所以我開始時擔憂邪說異端很難對付，但最終又知道邪說異端根本不值得去理會。

左傳原文

楚范巫矞似謂成王子玉子西皆強死　文公・十年

初，楚范巫矞似，謂成王與子玉、子西曰：「三君皆將強死。」城濮之役，王思之，故使止子玉曰：「毋死。」不及。止子西，子西縊而縣絕，王使適至，遂止之，使為商公。沿漢泝江，將入郢。王在渚宮，下見之。懼而辭曰：「臣免於死，又有讒言，謂臣將逃，臣歸死於司敗也。」王使為工尹，又與子家謀弒穆王。穆王聞之。五月，殺鬭宜申及仲歸。

楚文無畏戮宋公僕

文公・十年

名不可以幸取也。

天下之事，固有外似而中實不然者。幸其似而竊其名，非不可以欺一時，然他日人即其似，而求其真，則情見實吐，無不立敗。名果可以幸取耶？幸雖在前，憂實在後。人見其似，而信其真，幸之大者也；人見其似，而責其真，憂之大者也。以一朝之幸，易終身之憂，智者其肯易之耶？馬之外彊中乾〔一〕者，濫得騏驥之名，幸則幸矣。馳陵谷而責以騏驥之足，憂將若之何？士之色厲內荏〔二〕者，濫得逢干〔三〕之名，幸則幸矣。臨刀鋸而責以逢干之節，憂將若之何？是故求名易，保名難；取名易，辭名難。受名之始，乃受責之始也。

〔譯文〕

名聲是不可以靠僥倖來獲取的。

天下的事，本來有外表相似而其實不是的。由於相似而僥倖地竊取名聲，不是不可以欺騙一時，但以後別人按照其相似來推求其真實的，那麼真實的情況顯現後，沒有不馬上失敗的。名聲果然可以僥倖地獲取嗎？僥倖雖然在前面，憂患實際在後面。人們看見其相似而相信是真的，這是十分僥倖的；人們看見其相似，而責求其真實，這是十分愁人的。用一時的僥倖來交換終身的憂愁，聰明的人肯交換嗎？一匹外強中乾的劣馬，若濫得騏驥的美名，說僥倖是夠僥倖的了。一旦驅馳在在山陵深谷之間，而要求它有騏驥的腳力，那它將會有怎樣的憂愁呢？一個色厲內荏的士人，若濫得關龍逢、比干的名聲，說僥倖是夠僥倖的了。一旦面對刀鋸生死交關之際，而要求他有關龍逢、比干的氣節，那他將會有怎樣的憂愁呢？所以求得名聲很容易，保住名聲卻很難；取得名聲很容易，辭掉名聲卻很難。這樣說來得到名聲的開始，就是接受責求的開端啊！

〔注釋〕〔一〕外彊中乾（ㄍㄢ）：表面強大而實際空虛。〔二〕色厲內荏（ㄖㄣˇ）：外表強硬而內心怯弱。〔三〕逢干（ㄆㄤˊ）：指關龍逄、比干，分別為夏桀和商紂之忠臣。逢，當為逄之誤。

昔之君子，內未有其實，則避名如避謗，畏名如畏辱，方逡巡卻走之不暇，況敢乘其似而邀其名乎？孟諸之役，文之無畏席強楚之威，而窘戮宋公，本無足稱者。然宋公國雖弱，而位則君也；文之無畏國雖強，而位則臣也。論其實，則以楚加宋，以強凌弱，人之所甚易；論其跡，則以卑犯尊，以弱擊強，人之所甚難。居甚易之地，而坐得至難之名，人情誰不樂此哉！此無畏所以因其似而竊其名也。

必嘗揮金發粟，然後人許其豪；必嘗赴敵突圍，然後人許其勇。今無畏挾六千里

過去的君子，如果沒有真實的品格，那麼逃避名聲就像逃避譭謗一樣，害怕名聲就像害怕侮辱一樣，正顧慮著逃避猶恐不及，又怎敢利用其相似而求取名聲呢？在孟諸打獵的時候，文之無畏仗恃強大楚國的威勢，而讓宋昭公窘迫受辱，這本來就沒有什麼可稱道的。然而，宋昭公雖然國家弱小，但他的地位卻是國君；文之無畏雖然國家強大，但他的地位只是臣子。就事實來說，那是仗恃著楚國來加壓宋國，以強欺弱，這是人們很容易做到的；就跡象來說，那是以卑賤冒犯尊貴，以弱攻強，這是人們很難做到的。處在容易得到的地位，卻坐得很難獲取的名聲，人之常情，誰會不樂意這樣呢？正因這樣，文之無畏憑著外表的相似而竊取了名聲。

必定要曾經散發金銀糧食救助他人，然後人們纔會讚許他的豪爽；必定是曾經奔赴敵陣突破包圍，然

之楚，而折一與國之君〔一〕，前無權勢之可懼，後無憂患之可虞，從容談笑，而冒不畏強禦之名，天下之所謂幸者，有過於此乎？想無畏正色莊語，以答或人之問，必謂：「名固可以幸取，人固可以名欺，雖吾君亦以勁正見期，孰知吾之有所挾哉！」

〔注釋〕〔一〕與國之君：盟國的國君。與國，結交的盟國。

捘衛侯之腕，人知涉佗之直〔一〕，而不知其借晉之威也；沒太子之車，人知江充之直〔二〕，而不知其借漢之威也；戮宋公之僕，人知無畏之直，而不知其借楚之威也。無畏借楚之威，以為己名，無毫末之勞，而有邱山之譽。使如是而無後憂，則誠不如詐，直不如曲，君子不如小人矣。

後別人纔會讚許他的勇敢。現在文之無畏挾持六千里廣大的楚國，而羞辱一個盟國的國君，前面沒有什麼權勢可怕的，後面又沒有什麼憂患可擔心的，在從容談笑中，就騙取了不畏強權的名聲，天下所謂的僥倖者，有比這還僥倖的嗎？猜想那文之無畏一臉嚴肅地回答別人的質問，心中必定以為：「名聲固然可以僥倖地獲取，人固然可以用名聲來欺騙，即使是我的國君也會以強勁剛正來期許我，又有誰能知道我是有所挾持呢？」

歃血時推開衛侯的手腕，人們都以為涉佗正直，而不知道他是仗恃著晉國的威勢；沒收太子私役的車馬，人們都以為江充正直，卻不知道他是仗恃了漢武帝的威勢；在孟諸凌辱宋昭公的隨從，人們都以為文之無畏正直，卻不知道他是仗恃了楚國的威勢。文之無畏借助楚國的威勢來成就自己的名聲，沒有絲毫的勞苦，卻享有如山高的聲譽。如果這樣而沒有後顧之憂，那麼就是誠實不如欺詐，正直不如邪曲，君子不如小人了。

〔注釋〕〔一〕捘（ㄗㄨㄣˋ）衛侯之腕，人知涉佗之直：涉佗代表晉國和衛侯會盟，當時要宰牛歃血，涉佗不讓衛侯執牛耳，把衛侯的手腕推到一邊，十分蠻橫，說衛國不過相當於晉國的一個封邑。〔二〕沒太子之車，人知江充之直：江充為漢武帝寵臣，借助武帝的威嚴，嚴厲執法，不聽從太子的請求，沒收了太子手下人的車子。事見《漢書》卷四十五。

抑不知人既以直期之，亦必以直使之。故楚子異日遣使過宋而不假道，置他人而推無畏，豈不以直辭勁氣，固可以橫身犯難，而張強楚之大聲乎？無畏始知前日之偽名，適所以招今日之實禍。畏縮惶惑，言於楚子曰：「鄭昭宋聾〔一〕，晉使不害〔二〕，我則必死。」哀鳴乞憐，一至於此。向來之直辭勁氣安在耶？始則曰：「敢愛死以亂官？」今則曰：「我則必死。」始一何壯？今一何怯耶？無事則為不畏死之言，有事則為不畏死

但卻不知道人們既然以正直來期許他了，人們也必定會以正直來使喚他。所以楚王以後派遣使者經過宋國而不打算向宋國借道時，未考慮其他人選而指派了文之無畏，難道不是認為他語辭正直意氣剛強，必定可以奮身犯難而壯大楚國的聲威嗎？文之無畏這纔知道以前得到的虛名，正是招來了現在禍患的原因。因此畏畏縮縮，誠惶誠恐，告訴楚王說：「鄭國人明理而宋國人昏聵，出使晉國的使者沒有危險，我卻必定會死。」痛苦哀號，乞求憐憫，竟然到了這種地步。以前的正直語辭與剛強意氣都到哪裏去了？當初說：「不敢貪生怕死而亂了官法？」現在卻說：「我必定會死。」當初是何等豪壯，而如今卻怎麼這麼懦弱呢？沒有事的時候就說不怕死的話，有事的時候就說怕死

之語，真情本態，至是盡露矣。名之不可苟得如是哉！

嗚呼！躄者命在杖，失杖則顛；渡者命在壺，失壺則溺[三]。挾外以為重者，失其所挾，未有不危者也。無畏之所挾者楚耳，一旦身出方城之境，宋人豈懼失楚之無畏哉！宜其甘心而不顧也。吾故表而出之，以為挾外物者之戒。

［注釋］[一]鄭昭宋聾：鄭國明白而宋國錯聵。[二]晉使不害：當時楚王還派遣了公子馮到晉國去，交待不用向鄭國請求借道。[三]渡者，命在壺，失壺則溺：渡河的人可以借助空心葫蘆的浮力渡過河，所以說「渡者，命在壺」。

的話。他的真實的思想和本來的心態，到此時便完全暴露出來了。名聲不可以僥倖地獲取的道理就在這裏。

唉！腿瘸的人性命維繫在拐杖上，若失去了拐杖就會跌倒；渡河的人性命維繫在葫蘆上，若丟失了葫蘆就會溺死。挾持外物來加強自己，如果失去了所挾持之物，沒有不危險的。文之無畏所挾持的是楚國，一旦離開了楚國，宋國人難道會害怕失去了楚國的文之無畏嗎？難怪宋人不顧一切殺了他纔甘心。我特意把這件事揭表出來，作為那些挾持外物而自重的人的警戒。

【古評】

王聖俞曰：小人虛憍情狀，無不寫出。

朱字綠曰：形容申舟以幸得名處，心滿意足，真有左顧右盼之雄。跌下得名即所以受禍，其前壯後怯之狀，如在目中。筆筆靈快，亦復宕往無前。

張明德曰：始無畏之戮辱宋公，席強楚之勢以威震天下，人以為直詞勁氣，挺身犯難而不顧。及楚子異日遣使過宋，而不假道，乃惶恐悚慄而言曰：「鄭昭宋聾，晉使不害，我則必死。」一人而前後異詞，向之氣概何在也？形容得小人情態，前壯後怯，如在目前。彼天下之倖得名而不顧其後者，三復斯文，通身汗下。至其文情之橫溢，筆致之跌宕，則又駕秦漢而上之。

左傳原文

楚文無畏戮宋公僕 文公・十年

陳侯、鄭伯會楚子于息。冬，遂及蔡侯次于厥貉，將以伐宋。宋華御事曰：「楚欲弱我也，先為之弱乎！何必使誘我？我實不能，民何罪？」乃逆楚子，勞且聽命。遂道以田孟諸。宋公為右盂，鄭伯為左盂。期思公復遂為右司馬，子朱及文之無畏為左司馬。命夙駕載燧，宋公違命，無畏抶其僕以徇。或謂子舟曰：「國君不可戮也。」子舟曰：「當官而行，何彊之有？」《詩》曰：『剛亦不吐，柔亦不茹。』『毋縱詭隨，以謹罔極。』是亦非辟彊也。敢愛死以亂官乎？」

宋殺申舟 宣公．十四年

楚子使申舟聘于齊，曰：「無假道于宋。」亦使公子馮聘于晉，不假道于鄭。申舟以孟諸之役惡宋，曰：「鄭昭宋聾，晉使不害，我則必死。」王曰：「殺女，我伐之。」見犀而行。及宋，宋人止之。華元曰：「過我而不假道，鄙我也。鄙我，亡也。殺其使者，必伐我。伐我，亦亡也。亡一也。」乃殺之。楚子聞之，投袂而起，屨及於窒皇，車及於寢門之外，車及於蒲胥之市。秋，九月，楚子圍宋。

叔孫得臣獲長狄僑如

文公・十一年

防風氏身橫九畝，不能免於會稽之誅[一]；巨無霸身大十圍，不能免於昆陽之戮。久矣！形之不足恃也。

造化一機，坯冶[二]一陶，陰翕陽張，萬形並賦。遇川澤則黑而津，遇墳衍[三]則皙而瘠，遇原隰[四]則豐而痺[五]，遇山林則毛而方。予其形者，無愛憎；受其形者，無恩怨。是故鵾鵬不以大自夸，蜩鷃[六]不以小自慊，冥靈[七]不以長自喜，蟪蛄[八]不以短自憂。私天地之形，以為己有，固已得罪於鑪錘[九]，況敢恃之為暴耶？

[注釋][一]防風氏……會稽之誅：禹在會稽大會天下諸侯，巨人族的防風氏因遲到而被誅殺。詳見《國語・魯語下》。[二]坯冶：義同造化。[三]墳衍：

[譯文]

防風氏的身體大到橫佔九畝，卻不能免於在會稽被誅殺；巨無霸的身體有十個人合抱那麼粗，但不能免於在昆陽被殺戮。形體不值得依靠，已經很久了！

造化形成一個機體，有如坯鑄製成一件器物，大自然陰氣閉合陽氣開張，萬物便被賦予了各種形貌。人和動物生活在川澤地區就變得表面黝黑而肢體光滑，生活在山坡地區就變得表面白皙而肢體瘦瘠，生活在低平地區就變得肢體豐腴而矮小，生活在山林地區就變得肢體多毛而臉形方正。賦予形體的造化主，沒有憎惡和偏愛之心；接受形體的人和動物也不必有感恩和憤怨之情。所以鵾鵬不以形體巨大而自我炫耀，蜩和鷃鳥也不以形體微小而自卑；螟蛉不以壽命長久而沾沾自喜，蟪蛄也不以壽命短促而自我憂慮。私自將天地所賦予的形體作以為一己所獨有，本來就得罪了造物主，又怎敢依靠形體來做殘暴的事情呢？

大坡。[四]原隰（ㄒㄧˊ）：平原和低濕的土地。[五]痺（ㄅㄧˋ）：通庳，低下。[六]蜩鷃（ㄊㄧㄠˊ ㄧㄢˋ）：蟬和鷃鳥，相對於鵬來說很小。[七]冥靈：即螟蛉，一種蛾子。[八]蟪蛄（ㄏㄨㄟˋ ㄍㄨ）：一種寒蟬，壽命很短。以上鵾鵬、蜩鷃、冥靈、蟪蛄等的比喻見《莊子・逍遙遊》。[九]鑪錘：陶冶鍛鍊。比喻造化主。

衣不勝而成霸晉之功者[一]，無所恃也；貌不稱而擅佐漢之謀者[二]，無所恃也；形不長而專伐蔡之勛者[三]，無所恃也。是知無恃者存，有恃者亡。尪弱幺麼，未必非福；魁梧壯偉，未必非殃。有形不能使，而反見使於形，可不為大哀耶？

[注釋][一]衣不勝而成霸晉之功者：指晉文公。[二]貌不稱而擅佐漢之謀者：指張良。[三]形不長而專伐蔡之勛者：指裴度。

長狄之種，其軀幹絕異於人，是亦偶

瘦弱得連衣服都承受不起，卻能使晉國成就霸業的晉文公，他在形體上沒有什麼可依恃的；貌如婦人卻能輔佐劉邦建立漢朝的謀士張良，他在形體上沒有什麼可依恃的；形體不高卻為唐平定了蔡州禍亂立下功勳的裴度，他在形體上沒有什麼可依恃的。由此可知無所依恃的人可以生存，有依恃的人反遭滅亡。柔弱微小，未必不是福氣。魁梧雄壯，未必不是禍患。有形體卻不能好好地使用，反而被自己的形體所役使，這不是很悲哀的事嗎？

長狄這一種族，他們的軀幹和其他種族人很不一樣，這大概只是造物者無意間的偏差而已。自從長狄

得一氣之偏者耳。自緣斯[一]以來，負其軀幹，暴蔑[二]上國[三]，每出輒敗。一出而斃於長丘，再出而斃於周首，三出而斃於鹹，四出而斃於潞，種殲族殄，靡有孑遺。豈非形為之累耶？

[注釋][一]緣斯：長狄君主名。[二]暴蔑：欺罔蔑視。[三]上國：指中原各國。

東方之夷，被髮文身，自古及今，其族類自若也；西方之戎，被髮衣皮，自古及今，其族類自若也。使長狄之種所賦之形與四夷等，彼將安其氈毳[一]，甘其湩酪[二]，未必敢與上國抗衡。縱使蟊賊[三]邊鄙，亦將知難而退，詎至若此極耶？惟其偉岸自伐，故飛揚跋扈，陵跨中國，塊視泰華，垤視城郭，蟻視甲兵[四]。兄踣[五]於前而不悛，

君主緣斯以來，自負形體高大，欺罔蔑視中原各國，但每次出兵總是失敗。第一次出兵於長丘，緣斯被俘；第二次出兵於於齊國，榮如斃於周首；第三次出兵，兵敗於鹹；第四次出兵，潞國被殲滅。最後，整個種族都被殲滅了，沒有一個人遺留下來。這難道不是被自己的形體所連累嗎？

東方的夷人，披髮文身，但從古至今，他們的種族依然生活得很好；西方的戎人，披髮衣皮，但從古至今，他們的種族也依然生活得很好。假使長狄種族所賦予的形體和四方少數民族相同，他們將安於穿著毛織的衣服，甘心地享用各種奶制品，未必敢於和中原各國相抗衡。即使是偷襲掠奪邊地，也會知難而退，怎麼會到這種亡國滅族的地步呢？正因為他們身材高大而自傲，所以飛揚跋扈，侵淩中原各國，看泰山和華山如土塊，看城池如蟻堆，看戰士如螞蟻。哥哥在前面跌倒了也不悔悟，弟弟在後面仆倒了也不停止，越是受挫越是奮勇，越是失敗越加囂張，如果不到顛

弟仆於後而不止，挫愈奮，敗愈張，非覆宗絕祀，蕩無炊火，未有晏然而不為諸華之害者也。

〔注釋〕〔一〕氈毳（ㄓㄢ ㄘㄨㄟˋ）：我國古代北方及西南少數民族所穿毛織服裝。〔二〕湩（ㄉㄨㄥˋ）酪：奶酪。〔三〕蟊（ㄇㄠˊ）賊：蟊，本指一種害蟲。蟊賊，指為害，擾亂。〔四〕塊視泰華，垤（ㄉㄧㄝˊ）視城郭，蟻視甲兵：把泰山和華山看成是土塊，把城郭看成是螞蟻堆，把戰士看成是螞蟻。〔五〕踣（ㄅㄛˊ）：向前仆倒。

貔虎之猛，形實驅之；犬馬之馴，形實束之。長狄族類，豈皆好為暴哉！一受長狄之形，雖欲已而有不能自已也。心為君，則形為臣；形為君，則心為臣。同是貌也，仲尼聖而陽貨狂〔一〕；同是目也，大舜仁而項籍暴〔二〕。賦其形者非有異，特制其形者

覆宗廟，斷絕祭祀，炊煙盡絕，就不肯安靜下來，而不與華夏各國為害。

貔貅和老虎兇猛，是受形體的驅使；狗和馬溫馴，則是受了形體的限制。長狄種族難道都喜好殘暴的行為嗎？一旦被賦予了長狄的形體，雖然想制止自己也控制不住了。若以心為君主，那麼形體就是臣子；若以形體為君主，那麼內心就是臣子。有同樣的相貌，孔子是聖人，而陽貨卻是狂人；同樣有兩個瞳孔的眼睛，舜帝仁慈，而項羽卻很殘暴。賦予他們的形體沒有什麼差異，只是控制他們的形體的內心不一樣罷了。如果長狄人能夠用心控制自己的形體，也就

不同耳。苟長狄能制其形，則必能保其形矣。豈至身首異處，而為萬世戒哉！小心翼翼，徽柔懿恭，見者忘其十尺之高，是亦西夷之人也。議者勿謂狄無人。

〔注釋〕〔一〕同是貌也，仲尼聖而陽貨狂：陽貨，即陽虎。魯國權臣季氏家臣，其相貌和孔子相像。〔二〕同是目也，大舜仁而項籍暴：項籍即項羽，據說與舜一樣為重瞳子，即雙瞳孔。

必定能夠保有自己的形體，又怎麼會至於身首異處，以至於成為千秋萬代的警戒呢？周文王小心謹慎，和善柔順，懿德謙恭，見到他的人都忘記了他十尺的身高，其實他也是西方之夷狄人。議論的人，可不要說夷狄之中沒有善人啊！

【古評】

焦弱侯曰：似子非子，別饒雋永之味。

朱字綠曰：說形不可恃，引物建類，抑揚反覆，足以發昏惑之意，而懲狂暴之心。〇徐偃王目可瞻耳，仲尼面如蒙倛，周公身如斷菑，皋陶鈀如削瓜，閎夭狀無見膚，傅說身如植鰭，伊尹面無須麋，禹跳湯偏，堯舜參眸子，聖賢之形不同，唐人取士，以身言書判定制，於此數人，當何以取之耶？

張明德曰：開首引會稽昆陽二事，已將題之大意道破，後擒定一形字，長引曲喻，言形不足累，恃形乃足累。中間更透發恃字，無一意不確，無一字不爽。後又說到聖凡不以形限，不以地限，此又眼空一世。具此大手筆，方有此大文章。

左傳原文

叔孫得臣獲長狄僑如

文公・十一年

冬，十月，甲午，敗狄于鹹，獲長狄僑如。富父終甥摏其喉，以戈殺之。埋其首於子駒之門，以命宣伯。初，宋武公之世，鄋瞞伐宋。司徒皇父帥師禦之，耏班御皇父充石，公子穀甥為右、司寇牛父駟乘，以敗狄于長丘，獲長狄緣斯，皇父之二子死焉。宋公於是以門賞耏班，使食其征，謂之耏門。晉之滅潞也，獲僑如之弟焚如。齊襄公之二年，鄋瞞伐齊，齊王子成父獲其弟榮如，埋其首於周首之北門。衛人獲其季弟簡如，鄋瞞由是遂亡。

東萊博議卷二十

秦伯使西乞術來聘

文公・十二年

天下之情，待之厚者責之厚，待之薄者責之薄。厚責難勝，謗之所集；薄責易塞，譽之所歸。是故名大於實者，先榮而後辱；實大於名者，先辱而後榮。非人情之多變也。失所期則怒，過所期則喜，喜怒之變即榮辱之變也。總角之童，一拜一起，粗中儀節，不中朝而譽滿州閭；至於成人，則正冠束袵，終日兢兢，少有惰容，鐫譙[一]四起。天下之情，夫豈難見耶？

[注釋][一]鐫譙（ㄑㄧㄠˋ）：詰責。

秦之為秦，介[一]在西戎，聲教文物[二]闕如也；至於魯，則習周公、伯禽[三]之教，

[譯文]

天下常情，對於厚待的人責求大，對於不厚待的人責求小。責求太大讓人難以勝任，往往是怨謗所集；責求太小讓人容易達到，往往是讚譽所歸。因此，聲名大過其實質的人，往往先享榮耀而後受屈辱；其實質大過聲名的人，往往先受屈辱後享榮耀。這並非是人情性的多變。因為達不到期許只會引發怨怒，只有超過了期許纔會讓人高興，別人喜怒的變化也就是個人榮辱的變化。未成年的小童，拜起行禮，略合禮節，很快便會傳遍而譽滿鄉里；至於成年人，那怕衣冠端正，終日守規守矩，若稍有懈怠，便會詰責四起。這一天下常情，難道還會不容易看見嗎？

秦國的疆域，與西戎為界，其教育文化和禮樂制度，非常欠缺。至於魯國，則學習周公、伯禽的教化，

世秉周禮，俎豆、羽籥、弁冕、鼎鉶〔四〕，蔚然先王之遺風在焉。雖宋、衛、陳、鄭，號為諸華者，猶且下視之，況如秦之僻陋在夷者乎？當西乞術入境之時，魯人固預以戎狄待之矣。入粵者，不敢言鎛〔五〕；入胡者，不敢言弓；入燕者，不敢言函；入魯者，不敢言禮。孰謂西乞術出於戎狄下國，乃不量其力，欲與魯之君臣周旋酬酢〔六〕於玉帛鐘鼓之間乎？四方將命而來，至於雉門、兩觀〔七〕之下者，鮮不失禮受辱而退，孫文子有同登之辱〔八〕，范獻子有歸費之辱〔九〕，徐容居有進含之辱〔一〇〕，齊慶封有《茅鴟》之辱〔一一〕。矧區區西乞術，詎能免此辱耶？

〔注釋〕〔一〕介：通「界」，指邊界。〔二〕聲教文物：聲威教化與文化制度。〔三〕周公、伯禽：為魯國先祖，伯禽為周公之子。〔四〕俎豆、羽籥、弁冕、

世代秉持宗周的禮制，有俎豆、羽籥、弁冕、鼎鉶等禮樂食器與服飾，蔚然呈現出先王的遺風。雖然宋、衛、陳、鄭等國，號稱華夏諸國，尚且為魯國所輕視，何況是偏遠落後，居於夷狄的秦國呢？當西乞術抵達魯國時，魯國人固然預先把他當作戎狄來對待了。進入粵地的人不敢談論鋤頭，進入胡地的人不敢談論弓箭，進入燕國的人不敢談論鎧甲，進入魯國的人不敢談論禮儀。誰想西乞術來自戎狄這樣的下國，竟敢不自量力，想要和魯國的君臣在玉帛鐘鼓等禮樂器中進退酬答呢？四方帶着使命來到魯國都城雉門、兩觀的使者，很少沒有因為不失禮、不受辱之後而退回的，如衛國孫文子有因與魯君並肩登階的失禮之辱，晉國范獻子有被魯國用鮑國回費地之禮節接待之辱，徐國容居有欲行坐含進侯玉之禮而遭拒之辱，齊國慶封有因祭食違禮而被誦以《茅鴟》之辱。何況是小小的一個西乞術，難道能避免失禮而受辱嗎？

鼎鉶：皆古代禮器。［五］入粵者，不敢言鏄：進入粵地的入不敢談論鋤頭。鏄，在粵地很常見，故入粵地者，不敢與粵人談論它。下面的弓、函、禮，指弓箭、鎧甲、禮儀，分別為胡地、燕國、魯國的人所擅長或常見。［六］周旋酬酢：周旋，進退。酬酢，朝聘燕享之禮，主客相互敬酒。［七］雉門、兩觀：雉門，諸侯的宮門之一。兩觀，宮殿門外的兩座高臺。這裏指代魯國接待外國使者之地。［八］孫文子有同登之辱：襄公七年，衛國大夫孫文子來魯國朝聘。當魯君迎接之時，孫文子未能行臣下之禮，受到了叔孫穆子的批評。

［九］范獻子有歸費之辱：晉范獻子（士鞅）前往魯聘問，季孫存心以齊國之屬國鮑國回費地的禮節招待獻子。獻子大怒，認為鮑國地位低國家小，不願接受所用七牢之禮，威脅將告之晉君。魯人害怕，於是增加了四牢。事見昭公二十一年。［一〇］徐容居有進含之辱：徐國大夫容居，代表徐君至邾婁國弔考公之喪，以大夫的身分，而竟欲比擬諸侯行坐含進侯玉之禮，為邾婁人所拒。見《禮記·檀弓下》。［一一］齊慶封有《茅鴟》之辱：齊國大夫慶封逃亡到魯國，叔孫穆子設宴招待他。慶封先遍祭諸神，有違祭食之禮，穆子不悅，讓樂工誦《茅鴟》，諷其不敬，而慶封仍不明白。事見襄公二十八年。

想術奉璋薦瑞之際，公卿環列，輿隸〔一〕堵觀，俟其步武之蹉跌以為嘲，伺其辭令之舛差以為哂。今術俯仰音吐，丰容華暢，出於魯人之意表：始以為烏鳶，今乃為鸞鳳；始以為蓬蒿，今乃為梧檟〔二〕。此襄仲所以失聲嘆息，而繼之以重賄也。觀其儀，固魯人之常見；聽其言，亦魯人之常聞。襄仲所以變色而稱揚之者，庸非以夷狄遇之耶？曰「不有君子，其能國乎」者，駭而疑之也；曰「國無陋矣」者，矜而進之也。前之倨，適所以為後之恭；前之輕，適所以為後之重。其視鄭人之璞，稱頌未已，而唾罵隨至者，亦有間矣。

〔注釋〕〔一〕輿隸：泛指操賤役者。〔二〕梧檟（ㄐㄧㄚˇ）：梧桐和楸樹，這裏指代名貴的樹木。

想必西乞術捧著圭璋進獻瑞玉的時候，公卿大夫環列四周，僕役侍衛圍堵以觀，等著他舉止上有所失誤時嘲笑他，等著他言辭上出差錯以便恥笑他。現在西乞術舉手投足，音容談吐，雍容大方，華美順暢，出乎魯國人的意料之外：開始以為如烏鳶喧耳，如今卻是鸞鳳和鳴；開始以為如蓬蒿之人，如今卻是梧檟之姿。這就是襄仲所以失聲歎息，繼而贈以厚禮的原因。其實，看他的儀表，本來就是魯國人習以為常的；聽他的談吐，也是魯國人耳熟能詳的。襄仲之所以臉色大變而稱讚不已，難道不是因為把他當作夷狄來看待的嗎？襄仲說「如果沒有君子，難道還能治理好國家嗎」，是已經感到驚訝而有所懷疑；襄仲又說「秦國不是鄙陋的國家」，是對西乞術表示讚揚並激勵他。先前的傲慢，因此而變為後來的謙恭；先前的輕視，因此而變為後來的尊重。相比人們對於鄭國人所獻的璞玉來說，稱頌的話尚未說完，唾罵的聲音就隨之而來的情形，也是有差別的。

名逐我則逸，我逐名則勞。甚智而居以愚，甚辯而居以訥。他日微見端倪，少出鋒穎〔一〕，一談而人一警，一動而人一服，雖欲逃名，名亦將逐之而不置矣。未智而先得智之名，未辨而先得辨之名，終日矻矻〔二〕，追逐以求副其實，一不稱而萬有餘喪矣。昔之智者，所以寧使名負我，而不使我負名也。名負我，則責在名；我負名，則責在我。二者之勞逸，相去亦遠矣。

雖然，此猶未免名與我之對也。形不知有影，而影未嘗離形；聲不知有響，而響未嘗離聲；聖人不知有名，而名未嘗離聖人。嗚呼！豈春秋之士所及哉！

〔注釋〕〔一〕鋒穎：鋒芒。〔二〕矻（ㄎㄨˋ）矻：努力的樣子。

名聲追隨我則安逸，我去追逐名聲則勞苦。非常聰明而以愚昧自居，十分善辯卻以木訥自居。若一天微見端倪，稍露鋒芒，一談話就使人驚訝，一舉動就使人誠服，即使想逃避名聲，名聲也會追著來而無法推卻。沒有才智卻先得到有才智的名聲，沒有辯才卻先得到有辯才的名聲，即便整日辛勞，費力追逐以求名副其實，稍有一事不相稱，則其餘萬般努力也沒用了。所以過去的智者，寧願使名聲有負於我，而不使自己有負於名聲。名聲有負於我，那麼責任在名聲；我有負於名聲，那麼責任在於我。二者一安逸一勞累，相差也太遠了。

雖然如此，這一看法也還是未能免於名和我的對立。如形體不知道有影子的存在，然而影子卻不曾離開過形體；聲音不知道有回響的存在，然而回響卻不曾離開過聲音；聖人不知道有名聲的存在，然而名聲卻不曾離開過聖人。唉！這哪裏是春秋時候那些追逐名聲的士人所能夠達到的呢？

左傳原文

秦伯使西乞術來聘 文公·十二年

秦伯使西乞術來聘，且言將伐晉。襄仲辭玉，曰：「君不忘先君之好，照臨魯國，鎮撫其社稷，重之以大器，寡君敢辭玉。」對曰：「不腆敝器，不足辭也。」主人三辭。賓客曰：「寡君願徼福于周公、魯公以事君，不腆先君之敝器，使下臣致諸執事，以為瑞節。要結好命，所以藉寡君之命，結二國之好，是以敢致之。」襄仲曰：「不有君子，其能國乎?國無陋矣。」厚賄之。

隨會料晉師

文公・十二年

見一事而得一理，非善觀事者也；聞一語而得一意，非善聽語者也。理本無間，一事通則萬事皆通；意本無窮，一意解則千語皆解。圯上之書〔一〕一編耳，尺簡寸牘所載幾何？豈能盡括車壘輿地之形，預數嬴、項、韓、彭〔二〕之難哉！然子房得之，則問羊知馬，覘影知形，迎閱而羣策鋒起，隨諷而眾機叢生。此所以能用有限之書，對無窮之變也。如使子房見一事而滯於一事，聞一語而滯於一語，則雖盡納九州之圖於胸中，倉卒造次，亦必有書之所不能該〔三〕者矣。書已盡，變方出；書已陳，變方新。非告往知來者，殆未足與議也。蓋嘗以《左氏》所載論之。

〔譯文〕

看見一件事而僅能體認到一個道理，這不是善於觀察事理的人；聽到一句話而僅能領會一種意思，這不是善於聽人說話的人。道理本來沒有隔閡，一件事情明白了那麼萬事都明白了；意思本來就是無窮的，一種意思理解了那麼千語都可理解。圯上之書只不過是一卷兵書而已，短小的簡牘中能夠記載多少內容呢？難道能全部囊括車馬、要塞和地理形勢，或預卜嬴政、項羽、韓信、彭越等人的禍難嗎？但是張良得到了，卻能問羊而知馬學習推敲，見影而知形學會領悟，需要時展閱則各種謀策紛紛而來，隨時諷誦則各種機謀像叢草一樣產生。這就是為什麼他能用有限書本內容來應對世事的無窮變化。如果張良看見一件事情就停留在這件事上，聽到一句話就停留在這句話上，那麼即使把九州的圖籍全部收羅胸中，但倉促匆忙，也必定有書本所不能囊括的。非得查盡全書，纔能想出應變的方法；書本都翻爛了，纔能想出更新的方法。不是被告知過去就知道未來的人，是不能夠和他探討的。試以《左傳》的記載來討論一下。

〔注釋〕〔一〕圯上之書：相傳張良（子房）曾得到圯上一個老人所贈送的兵書《太公兵法》。〔二〕嬴、項、韓、彭：嬴，秦始皇嬴政。項、韓、彭分別指項羽、韓信、彭越。〔三〕該：同「賅」，完備，全部囊括。

隨會自晉奔秦而為秦謀晉，說者祇〔一〕以為隨會之過耳；公山不狃自魯奔吳而不為吳謀魯，說者祇以為公山不狃之善耳。過在隨會，於我何損？善在不狃，於我何加？政使能體之於身，則所懲者，特謀宗國〔二〕之一過，天下之過果盡於此乎？所法者，特全宗國之一善，天下之善果盡於此乎？惟舉一隅而反三隅，則因二子得失之迹，固可為吾身無窮之用焉。

〔注釋〕〔一〕祇：只，僅僅。〔二〕宗國：祖國。

隨會有謀晉之過，而不失為良大夫，

隨會從晉國逃奔到秦國，而為秦國圖謀晉國，論者只認為這是隨會的罪過而已；公山不狃從魯國逃奔到吳國，但不為吳國圖謀魯國，論者只認為這是公山不狃的善行而已。罪過在於隨會，對於我有什麼損害呢？善行在於公山不狃，對於我有什麼益處呢？僅僅使自己去切身體會此事，那麼所要懲罰的，不過是圖謀祖國這一罪過而已，天下的罪過果真到此就沒有了嗎？所要效法的，不過是保全了祖國這一善行，而天下的善果真到此就完備了麼？只有能夠舉一反三，那麼借著這兩個人行為的得失，固然可以作為我一生無窮的資用了。

隨會有圖謀晉國的罪過，但不失為一個優秀的大夫，所以我知道平日的操守是不可以忽視的；公山不

吾是以知素行［一］之不可無；公山不狃有全魯之善，而不免為叛人，吾是以知小節之不足恃。以隨會之賢，而忽有謀晉之過，吾是以知惡念之難防；以不狃之不肖，而忽有全魯之善，吾是以知善念之易發。使隨會事事皆若謀晉，則隨會將轉而為不狃；使不狃事事皆若全魯，則不狃將轉而為隨會。吾是以知治己者，必長其善而絕其過。以終身論，則隨會為君子，不狃為小人；以一事論，則隨會為小人，不狃為君子。吾是以知論人者，必略其暫而待其終。自兩端而推之，可慕可懲，可遵可戒，舉集其中，然其用猶未窮也，抑又有大可論者焉。

［注釋］［一］素行：平日的操守。

隨會，晉之良也。其言於晉國無隱情，

狃有保全魯國的善行，但不免為一個叛臣，所以我知道小的節操是不足以依恃的。以隨會的賢能，卻突然有圖謀晉國的罪過，所以我知道人心惡念的難防；以公山不狃的不肖，但突然有保全魯國的善舉，所以我知道人心善念的易發。如果隨會事事都像圖謀晉國那樣，那麼隨會就轉而成為叛逆的公山不狃了；如果公山不狃事事都像保全魯國這樣，那麼公山不狃就轉而成為明智的隨會了。所以我知道修治自己的人，一定要增多善行而斷絕罪過。從終身看來，那麼隨會是君子，公山不狃是小人；從一件事來看，那麼隨會是小人，公山不狃是君子。所以我知道，論人必須要忽略其短暫行為而看待他的終身行為。從善惡兩端的行事來推論，可以追慕的，可以懲戒的，可以遵從的，可以警戒的，都集中起來考察，但是即便如此仍有無窮的妙用，而且還有更大的方面可以值得討論。

隨會，是晉國的良大夫，他分析晉國的形勢沒有

其祝史陳信於鬼神無愧辭也，必非賣宗國以求和者也。其意以為：一心可以事百君，百心不可以事一君；在晉則當忠於晉，在秦則當忠於秦。苟於秦伯之問，而不以實對，明則有隱於秦伯，幽則有愧於鬼神矣。抑不知子為父隱，臣為君隱，在他人則以直為直，在君父則以隱為直[一]。今隨會視君父如他人，盡發宗國之情以資寇讎，是攘羊之徒耳。惜夫！隨會後太公而生，不聞反葬之義[二]；先夫子而沒，不見遲行之風[三]。故其視父母之國，恝然[四]無情，意在為直，卒陷於不直。吾是以知善之難擇，而是之難審也。

[注釋][一]在君父則以隱為直：儒家主張替自己的父親和國君隱瞞，認為這是符合禮制的。[二]反葬之義：周太公望立為太師，被封於齊營丘，但直到

隱瞞真實的情況，他的祝史在鬼神面前的禱告陳述沒有愧疚的言辭，必定不是出賣祖國以求得附和的人。他內心認為，一心一意可以侍奉一百個君主，三心二意卻不可以侍奉一個君主；在晉國就應當忠於晉國，在秦國就應當忠於秦國。如果面對秦伯的詢問，卻不按著實情來應對，那在明地裏就隱瞞了秦伯，在暗中就有愧於鬼神了。卻不知道兒子替父親隱瞞，臣子替君主隱瞞，在別人那裏就應當把正直當作正直，在國君和父親這裏就應當把隱瞞當作正直。現在隨會把君主看作是別人，揭露祖國的全部實情來幫助敵人，這不過是偷羊一類的人而已。可惜啊！隨會出生在姜太公之後，沒有聽說忠臣反葬之義；在孔夫子之前而生，見不到聖人離國遲行的風範。所以他看待父母之邦，冷漠無情，本意想行正直，最終卻陷於不正直的名聲。所以我知道了，所謂的善行是很難抉擇的，而所謂的正確也是很難判斷的。

第五代子孫，都送到周地埋葬。意謂忠臣不欲離王室之事，不忘其根本。見《禮記・檀弓上》。〔三〕遲行之風：孔子在魯為政，由於受到排擠，於是準備出走他國，但是孔子遲遲不肯走出國境，表示不忍離開父母之邦遠去。〔四〕恝（ㄐㄧㄚˊ）然：漠不關心貌，冷淡貌。

至於公山不狃，所以眷眷宗國，藹然忠厚，蓋以剽聞〔一〕闕里、洙泗之餘教而然耳。然自隨會而觀不狃，則厚薄有間；若格之以吾聖人之法，則不狃之所自處者，亦未得為盡善也。不狃對叔孫之辭正矣，至於使之為帥，乃導而之險，以困吳師，惜其始正而終入於詐也。魯國當隱，吳亦不當欺。不狃苟未忘宗國，則辭於吳子，弗與伐魯之役；既不負於舊君，亦不負於新主，義聲將徹於吳、魯之間矣。今身為吳帥，而心為魯用，懷二心而事人，庸非聖門之罪人乎？吾

至於公山不狃，之所以眷眷然不忘祖國，溫和忠厚，大概是私下裏聽到過他的故鄉洙泗之間所遺留下來的孔門教化纔這樣的。然而如果從隨會的不直來看公山不狃的忠厚，就有厚與薄的差別了；如果用聖人的法則來衡量，那麼公山不狃所用來自立的方式，也不是盡善的了。公山不狃回答叔孫的話是正直的，至於吳國讓公山不狃當將帥，他卻把吳國的軍隊引向危險的境地以致於被圍困，可惜他開始正直而最終卻陷於欺詐。應當為魯國隱瞞，但也不應當欺騙吳國。公山不狃如果沒有忘記祖國，就應當向吳子辭謝，不參與討伐魯國的戰役；這樣既沒有辜負舊君，也沒有辜負新主，他的忠義名聲將響徹吳魯兩國之間。現在身為吳國的將帥，而內心卻向著魯國，懷有二心地為人做事，難道不是聖人門中的罪人嗎？所以我更加知道了善行是不容易抉擇的，越是抉擇就越有差錯；正確

是以益知善未易擇，愈擇愈差；是未易審，愈審愈謬。君子之於學，其可以易心處之哉！

讀隨會、不狃之事者，不過以為兩事而止耳。類而通之，區而別之，直而推之，曲而暢之，聞見層出，眾理輻湊，此陳亢[二]之所以問一得三也，此顏子所以聞一知十也，此大舜所以聞一善言見一善行，若決江河，莫之能禦也。

[注釋][一]剽聞：猶言竊聞。[二]陳亢：孔子的賢能弟子。下面提到的顏子，即顏回，也是孔子的賢能弟子。

是不容易審定的，越是審定越是荒謬。君子對待學問，難道可以用慢易之心來處理嗎？

讀隨會和公山不狃故事的人，不過認為這只是兩件事而已。若能觸類旁通，區別對待，對正直的事加以推衍，對不直的事加以調暢，那麼聽聞見識就會層出不窮，各種事理如車軸聚集一起，這就是陳亢之所以能夠問一得三，這就是顏回之所以能夠聽一知十，這就是大舜之所以能夠聽到一句善言、看到一次善行後，就像江河決堤一樣，沒有誰能夠阻止他去行善。

隨會料晉師 文公・十二年

秦為令狐之役故，冬，秦伯伐晉，取羈馬。晉人禦之。趙盾將中軍，荀林父佐之；郤缺將上軍，臾駢佐之；欒盾將下軍，胥甲佐之。范無恤御戎，以從秦師于河曲。臾駢曰：「秦不能久，請深壘固軍以待之。」從之。秦人欲戰，秦伯謂士會曰：「若何而戰？」對曰：「趙氏新出其屬曰臾駢，必實為此謀，將以老我師也。趙有側室曰穿，晉君之壻也，有寵而弱，不在軍事，好勇而狂，且惡臾駢之佐上軍也。若使輕者肆焉，其可。」秦伯以璧祈戰于河。十二月，戊午，秦軍掩晉上軍，趙穿追之，不及。反，怒曰：「裹糧坐甲，固敵是求，敵至不擊，將何俟焉？」軍吏曰：「將有待也。」穿曰：「我不知謀，將獨出。」乃以其屬出。宣子曰：「秦獲穿也，獲一卿矣。秦以勝歸，我何以報？」乃皆出戰，交綏。秦行人夜戒晉師曰：「兩君之士，皆未憖也，明日請相見也。」臾駢曰：「使者目動而言肆，懼我也，將遁矣。薄諸河，必敗之。」胥甲、趙穿當軍門呼曰：「死傷未收而棄之，不惠也；不待期而薄人於險，無勇也。」乃止。秦師夜遁。復侵晉，入瑕。

吳將伐魯問叔孫輒公山不狃 哀公・八年

吳為邾故，將伐魯，問於叔孫輒。叔孫輒對曰：「魯有名而無情，伐之必得志焉。」退而告公山不狃。公山不狃曰：「非禮也。君子違，不適讎國，未臣而有伐之，奔命焉，死之可也。所託也則隱。且夫人之行也，不以所惡廢鄉。今子以小惡而欲覆宗國，不亦難乎？若使子率，子必辭，王將使我。」

晉使魏壽餘偽以魏叛以誘士會 文公・十三年

忍棄其所不可棄者，必有大不可棄者也。刃在頭目，斷指不顧；病在腹心，灼膚不辭。彼豈以為不足愛而棄之哉！是必有大不可棄者而奪其愛也。君子之於信義，與生俱生，猶手足體膚之不可須臾捨也。一旦幡然［一］棄之，自處於信義之外，豈得已哉［二］？其必有說矣。

［注釋］［一］幡然：改變。幡，同「翻」。［二］豈得已哉：難道是得已的嗎，即難道不是不得已的嗎？

隨會之信義，歷數晉之公卿，未能或之先也。至於詐秦歸晉之際，雖借辭於髡、衍［一］，問策於儀、秦［二］，殆不過如此。會果何所見而忍於自棄［三］耶？蓋壽餘之來，會之終身通塞決於俄頃，歸亦今日，否亦今

［譯文］

忍心捨棄那些不可以捨棄的，必定是還有更大的不可以捨棄的。刀刃已橫在頭眼前，就顧不上指頭被砍斷；病已在腹內心間，就不會介意皮膚被灼傷。難道是認為指頭和皮膚不值得愛惜而捨棄它們嗎？這必定是因為有更大的不可以捨棄的，因而奪取了對它們的愛。君子對於誠信和仁義，是與生俱存，就像手足體膚一樣不可有片刻的分離。一旦突然改變而捨棄它們，把自己置身於誠信和仁義之外，難道不是不得已的嗎？這必定是有說法的。

隨會的誠信和仁義，把晉國的公卿一一數來，也沒有人超過他的。至於欺詐秦國回到晉國的時候，即使是向淳于髡、鄒衍討教計謀，向張儀、蘇秦請教策略，也不過是這個樣子。隨會究竟是為了什麼理由而忍心放棄自己的操守呢？想想壽餘的到來，隨會一生的窮厄通達都要在片刻間決定。歸國也是在今天，

日；此時不反，後將無時；此策不行，後將無策。此其所以忍棄平昔之所不可棄者也。

嗚呼！使會知自古皆有死之說，則歸與不歸，固有命矣。不然，身將歸晉，吾恐其心放而不知歸也。為身謀則工，為心謀則拙，會也亦不善處輕重之間矣。雖然，為身謀而棄信義，夫人知其不可矣；為國謀而棄信義，可乎哉？

〔注釋〕〔一〕髡、衍：即淳于髡、鄒衍，戰國時代善辯之士。〔二〕儀、秦：即張儀、蘇秦，戰國時代有名的說客，都屬縱橫家。〔三〕自棄：自暴自棄、自甘墮落。

溫嶠為王敦所留，敦遣歸建業，嶠實欲歸晉，外懼敦之疑，乃陽不欲行。既辭復入，至於再三。嶠之所以詐敦者，即會之

不歸也是在今天；這個時候不回去，以後就沒有時機了；這次的策略不行，以後就沒有策略可行了。這就是為什麼隨會忍心拋棄平時所不可以拋棄的理由。

唉！如果隨會知道人自古就有一死的說法，那麼歸國和不歸國，本來就可以聽天由命了。否則雖然身體回到了晉國，我恐怕他的心還被放失在秦國而不知所歸。為脫身做打算可說是精明，為心安做打算卻很拙劣，隨會也太不善於處理輕重之間的關係了！雖然這樣，為自己著想而背棄了誠信和仁義，人人都知道這是不可以的；為祖國著想而背棄了誠信和仁義，可以嗎？

晉時溫嶠被王敦強留，後來王敦打算派遣他回國都建業，溫嶠實際上真想回到晉國，但因為害怕王敦起疑，於是假裝著不想離開。已經告辭了又回來，以至於反覆了好幾次。溫嶠之所以詐騙王敦，也如同

所以詐秦伯也。會為身謀，固不逃君子之論矣；嶠為國謀，獨不可諒其心而許其權乎？晉祚存亡，一嶠是繫。使嶠幸逃虎口，則危可平，難可解，亡可存，豈惟江左[一]是賴？其自宣、景[二]而下，實寵嘉[三]之，義存君親，庸非不信之信乎？

〔注釋〕[一]江左：當時東晉所偏安的江左（江南）一帶。[二]宣、景：即晉宣帝、晉景帝。指晉國皇帝的先祖司馬懿和司馬師。但他們實際並未為帝，只是由他們的後代追謚的封號。[三]寵嘉：給予榮耀和嘉獎。

曰：「信義不可須臾棄也。」君子平居暇日，尚不忍以不信不義自處，況敢以浼[一]君親乎？吾平居暇日，未嘗為詐，因君父之難而為之，是我之詐由君父而生也。詐由君父而生，是亦君父之詐也。免君父於

隨會之所以詐騙秦伯。隨會替自己考慮，固然逃脫不了君子的議論了；溫嶠替國家考慮，難道不可以體諒他的用心因而贊許他的變通之計嗎？晉國的氣數存亡只維繫在溫嶠一個人身上，如果溫嶠幸運地進出了虎口，那麼晉的危亂就可以得到平息，災難就可以得到解除，國祚就可以得到存續，難道僅僅是處在江左的君民所依賴的嗎？從晉宣帝、晉景帝以來，對溫嶠就寵愛有加，信義存於君主，這難道不是溫嶠以對王敦的不誠信來達到他對晉君的信義嗎？

回答是：「誠信和仁義片刻也不可以捨棄。」君子平居暇日，尚且不忍心自處於不仁不義的境地，更何況還敢用來玷污君主嗎？我平居暇日，不曾有欺詐的行為，因為君父的危難而行詐，這樣我的欺詐就是因為君父而發生的。欺詐因為君父而發生，這也就成了君父的欺詐。為君父免除危難，卻使君父陷入了欺詐，有忠孝之心的人忍心做的嗎？這就是我為什

難，而納君父於詐，有忠孝之心者，忍為之乎？此吾之所以罪嶠也。危晉者，王敦耳。使嶠力竭不能救社稷而繼之以死，是亡晉者王敦也，非嶠也；今嶠苟為詐謀，雖幸存社稷，然以不正之名累君父，是危晉者王敦，而累晉者溫嶠。以五十步笑百步，相去幾何哉！

［注釋］［一］浼（ㄇㄟˇ）：玷污。

世俗之說，以為君父在難，若可圖全，詭譎邪枉，靡所不可，皆指嶠輩為法。抑不知吾身在難，知自愛者，必不敢設詐以自免。至於君父在難則為之，豈不謂以詐免身則無以自解［一］，以詐免君父則可以歸之君父以自解耶？是君父乃吾歸惡之地也。是以所賤事君父也，薄莫甚焉。

麼要責備溫嶠的原因。危害晉國的是王敦。如果溫嶠使盡了力氣卻不能挽救國家，繼而以死殉國，這樣，滅亡晉國的是王敦而不是溫嶠；現在溫嶠輕率地使用詐謀，雖然僥倖地保存了國家不亡，但卻用不正當的名聲拖累了國君，這樣，危害晉國的是王敦，而拖累晉國的是溫嶠。以五十步而笑一百步，相差又有多少呢？

世俗的說法，認為君父處在危難中，如果可以圖謀保全，任何詭異怪譎、奸邪不正的法子，沒有什麼是不可以運用的，這都是指溫嶠這樣的人的作法來說的。卻不知道如果自身處在危難中，凡是知道自愛的人，必定不敢用欺詐的方式來使自己免於危難。至於君父處在危難中就這樣做，難道不是認為，如果用欺詐的方式使自己免於危難，那麼自己無法解脫了；如果用欺詐的方式使君父免於危難，那麼就可以把這些都歸咎到君父身上來為自己解脫嗎？這樣，君父就是

隨會之過，冠圓冠者［二］舉知之。至於溫嶠之事，吾恐意在於忠孝，而未嘗學者，不幸而蹈其失，故論之以待後世君子。

［注釋］［一］自解：自我辯解，自我開脫。［二］冠圓冠者：代指儒生。古代儒生的服飾為方領圓冠。

我歸咎罪惡的地方了。這是用自己所鄙視的東西來侍奉君父，沒有比這更淺薄的了。

隨會的過錯，只要是儒生都會知道。至於溫嶠這樣的事，我恐怕那些本意想要盡忠孝但卻不曾學習過的人，會不幸地重蹈溫嶠的過錯，所以討論這個問題，期待後世的君子注意。

左傳原文

晉使魏壽餘偽以魏叛以誘士會　文公・十三年

晉人患秦之用士會也，夏，六卿相見於諸浮。趙宣子曰：「隨會在秦，賈季在狄，難日至矣，若之何？」中行桓子曰：「請復賈季，能外事，且由舊勳。」郤成子曰：「賈季亂，且罪大，不如隨會，能賤而有恥，柔而不犯，其知足使也，且無罪。」乃使魏壽餘偽以魏叛者，以誘士會，執其帑於晉，使夜逸。請自歸于秦，秦伯許之。履士會之足於朝。

「匪手攜之，言示之事」；「匪面命之，言提其耳〔一〕」。久矣！夫喻人之難也。我以為羊腸，而彼方以為衢道；我以為烏喙〔二〕，而彼方以為稻粱。主涇賓渭，分鶩背馳〔三〕，奚適而能相喻哉！言者不知聽者之心，而每恨其悟之遲；聽者不知言者之心，而每駭其談之遽。攻愈力，閉愈堅；叩愈煩，應愈怠。南面而君〔四〕，北面而臣；東面而師〔五〕，西面而徒，所以百諫而不從，屢告而不入者，職此之由也。

〔注釋〕〔一〕匪手攜之，言示之事；匪面命之，言提其耳：這裏指對一個人苦口婆心地教導，生怕他不明白的「耳提面命」。匪，同非，即非但。參見《詩經・大雅・抑》。〔二〕烏喙（ㄏㄨㄟˋ）：一種毒草，又稱「烏頭」。〔三〕分鶩（ㄨˋ）背馳：分頭背向地奔跑

〔譯文〕

「不僅親手提攜，而且指示事情的原委」；「不僅當面告誡，還提其耳朵以相勸」。由來已久啊！讓別人明白是很困難的。我認為是羊腸小道，但他卻認為是通衢大道；我認為是烏喙毒草，但他卻認為是稻粱。就如同以涇水為主而以渭水為賓，分頭而驅，背道而馳，怎麼能互相明白呢？說的人不明白聽者的心意，卻每每痛恨他們遲遲不能領悟；聽的人不明白說話人的心意，卻每每驚駭其言辭的急切。進攻越是用力，閉守越是堅固；叩擊越是頻繁，回應越是緩慢。無論南向而坐的國君，北向而對的臣子；還是東向而坐的老師，西向而對的弟子，之所以多次勸諫而不聽從，屢屢勸告而不領會，就是這樣的原因。

馳騁。[四]南面而君：古代國君面南背北地接見臣子。
[五]東面而師：古代老師東向設教。

蓋嘗觀魏壽餘之誘隨會。一履其足，而歸晉之機已傳，是獨何術而動物悟人如此其捷耶？殆非壽餘術之工，乃隨會聽之切也。會思晉之念，如獸思壙[一]，鳥思林，魚思淵，蹙閼拘縶[二]而不得騁，一旦壽餘以歸晉之機動之，微見其端，心領神受，舄[三]交蹠接，闕[四]策已通，庸非聽之切則得之速耶？使會歸晉之念不切，則壽餘雖刺其股，搏其膺，亦將撫機而不喻矣。歜、職相感以一抶，而商人戕[五]，蓄憾之切者也；魏、韓相警以一肘，而智伯滅[六]，慮患之切者也；餘、會相悟以一履，而去計定，謀歸之切者也。使數子者移蓄憾為蓄德，移慮

我曾經考察過魏壽餘引誘隨會回到晉國這件事。壽餘一踩隨會的腳，回到晉國的機密就已經傳達了，這究竟是什麼方法讓人領悟得這樣快捷呢？這大概不是因為壽餘的方法很巧妙，而是因為隨會探聽消息的心情很急切。隨會思念晉國的心情，就像野獸思念曠野，飛鳥思念樹林，魚兒思念深淵，卻受阻被拘而無法自由馳騁。一旦壽餘用歸晉的機會來暗示他，稍微現出端倪，就心領神會了，只是鞋子與腳後跟相互接觸了一下，秘密的謀略就已經相通，難道不是因為心情急切纔迅速地明白暗示的嗎？如果隨會回歸晉國的念頭不是那麼急切，那麼壽餘即使刺他的大腿，敲打他的前胸，也將是觸機而不明白。邴歜和閻職用鞭答的方式來相互感通，結果齊君商人就被他們聯合殺害了，這是因為他們積蓄的怨恨很深切；魏宣子用手肘碰了一下韓康子，就互相警悟，結果聯合把智伯給滅掉了，這是因為對禍患憂慮得很深切；壽餘和隨會因為踩了一腳就互相領悟，因而離開秦國的計謀就定下來了，這是因為謀劃返回晉國的心情很急切。如果

患為慮善，移謀歸為謀道，則將皆默會至理於交臂目擊之間，豈有告諄諄而聽藐藐者耶？信矣！「切」之一字，誠入道之門也。

［注釋］［一］壙（ㄎㄨㄤˋ）：原野。［二］蹙（ㄘㄨˋ）閼（ㄜˋ）拘繫：指拘禁與限制。［三］舄（ㄒㄧˋ）：鞋。［四］閟（ㄅㄧˋ）：謹慎的、秘密的。［五］歜（ㄔㄨˋ）、職相慼以一抶（ㄔˋ），而商人戕：事見文公十八年。歜、職，即邴歜和閻職，都是齊懿公手下的僕人。邴歜用馬鞭打閻職，以刺激他的報仇之心。商人：齊懿公之名。［六］魏、韓相警以一肘，而智伯滅：此為魏、韓兩家消滅知伯（即智伯）的事。《韓非子·難三》：「魏宣子肘韓康子，康子踐宣子之足，肘足接乎車上，而知氏分於晉陽之下」。又《戰國策》也提到此事。

自孔、孟而後，感發轉移之機，不復見於天下，蓋數千年于此矣。學者慨誦塵編［一］，浩然歎息，以為沒身不可復遇也。抑不知道不可離，理不可亡，孔、孟雖往，感發轉移之機，豈隨孔、孟而往哉！前觀之

這幾個人把積蓄怨恨轉化為積蓄恩德，把憂慮禍患轉變為憂慮善行，把謀劃回國轉變為謀求道德，那麼都會在手臂相交或眼神相碰之間默默地領會到最高的道理，怎麼會有諄諄教誨而聽的人卻茫然不知的呢？確實啊！「切」這一個字真是進入道德境界的門徑！

從孔子、孟子以後，讓人領悟並因此而發生轉移的機緣，不再在天下出現，到現在已有幾千年了。學者慨然誦讀古書，浩然歎息，認為這一輩子都不會再遇到這樣的情況了。但卻不明白道是不可能離而理也不會亡，孔子和孟子雖然已經遠去了，但讓人領悟並因此而發生轉移的機緣，難道也會隨著孔、孟而遠去

古，後觀之今；仰觀之朝，俯觀之野。利害相激，事會相投，此機此理，隨遇而發。下至於龍斷罔利[二]之徒，萬貨錯陳，五方畢會，低昂盈縮[三]，出沒變化，一瞬未終，彼此咸喻，相語不以口而以形，相視不以迹而以神。是廛肆[四]市區，皆處洙泗之濱；工賈商旅，皆具游、夏[五]之用也。舉目皆妙用，而吾自不觀；盈耳皆至言，而吾自不聽。終日與理遇，而反有不遇之嘆。噫！理不遇人耶？人不遇理耶？

[注釋][一]廛編：上了灰塵的簡編，指年代久遠的書籍。[二]龍斷罔利：龍斷，同壟斷；罔利，同網利。即通過壟斷而獲利。[三]低昂盈縮：價錢的高低與盈利的多少。[四]廛（ㄔㄢˊ）肆：指街市和店鋪。[五]游、夏：即孔子弟子子游、子夏。見《論語・先進篇》。

嗎？往前觀古代，往後看現在；上至朝廷，下至民間。無不利害相互激盪，事情與時機相互投合，這樣的機緣、道理，隨時隨地都可能發生。下至操縱市場網利的商人，面對萬貨雜陳，人們五方來聚，價錢的高低，盈利的多少，變化不定，出入無常，但轉瞬間，交易雙方便已彼此相知，互相之間說話不是用口而是用形體姿勢，觀察不是看行跡而是看神色。這樣一來，街市店鋪就像是處在聖人所出的洙泗之濱；那些工商各行人士也都具備子游、子夏的才用了。放眼所見皆為妙用，但我卻沒有看見；盈耳所聽皆為至理明言，但我卻沒有聽到。整天和道理相遇，反而會有不曾遇到的感歎。咳！是道理不遇人呢？還是人不遇道理呢？

左傳原文

魏壽餘履士會之足於朝

文公・十三年

（見上篇）

趙盾納捷菑於邾

文公・十四年

物固有不可並者。一事而是非並，擇一焉可也；一人而褒貶並，擇一焉可也。參是於非[一]，等褒於貶，則其論鬩閱[二]陵奪[三]，無以自立于天下。信矣！說之不可並也。並其不可並，豈君子樂為異論哉？天下之言，固有相反而不可相無者，殆未易以前說律[四]也。是非有時而並存，褒貶有時而並立，異而同，舛而合，戾而順，睽而逆[五]，惟君子為能言之，君子為能一之。

[注釋][一]參是於非：把對的混到錯的裏面。參，並合。[二]鬩閱（ㄒㄧˋ）：爭鬥。[三]陵奪：侵淩劫奪。[四]律：規範，約束。[五]睽而逆：違背而又接受。睽，違背，背離。逆，相迎，接受。

晉趙盾以諸侯之師納捷菑於邾，鳴鐘

[譯文]

事物本來就有不可以並同的。一件事情若同時有是有非，選擇其中之一就可以了；一個人若同時有褒有貶，選擇其中之一就可以了。若是非相參，褒貶相等，那麼其論點就會陷入矛盾而相互爭奪，沒有辦法立言於天下。毫無疑問，是非的說法是不可以並同的。並同那些不可以並同的，難道是君子樂於做出不同的說法嗎？天下的言論，固然有論點相反的但又不可缺少的，這不可以用前面的說法來規範。是與非有時可以並存，褒與貶有時可以並立，既相異又相同，既相違又相合，既暴戾又和順，既背離又迎合，只有君子能說出其中的道理，只有君子能做一樣的看待。

晉國的趙盾帶著諸侯的軍隊把捷菑護送到邾國，鳴鐘擊鼓，來到邾國的城門下，但卻被邾國人長幼有

擊鼓，至其城下，屈於邾人長少之義，徒手而還。責之者，咎其知之晚；獎之者，歎其改之勇。論者莫能並也。吾以為二說要當兩行然後可。治疾欲速，愈久愈侵；知非欲蚤[一]，愈久愈謬。由是說，則盾可責。遇過之尚淺者，盍以此警之？已成之疾，難望其瘳[二]；已成之非，難望其革。由是說，則盾可獎。遇過之既深者，盍以此誘之？用前說警過之淺者，使不敢自堅；用後說誘過之深者，使不至自棄。缺一焉可乎哉？

[注釋][一]蚤：同早。[二]瘳（ㄔㄡ）：痊癒，康復。

苟徒執一說，沒其獎而專其責，以謂盾也受愬之時，弗詢弗考；發命之時，弗慮弗圖。內興車甲，外勤諸侯，跋履山川，

序的言辭所屈服，空著手返回去了。責備他的人怪罪他知道得太晚了，誇獎他的人讚歎他有改過的勇氣。論者不能把這兩種情況並同起來。我認為，這兩種說法應並行論及纔妥當。治療疾病越快越好，拖得越久越病得厲害；發現錯誤越早越好，發現越晚過失越大。照這樣說，那麼趙盾是應該受到責備的。那些犯了過錯尚淺的人，何不以這個事例警示自己？已經形成的疾病，難以指望能痊癒；已經犯下的大錯，難以指望能改正。照這樣說，那麼趙盾是應該受到誇獎的。那些犯了過錯已經很深的人，何不以這一事例勸勉自己？用前一種說法來警戒那些犯過尚淺的人，使他們不敢固執不改；用後一種說法來鼓勵那些犯錯很深的人，使他們不至於自暴自棄。兩種說法缺少一個可以嗎？

如果只堅持一種說法，忽視對他的誇獎而專門責備他，就會認為趙盾在接受捷菑訴說的時候，並沒有詢問察考清楚；發佈命令的時候，也沒有深謀遠慮。這樣對內動用車馬兵甲，對外勞動各國諸侯，辛苦跋

傳其國都而後反。盾意雖回，而既憊之力、既費之財，終不可回也。悔於邾，不若悔於晉；悔於郊，不若悔於都；悔於朝，不若悔於室。其悔彌遠，其失彌多。改過雖美，豈如無過之可改為快哉？嗚呼！無疾則不必醫，無過則不必論。醫為病設，論為過設。使盾審之於初，師不出，過不形，則亦何論之有？惟其陷而能拔，迷而能反，棄前日之勞，成今日之決，此獎之之說，所以不可偏廢也。一言之尤、一筆之誤，或者猶諱其短而遂成之，況盾以明主之令，八百乘之賦，反見阻於蕞爾小國，驅馳暴露之疲，餫饋[一]扉屨[二]之耗，侯甸男邦之訾，勇於徙義，皆不暇顧，是豈碌碌凡子所能辦乎？戲之代括[三]，突之攘忽[四]，以強脅弱，自古而然。盾若挾晉之威，援周、宋之比[五]，邾將覆

涉山川，兵臨邾國國都卻無功而返。趙盾雖然已經回心轉意，但已經疲憊了的人力，已經耗費了的財富，終究不可挽回。到邾國之後纔悔改，不如悔於晉國；到了遠郊後纔悔改，不如悔於國都；在朝中纔悔改，不如悔於家裏。悔改的地方越遠，他的過失就越多。能改過雖然很好，怎麼比得上沒有過錯可改讓人更高興呢？嗚呼！沒有疾病就沒有必要醫治，沒有過錯就沒有必要議論。醫療是為了疾病而設，議論是為了過錯而設。如果趙盾在當初就經過詳細考慮，不發兵出師，不形成過錯，那麼又有什麼可議論的呢？正因為他陷入了錯誤還能夠自拔，迷途而能知返，丟棄前日的勞頓，作成今日的決定，這就是誇獎他的說法之所以不能偏廢的原因。說錯一句話，寫錯一筆字，有的人還因諱言其短而成大錯；更何況趙盾是憑著明主的命令，以八百乘的兵力，卻反而受阻於一個蕞爾小國，車馬驅馳暴露在外的疲憊，軍糧軍需物資的耗費，各諸侯邦國的恥笑等等，但趙盾勇於改過向義，都沒有閒暇來顧及，這些難道是凡夫俗子能夠看清的嗎？周宣王不顧勸諫立戲代括為魯公，宋國強迫祭仲讓突奪忽為鄭公，以強凌弱，自古就是這樣。趙盾如果挾恃著晉國的威力，援引周強宋弱的先例，邾國就連滅

亡之不暇，何力之敢抗？今見義之大，而忘邾之小，不念前功之可惜，惟知今失之當除。盾之大過人者，此也。

［注釋］［一］餫（ㄩㄣˋ）饋：運送的糧食。［二］扉屨（ㄈㄟ ㄐㄩˋ）：泛稱鞋。［三］戲之代括：憑藉寵愛，魯武公小兒子戲取代了長子括的太子地位。事見《國語・周語上》。［四］突之攘忽：由於鄭國太子忽沒有外援，結果被公子突奪取了君位，忽只好出逃。事見桓公十一年。［五］援周、宋之比：指此前晉國曾護送在外流亡的周朝王子和宋國公子分別回到周和宋繼承君位。

蓋嘗觀戰國之際，諸子蠭起，終身蔽蒙者，置不足議。至若宋牼、淳于髡［一］之徒，皆親嘗為孟子之所折壘摧陣衄［二］矣，終不肯幡然儒服，竟自名其家。是非不知操術之誤，反顧平生肄習之勤，未能決然捨也［三］。彼於呻吟佔畢［四］間，尚戀戀不肯棄，

亡都來不及，怎麼還有閒暇敢抗拒？如今見正義的浩大，而忘卻了邾國的弱小。不顧念廢棄先前功勞的可惜，只知道現在的過失應當除去。趙盾超過別人的地方就在這裏。

我曾經考察在戰國的時候，諸子像蜂一樣成群而起，那些始終為邪說所蒙蔽的人，可置之不論。至於像宋牼、淳于髡這樣的人，都曾經親被孟子所挫敗摧折，卻始終不能幡然醒悟而從儒，竟然自成一家。他們並不是不知道自己所執持的學說的錯誤，而是因為花費平生的工夫勤奮學習，所以不能毅然捨棄。他們在呻吟誦讀的時候，尚且戀戀不肯丟棄，何況是這樣眾多的車馬軍隊，這樣重要的征伐行動呢？讚揚趙盾

況興師之眾，征伐之重乎？獎盾之義，宜吾之不敢廢也。

［注釋］［一］宋牼、淳于髡：皆戰國時辯士。［二］折壘摧陣衄（ㄋㄩˋ）：堡壘被摧毀，戰陣留了許多血。這裏指宋牼、淳于髡他們在與孟子爭辯時失敗，被孟子徹底地折服。［三］反顧平生肄習之勤，未能決然捨也：雖然被孟子折服，但還是不能捨棄自己以前長時間所學習的東西。［四］佔（ㄓㄢˋ）畢：謂經師不解經義，但視簡上文字誦讀以教人，后亦泛稱誦讀。

吾嘗歷考世變，冒甚厚之名，必就甚厚之實；辭甚厚之實，必避甚厚之名。其避其就，不出名實之兩端而已。盾之退師，將以避名耶，則有輕率之譏；將以就實耶，則無錙銖之獲。所避非名，則避者果何事？所就非實，則就者果何物？學者嘗試思之。

的作法，也是我不敢廢棄的。

我曾經考察歷代的世事變化，若頂著很高的名聲，必定是為了厚實的實際回報；若推辭厚實的實際回報，必定會免掉很高的名聲。是避免還是成就，不出於名和實兩者而已。趙盾退兵，若是為了逃避名聲，那麼就會被譏笑為輕率；若是為了實際回報，那麼又沒有絲毫的收穫。所逃避的不是名聲，那麼逃避的究竟是什麼呢？所要的不是實際回報，那麼所要的究竟是什麼呢？學者嘗試著去思考一下吧。

左傳原文

趙盾納捷菑於邾 文公・十四年

邾文公元妃齊姜，生定公；二妃晉姬，生捷菑。文公卒，邾人立定公，捷菑奔晉。晉趙盾以諸侯之師八百乘，納捷菑于邾。邾人辭曰：「齊出貜且長。」宣子曰：「辭順而弗從，不祥。」乃還。

周公王孫蘇訟于晉

昔者文王聽虞、芮之訟[一]，而商道始衰。聽訟，非文王之心也。東冰西炭，凍者不得不西；左淵右陸，溺者不得不右。虞、芮之訟，文王未嘗招之使來，蓋麾之不能去[二]也。文王雖不與虞、芮期，而虞、芮自至。故議者以二國之向背，筮[三]商、周之興亡也。舜避朱，禹避均，益避啓[四]，其辭其受，未嘗不視獄訟之所歸以為決。虞、芮之訟，近捨朝歌而遠趨豐鎬[五]，彼紂雖倔強於酒池肉林間，直寄坐焉耳。

[注釋][一]昔者文王聽虞、芮之訟：相傳商代的屬國虞國和芮國爭得不可開交，欲請文王調解，剛一踏上文王的封土，就被文王邦內的風氣所感染，於是便停止了爭論。[二]麾（ㄏㄨㄟ）之不能去：使之離去而不離去。麾，同揮。[三]筮：（以蓍草）占卜。

[譯文]

過去文王調解虞國和芮國的訴訟，於是商朝的王道開始衰退。聽訟，並非出於文王的本心。東面有冰，西面有炭火，受凍的人不得不向西面靠攏；左邊是深淵右邊是陸地，溺水的人不得不向右邊靠攏。虞國和芮國的訴訟，文王未必招喚並讓他們來，但即使叫他們離開他們也不肯離開。雖然文王跟虞國和芮國沒有約定，但虞國和芮國卻自己到來。所以論者根據這兩個國家歸向誰或背離誰，可以占驗商和周的興與亡。舜躲避丹朱，禹躲避商均，益躲避啟，他們或推辭或接受，未必不是依訴訟的歸向來做決定的。虞國和芮國爭訟，捨棄附近的朝歌而前往遠方的豐鎬，他商紂雖然在酒池肉林之間顯得很強大，只不過是暫時坐在那裏而已。

[四]舜避朱，禹避均，益避啟：朱，丹朱，堯之子，不肖。均，商君，舜之子，亦不肖。啟，夏啟，禹之子，繼承了禹位，結束了禪讓制，開始了家天下的制度。

[五]近捨朝歌而遠趨豐鎬：朝歌，商紂王都城，這裏指代商。豐鎬，文王統治區中心，這裏指代周。

吾嘗持是而觀後世隆替[一]之由，權在則昌，權去則亡，未有失其權而國不隨亡者也。周道既降，孱王僕臣[二]不能主方夏之柄[三]，儕[四]於列國。至匡王[五]之世，則殆甚焉。周公，大臣也；王孫蘇，卿士也。二臣有訟，不之王而之晉，君天下者，尚將照臨萬國。大明淑慝[六]，外薄[七]海表，咸得其職，今至不能尸堦戺之訟[八]，則國之置王，果何用乎？

[注釋][一]隆替：隆起與廢替，指興盛和衰亡。

[二]孱王僕臣：孱弱的君王，像僕人一樣的臣下。形容周天子的威信掃地，已經不受諸侯國的尊敬了。[三]

我曾經用這個來觀察後世興衰的緣由。權力在就能昌盛，權力失去了就會滅亡，沒有失去了權力而國家不隨著滅亡的。周朝的道德已經衰退了，孱弱的君王，像僕人一樣的臣下，不能夠主持華夏各國的政治，和諸侯國的地位並列了。到了周匡王的時候，就非常危險了。周公是大臣，王孫蘇是卿士。兩位臣子有爭訟，不到周王那裏去而到晉國來。作為天下的君王，尚且要監察各個諸侯國，嚴格地分明賢能和奸邪，統治的範圍一直延伸到海外，人們都能各盡所能。現在卻不能夠主持內部的爭訟，那麼國家設置君王，究竟有什麼用呢？

主方夏之柄：主持華夏各國的政治。〔四〕儕（ㄔㄞˊ）：同列，同等。〔五〕匡王：周匡王．公元前六一二至前六〇六在位。〔六〕淑慝（ㄊㄜˋ）：賢能和邪惡。〔七〕薄：近，靠近。〔八〕尸堦戺之訟：指主持內部的訴訟。尸，主持。堦戺，階下，指朝廷內部。

虞、芮，介然〔一〕遠國矣，其質成〔二〕於周，議者尚為商危之。向若飛廉、惡來〔三〕，內相忿競，棄紂而即文，紂雖無道，亦未必能堪也。匡王怡然坐視，不惟不駭，反使人於晉，助所厚者之訟，惴惴然恐其不伸。巍然被袞〔四〕，號稱天子，顧乃企足矯首，待晉之予奪〔五〕以為輕重，何其衰也？是周之危過於商，而匡王之無恥甚於紂也。周之頹敝，甚於商季〔六〕，何為當亡而不亡？晉侯之小心，不及於文王，何為可取而不取？

虞國和芮國是小小的邊遠國家，它們到周地去達成了和解，論者尚且以為商代很危險了。以前如果飛廉、惡來在朝中發生爭執，拋棄商紂而到文王這裏來，商紂雖然無道，但也未必能夠容忍。周匡王安閒地坐在一旁看著，不僅不擔心，反而派人去晉國幫助自己所厚愛的人爭訟，小小心心，生怕周公的理得不到伸張。披著華麗的袞袍，號稱是天子，卻還踮腳翹首地等待晉國的裁決作為輕重，怎麼如此地衰弱？這樣，周朝的危險超過了商朝，而周匡王的無恥也超過了商紂。周朝的頹敗超過了商代末期，為什麼應當滅亡卻沒有滅亡呢？晉侯的小心謹慎比不上周文王，為什麼可以奪取而不奪取？

〔注釋〕〔一〕介然：很小的樣子。〔二〕質成：和解。〔三〕飛廉、惡來：紂時奸臣。〔四〕被袞（ㄍㄨㄣˇ）：穿著袞袍，這是天子的服裝。〔五〕予奪：裁決，裁斷。〔六〕商季：商朝末期。

蓋嘗思其故矣。紂之末年，雖三分失其二〔一〕，然威令尚行境內，凶虐尚能及人，故民不堪其暴而共亡之。晚周之微，門內小訟，猶不得專，雖欲淫侈，誰聽其掊克〔二〕？雖欲殘酷，誰受其指令？其起其仆，近不係斯民之休戚，遠不係諸侯之強弱，晉雖陽尊貌敬，實不過以邾、莒〔三〕遇之耳，何嫌何疑，而遽欲墟〔四〕之哉！故周非不亡，無可亡也；晉非不取，不足取也。

〔注釋〕〔一〕紂之末年，雖三分失其二：相傳商紂時期，文王「三分天下有其二」，所以說「紂之末年，雖三分失其二」。〔二〕掊（ㄆㄡˊ）克：聚斂，搜括。〔三〕邾（ㄓㄨ）、莒（ㄐㄩˇ）：邾國和莒國，都是所謂的蕞

我曾思考了其中的緣故。商紂末年，雖然三分天下已經失去了兩分，但威嚴的命令還在境內施行，施行暴虐還能傷到人，所以百姓忍受不了他的暴虐就一同把商朝滅掉了。晚周衰微，朝廷內部小小的爭訟還不能控制，即使想奢侈，誰會聽任他聚斂？即使想殘酷，誰會接受他的指使？他的一舉一動，在近的方面說來，無關百姓的安危，從遠的方面來說，無關諸侯的強弱，晉國雖然表面上尊敬它，實際上不過是把它和邾國、莒國一同對待而已，有什麼憎恨和懷疑而要馬上毀滅它呢？所以周朝不是不滅亡，是沒有什麼可以滅亡的。晉國不是不奪取，是沒有什麼值得奪取的。

爾小國。〔四〕墟：使之成廢墟，指滅亡。

大抵能害人者，必能利人；能殺人者，必能生人。紂雖下愚不移，然操柄猶未盡失，使其移比干之戮於崇侯〔一〕，移崇侯之寵於比干，朝發鹿臺之財，暮發鉅橋之粟〔二〕，烏知其不祈天永命，編名六七君〔三〕之列乎？至於匡王，枵然〔四〕建空名於六服〔五〕之上，禮樂刑政，舉不在己，雖欲自奮，其道何由？是將僨〔六〕之商，猶有復起之望；未墜之周，已如既隕之時也。左支〔七〕廢，右支緩，奄奄餘息，綿百世而閱千齡，樂乎哉！周過其歷之言，吾未敢信。

〔注釋〕〔一〕移比干之戮於崇侯：比干，紂的叔父，也是紂的忠臣，多次進諫，結果他被紂挖心而死。崇侯，紂之佞臣。〔二〕朝發鹿臺之財，暮發鉅橋之粟：鹿臺，商紂王曾聚收大量的錢財修建鹿臺。鉅橋，古

大抵上能夠損害別人的人，必定也能使人獲利；能夠殺人的人，必定也能使人活命。商紂即使十分愚昧，不可改變，但權力還沒有喪失殆盡，如果他把對比干的殺戮轉移到崇侯那裏，把對崇侯的恩寵轉移到比干那裏，早上散發鹿臺的財寶，晚上散發鉅橋的糧食，怎麼知道他不會祈求上天給他永恆的命數，而把自己的名號編列在前代賢王之中呢？至於周匡王，徒然在各個諸侯國之上建立空虛的名號，但禮樂制度和刑罰朝政都不在自己這兒，雖然想自我奮發，他又有什麼路可走呢？這就是說，即將覆亡的商朝還有再度興起的希望，而沒有墜毀的周朝已經如隕石掉落的時候了。左肢被廢掉了，右肢也很遲鈍了，奄奄餘息，綿延了一百代而經歷了一千年，又有什麼快樂可言呢！說周朝的國祚已經超過了它的歷數，我是不敢相信的。

代糧倉之所在。《尚書・武成》曾記載周武王擊敗商紂以後，「散鹿臺之財，發鉅橋之粟」。〔三〕六七君：始前代聖賢堯舜等人。〔四〕枵（ㄒㄧㄠ）然：中空貌。〔五〕六服：指周代天子在直轄區所分的六種區域：侯服、甸服、男服、采服、衛服、蠻服。這裏泛指諸侯各國。〔六〕僨（ㄈㄣˋ）：覆亡，敗壞。〔七〕支：同肢。

【古評】

朱字綠曰：王臣左右之訟，王不能自決，而取平於晉，因生出虞芮質成，始終以商周對勘到底。中說到商紂猶能自操其柄，周匡則已早委其權，奇確無比。具此識見，故能自成快論。○商有權而周無權，是已然謂晉非不取。無足取者，亦未盡然。周自建國以後，雖有穆之盤游，昭之不復，厲之流彘，幽之舉烽，平之東遷，數經大故，而國祚無改者，當時天子原無私天下之意，故當時諸侯，亦本無取天下之心。五霸迭興，七雄競出，而齊威王、秦孝公，猶行朝禮。先王之教，所以浹洽而流衍者，愈久而愈未嘗亡也。是則天下言朝周者有之矣，言取周者有之乎？其不取也，非畏而不敢取也，非愛而不忍取也，非重而不能取也，非薄而不屑取也。蓋從無萌取之之念者，勢雖不振，猶如家眾之於長嫡，相依以為生而已。若云不足取而棄之，竊意畿內之地，猶多於陽樊溫原攢茅之田，何前貪而後廉哉？

張明德曰：王臣左右之訟，不能取決於王，而下訟於晉，天子僅一守府，徒擁空名，何益也？引虞芮質成一事，借商周為對證，見得紂雖無道已極，而猶能操天子之柄，以轉移天下。周王已早委其權，此千古確證。快論天開，有膽有識。讀此等文而不善生發者，必為聾瞶。東萊先生謂周不足取，當是指天子禮樂刑政之大權，舉不在己，故不足取耳。確在大處落墨。議者以為畿內之地，猶多於陽樊溫原攢茅之田，若謂不足取而棄之。晉非廉者，斯言也，仍不失為世俗之見，未可以測先生之卓識也。愚謂晉果以畿內之地為意，則朝王請隧之時，何不轉而為請田？隧，虛名也；田，實惠也。不請田而請隧，可見晉雖雜霸，亦嘗以禮樂刑政為重也。重在禮樂刑政，而禮樂刑政之權，已下落矣。尚何足取之有？前貪後廉云乎哉？書此以待高明定論。

左傳原文

周公王孫蘇訟于晉 文公．十四年

周公將與王孫蘇訟于晉，王叛王孫蘇，而使尹氏與聃啟訟周公于晉。趙宣子平王室而復之。

晉侯秦伯圍鄭

僖公．三十年

天下之事，有非出於人情之常者，其終必不能安。受施者致其報，施者享其報，人情之常也。居施者之地，而為報者之事，非人情之常也，矯也。其所以矯情而為之者，抑有說矣。

彼徒見夫有德於人者，責報則兩傷，忘報則兩全也，遂以謂忘報者猶足以全其恩，況吾度越常情之外，居施者之地而為報者之事，其恩厚豈有涯哉？

抑不知君子不盡人之歡，亦不盡己之歡；不竭人之忠，亦不竭己之忠。人與己無二情也。人受施於我，其報猶有時而厭，況

［譯文］

天下的事情，有些不是出自人之常情者，最終必定不能久安。受到施捨的人答謝施捨者，施捨的人享受他的報答，這是人之常情。處在施捨者的地位，卻去做報答者的事情，這不是人之常情，是矯情。他之所以矯情地這樣做，或許另有說法吧。

那些只看到自己施捨於人，便去要求報答，就會傷害雙方的恩情，而忘記報答就會保全雙方的恩情，於是就認為，忘記要求報答已能夠保全他們之間的恩情，何況我超出人之常情之外，處在施捨者的地位，而做報答者的事情，這樣的恩情厚遇怎會有邊際呀？

卻不知道，君子不能使別人極盡歡娛，也就不能使自己極盡歡娛；不能對別人竭盡忠誠，也就不能對自己竭盡忠誠。別人和自己沒有兩樣的情理。別人受到我的施捨，他的回報有時還會有滿足而止的時侯。

我有施於人，反僕僕然〔一〕為報者之事，是果人情之所安乎？惟其不出於吾情之所安，雖矯而行之，激而為之，矯者怠，激者衰，則吾情終有時而不能繼矣。恩之而不能繼，則釁隙〔二〕生焉，曾不如相忘者之為安〔三〕也。常理之外，不可加一毫之理；常情之外，不可加一毫之情。是故過厚者必薄，過親者必疏，過愛者必憎，過喜者必怒。情豈有過而不反者哉！

〔注釋〕〔一〕僕僕然：奔走勞頓貌。〔二〕釁隙：裂痕。〔三〕相忘者之為安：《莊子・大宗師》：「相濡以沫，不如相忘於江湖。」

蓋嘗觀秦穆、晉文之爭端，然後知常情之果不可加也。晉文以一亡公子而列於五霸，揆厥本原〔一〕，果誰之力耶？流離之時，使無秦穆，則為尪、為瘠、為僵、為殍〔二〕；

何況我對他有施捨，反而奔波勞頓地去做報答的事情，這難道真是人的情感所能安然的嗎？正因為它不是出於我的情感所安，所以即使矯情地施行了，激動地做了，矯情也會變得懈怠，激動也會變得衰弱，那麼我的恩情終究會有繼續不下去的時候。對他不能繼續施恩，那麼裂痕就會產生，還不如互相忘記恩情更能久安。常理之外，不可以再增加一絲一毫的理；常情之外，不可以再增加一絲一毫的情。所以過於厚重必定會變得輕薄，過於親近必定會變得疏遠，過於愛惜必定會變得憎惡，過於高興必定會變得憤怒。情理難道沒有物極必反的情況嗎？

我曾經考察過秦穆公、晉文公之間的爭端，然後知道了常情果真是不可以再增加。晉文公以一個流亡公子的身分躋身於春秋五霸，推溯這件事的根源，究竟是誰的力量呢？晉文公流離失所時，如果沒有秦穆公，就會變得瘦弱貧病，成為僵屍餓殍；呂甥和郤芮

呂郤之難〔三〕，使無秦穆，則為灰、為燼、為煙、為埃。始拔之於尪、瘠、僵、殍之中，終脫之於灰、燼、煙、埃之外，使襲先祀〔四〕，使君萬民，使專土疆，使擅利勢，一身之間，自冕及舄，皆秦穆所致也。有丘山之施，而不受涓滴之報，在秦穆既為盛德矣。今秦穆非特不責報於晉，乃反致其報於晉，務欲加於常情，以結晉之歡焉。

〔注釋〕〔一〕揆厥本原：推溯其根源。〔二〕為尪、為瘠、為僵、為殍：尪，瘦弱；瘠，瘦弱；僵，僵硬，僵屍；殍，餓殍，餓死的人。〔三〕呂郤之難：指僖公二十四年，秦穆公派兵護送晉文公重耳返回晉國，奪得君位。呂甥和郤芮聯合作亂，晉文公在秦穆公的協助下，滅掉了呂甥和郤芮。〔四〕使襲先祀：這裏指繼承晉國的正統。

嗚呼！情果可加，則聖人已先加之矣。聖人所不能加，而秦穆則欲加之，豈自以為

作亂時，如果沒有秦穆公，晉文公就會變成灰燼，化為煙塵。開始時秦穆公把他從貧病和死亡的威脅中拯救出來，最終又幫他從灰燼煙塵中逃脫，讓他延續先祖的祭祀，使他成為萬民的國君，讓他專有國土疆域，使他獨佔各種利益和勢力，整個身體的服飾，從頭冠到腳鞋，都是秦穆公給與的。秦穆公對晉文公的恩施重於丘山，卻不想得到一點點報答，就秦穆公而言德行已經很高了。現在秦穆公非但不要求晉國報答，反而報答晉國，務必想讓自己的恩情超過常情，以便更加贏得晉國的歡心。

唉！恩情果真可以增加，那麼聖人早就先增加了。聖人不能增加的，秦穆公卻想增加，難道自認為

勝於聖人耶？秦穆始欲加聖人之所不能加，終則自不能繼，而怨隨之。隙開於鄭之圍，而成於殽之役。吾是以知始之加，乃終之損也。或者咎秦穆與晉俱圍鄭，反背晉而戍之。吾謂是固秦穆之罪，然其禍源，正不在是。一室之人，同盤而食，辛甘酸鹹，所嗜猶雜然而不齊。況二國並立，形異勢異，利異害異，秦穆乃以秦狥[一]晉，無役不會，無盟不同，挾未報之德，矯情屈意，反若受役於晉者，是安可久耶？釁隙不發於今，必發於後。燭之武之說[二]，三大夫之戍[三]，特釁隙之迹，而非其端也。

[注釋][一]狥：同徇，屈就，依順。[二]燭之武之說：鄭國危亡時，鄭國大夫佚之狐進見鄭伯，勸他派燭之武進見秦君。果然，燭之武說服了秦穆公撤退。[三]三大夫之戍：三大夫是指秦國的杞子、逢孫、楊孫。

超過了聖人嗎？秦穆公開始想增加聖人都不能增加的，最後卻使自己不能再繼續下去，怨恨就跟著來了。裂痕是在圍困鄭國時開始出現的，而在殽之戰時形成。所以，我知道開始時增加的就是最終要減損的。有人責怪秦穆公和晉國一同圍困鄭國，反而背棄晉國而替鄭國戍守。我認為這固然是秦穆公的過錯，但他的禍根不在這裏。住在同一個屋子裏的人，同一個菜盤吃飯，辣甜酸鹹，各自的嗜好尚且複雜各異，何況兩個國家的情形和勢力各不相同，利益和害處也不相同。秦穆公以秦國來屈就晉國，沒有一次戰役不會合，沒有一次會盟不共同參加，挾持著沒有報答的恩情，矯情地委屈內心，反而好像受到了晉國的役使，這怎麼可能長久呢？裂痕不在現在萌發，必定會在以後萌發。燭之武的勸說，三個秦國大夫的戍守，只不過是裂痕的形跡，而不是它的根本。

噫！晉人初受秦穆生全之際，懷恩未報，方以為我負秦；習見秦穆服從之久，少有不合，遽以為秦負我。是秦穆之以恩召怨，固可責；晉人之以恩為怨，尤可責也。以恩為怨，少知自愛者皆恥之，獨秦穆之失，不得不發之以告學者焉。露之濡根莖，苗節無不沾；雨之降丘陵，原隰[一]無不被，天之恩物至矣。然日出陽升，則天不知有露也；雲歸空霽[二]，則天不知有雨也。種一草，植一木，幸而滋榮，則朝環夕繞，認以為己恩，爬搔培壅[三]，未必不反為物之害者，其秦穆類耶！

[注釋][一]原隰：原野。[二]霽：雨止天晴。

[三]爬搔培壅：爬搔，梳理；培壅：培土，堆土。

咳！晉國人當初得到秦穆公保全時，懷著那還沒有報答的恩情，正以為自己辜負了秦國；後來習慣性地看到秦穆公服從晉國，時間久了，稍微有點不合心意，就以為是秦國辜負了晉國。這樣，秦穆公用恩情招致了怨恨固然是可以責備的，晉國人把恩情當作怨恨更可以被責備。把恩情當作怨恨，稍微知道自愛的人都會感到羞恥。只是對秦穆公的過失，我不得不揭發出來告訴學者。露水滋潤植物的根莖，幼苗、枝節都會得到沾溉；雨水降臨丘陵，原野都會覆蓋到，上天恩澤萬物到了極致。但是太陽出來陽氣上升，天並不知道有露水；雲散雨停，天並不知道有雨水。栽一株草，植一棵樹，幸好滋長茂盛，於是就早晚環繞在旁邊，認為是自己的恩德，不停地梳理和鬆土，這未必不會反而有害於此物，這樣的人與秦穆公是同一類人呀！

左傳原文

晉侯秦伯圍鄭

僖公・三十年

九月，甲午，晉侯、秦伯圍鄭，以其無禮於晉，且貳於楚也。晉軍函陵，秦軍氾南。佚之狐言於鄭伯曰：「國危矣。若使燭之武見秦君，師必退。」公從之。辭曰：「臣之壯也，猶不如人。今老矣，無能為也已。」公曰：「吾不能早用子，今急而求子，是寡人之過也。然鄭亡，子亦有不利焉。」許之。夜，縋而出。見秦伯曰：「秦、晉圍鄭，鄭既知亡矣。若亡鄭而有益於君，敢以煩執事。越國以鄙遠，君知其難也，焉用亡鄭以倍鄰？鄰之厚，君之薄也。若舍鄭以為東道主，行李之往來，共其乏困，君亦無所害。且君嘗為晉君賜矣，許君焦、瑕，朝濟而夕設版焉，君之所知也。夫晉何厭之有？既東封鄭，又欲肆其西封，若不闕秦，將焉取之？闕秦以利晉，唯君圖之。」秦伯說，與鄭人盟。使杞子、逢孫、楊孫戍之，乃還。子犯請擊之。公曰：「不可。微夫人力不及此。因人之力而敝之，不仁；失其所與，不知；以亂易整，不武。吾其還也。」

秦穆出師襲鄭

僖公・三十二年

天下之事以利而合者，亦必以利而離。秦晉連兵而伐鄭，鄭將亡矣。燭之武出說秦穆公，立談之間，存鄭於將亡，不惟退秦師，而又得秦置戍而去。何移之速也？燭之武一言，使秦穆背晉親鄭，棄強援，附弱國；棄舊恩，召新怨；棄成功，犯危難。非利害深中秦穆之心，詎能若是乎？秦穆之於晉，相與[一]之久也，相信之深也，相結之厚也，一怵於燭之武之利，棄晉如涕唾[二]，亦何有於鄭乎？他日利有大於燭之武者，吾知秦穆必翻然[三]從之矣。是則杞子襲鄭之謀，實燭之武有以開之也。

[注釋][一]相與：相互結盟。與，結盟。[二]涕唾：鼻涕和口水。[三]翻然：形容快速改變的樣子。

[譯文]

天下的事情如果是因為利益結合在一起，也必定會因為利益而離散。秦國和晉國聯軍討伐鄭國，鄭國即將要滅亡。燭之武逃出去遊說秦穆公，片刻談話之間，就保存了即將滅亡的鄭國。不只是讓秦國退兵，而且又使得秦國在鄭國留下戍守後纔撤去，怎麼改變得這麼快呢？燭之武的一席話使得秦國背棄晉國而親近鄭國，背棄強大的後援，而依附弱小的鄭國；背棄以前的恩情，而招致新的怨恨；放棄成功，而去冒險犯難。如果不是利害關係深深地打動了秦穆公的內心，怎麼可能會是這個樣子呢？秦穆公與晉國結盟已久，相互信任很深，相互結交很厚，一旦被燭之武所說的利害關係嚇住，就像唾棄鼻涕、口水一樣背棄了晉國，這與鄭國有什麼關係呢？以後如果有比燭之武所說的利益更大的，我想秦穆公必定又會迅速聽從。這就是說，杞子襲擊鄭國的謀劃，實際是燭之武因此而開啟的。

舉鄭國之人，咸誦[一]燭之武退兩國之師，續百年之祀於頰舌之間[二]，孰知危亡之釁，亦已芽於武之頰舌乎？秦穆從燭之武之言而戍鄭者，非愛鄭也，利在焉故也；從杞子之言而襲鄭者，非憎鄭也，利在焉故也。心無晉、鄭，惟利之趨，豈有輕絕數十年締交之晉，而反重結數年始附之鄭者乎？燭之武以利始之，杞子以利終之，使外無弦高之謀，內有三子之應，豈復有鄭乎？是燭之武之留戍，乃所以留禍。雖免國於晉，而輸國於秦也。君子之重言利，其以是哉！秦穆既以利輕絕晉，亦必以利輕絕鄭。利心一開，不能自窒，宜其蔑蹇叔之諫，而取殽之敗也。

[注釋][一]誦：稱頌。[二]頰舌之間：臉頰和

整個鄭國人都稱頌燭之武使兩國撤軍的行為，他在言談間讓鄭國百年的祭祀得到延續，誰能想到危亡的苗頭已經萌芽於燭之武的言談間呢？秦穆公聽從燭之武的話去戍守鄭國，不是因為愛護鄭國，而是因為利益所在；聽從杞子的話去襲擊鄭國，也不是因為憎恨鄭國，而是因為利益所在。心裏沒有晉國和鄭國，只有利益的驅使，難道會輕易地棄絕結交了幾十年的晉國，轉而去重新結交最近幾年纔開始依附的鄭國嗎？燭之武用利益誘引讓他開始，杞子用利益誘引讓他結束，如果在外沒有弦高的謀略，在內又有三個人作內應，難道會再有鄭國嗎？燭之武讓秦國人留下來戍守，就是留下禍根。雖然使鄭國避免了晉國的侵略，卻把國家送給了秦國。君子重視談論利益，難道是這樣的嗎？秦穆公既然因為利益而棄絕了晉國，也必定會因為利益而棄絕鄭國。利益之心一旦開啟，就不能自我抑制，難怪秦穆公會不顧蹇叔的勸諫，而自取殽之戰的失敗了。

舌頭之間，指一個人的口才。

殽之役，說者或歸其曲［一］於晉，以謂秦所襲者鄭，所滅者滑，於晉未有朝夕之急，乃冒喪而邀［二］之。吾以為晉固可責，秦穆亦不得無罪焉。孫權與劉備約，同伐劉璋，備方發「被髮入山」之辭以拒權，不旋踵而自取之，此權所以深怨而有荊州之師也；晉與秦同圍鄭，秦獨退師留戍以背晉，不旋踵而自襲之，此晉所以深怨而有殽之師也。前則恐人分其利，後則以己專其利，最人情之所甚惡，知權之怨備，則知晉之怨秦矣。安可獨歸曲於晉乎？

［注釋］［一］曲：理虧。［二］邀：攔截，半路襲擊。

然秦穆懲殽之敗，仍用孟明，增修國政，竟刷大恥。夫子驟列其悔過之誓於二帝

對於殽之戰，有的論者把理虧的一方歸到晉國，認為秦國襲擊的是鄭國，所滅的是滑國，對晉國而言並沒有什麼朝不保夕的危急，晉國卻趁著有喪事的時候攔截秦軍。我認為，晉國固然可以責備，秦穆公也不是沒有罪過。孫權和劉備約好一同討伐劉璋，劉備剛用「披頭散髮隱居山林」的話來拒絕孫權，不一會自己就去奪取了，這就是為什麼孫權十分怨恨劉備，從而向荊州派兵。晉國和秦國一同圍困鄭國，秦國單獨撤軍並留戍鄭國，背叛了晉國，不一會又自己來偷襲鄭國，這就是為什麼晉國十分怨恨秦國，從而向殽山派兵。以前恐怕別人瓜分利益，後來卻自己獨享利益，這是人情所最厭惡的。知道孫權為什麼怨恨劉備，就知道晉國為什麼怨恨秦國了，怎麼能把理虧單獨歸到晉國呢？

然而秦穆公懲戒殽之戰的失敗，仍然任用孟明，進一步改善國政，竟然洗刷了奇恥大辱，孔子驟然把

三王之後[一]者，抑有意焉。一悔可以破百非，一善可以滌百利。秦穆在《春秋》中，朝議暮貶，左瑕右玷，雖擢髮不足以數其罪[二]，及入於《書》，則溫然粹然，不見微隙。是《典》、《謨》、《誥》、《誓》之秦穆，而非復《春秋》之秦穆也。聖人之勸深矣。自時厥後，晉有邲之敗，齊有鞌之敗，楚有鄢陵之敗[三]，其餘敗軍者，未易槩舉。如秦之懲敗而悔過者，則無聞焉。此《書》之所以止於秦也。繼秦穆而有悔過自誓之舉，則夫子之序《書》，詎終於秦耶？

[注釋][一]夫子驟列其悔過之誓於二帝三王之後：《尚書》的最後一篇為《秦誓》，《秦誓》前面都是上古帝王之言。[二]雖擢髮不足以數其罪：形容罪惡多得數不過來，超過了頭髮的數目。[三]晉有邲之敗，齊有鞌之敗，楚有鄢陵之敗：分別在宣公十二年、成公二年、成公十六年。

秦穆公悔過的誓言放在二帝三王之言的後面，或許是有更深的含意。一次悔改可以消除許多錯誤，一次善舉可以洗掉許多私利。秦穆公在《春秋》一書中，經常受到議論和貶斥，全身上下都是污點，即使擢起頭髮來數他的罪過也數不過來，等到列入了《尚書》，就變得溫和純正，看不到一點瑕疵。這是《典》、《謨》、《誥》、《誓》裏的秦穆公，而不是《春秋》裏的秦穆公。聖人的勸勉是有深意的。從那時以後，晉國有邲之戰的失敗，齊國有鞌之戰的失敗，楚國有鄢陵之戰的失敗，其他國家的失敗不勝枚舉。像秦穆公這樣懲戒失敗而能悔過的人卻沒有聽說過。這就是《尚書》為什麼在秦穆公這裏結束。如果在秦穆公之後還有自我發誓悔過的舉動，那麼孔夫子編訂《尚書》，怎麼會到秦穆公就停止呢？

左傳原文

秦穆出師襲鄭 僖公·三十二年

杞子自鄭使告于秦，曰：「鄭人使我掌其北門之管，若潛師以來，國可得也。」穆公訪諸蹇叔，蹇叔曰：「勞師以襲遠，非所聞也。師勞力竭，遠主備之，無乃不可乎？師之所為，鄭必知之。勤而無所，必有悖心。且行千里，其誰不知？」公辭焉。召孟明、西乞、白乙，使出師於東門之外。蹇叔哭之曰：「孟子，吾見師之出，而不見其入也。」公使謂之曰：「爾何知？中壽，爾墓之木拱矣。」蹇叔之子與師，哭而送之，曰：「晉人禦師必於殽。殽有二陵焉：其南陵，夏后皐之墓也。其北陵，文王之所辟風雨也。必死是間，余收爾骨焉。」秦師遂東。

秦師過周北門 僖公·三十三年

三十三年，春，晉秦師過周北門，左右免冑而下。超乘者三百乘。王孫滿尚幼，觀之，言於王曰：「秦師輕而無禮，必敗。輕則寡謀，無禮則脫。入險而脫，又不能謀，能無敗乎？」及滑，鄭商人弦高將市於周，遇之。以乘韋先，牛十二，犒師，曰：「寡君聞吾子將步師出於敝邑，敢犒從者。不腆敝邑，為從者之淹，居則具一日之積，行則備一夕之衛。」且使遽告于鄭。則束載、厲兵、秣馬矣。使皇武子辭焉，曰：「吾子淹久於敝邑，唯是脯資餼牽竭矣。為吾子之將行也，鄭之有原圃，猶秦之有具囿也，吾子取其麋鹿，以間敝邑，若何？」杞子奔齊，逢孫、揚孫奔宋。孟明曰：「鄭有備矣，不可冀也。攻之不克，圍之不繼，吾其還也。」滅滑而還。

晉原軫曰：「秦違蹇叔，而以貪勤民，天奉我也。奉不可失，敵不可縱。縱敵患生，違天不祥，必伐秦師。」欒枝曰：「未報秦施而伐其師，其為死君乎？」先軫曰：「秦不哀吾喪而伐吾同姓，秦則無禮，何施之為？吾聞之，一日縱敵，數世之患也。謀及子孫，可謂死君乎！」遂發命，遽興姜戎。子墨衰絰，梁弘御戎，萊駒為右。

夏，四月，辛巳，敗秦師于殽，獲百里孟明視、西乞術、白乙丙以歸。遂墨以葬文公。晉於是始墨。文嬴請三帥，曰：「彼實構吾二君。寡君若得而食之，不厭，君何辱討焉？使歸就戮于秦，以逞寡君之志，若何？」公許之。先軫朝，問秦囚。公曰：「夫人請之，吾舍之矣。」先軫怒曰：「武夫力而拘諸原，婦人暫而免諸國。墮軍實而長寇讎，亡無日矣！」不顧而唾。公使陽處父追之，及諸河，則在舟中矣。釋左驂，以公命贈孟明。孟明稽首曰：「君之惠，不以纍臣釁鼓，使歸就戮于秦。寡君之以為戮，死且不朽。若從君惠而免之，三年將拜君賜。」秦伯素服郊次，鄉師而哭，曰：「孤違蹇叔以辱二三子，孤之罪也。不替孟明，孤之過也。大夫何罪？且吾不以一眚掩大德。」

秦使孟明為政　文公．元年

殽之役，晉人既歸秦帥，秦大夫及左右皆言於秦伯曰：「是敗也，孟明之罪也，必殺之。」秦伯曰：「是孤之罪也。周芮良夫之詩曰：『大風有隧，貪人敗類。聽言則對，誦言如醉。匪用其良，覆俾我悖。』是貪故也，孤之謂矣。孤實貪以禍夫子，夫子何罪？」復使為政。

晉秦戰彭衙復用孟明　文公．二年

二年，春，秦孟明視帥師伐晉，以報殽之役。二月，晉侯禦之。先且居將中軍，趙衰佐之。王官無地御戎，狐鞫居為右。甲子，及秦師戰于彭衙，秦師敗績。晉人謂秦拜賜之師。戰于殽也，晉梁弘御戎，萊駒為右。戰之明日，晉襄公縛秦囚，使萊駒以戈斬之。囚呼，萊駒失戈，狼瞫取戈以斬囚，禽之以從公乘，遂以為右。箕之役，先軫黜之，而立續簡伯。狼瞫怒。其友曰：「盍死之？」瞫曰：「吾未獲死所。」其友曰：「吾與女為難。」瞫曰：「《周志》有之，『勇則害上，不登於明堂』。死而不義，非勇也。共用之謂勇。吾以勇求右，無勇而黜，亦其所也。謂上不我知，黜而宜，乃知我矣。子姑待之。」及彭衙，既陳，以其屬馳秦師，死焉。晉師從之，大敗秦師。君子謂狼瞫於是乎君子。《詩》曰：「君子如怒，亂庶遄沮。」又曰：「王赫斯怒，爰整其旅。」怒不作亂，而以從師，可謂君子矣。

秦伯猶用孟明。孟明增脩國政，重施於民。趙成子言於諸大夫曰：「秦師又至，將必辟之。懼而增德，不可當也。《詩》曰：『毋念爾祖，聿脩厥德。』孟明念之矣。念德不怠，其可敵乎？」

秦濟河焚舟　文公・三年

秦伯伐晉，濟河焚舟，取王官及郊。晉人不出。遂自茅津濟，封殽尸而還。遂霸西戎，用孟明也。君子是以知秦穆公之為君也，舉人之周也，與人之壹也；孟明之臣也，其不解也，能懼思也；子桑之忠也，其知人也，能舉善也。《詩》曰：「于以采蘩？于沼于沚。于以用之？公侯之事。」秦穆有焉。「夙夜匪解，以事一人」，孟明有焉。「詒厥孫謀，以燕翼子」，子桑有焉。

齊國莊子聘魯郊勞贈賄禮成而加之以敏

僖公・三十三年

同言者權[一]之以事，同事者權之以人。國莊子聘魯，郊勞贈賄，禮成加敏，而臧文仲稱之；魯昭公朝晉，郊勞贈賄，無失禮，而晉平公稱之；至於趙簡子之問禮，亦止於揖遜周旋之間焉。是三者，其言同也，其事同也。因其同而同之，則女叔齊之對平公，子太叔之對簡子，既皆以為儀而不以為禮，彼臧文仲其亦知儀而不知禮者歟？是殆未嘗權之以人也。臧文仲何如人也？其身死，其言凜然在《春秋》中，如砥柱之屹橫流，非女叔齊、子太叔輩所敢仰望也。臧文仲之所知，女叔齊、子太叔所不能知者多矣；未有女叔齊、子太叔之所知，臧文仲反不能知者

[譯文]

言辭一樣，就要用事情來權衡比較；事情一樣，就要用人來權衡比較。國莊子朝聘魯國，在郊外犒勞贈答，禮儀完成後更加謹慎，因而受到臧文仲的稱讚；魯昭公朝聘晉國，郊外犒勞贈送禮物，沒有失禮，因而受到晉平公的稱讚；至於趙簡子詢問禮儀，也只不過是揖讓進退而已。這三個人的言辭一樣，事情一樣。按照他們的共同點而等同起來，那麼女叔齊對應晉平公，子太叔對應趙簡子，都認為是儀，而不認為是禮，那臧文仲難道也是只知道儀而不知道禮的人嗎？這大概是不曾按照人來權衡比較。臧文仲是什麼樣的人呢？他人死了，他說的話還凜然記載在《春秋》中，就像砥柱屹立在橫流中，不是女叔齊、子太叔這類人敢仰望的。臧文仲所知道的，而女叔齊、子太叔所不知道的情況很多；沒有女叔齊、子太叔知道，臧文仲反而不知道的情況。現在女叔齊、子太叔尚且認為那是儀，臧文仲卻指認為是禮，其中必定有說法吧。

也。今女叔齊、子太叔尚識其為儀，而臧文仲乃指以為禮，其必有說矣。

〔注釋〕〔一〕權：權衡，比較。

道無精粗〔一〕、無本末，未嘗有禮外之儀，亦未嘗有儀外之禮也。升降裼襲〔二〕，與窮神知化者，本無二塗；掃灑應對，與存心養性者，本無二說。未有析禮與儀為兩物者也。禮與儀既不可離，故古者言禮與儀，亦未嘗有所擇。專言禮者，如曰「大禮」，如曰「有禮」，非謂禮中無儀也；專言儀者，如曰「多儀」，如曰「威儀」，非謂儀中無禮也。隨意而言，隨言而足，曷嘗聞指一物而為禮，又指一物而為儀者哉！春秋之初，去古猶近，是理未亡。此臧文仲之論所以不數數然〔三〕為之區別也。德又下衰，禮與儀

道理沒有精細與粗糙、根本與枝末之分，不曾有出於禮之外的儀，也沒有出於儀之外的禮。上下階陛、穿著禮服，與窮神知化探求知識，本來就不是兩種途徑；掃地灑水、回應對答，這與存心養性自我修養，本來就不是兩種說法。沒有人把禮和儀分為兩種東西的。禮和儀既然不可以分離，所以古代人談論禮和儀，也不曾有所選擇。就算專門提到禮的，如說「大禮」，如說「有禮」，也不是說禮中沒有儀。就算專門提到儀的，如說「多儀」，如說「威儀」，也不是說儀中沒有禮。只是隨意而說，隨說而足而已，何曾聽說指著一個東西說是禮，又指著另一個東西說是儀呢？春秋初期，離上古還很近，這個道理還沒有消亡。這是臧文仲的議論之所以沒有迫切地把它們區別開來的緣故。後來道德衰退，禮和儀開始分離而不再合一。看到拜只說是拜禮，看到作揖只說是揖禮，看到進酒的只說是獻禮，看到酬酒只說是酬禮，於是就認為這是

始判而不合。見拜者，止謂之拜；見揖者，止謂之揖；見獻者，止謂之獻；見酬者，止謂之酬。遂以此為禮之極，而至理精義，漫不復知矣。

〔注釋〕〔一〕道無精粗：道理沒有精細和粗糙的區分。〔二〕升降裼襲：古代各種禮節中的規定動作。升降，指上下。裼襲，古代禮服之制：袒外衣而露裼衣，且不盡覆其裘，謂之裼；不裼，謂之襲。盛禮以襲為敬；非盛禮以裼為敬。見《禮記．樂記》：「升降上下，周還裼襲，禮之文也。」〔三〕數數然：猶汲汲然，迫切貌。

故女叔齊、子太叔不得已而指之曰「此儀也，非禮也」，儀之外，當知復有所謂禮也。二人者，夫豈不知言出而道離哉？亦有所不得已焉耳。使其居臧文仲之時，肯判禮儀以開破裂之漸〔一〕耶？是非女叔齊、子太

禮的極致，但是至高的道理和精深的義理，卻不再知道了。

所以女叔齊、子太叔不得已纔指著說「這是儀，不是禮」，在儀以外應當知道還有所謂的禮。這兩個人，難道不知道說出這樣的話就遠離了禮儀的正道嗎？也是有所不得已罷了。如果讓他們處在臧文仲的時代，怎麼能分開禮與儀，開啟破裂的開端呢？這不是女叔齊、子太叔對臧文仲的說法有改變，而是女叔齊、子大叔的時代比臧文仲的時代更淺薄。孔子不

叔之說變於臧文仲之說，蓋女叔齊、子太叔之時薄於臧文仲之時也。孔子不攻異端，而孟子則攻之[二]，豈樂異於孔子哉？亦迫於時耳。世俗乃謂因孟子之言，而異端之害始出；因女叔齊、子太叔之言，而禮儀之辨始明。

[注釋][一]漸：開端、起始。[二]孔子不攻異端，而孟子則攻之：孔子反對批駁異端，曾說：「攻乎異端，斯害也已」（見《論語・為政》）。孟子長於辯論，曾說：「予豈好辯哉？予不得已也。」（見《孟子・滕文公下》）

抑不知君子願如孔子之不攻，而不願如孟子之攻；願如臧文仲之不辨，不願如女叔齊、子太叔之辨。昏昏之毀，吾所甘受；察察之名，乃吾力辭而不可得者也。此豈易與世士言耶？魯昭公知郊勞贈賄之禮，而不

去批駁異端，孟子卻去批駁，難道是喜歡與孔子不一樣嗎？也是被時代所迫而已。世俗的人卻認為孟子的話，導致了異端的禍害開始出現；因為女叔齊、子太叔的話，而禮儀的區別纔開始明顯。

卻不知道君子希望像孔子那樣不去批駁，而不希望像孟子那樣去批駁；希望像臧文仲那樣不去分辨，不希望像女叔齊、子太叔那樣去分辨。毀謗我昏庸，這是我甘心接受的；明察秋毫的名聲，卻是我極力推辭而不能夠接受的。這些難道容易跟世人士子說清楚嗎？魯昭公知道郊外犒勞贈送禮物的禮節，卻不知道

知乾侯之危；孟獻子不知郊勞擯相[一]之禮，而反知孔子之聖。當時之所謂禮者，不足以定賢愚如此，為君子者安得不力辨於毫釐之際耶？苟尚如臧文仲之信國莊子，則吾恐伯石之汰[二]亦可以聲音笑貌取州田之賞矣。吾是以知女叔齊、子太叔之謂，有所不得已也。

[注釋][一]擯相：導引賓客。[二]汰：奢侈，驕傲。

乾侯的危險；孟獻子不知道郊外犒勞以及導引賓客的禮節，反而知道孔子的聖賢。當時所謂的禮，不足以像這樣來斷定一個人的賢能和愚昧。作為君子，怎麼可以不在毫釐之間極力分辨呢？如果還像臧文仲那樣信任國莊子，那麼我恐怕伯石這樣驕奢的人也可以憑藉聲音和容貌來獲取州田的賞賜了。因此，我知道女叔齊、子太叔這樣說是不得已的。

左傳原文

齊國莊子聘魯郊勞贈賄禮成而加之以敏 僖公・三十三年

齊國莊子來聘，自郊勞至于贈賄，禮成而加之以敏。臧文仲言於公曰：「國子為政，齊猶有禮，君其朝焉。臣聞之，服於有禮，社稷之衛也。」

鄭公孫段相鄭伯禮無違 昭公・三年

夏，四月，鄭伯如晉，公孫段相，甚敬而卑，禮無違者。晉侯嘉焉，授之以策，曰：「子豐有勞於晉國，余聞而弗忘。賜女州田，以胙乃舊勳。」伯石再拜稽首，受策以出。君子曰：「禮，其人之急也乎？伯石之汏也，一為禮於晉，猶荷其祿，況以禮終始乎？《詩》曰：『人而無禮，胡不遄死？』其是之謂乎？」

昭公如晉郊勞贈賄無失禮 昭公・五年

公如晉，自郊勞至于贈賄，無失禮。晉侯謂女叔齊曰：「魯侯不亦善於禮乎？」對曰：「魯侯焉知禮！」公曰：「何為？自郊勞至于贈賄，禮無違者，何故不知？」對曰：「是儀也，不可謂禮。禮所以守其國，行其政令，無失其民者也。今政令在家，不能取也。有子家羈，弗能用也。姦大國之盟，陵虐小國。利人之難，不知其私。公室四分，民食於他。思莫在公，不圖其終。為國君，難將及身，不恤其所。禮之本末，將於此乎在，而屑屑焉習儀以亟。言善於禮，不亦遠乎？」君子謂叔侯「於是乎知禮」。

孟僖子不能答郊勞 昭公·七年

三月，公如楚，鄭伯勞于師之梁。孟僖子為介，不能相儀。及楚，不能答郊勞。

孟僖子病不能相禮乃講學之 昭公·七年

九月，公至自楚。孟僖子病不能相禮，乃講學之苟能禮者從之。及其將死也，召其大夫，曰：「禮，人之幹也。無禮，無以立。吾聞將有達者，曰孔丘，聖人之後也。而滅於宋。其祖弗父何，以有宋而授厲公。及正考父，佐戴、武、宣，三命茲益共。故其鼎銘云：『一命而僂，再命而傴，三命而俯。循牆而走，亦莫余敢侮。饘於是，鬻於是，以餬余口。』其共也如是。臧孫紇有言，曰：『聖人有明德者，若不當世，其後必有達人。』今其將在孔丘乎？我若獲沒，必屬說與何忌於夫子，使事之。而學禮焉，以定其位。」故孟懿子與南宮敬叔師事仲尼。

趙簡子問子太叔揖讓周旋之禮 昭公·二十五年

夏，會于黃父，謀王室也。趙簡子令諸侯之大夫，輸王粟、具戍人，曰：「明年將納王。」子大叔見趙簡子，簡子問揖讓周旋之禮焉。對曰：「是儀也，非禮也。」簡子曰：「敢問何謂禮？」對曰：「吉也聞諸先大夫子產曰：『夫禮，天之經也，地之義也，民之行也。』天地之經，而民實則之。」云云。

狼瞫死秦師

文公・二年

譽人之所毀者，未必皆近厚也；毀人之所譽者，未必皆近薄也。然君子常欲求善於眾毀之中，而不忍求惡於眾譽之外。是文毀為譽者，君子之本心；變譽為毀者，要非君子之得已也。狼瞫之死，左氏之所譽也。自左氏既譽之後，更千百年，大不見排於君子，小不見嗤於眾人，共相保持其名而至於今日。我乃一旦抉[一]其隱，發其匿，墮毀其千百年所保持之名，是豈君子之所忍耶？

瞫為戎右[二]，先軫不知其勇而黜之，瞫不死於先軫，而死於秦師，抑其怒於私讎，發其怒於公戰，是固世所共譽也。苟以正義責之，則瞫在所毀不在所譽，何也？瞫怒先軫不知其勇，其死於秦者，所以彰先軫

[譯文]

讚譽別人所毀謗的，未必都是接近厚道；毀謗別人所讚譽的，未必都接近淺薄。但是君子常常想在眾人的毀謗中尋找善行，而不忍心在眾人的讚譽之外尋找惡行。這樣，文飾毀謗，使之變成讚譽，是出於君子的本心；把讚譽變為毀謗，總不是出於君子自己的意願。狼瞫的死，是左丘明所讚譽的。從左丘明讚譽之後，經歷了一千多年，從大的方面來說沒有被君子排斥，從小的方面來說也沒被眾人嗤笑，一同保持他的名聲一直到了現在。我卻突然要揭發出他的隱情，毀掉他千百年來所保持的名聲，難道這是君子忍心去做的嗎？

狼瞫作為戰車右衛，先軫不知道他勇敢而廢黜了他，狼瞫沒有死在先軫手中，而是死在秦軍中，在私人仇恨中壓抑住自己的憤怒，在公家的戰爭中把憤怒爆發出來，這必定是世人所共同讚譽的。如果用正義來要求他，那麼狼瞫應受到毀謗，不應當受到讚譽，為什麼呢？狼瞫對先軫不瞭解自己的勇敢而感到憤

之不知人也。名則忠晉，而實愧先軫也。

［注釋］［一］抉：挖，挖掘。［二］戎右：戰車右邊的護衛。

嗚呼！是誠瞫過也。同於為過，有輕重焉，有小大焉。陽處父易賈季之班［一］，先軫黜狼瞫之右，同是時也，同是事也，同是怨也。賈季則積其忿而殺陽處父，狼瞫則移其忿而死秦師。觀賈季之狠，則知狼瞫之賢矣。雖曰不免於過焉，其輕重、大小，非可與賈季並論也。自子文之無慍［二］，而視狼瞫則可責；自賈季之報怨，而視狼瞫則可嘉。君子之待狼瞫，當恕而不當嚴也。必嚴以正義責之，奪其忠晉之譽，而歸以愧先軫之毀，何其責人無已耶？

［注釋］［一］陽處父易賈季之班：賈季怨恨陽處

怒，他死在秦軍中，就是為了顯示先軫不知人。名聲是忠於晉國，但實際上是讓先軫愧疚。

唉！這確實是狼瞫的過錯。同樣是過錯，有輕重和大小之分。陽處父調換賈季的軍職，與先軫廢黜狼瞫車右護衛，是同一個時代，同樣的事情，同樣的怨恨。賈季積蓄自己的怨恨而殺掉了陽處父，狼瞫卻轉移自己的憤怒而死於秦軍。看到賈季的兇狠就知道了狼瞫的賢良。雖然說不能免於過錯，但其過錯的輕重大小，不可以與賈季相提並論。從子文退讓官位沒有怨恨來看狼瞫，狼瞫是可以責備的；從賈季報復怨恨來看狼瞫，狼瞫是可以表揚的。君子對待狼瞫，應當寬恕而不應當嚴厲。一定要嚴厲地用正義之辭來責備他，剝奪他忠於晉國的聲譽，而把使先軫愧疚的罪責歸咎於他，怎麼能如此無休止地責備一個人呢？

父調換了自己和趙盾的軍職，於是殺了陽處父，逃奔到了狄國。事見文公六年。［二］子文之無慍：楚國的子文毫無怨恨地把自己的官位讓給成得臣。事見僖公二十三年。

抑不知春秋諸臣，憾於黜免，肆其悖逆。因收秩而逐王者，吾於石速見之矣［一］；因奪政而逐君者，吾於司寇亥見之矣［二］。孰肯如瞫死敵以愧人耶？使當時之臣被黜免者，皆如瞫死敵以愧人，則為國者惟患愧人者之不多耳。苟誠多焉，鄰敵外寇將無容足之地矣。論者盍獎其死敵之功而憐其愧人之情，勿探其愧人之情而掩其死敵之功也？吾故曰「君子之待狼瞫，當恕而不當嚴也」。

［注釋］［一］因收秩而逐王者，吾於石速見之矣：周惠王奪了石速俸祿，石速就聯合其他人謀反，趕跑了周惠王。事見莊公十九年。秩，俸祿。［二］因奪政而逐君者，吾於司寇亥見之矣：衛侯奪去了司寇亥權

卻不知道春秋時候的諸多臣子，由於怨恨自己被廢黜，從而放肆地行悖逆之事。因為被收回了俸祿而把君王趕跑，這樣的人我在石速身上看到了；因為權力被奪掉了而把國君趕走，這樣的人我在司寇亥身上看到了。誰肯像狼瞫一樣死在敵國而讓人感到羞愧呢？如果當時被廢黜放逐的臣子，都像狼瞫一樣死在敵國而讓人感到羞愧，那麼治國者只擔心讓人羞愧的人不夠多啊。如果真的很多，鄰敵和外寇就沒有立足之地了。議論的人何不獎勵他死於敵國的功勞並哀憐他使人愧疚的心情，不要去探究他使人愧疚的心情而掩蓋他死在敵國的功勞。所以我說「君子對待狼瞫應當寬恕，而不應當苛刻」。

位，司寇亥就聯合他人作亂，驅逐了衛侯。事見哀公二十五年。

然瞫烈士也，回犯上之氣而為狥國[一]之勇，雖未中節，要非常人之所能望也。待常人當以常法，待非常人不當以常法。恕，常法也，所以待常人也。拊摩戲狎[二]，所以待孩孺，加之成人則為侮；闊略優容，所以待鄉鄰，加之益友則為疎。苟以待常人之恕而待非常之人，則恕之適所以辱之也。以瞫之義烈，豈僕僕乞憐而求人之恕者耶？瞫雖往矣，吾想其心必願受人之責而不願受人之恕也。

[注釋][一]狥國：同殉國。[二]拊摩戲狎：撫摸嬉戲。

請得而備責之。人心當知所止。職當

但狼瞫是一位烈士，回轉冒犯主上的怒氣而做出殉國的勇敢之舉，雖然不合乎禮義法度，總不是一般人所能做到的。對待一般人就用一般方法；對待非一般的人就不應當用一般方法。寬恕，是一般方法，用來對待一般人。撫摸嬉戲，用來對待孩子，用在成人身上就成了侮辱；粗疏寬容，用來對待鄉鄰，用在好友身上就會覺得疏略。如果用對待一般人的寬恕來對待非一般的人，那麼寬恕他恰好是侮辱他。狼瞫這樣的俠義剛烈之士，難道是不辭勞苦地乞憐而讓人寬恕的人嗎？狼瞫雖然去世了，我想他的內心必定是寧願受到別人的責備，而不願意受到別人的寬恕。

就請讓我來詳盡地責備他。人心應當知道有所停

戰則戰，當守則守；職當先則先，當後則後。心止於事，事止於心，非可出其位也。惟各止其位，故冉有之用戈，不為讎齊[一]；顏回之後至，不為懼匡[二]；子思之守國，不為厚衛[三]；曾子之避寇，不為畏越[四]。皆止其所止而已矣。狼瞫前日為右，死敵可也；既不為右，固可以止。今乃無職而侵在職者之憂，輕進而死於敵，則是心不止於事而思出其位矣。思不出位，出位則邪。思之所發既邪，雖所成之功壯偉勁厲，外為人之所歎譽，而一心之間，實忿懟怨恨之所集也。當瞫赴敵之時，忿懟怨恨，交衝競起，含毒而沒，雖得千百年之虛譽，豈能救其心之擾哉！我實清淵，人以我為汙渠，於我何損？我實邱垤[五]，人以我為岱華，於我何加？君子當自觀吾之所以為吾者如何耳。人

留。職責是應當戰鬥就去戰鬥，應當防守就去防守；職責是應當在前面就在前面，應當在後面就在後面。內心根據事情而做出停留的判斷，事情根據內心的判斷而停止，不可以脫離各自的職位。正因為各自停留在自己的職位上，所以冉有操起戈矛，不是為了仇恨齊國；顏回後來纔跟上孔子，不是因為害怕匡人；子思守衛衛國，不是為了厚待衛國；曾子躲避仇敵，不是因為畏懼越國。這些都是在自己應當停留的地方停留而已。狼瞫前日作為車右衛，死在敵國是可以的；既然不再是車右衛了，當然就可以停止這樣做。如今沒有職位，卻侵犯了當職人該有的憂慮，輕率地進攻而死在敵國，這就是內心沒有停留在份內的事情上，而思慮超出了他的職位。思慮不能超出職位，超出了就會有邪惡。內心所思慮的既然是邪惡，即使所成就的功勞很雄偉壯烈，表面上令人慨歎讚揚，但一心之間，實際上集聚了怨恨憤怒。當狼瞫奔赴敵軍的時候，忿懣與怨恨交織激發，飽含著痛恨而死，即使得到了千年的虛假榮譽，難道能夠救治他內心的煩擾嗎？我實際是清澈的淵池，別人認為我是污穢的溝渠，對我有什麼損失呢？我實際是低小的土堆，別人以為我是泰山華山，對我有什麼增加呢？君子應當自我反觀，

之毀譽何有焉？九原〔六〕可作，吾意狼瞫樂聞吾之言，未必不過於左氏之譽也。

〔注釋〕〔一〕冉有之用戈，不為讎齊：哀公十一年，冉有作為魯國季氏的臣子帶領軍隊，與齊國作戰，打敗了齊國。〔二〕顏回之後至，不為懼匡：孔子在匡地被圍困，同行的人走散了，顏回後來纔跟上。〔三〕子思之守國，不為厚衛：子思當時在衛國做官，所以義當保衛衛國。〔四〕曾子之避寇，不為畏越：越國侵略魯國，曾子為供養父母而躲避越寇，後來他又南游越國。以上四位皆孔子弟子。〔五〕邱垤：小土堆。〔六〕九原：九泉，即地下。

我之所以是我，應該怎麼樣呢？別人的譭謗和讚譽，與我有什麼關係？即使可以從九泉之下站起來，我想狼瞫樂於聽到我這樣的話，未必不超過左丘明的讚譽。

【古評】

王鳳洲曰：將責狼瞫，先許其烈。文字紆徐容與，而意亦新奇。

孫執升曰：責狼瞫無苛詞，意甚嚴謹。〇責吾者，愛吾者也；譽吾者，寬吾者也。願受責不願受譽，亦是規戒之語。

朱字綠曰：「前日為右，死敵可也；既不為右，固可止矣」四語，鐵案如山。〇狼瞫不肯為難，而死敵以明勇，卒以致命遂志，獲彭衙之勝。故左氏以君子予之。竊謂瞫於此時，雖不為名，亦有師旅之責，與顏回之為弟子，曾子之為師不同，縱未免以憤亡軀，然於人臣事君之道，未為失也。恐左氏之說，不可盡非。

張明德曰：君子盡其在我不以人之虛譽為譽，始不愧於生。狼瞫之死，死非其時。篇中不死於右，而反死於不在位之時，一語破的。有論古之識，方可以為傳世文章，至其短兵相接，尺幅中有千尋之勢，此與可畫竹也。東萊先生責狼瞫，詞並不苛，而論者以為瞫於此時，雖不為右，亦有師旅之責，縱未免以憤忘軀，然尚不失人臣事君之道。噫！臣之於君，果可以逞憤為事耶？幸而晉師無恙，大勝而回，倘其不幸，因之而敗，不亦僨軍國之大事乎？規責之語，似未可少也。

左傳原文

狼瞫死秦師

文公・二年

春，秦孟明視帥師伐晉，以報殽之役。二月，晉侯禦之。先且居將中軍，趙衰佐之。王官無地御戎，狐鞫居為右。甲子，及秦師戰于彭衙，秦師敗績。晉人謂秦拜賜之師。戰于殽也，晉梁弘御戎，萊駒為右。戰之明日，晉襄公縛秦囚，使萊駒以戈斬之。囚呼，萊駒失戈，狼瞫取戈以斬囚，禽之以從公乘，遂以為右。箕之役，先軫黜之，而立續簡伯。狼瞫怒。其友曰：「盍死之？」瞫曰：「吾未獲死所。」其友曰：「吾與女為難。」瞫曰：「《周志》有之，『勇則害上，不登於明堂』。死而不義，非勇也。共用之謂勇。吾以勇求右，無勇而黜，亦其所也。謂上不我知，黜而宜，乃知我矣。子姑待之。」及彭衙，既陳，以其屬馳秦師，死焉。晉師從之，大敗秦師。君子謂狼瞫於是乎君子。《詩》曰：「君子如怒，亂庶遄沮。」又曰：「王赫斯怒，爰整其旅。」怒不作亂，而以從師，可謂君子矣。

楚人滅江秦伯降服

文公・四年

天下之可懼者，惟出乎利害之外乃能知之。風濤浩蕩，舟中之人不知懼也，而舟外之人為之懼；酣醉怒罵，席上之人不知懼也，而席外之人為之懼。狂之既瘳，追思方狂之時，不知何以自容？痛之既定，追思方痛之時，不知何以自處？身游乎吉凶禍福之塗，心戰乎搶攘爭奪之境，眩瞀[一]顛錯，昏惑舛逆，未有知懼之為懼者也。春秋之世，王澤既竭，反道敗德，亂倫悖理，不可概舉。尊莫尊於王，而有如子頹之出王[二]，有如子帶之出王[三]，此天下之大變也，此事之大可懼者也；親莫親於父，而有商臣之弒父[四]，有如蔡般之弒父[五]，此天下之大變也，此事之大可懼者也。自是而降，則如

[譯文]

天下只有置身於利害之外的人，纔能感受到事情的可怕。風浪浩蕩，船裏面的人不知道害怕，船外面的人卻對此感到害怕；酒醉怒罵，酒席上的人不知道害怕，酒席之外的人卻對此感到害怕。癲狂已經好了，回憶正在發狂的時候，就會無地自容。痛苦已經停止，回憶正在痛苦的時候，就會不知所措。置身於吉凶禍福之途，內心處在搶掠爭奪之境，頭暈目眩，迷惑錯亂，就不會有知道害怕是害怕的人。春秋時，君王的恩澤已經枯竭，犯上作亂、敗壞道德、倫理悖亂之事不勝枚舉。沒有人比君王更尊貴，卻有子頹驅逐周惠王的亂事，有子帶驅逐周襄王的亂事，這是天下的大變動，這是很恐怖的事；沒有人比父親更親近，卻有楚國的商臣殺害父親，有蔡國的世子般殺害父親，這是天下的大變動，這是很恐怖的事。從此以後，像亡國的禍亂，更是最為慘烈而且恐怖的事情。

滅國之禍，尤所謂慘烈而可懼者。

〔注釋〕〔一〕眩瞀：目眩頭暈。〔二〕子頹之出王；事見莊公十九年。〔三〕子帶之出王：事見僖公二十四年〔四〕商臣之弒父：事見文公元年。〔五〕蔡般之弒父：事見襄公三十年。

國於天地，有與立焉。封殖於唐、虞，長育於夏、商，溉灌潤澤於文、武、成、康之際。廟陳四代之鼎彝，府藏百世之典籍，朝有世臣，野有世農，肆有世工，市有世賈。雖蕞爾〔一〕小國，不知幾人之力，幾日之功，扶持保衛而至於斯也。一旦忽為強暴之所陵滅，係其君，俘其臣，墟其宮，遷其社，刊其木〔二〕，堙其井，聖賢千餘年之所培養者，芟滅〔三〕無餘。此豈小故也哉！凶威虐焰，可駭可愕，可憫可傷，而當時之君視之，恬不以為懼。赴告之車未反，而金石之樂已

諸侯國家存在於天地之間，有贈與的和封立的。在唐堯、虞舜時受分封疆土而開始繁衍，在夏代、商代的時候成長壯大，在周文王、武王、成王、康王的時候受到恩德的灌溉滋潤。宗廟裏陳列著四代的鼎彝，府庫裏藏有百年的典籍，朝廷上有世代相傳的臣子，民間有世代耕種的農民，作坊裏有世代勞作的工匠，市場上有世代經商的商人。即使很小的國家，不知道要經過多少人的力量，多長時間的勞作，共同扶持保衛纔使國家發展到現在這個樣子。一旦突然被強暴者所侵吞欺凌，國君被扣留，臣子被俘虜，宮殿成廢墟，社壇被遷走，社木被砍伐，水井被填埋，聖賢培養千年的教化，被消滅得一乾二淨，這難道是小事情嗎？兇殘暴虐的氣焰，令人驚愕駭怕，令人哀傷憐憫，但在當時的國君看來，並不覺得害怕。前去赴告國難的車馬還沒有返回，而金石之淫樂已經響起；竹

淫；簡冊之墨未乾，而淫虐之令已下。此無他，惟處於危亂之中，而不知懼之可懼也。

〔注釋〕〔一〕蕞爾：形容很小的樣子。〔二〕遷其社，刊其木：遷走社壇，伐掉社木。〔三〕芟滅：消滅。

秦穆公於江之滅，獨怵然戒、惕然悟，避朝貶食，不勝其憂，非出於危亂之外，豈能深見可懼之真者乎？天下諸侯皆處於危亂之內，而穆公獨出於危亂之外，何也？蓋自殺、函一悔〔一〕之後，虛氣俱盡，正心徐還。回視前日之所誇者，今皆可慚；回視前日之所安者，今皆可怪。股慄〔二〕於眾人熟寢之時，目眩於眾人交賀之際，此避朝貶食之事，秦之群臣以為過，而穆公猶以為不足也。穆公信能推此懼心而充之視天下之諸侯，國一滅則心一警，心一警則政一新。是

簡書冊裏的墨跡還沒有乾，而殘暴的命令已經下達。這沒有別的原因，只是因為處在危亂之中根本不知道什麼是害怕。

惟獨秦穆公對於江國的滅亡，感到害怕而戒備、警覺而醒悟，躲避上朝並減少飲食，異常憂慮，如果不是超脫於危亂之外，怎麼能深刻地看到真正的恐懼呢？天下的諸侯都處在危亂中，惟獨秦穆公能超出危亂之外，為什麼呢？大概殽、函之戰的失敗後自我悔改，沒有了浮躁，心性得以端正，回過頭來看以前所誇耀的，現在都感到很慚愧；回過頭來看以前認為很心安的，現在都感到很奇怪。在眾人熟睡時自己被嚇得兩腿發抖，在眾人互相祝賀時自己被嚇得頭昏目眩，這就是秦穆公躲避上朝並減少飲食的行為，秦國的群臣認為過頭了，而秦穆公卻認為做得不夠。秦穆公果真能推廣充實這種畏懼之心，用來對待天下的諸侯國，那麼一國滅亡則心裏警戒，心裏一警戒則政令為之一新。這樣傷了他處因此救治了此處，損傷了他處因此增益了此處，這樣下去必定可以脫離滅亡之

傷彼所以藥此，損彼所以增此也，固可以離危亡之門，而卜治安之基矣。豈止西戎之霸耶！

〔注釋〕〔一〕殽、函一悔：在殽山與函谷關一帶，秦國被晉國打敗，秦穆公自我反省。事在僖公三十三年。〔二〕股慄：由於恐懼而兩腿發抖。

門，從而定下長治久安的根基。怎麼會僅僅是西戎霸主呀！

【古評】

孫月峰曰：典雅似《國語》。

楊升菴曰：正論說得凜凜畏人。

孫執升曰：戰國相殘滅，秦有吞併之志，其視利害為切矣。然列國之君，處堂晏然，乃見秦穆之憂深慮遠，謂伯業之基，在此一懼亦可。

朱字綠曰：事內不知懼，亦是近蔽遠明之意。中間鋪揚立國一段，生氣勃然。

張明德曰：懼不於近而於遠，此亦近蔽遠明之意。總之，東萊擒題，有斬關直入之勢，不作鋪張套語，中間立國一段，尤得主宰。

左傳原文

楚人滅江秦伯降服 文公・四年

楚人滅江，秦伯為之降服，出次，不舉，過數。大夫諫，公曰：「同盟滅，雖不能救，敢不矜乎？吾自懼也。」君子曰：「《詩》云：『惟彼二國，其政不獲；惟此四國，爰究爰度。』其秦穆之謂矣。」

隨會能賤而有恥　文公・十三年

凡人[一]之疾，能仰而不能俯，謂之籧篨[二]；能俯而不能仰，謂之戚施[三]。二者均疾也，彼之不能仰，猶此之不能俯，其疾豈有深淺之辨哉？形而有疾，心亦有疾。可貴而不可賤者，籧篨之類也。厥疾之證，有餘於節廉而不足於勞苦。可賤而不可貴者，戚施之類也，厥疾之證，有餘於勞苦而不足於節廉。證雖不同，同於為疾而已矣。世俗乃喜其一而惡其一，能貴而不能賤者則謂之高，能賤而不能貴者則謂之卑。是說既行，狷介之士競以高亢[四]自喜。聞金穀米鹽之語，則傲睨而不聽；視鞭扑箠楚之事，則嘔噦而不觀。

[注釋][一]凡人：通壬。肢體不正的人。[二]

[譯文]

壬人的疾病，如果能仰身而不能俯身，叫做籧篨；如果能俯身而不能仰身，就叫做戚施。二者同樣都是有疾病，那人不能仰身便相當於這人不能俯身，難道他們的疾病還有深淺的分別嗎？形體上有疾病，心裏也會有疾病。能夠處於尊貴卻不能處於卑賤，這就像是籧篨之類的病。這種疾病的症狀是，在節儉和廉潔方面有餘，但在勤勞辛苦方面不足。能夠處於卑賤卻不能處於尊貴，這就像是戚施之類的疾病。這種疾病的症狀是，在勤勞辛苦方面有餘，但在節儉和廉潔方面不足。雖然症狀不一樣，疾病卻是同樣的。世俗的人卻喜歡一種而厭惡另一種。能夠處於尊貴卻不能處於卑賤的，就認為這很高尚；能夠處於卑賤卻不能處於尊貴的，就認為這很卑劣。這種說法風行以後，狷介之徒競相以高傲自喜。聽到金錢穀米油鹽的話，就傲慢鄙視別人而不聽；看到鞭笞撲打這樣的事，就感到作嘔而不看。

籧篨：本為粗竹席。此指身有殘疾不能俯身的人。《國語・晉語四》：「籧篨不可使俯。」。〔三〕戚施：身有殘疾不能仰身的人。《國語・晉語四》：「戚施不可使仰。」〔四〕高亢：高傲。

清遠閒曠，夢寐於大庭尊廬之上，周旋於浮丘洪崖〔一〕之間。方無事時，非不可喜也。一旦納之於浩攘叢劇〔二〕之場，投之於迫急顛頓之地，則艴然〔三〕駭，怵然懼，雖輿臺皁隸〔四〕，平昔屏息避道仰望之於泥塗之下者，皆得而靳侮〔五〕之。前日之高，乃所以為今日之卑，豈非世俗之說誤之乎？身有俯仰，而疾無淺深；疾有貴賤，而名無高卑。以籧篨之所有，易戚施之所無，是謂無疾之人；以貴者之所有，易賤者之所無，是謂無偏之士。烏可喜其一而惡其一哉！

〔注釋〕〔一〕浮丘洪崖：高聳入雲的大山和陡峭

清雅高遠，安閒曠達，在高大的門庭和尊貴的房屋（達官貴人的豪宅）裏做著美夢，在高聳入雲的大山和陡峭壁立的懸崖間遊玩閒走（周旋在狷介人士之間）。當無事發生時，這不是不可以歡喜。一旦來到爭鬥劇烈、危急困頓的場所，就艴然驚駭、怵然恐懼，即使那些平時屏住呼吸給他讓路、在泥濘的道路上仰望他的低微僕役，現在都可以譏笑侮辱他。先前的高傲，於是成了現在的卑微，這難道不是世俗之說的誤導嗎？身體或不能俯或不能仰，但疾病並沒有深淺之分；患病之人或尊貴或卑賤，但疾病之名並沒有高貴和卑賤之分。用籧篨所擁有的交換戚施所沒有的，這樣就是沒有殘疾的人；用尊貴的人所擁有的，來交換卑賤的人所沒有的，這樣就是沒有偏執的士人。怎麼可以喜歡其中一個而討厭另一個呀！

壁立的懸崖。這些地方常常是狷介之士喜好的場所。〔二〕浩攘叢劇：浩、叢，形容眾多；攘、劇，指爭鬥而混亂。〔三〕艴然：惱怒貌。〔四〕輿臺皂隸：指低微的人。〔五〕靳侮：譏笑侮辱。

晉人之稱隨會者，前後相望，獨郤成子「能賤而有恥」一語，非特可以見隨會之全德，亦可以起後世一偏之疾，此吾所以三復其言而不厭也。負於途，販於肆，耕於野，泯泯棼棼〔一〕，所謂賤者，天下豈少哉！然彼皆當賤者也，非能賤者也。以隨會之雅量曠識，乃不屑不厭，下親勞苦之事，宜廊廟而安閭閻，是以謂之能賤；宜圭組〔二〕而安布韋，是以謂之能賤；宜鐘鼎而安簞瓢〔三〕，是以謂之能賤。既甘賤者之勞苦，而復去賤者之卑污，全人之所不能全，斯其所以為全德歟。

晉國稱讚隨會的人，前後有很多。惟獨郤成子說他「能安於卑賤而且有羞恥之心」，不但可以展現隨會品德的完美無缺，也可以治好後世偏執的疾病，這就是我為什麼再三重複他的話而不覺得厭煩。背負重物走在路上，在市場上販賣貨物，在田野裏耕種，忙忙碌碌，所謂卑賤的人，天下難道少嗎？雖然他們都是卑賤的人，但並不是可以安於卑賤的人。憑著隨會的雅量和博識，卻不介意也不厭惡，到下層親自去做勞苦的事情，本應在朝廷卻安於里巷，這就叫做安於卑賤；本應為官卻安於作百姓，這就叫做安於卑賤；本當鐘鳴鼎食卻安於簞食瓢飲，這就叫做安於卑賤。既甘心於貧賤者的勤勞和困苦，又去掉貧賤者的卑鄙齷齪，保全別人所不能保全的，這就是他能保有品德完美無缺的原因吧。

[注釋][一]泯泯棼棼：紛亂貌，此為忙碌義。[二]圭組：印綬，代指官爵。[三]宜鐘鼎而安簞瓢：鐘鼎，鐘鳴鼎食，指代豪華的宴飲。簞瓢：指不好的飲食。

想隨會身親賤事之時，趨則皆趨，役則皆役，焦焦然一庸保也。至於臨之以利，迫之以害，則勁厲之節，凜然於冒沒爭奪之中；清微之風，肅然於埃土氛翳之表；昂屹湧溢，挺拔而出，蓋有不可得而掩者。隨會無賤者之所短，賤者無隨會之所長，其獨稱全人於晉國，有以也哉！抑嘗深味郤成子之語，能賤者固難於有恥，然所以無恥者，實由乎不能賤也。公卿大臣，出入禁門，訏謨[一]帝所，一有失節，則天下之責四面而至，彼豈不知為可恥者？其所以忍愧負辱，徘徊而不敢發者，正以能貴而不能賤也。彼其心以謂，一旦忤旨，譴責隨至，冕服褫[二]矣，

我想，隨會親身經歷卑賤之事的時候，別人要催促他就催促他，要使喚他就使喚他，焦急而忙碌，他就是一個受雇充任雜役的人。等到讓他面臨利益的誘惑，受到危害的脅迫時，那麼他剛烈的氣節，就在眾人的進退爭奪中凜然地展現了出來；就像輕微的風，靜肅地飄蕩在塵土和雲氣之上；昂然挺立，噴湧漫溢，挺拔而超群，沒有什麼可以掩蓋得住。隨會沒有卑賤者的短處，卑賤者沒有隨會的長處，惟獨他被晉國人稱讚為完人，這也是有原因的啊！我也曾深深地品味郤成子說的話，能夠善處卑賤的人必定難以有羞恥之心，但之所以沒有羞恥，實際上是由於不能安處於卑賤。公卿大臣，出入禁門，在帝王的宮殿高談謀劃，一旦失節，天下的責備就從四面八方而來，他難道不知道羞恥嗎？他之所以忍受愧疚屈辱，徘徊猶豫而不敢爆發，正是因為能處於高貴而不能處於卑賤。他的內心認為，一旦違背了旨意，譴責就會隨之而來，官服就會被褫奪，僕人也會散去，賓客也會離開。一

徒馭散矣，賓客落矣。一聞其語，猶心悸而神泣，況身履之耶？此所以寧受恥而不顧也。向使其貴而能賤，則安能鬱鬱坐受天下之譙責耶？故郤成子之語，又當以馬文淵之論[三]終之。

［注釋］［一］訏謨：遠大宏偉的謀劃。［二］褫：剝奪，褫奪。［三］馬文淵之論：馬文淵即馬援，他曾說：「丈夫為志，窮當益堅，老當益壯」。見《後漢書》卷二十四《馬援列傳》。

聽到這樣的話，就會心驚膽戰而且神情悲泣，何況親身去經歷呢？這就是他們為什麼寧願接受恥辱而不顧的原因。以前如果他尊貴時又能安處於卑賤，那麼怎麼會鬱悶地白白承受天下人的責罵呢？所以郤成子的話，又應當用馬援的話作為最後的總結。

左傳原文

隨會能賤而有恥　文公・十三年

（註見前卷）

甯嬴從陽處父

文公・五年

易喜者必易厭。有書於此，一讀而使人喜者，屢讀必厭；有樂於此，一奏而使人喜者，屢奏必厭。蓋是書是樂之味，盡發於一讀一奏之間，外雖可喜，而中既無餘矣。其初之喜，乃所以為終之厭也。善著書者，藏其趣於無趣之中，非欲掩人之目也，得趣於無趣，則其趣無時而窮也；善作樂者，藏其聲於無聲之中，非欲塞人之耳也，得聲於無聲，則其聲無時而窮也。至書，無悅人之淺效，而有化人之深功；至樂，無娛人之近音，而有感人之餘韻。凡天下之理，不能窺於未得味之前，必不能捨於既得味之後也。

［譯文］

容易討人喜歡的必定容易讓人厭惡。有一本書，讀一下就使人喜歡，多次閱讀必定會令人生厭；有一種音樂，演奏一次就使人喜歡，多次演奏必定會令人生厭。大概是這本書和這種音樂的味道，在第一次閱讀和第一次演奏時就已經窮盡，外表雖然令人喜歡，內在卻沒有什麼，開始時的討人喜歡就成了最後讓人厭惡的原因。善於著書的人，把書的趣味隱藏在沒有趣味之中，並不是想蒙蔽別人的眼睛，能在沒有趣味中獲得趣味，那麼它的趣味就沒有窮盡的時候；善於創作音樂的人，把聲音隱藏在無聲之中，並不是想塞住別人的耳朵，而是如果能在沒有聲音的地方讓人感受到聲音，那麼它的聲音就沒有窮盡的時候。最好的書，沒有取悅人的膚淺效果，卻有深刻感化人的功能；最妙的音樂，沒有取悅人的淺近聲音，卻有感動人的餘韻。大凡天下的道理，在沒有嘗得滋味之前不能感覺，那麼必定在獲得滋味之後不能捨棄。從前，我們的孔夫子設教於洙、泗之間，子貢初次見到孔夫

昔吾夫子設教於洙、泗之間[一]，子貢[二]初見，挾其智而傲之；子路[三]初見，挾其勇而陵[四]之。夫以夫子之聖，猶不能動物悟人[五]於一日之速也。

[注釋][一]洙泗之間：洙水和泗水之間，這裏指代孔子的故國，即鄒、魯之間。[二]子貢：孔子弟子，善於言辭。[三]子路：孔子弟子，十分勇敢。[四]陵：欺凌。[五]動物悟人：使物感動，使人領悟。

彼陽處父何人耶？甯嬴一見之於塗，遽棄其妻子，躡屩擔簦[一]，從之如不及。自世俗觀之，其移人之速，若過於夫子矣。然夫子雖不能服由、賜[二]於一見，而能役由、賜於終身；陽處父雖能致甯嬴於一朝，而不能留甯嬴於數日。以一朝之功而較終身之效，孰勝孰負？孰優孰劣？必有能辨之者矣。抑嘗深考甯嬴之言，然後知陽處父所以

子時，依仗著自己的智慧而傲視孔子；子路初次見到孔夫子時，依仗著自己的勇猛而欺侮孔子。憑著孔子這樣的聖賢，尚且不能在一天之內快速地使人感悟。

那位陽處父是什麼人呢？甯嬴在路上一見到他，就拋棄妻子兒女，穿著草鞋帶著斗笠，生怕追隨不上他。在世俗的人看來，陽處父改變他人的速度，好像超過了孔夫子。孔夫子雖然不能在剛見面時就讓子路和子貢誠服，卻能終身地使喚子路和子貢；陽處父雖然可以在一個早上就吸引住甯嬴，卻不能挽留甯嬴幾天。一個早上的功效與終身的功效相比，誰勝誰負，誰優誰劣，必定有人能夠分辨。如果曾經深入思考過甯嬴的言論，然後就會知道陽處父之所以容易讓人喜愛，又容易讓人厭棄，或許有一定的緣由。大概是陽

易使人喜、易使人厭者，抑有由也。蓋處父之剛，盡發之於外而中無留者，溢於聲音，浮於笑貌，泛於步趨，流於寢食。平生之神氣，皆發露於眾人耳目之前，外雖震厲，而中無所蓄；外雖暢茂，而中無所根。其始見也，其美易見，其德易親，所以易使人喜也；其既見也，索之易窮，探之易盡，所以易使人厭也。發之為春華，曾不能斂[三]之為秋實，玩虛華而忘實味，是豈為腹不為目者[四]所肯留哉！此甯嬴所以乍喜乍厭而不避往來之煩也。雖然，甯嬴捨處父於數舍之邇，伯宗[五]慕處父於數世之下，是甯嬴棄處父之華於芳烈方盛之時，伯宗拾處父之華於顛頷既落之日。使伯宗居甯嬴之地，得事處父於未有禍敗之前，吾知其終身執鞭，與之同戮而不悔矣。嬴之知幾賢乎哉！

處父的剛勁品性，全部散發在外面而內在並無涵養，洋溢在聲音裏，飄浮在笑貌中，浮泛在步行中，流蕩在寢食中。有生之年的神氣，都暴露在眾人的耳目之前，外表雖然能鎮服別人，但內在並無蓄積德行；外表雖然華麗，內在卻沒有根柢。剛出現的時候，他的美姿容易被人看見，他的德行容易令人親近，所以容易使人喜歡；會面之後，向他求索和探問很快就窮盡，所以容易使人生厭。就像春天開了花卻不能在秋天結果一樣，玩弄虛美的花朵而忘卻了果實的味道，這難道是追求實際的人願意留下的嗎？這就是為什麼甯嬴一下子喜歡一下子厭惡，而不怕來來回回的麻煩。雖然這樣，甯嬴在數里遠的地方就捨棄了陽處父，伯宗在幾世之後仍仰慕陽處父，這是甯嬴在陽處父功績正興盛的時候捨棄了他，伯宗在陽處父困苦敗落時卻撿拾起他的光華。如果伯宗處在甯嬴的境地，可以在陽處父沒有困苦敗落之前侍奉他。我認為他會終身跟從他，與他一起被殺也不會感到悔恨。甯嬴的智慧，接近於聖賢啊！

〔注釋〕〔一〕躡屩（ㄐㄩㄝˊ）擔簦（ㄉㄥ）：屩，草鞋。簦，古代的曲柄斗笠。〔二〕由、賜：即子路和子貢。〔三〕斂：收斂，收成。〔四〕為腹不為目者：追求飽食而不追求聲色，即追求實際的人。〔五〕伯宗：晉國大夫，與陽處父性格類似，過於剛直。成公十五年記載：伯宗每朝，其妻必戒之曰：「『盜憎主人，民惡其上。』子好直言，必及於難。」果然伯宗被人謀害。

【古評】

茅鹿門曰：起處便覺雋永有味。

孫執升曰：盡發於外，而中無所留。陽處父之剛尤淺，淺者不深貶之，更何足與孔子相較而論？

朱字綠曰：不令人喜，不令人厭，道之所以大也；乍令人喜，乍令人厭，道之所以喪也。雖未能大有發明，而立意深遠，非淺人所能到。

張明德曰：天下事之忽然而感者，其入人必不深，而待人必不久也。處父之剛，盡發於外，而中無留餘，望之可喜，轉盼則使人厭矣。引夫子一段，說得聖人且猶不能感人於立談之頃，況尋常萬萬乎？發之為春華，曾不能斂之為秋實。此見道語，非東萊不能道。

左傳原文

甯嬴從陽處父 文公．五年

晉陽處父聘于衛，反過甯，甯嬴從之。及溫而還，其妻問之。嬴曰：「以剛。《商書》曰：『沈漸剛克，高明柔克。』夫子壹之，其不沒乎？天為剛德，猶不干時，況在人乎？且華而不實，怨之所聚也。犯而聚怨，不可以定身。余懼不獲其利，而離其難，是以去之。」六年，賈季殺陽處父。

邾文公遷於繹

文公・十三年

理之未明，君子責也。置是責而不憂，其責固不可逭〔一〕，惴惴然不勝其責而亟求理之明，則天下之患必自此始。自夫人之有亟心也，始求說於理之外，姑借世俗之所共信者，以明吾理。樂其說之易行，忘其害之終及，夫豈知今日之快乃所以召他日之患耶？囂淫妖祥之說〔二〕，執左道〔三〕以迷民者也。辭而闢〔四〕之，不責之君子將誰責？然君子任是責者，不亟於明理，而急於辨誣。謂以理告人，喻者十三；以事告人，喻者十九。蚩蚩之氓〔五〕，難以是非動，易以禍福回。於是俯取禍福之說，即其共信者而曉之。武王不避往亡而勝商〔六〕，明帝不避反支而隆漢，太宗不避辰日而興唐。汝謂必

〔譯文〕

道理未能闡明，這是君子的責任。假使把這種責任放到一邊而不憂慮，雖說該擔當的責任一定不可逃避，但若因惶恐不安不能承擔這一責任卻急切地想辨明道理，那麼天下的禍患必定會從這裏開始。自從人有了這種急切之心後，便開始在道理之外尋求說法。以下姑且借助世俗人所共同相信的事例來闡明我的道理。因自己倡導的說法容易施行而高興，卻忘記了這個說法所招致的危害最終將會到來。哪裏知道現在的歡快正好招來以後的禍患呢？流俗盛行的妖孽祥瑞之說，本來就是用旁門左道來迷惑民眾。嚴辭批駁這些偽說，如果不責求君子又責求誰呢？但是承擔這責任的君子，卻不急於辯明道理，而急於辨誣。認為以理諭人，能明白的只有十分之三；以事諭人，能明白的卻有十分之九。凡夫俗子，很難用是非的觀念來打動他，卻容易用禍福相應的故事讓他回心轉意，於是隨手拾取禍福相應之說，用百姓共同信奉的故事去曉諭他們。例如，周武王不避諱父親剛剛死去而興兵滅掉了商朝，漢明帝不避諱反支日受章奏而使漢室興隆，唐太宗不避諱辰日哭弔臣下而使大唐興盛。你認為必

凶，我反得吉；汝謂必否，我反得亨。借是事以明是理，向之溺於囂淫妖祥之說者，果何辭而對耶？

［注釋］［一］逭（ㄏㄨㄢˋ）：逃避。［二］囂淫妖祥之說：指流俗盛行的妖孽祥瑞之說。［三］左道：旁門左道，不正當的道路。［四］闢：同僻，批駁。［五］蚩（ㄔ）蚩之氓：指眾多的民眾，平庸之人。蚩蚩，紛擾的樣子。［六］武王不避往亡而勝商：相傳周文王剛剛逝世，周武王並沒有忌諱父親剛剛過世，帶著父親周文王的木主（即靈位），披著孝服，前去討伐商紂，滅了商朝。下文的「反支」、「辰日」，皆當是一些人認為不吉利的日子。

嗚呼！是徒思其說之易而不思其害之及也。說以事立，亦以事隳［一］；人以事信，亦以事疑。君子所恃以闢囂淫妖祥之說者，理在焉故也。苟捨吾理而屑屑然較事之中否，則人雖今日以事而信吾說，他日亦必以

定兇險，我反得大吉；你認為必定艱困，我反得亨通。借助這樣的事例來說明這樣的道理，以前那些沉迷於妖孽祥瑞之說的人，究竟能用什麼話來應答呢？

唉！這是僅僅顧到這種說法的易行，卻沒有想到所招致的禍害會到來。說法因為事實而成立，也因為事實而被毀壞；人們因為事實而相信，也因為事實而懷疑。君子批駁流俗盛行的妖孽祥瑞之說，是因為有道理存在。所以如果捨棄道理，而忙碌地去計較事實是否應驗，那麼別人雖然因為今日的事實而相信了我的說法，以後也必定會舉證別的事實來反駁我的說

事而攻吾說矣。自古及今，囂淫妖祥之說，其不驗固眾，然幸而偶合者亦不乏也。我專舉其不驗者，彼專舉其偶驗者，萬一彼之事多於吾之事，則吾不戰而自屈矣。至正之理，不與事對。今吾以欲亟之故，捨理就事，下與異端並立於爭奪之場，而僥倖于一勝，危矣哉！

〔注釋〕〔一〕隳（ㄏㄨㄟ）：毀壞。

善夫！左氏之論邾文公也。文公卜遷于繹，瞽史以為不利，文公不從其言。賀遷者在門，弔喪者在閭，此固瞽史得以藉口，而闢其說者之所諱避而不敢稱也。今左氏不諱不避，明著之書，又從而以「知命」許之。獨何歟？蓋左氏所主者在理，不在事。事之偶驗，不足為吾說之助；其偶不驗，亦不足

法。從古至今，流俗盛行的妖孽祥瑞之說，不應驗的事例固然很多，但僥倖得到應驗的也不乏其例。我專門列舉那些不應驗的事例，他們專門列舉那些偶然應驗的事例，萬一他們的事例比我的事例還多，那麼我不等爭辯就理屈詞窮了。最正確的道理未必與事實完全對應，如果現在我因為心急捨棄道理的辨明而去討論事實，來到與異端一同就事實展開爭辯之地，就算僥倖能贏一次，也是很危險啊！

左丘明議論邾文公一段話說得很妙啊！邾文公占卜遷都於繹，瞽史認為不吉利，邾文公不聽從他們的話。結果恭賀他遷都之喜的人還在門庭，而前來弔喪的人竟也到了國境之內，這樣的事必然使瞽史得到了藉口，也使得駁斥瞽史的人有所諱忌而不敢言。現在左丘明不諱言也不迴避，明載於書中，接著又贊許邾文公是一個「知命」的人。這究竟是為什麼？大概是左丘明立足於道理而不在於事實。事情偶爾應驗，對我的說法並沒有什麼幫助；事情偶然不應驗，也不能

為吾說之疵也。有是理然後有是驗。布算以步[一]星，有是理也，故驗不驗之說生焉；測圭[二]以視日，有是理也，故驗不驗之說生焉。乃若壽夭死生之正命，囂淫妖祥之邪說，判為二途，邈不相涉，安得以彼命之壽不壽，為此說之驗不驗哉！

〔注釋〕[一]布算以步：布算，排列算籌，指計算，這裏特指測量天上的星星。步，為古代的長度單位，這裏指推步，即推算星星的運行。[二]圭：古代測量日影的儀器。

當文公之既死，指以為瞽史之驗者，固不足論；當文公之未死，指以為瞽史之不驗者，亦不免捨理就事也。左氏所以發「知命」之言於文公既死之後者，良[一]以事雖偶合，理本不然。違卜而終，既不足以損文公之明，則言卜而驗者豈足以增瞽史之重

成為我說法的瑕疵。必須先有這樣的道理，然後纔會有這樣的應驗。用推步來計算星星的運行，有這樣的道理，所以應驗和不應驗的說法就產生了；用圭來測量日影，有這樣的道理，所以應驗和不應驗的說法就產生了。至於長壽和短命、死和生的正命之說，與流俗盛行的妖孽祥瑞之說，這二者截然不同，毫無關係，怎麼可以用邾文公是否長壽來判斷這一說法（妖孽祥瑞之說）是否應驗呢？

當邾文公死了以後，根據邾文公的死而認為瞽史的話應驗了的人，固然不值得一提；當邾文公還沒有死，而認為瞽史的話沒有應驗的人，也不免是捨棄道理而遷就事實。左丘明之所以在邾文公死後發出「知命」的言論，的確是認為事實雖然偶爾相合，但道理原本不是那樣的。違背占卜的結果而死了，這也不足以減損邾文公的英明，那麼說占卜靈驗的人，難道能夠增加瞽史的威信嗎？唉！瞽史之所以能在一時鼓噪

哉？吁！瞽史所以能簧鼓[二]一世者，不過幸其事之驗耳。自左氏「知命」之言立，則事雖偶驗，人不復言，瞽史之技，至是而窮矣。伐其本，塞其源。信矣！左氏之善為論也。

[注釋][一]良：的確。[二]簧鼓：花言巧語，巧舌如簧，鼓噪不已。

不已，只不過是因為僥倖有事實而得到了應驗而已。自從左丘明「知命」的言論確立以後，事情即使偶然應驗，人們也不再說了，瞽史的技倆到此就窮盡了。砍伐掉它的根本，堵塞住它的源頭。的確啊！左丘明真是善於議論。

左傳原文

邾文公遷於繹

文公・十三年

邾文公卜遷于繹。史曰：「利於民而不利於君。」邾子曰：「苟利於民，孤之利也。天生民而樹之君，以利之也。民既利矣，孤必與焉。」左右曰：「命可長也，君何弗為？」邾子曰：「命在養民。死之短長，時也。民苟利矣，遷也，吉莫如之。」遂遷于繹。五月，邾文公卒。君子曰：「知命。」

齊公子商人驟施於國　文公・十四年

自治之說，古今論治者以為根極。然固有名似而實非者，不可不深辨也。自治之說曰：「木有蠹而風摧之，隄有穴而水潰之，國有隙而姦乘之。無蠹之木，視風如吷[一]；無穴之隄，視水如陸；無隙之國，視姦如愚。吾苟自治，其國渾全堅密，無間之可入焉，則雖有老姦巨猾，亦將歛手縮頸，退就民伍，何變之敢生？」此固世俗所謂自治之說也。抑不知木與風相拒，故常防其蠹；隄與水相拒，故常防其穴。苟有國者惴惴然深閉固守，日與姦相拒，則為治者亦勞矣。且彼未嘗察姦之所由生也。惟皇上帝降衷于下民，豈有生而惡者哉！物有以動之矣。匹夫掉臂[二]而行於道，未有為盜之心

[譯文]

自治的說法，古今論治道的人都認為是根本之道。然而卻就有名義上相似而事實上並非如此的，因此不可不深加辨別。自治的說法認為：「樹木有了蛀蝕，風就會把它摧折；堤壩有了蟻穴，水就會把它沖潰；國家有了疏漏，奸賊就有機可乘。沒有蛀蝕的樹木，把風看作是吹氣；沒有蟻穴的堤壩，把水面看作是陸地；沒有疏漏的國家，把奸賊看作是愚昧之人。我如果能自治，那麼國家完全堅密，沒有什麼空隙可乘，即使有老奸巨滑的人，也將收手縮頸，退處於眾民之列，怎麼敢發生變亂呢？」這本來就是世俗所謂自治的說法。卻不知道樹木和風相互抗拒，所以常要防止蛀蝕；堤壩和水相互抗拒，所以常要防止蟻穴。如果國君十分害怕而閉門堅守，每天和奸賊相互抗拒，那麼治理者也太勞累了。而他又未曾察覺奸賊產生的原因。偉大的上天降賜一顆善心於萬民，難道還有天生的惡人嗎？這是因為有外物的誘惑而使人心動。一般的人甩開手在道路上行走，並沒有偷盜的心思。過了一會兒，看到路旁有一間房屋，裏面有耀眼的珍寶，而藩籬被拔去了，臺階被夷平了，恰好沒有

也。少焉，見道旁之室，珍貨溢目，而藩拔級夷[三]，莫適為主，然後寇攘之計始興。未見是室，則無是心；既見是室，則有是心。是其為盜不出於心而出於室，明矣。

[注釋][一]吷（ㄒㄩㄝˋ）：吹氣。[二]掉臂：甩動手臂。[三]藩拔級夷：藩籬被拔去，臺階被夷平。見韓愈《韓昌黎全集》卷二十七《衢州徐偃王廟碑》：「藩拔級夷，庭木頹缺。」

齊公子商人弒其君舍而篡其國，議者皆追咎昭公嫡庶不嚴，使商人乘隙以騁亂。吾獨謂商人未嘗乘昭公之隙，而昭公實開商人之隙也。向若昭公之時，國勢上尊，民志下定，則雖有悍戾[二]過商人者，亦曷嘗有覬覦之念哉！惟其賤正妃而叔姬無寵，輕冢嗣而舍無威，邦本既搖，商人始動其無君之心，而驟施之計行矣。施而謂之驟者，見其

主人，然後強盜搶劫的心思就產生了。沒有看見這房屋的時候，就沒有這樣的念頭；見到這房屋後，就有了這樣的念頭。因此，他的偷盜不是出自內心，而是因為這房屋，這是很明顯的。

齊國公子商人殺害他的國君舍而篡奪其國家，論者都追究譴責齊昭公未能嚴守嫡庶之分，致使商人乘隙而放肆作亂。我惟獨認為，商人並沒有乘齊昭公所開的間隙，而實際上是齊昭公開啟了商人可乘的間隙。如果齊昭公在位的時候，在上國勢穩定，在下民心安定，那麼即使有比商人更如凶狠蠻橫的人，怎麼可能有非份之想呢？正因為他瞧不起正妃，使叔姬沒有受到恩寵；輕視家裏的嫡子，使太子舍沒有威信。邦國的根基已經動搖了，商人纔開始產生除去國君的念頭，因而突然實行聚集才士、施財於民的計劃。之

昔未嘗施而今驟施也。昔未施而今驟施，是昔未嘗有此心，而今始有之也。商人本心無惡，因昭公示之以利而動於惡。

[注釋][一]悍戾：凶狠蠻橫。

然則篡弒之惡果生於商人耶？果生於昭公耶？尚論古人者，當追咎昭公之生姦，不當追勸昭公之防姦也。物來攻我，我則防之；自我致亂，將何所防耶？以木憂風則可，以蠹憂風則不可；以隄憂水則可，以沼憂水則不可。未有己招之而己防之也。不思己之生姦而反尤姦之攻己，有見於人而無見於己，其用心果如何耶？此自治之論，名似而實非，不可不深察也。

雖然，天下固有元惡大憝[一]，發釁端

所以說突然施財，這是因為他以前不曾施財過，而現在竟突然施財。過去沒有施財過而現在突然施財，這說明過去未嘗有這樣的念頭，而是現在纔有了這一念頭。商人的初心並沒有惡念，而是因為齊昭公向他昭示了利益，纔產生了惡念。

既然這樣，那麼篡奪和弒君的罪惡，果真是出於商人呢？還是果真出於齊昭公呢？追論古人行事的人，應當追究齊昭公滋生了奸賊的行為，而不是追咎齊昭公防範奸賊的失誤。有外物來攻擊我，我就防範它；自己製造了的禍亂，到哪裏去防範呢？樹木憂慮大風是可以的，因為蛀蝕而憂慮風卻是不可以的；因為堤壩憂慮水是可以的，因為沼澤憂慮水卻是不可以的。沒有自己招來而又自己防範的。不反思自己滋生了奸賊，反而責備奸賊來攻擊自己；看得見別人，卻看不見自己。究竟是什麼樣的用心呢？這就是自治之論，名義上相似而實際上並不相同，不可不深入地考察探究。

雖然說天下本來就有罪大惡極之人，無緣無故生釁作亂，這大概不可以只去責備國君開啟了可乘之

於無釁之中者矣。殆未可專責人君之開隙也。曰：人君以天下為一體，萬物盈于天地間，闔散盈虛[二]，往來起伏，皆君心之發見也。後世果真有性惡之人，則君固不任其責矣。惟惡不出於性而出於物，故雖君未嘗親誘之，苟為物所誘，是亦君誘之也；雖君未嘗親陷之，苟為物所陷，是亦君陷之也。將何地以逃其責？故曰：「百姓有過，在予一人。」[三]

[注釋][一]元惡大憝（ㄉㄨㄟˋ）：罪大惡極的人。

[二]闔散盈虛：聚合分散，充盈空虛。[三]百姓有過，在予一人：百姓如果有什麼過錯，責任在於我一個人。語出《尚書·泰誓中》。

隙。回答是：國君把天下看成一個整體，萬物充塞在天地之間，聚散盈虛，往來起伏，都是君心所生發所展現。後世如果真有天性惡劣的人，那麼國君固然不應當承擔責任了。只是罪惡不是出自人本性的惡劣，而是出自外物的引誘，所以即使國君沒有親自引誘他，只要被外物引誘了，這也是國君引誘的；即使國君沒有親自陷害他，只要被外物陷害了，這也是國君陷害的。國君將怎樣逃脫他的責任呢？所以《尚書》說：「百姓如果有什麼過錯，責任在於我一個人。」

左傳原文

齊公子商人驟施於國 文公・十四年

子叔姬齊昭公，生舍。叔姬無寵，舍無威。公子商人驟施於國，而多聚士，盡其家，貸於公、有司以繼之。夏，五月，昭公卒，舍即位。

秋，七月，乙卯夜，齊商人弒舍而讓元。元曰：「爾求之久矣。我能事爾，爾不可使多蓄憾。將免我乎？爾為之。」

楚鬬克公子燮作亂

文公・十四年

理有常然，而事有適然[一]。因適然之事而疑常然之理，智者不由也。歷數天下之事，出於常然者十之九，出於適然者百之一。以一廢百，奚可哉？父子，天性也，父不以嘗有商、般[二]而疑其子；兄弟，天倫也，兄不以嘗有蔡、霍[三]而疑其弟。相雖有莽[四]，而古今之廊廟未嘗無相；將雖有卓[五]，而古今邊閫[六]，未嘗無將。苟持必不然之事而奪必然之理，則物物可畏，人人可防，其心焦然，無須臾寧矣。君人者固有常體，操至公以格天下。合此者升，戾此者黜，向此者擢，犯此者刑。初未嘗容心於其間，故有讁怒而無猜嫌，有疏斥而無疑貳。旦見其惡，投之嶺海；暮見其善，列之朝

[譯文]

道理是必然不變的，而事件卻有其偶然。用偶然的事件來懷疑必然的道理，聰明的人是不會這樣做的。列舉天下發生的事，出於必然的，十之八九；出於偶然的，百分之一。以一廢百，這怎麼可以呢？父子之情，這是天性，天下的父親不會因為曾經有過商人、子般而懷疑自己的兒子；兄弟之情，這是天倫，天下的兄長不會因為曾經有過蔡叔、霍叔而懷疑自己的弟弟。丞相中雖然出了個王莽，但古今的朝廷中卻不曾因此而不再設有丞相；將軍中雖然出了個董卓，但古今防衛邊關的軍隊中卻不曾因此而不再設有將軍。如果用不是必然的事件來廢棄必然的道理，那麼每件事物都可畏懼，每個人都應當防備，就會內心焦躁不安，沒有了片刻安寧。統治人民的君主本來有不變的準則，秉持大公無私的品德治理天下。合於準則的升陟，違背準則的罷黜；遵守準則的人擢升，觸犯準則的人處罰。本不曾有私心在裏面，所以雖然有讁責和怒罵，但沒有猜忌和嫌疑；雖有疏遠和斥責，但沒有懷疑和二心。早上發現他有惡行，就把他流放到荒僻的山嶺或海濱；傍晚得知他有善行，就讓他再位

廷。上無永廢之人，下無自絕之志。此固君人者之常體也。

[注釋][一]適然：恰好如此，偶然如此。[二]商、般：指楚國公子商臣和蔡國世子般，他們殺害了國君。事分別見文公元年和襄公三十年。[三]蔡、霍：蔡叔和霍叔。周初，周公輔佐年幼的周成王，周公之弟蔡叔、霍叔就以周公奪政為藉口，發動叛亂，最後被周公鎮壓。[四]相雖有莽：莽，指王莽，他的權力位極人臣，但後來篡奪了漢朝，建立新朝。[五]將雖有卓：卓，指董卓，身為漢代的大將軍，最後卻篡權叛漢。[六]邊闉（ㄎㄨㄣˇ）：邊境。

險薄之徒乃謂，已疏者不可再親，已遠者不可再近。一經擯辱，即為仇怨。如鬭克、公子燮之於楚，特以結秦成而功不酬，求令尹而請不遂，伺間投隙，卒成大變。況於罹投放竄殛[一]之刑者乎？故吾不廢之則已，既廢則使不能復興可也；吾不退之則已，既

列於朝廷。對上位者而言，沒有永遠被廢黜的人；對下位者來說，沒有自我棄絕的心志。這本來就是人君治國的準則。

輕薄無行的人卻認為，已經疏遠了的人就不能再親近了，一旦被擯棄受辱，馬上就成了仇敵冤家。像鬭克、公子燮在楚國，開始只不過因為使楚、秦交好而有功，但因沒有得到酬勞，或因要求當令尹的請求沒有得到應許，於是便伺機乘隙，最終釀成了楚國的大亂，更何況那些遭到流放殺戮的人呢？所以如果我不廢黜人就算了，一旦廢黜了就不再起用是可以的；如果我不辭退人就算了，一旦辭退了就不再進用是可

退則使不能復進可也。是說既行，世主之心術始蠱矣。抑不知二子之變，蓋出常理之外。南嚮而治，一日萬機，賞未直功，爵未滿志者，駢肩交蹠[二]，巧歷有所不能計。苟皆如二子之為，則滔滔四顧，孰非君之讎乎？推而下之，則嘗笞之僕不可荷囊橐，嘗叱之狗不可衛門闌[三]也，世寧有是理耶？自古及今，挈於鼎鑊，起於椹質，釋於囹圄，任股肱心膂之寄，閎大博碩，震耀彝鼎[四]者代不乏人。

[注釋][一]投放竄殛：指古代流放到邊遠地區或乾脆殺掉等刑罰。[二]駢肩交蹠（ㄓˊ）：肩膀並列，腳掌交錯。形容人很多。[三]門闌：門檻，門庭。[四]震耀彝鼎：指取得了光輝而不朽的功勳。

盍條陳彙舉[一]，以開廣主意？不當獨摘二子之亂，敗其君恢然[二]之度也。二子

以的。這樣的說法流行後，世上君主的心術就開始被蠱惑了。卻不知道這兩個人的變亂，是出自常理之外的。南向為君治理天下，日理萬機，因此受賜獎賞與功勳不能相符，受封爵位與意願不能相稱的人，多得並肩接踵，精於算術的人也無法計算。如果都像這兩個人的做法，那麼放眼四看，誰不是國君的仇敵呢？這樣推論下去，那麼曾經受過鞭笞的奴僕就不可以再讓他擔行囊了，曾經呵斥過的狗就不能再讓牠守門庭了，世界上難道有這樣的道理嗎？從古至今，從鼎鑊酷刑中救出來、從斷頭臺上救下來、從牢獄中放出來並被委任為得力助手和親信，從而成就了豐功偉績、名垂史冊的人，每一個時代都不缺乏。

何不將這些人事列舉出來，以開拓君主的胸襟呢？不應當只摘取這兩個人作亂的事例，來敗壞君主

之亂，固不可以常理論。彼楚莊命之居守，待以不疑，無負於二子，而二子則負之，無乃有君人之度乎？是不然。守國，重事也，非臨大節不可奪者莫能也。令尹，非可求之官，而臣之有勞於國，亦豈當如市人計物取直[三]哉？二子之浮淺躁露如是，雖守一障猶難之，況委之空宮而授之鑰乎？吾見楚莊無君人之明，而未見其全君人之度也。

[注釋][一]彙舉：即列舉。[二]恢然：廣大貌。[三]計物取直：按照貨物來定取價錢。

信如是說，則人君號為度有餘而明實不足者，必將濟之以察歟？曰：是非兩物也。道學不講，蔽者遂謂恢厚純誠[一]不足以御末世之變，於是揣摩以鉤人之隱，臆度以料人之情，日求而日疎，曾不知天理洞

恢宏的氣量。這兩個人作亂，固然不可以用常理來論斷。那楚莊王命令他們留守，毫無懷疑地對待他們，並沒有辜負這兩個人，但這兩個人卻辜負了他，楚莊王難道不是很有為人君主的氣度嗎？話卻不能這樣說。因為保衛國家，是很重大的事情，如果不是那些面臨生死關頭而不改變氣節的人，是不能夠擔當這樣的重任的。令尹，不是可以用求的方法取得的官位，臣子對國家有功勞，難道也應當像商人那樣依照貨物來定取價錢嗎？這兩個人是如此的浮淺急躁，即使要他們防守一個堡壘都有困難，何況把空無人馬的宮殿託付給他們，並交給其鑰匙呢？因此，我只看到了楚莊王沒有人君的知人之明，卻沒有看到他具備統治臣民的氣度。

如果這種說法是正確的，那麼那些號稱有人君氣度而事實上卻沒有知人之明的君主，就一定要用明察來彌補這種缺點吧？回答是：氣度與明察並不是兩種不同的事物。不講道德學問，不明事理的人就會認為忠厚純樸不足以治理末世的變亂，於是私下揣摩以探求別人的隱私，暗中臆度以猜測別人的用心，一天天探求卻一天天疏遠，卻不知道天理洞達，本來就如燭

然，本無不燭，而吾乃揣摩以汩[二]之，臆度以撓之，溷亂方寸，使之舛錯。其所以自智者，乃所以自昏也。揣摩臆度之私盡，則是非美惡之理彰。至明之地，本在悃厚純誠中，世俗乃捨之而競求於譎詐辨慧之際，何異賈楚而屠燕[三]哉？爾欲察，毋厭昏；爾欲巧，毋厭拙。

［注釋］［一］悃厚純誠：忠厚純樸。［二］汩（ㄍㄨˇ）：攪渾，弄亂。［三］賈楚而屠燕：意思與「南轅北轍」相同。

照一樣光明，但我卻私下揣摩而弄亂了天理，暗中臆度而擾亂了天理，因為亂了分寸，而作出錯誤的判斷。我自以為明智的作法，正是使自己昏惑的原因。揣摩和臆度的私心若能完全捐棄，那麼是非和善惡的真理就能得以彰明。最光明之處本來就在於忠厚純樸之中，世俗中人卻捨棄它，而競相在詭譎、詐騙、好辯、機巧之中求取，這與戰國之策士今天出賣楚國明天屠滅燕國的用心有什麼差異呢？你如果想要明察，就不要厭惡昏暗；你如果想要機巧，就不要厭惡笨拙。

左傳原文

楚鬬克公子燮作亂　文公・十四年

楚莊王立，子孔、潘崇將襲羣舒，使公子燮與子儀守，而伐舒蓼。二子作亂，城郢，而使賊殺子孔，不克而還。八月，二子以楚子出，將如商密。廬戢黎及叔麇誘之，遂殺鬬克及公子燮。初，鬬克囚于秦。秦有殽之敗，而使歸求成。成而不得志，公子燮求令尹而不得，故二子作亂。

單伯請子叔姬

文公・十四年

前人未決之訟，後人之責也；前儒未判之疑，後儒之責也。吏職官府，儒職簡牘；官府有枉，簡牘亦有枉。辨今世之枉者，屬之吏；辨異世之枉者，屬之儒。人雖有去有來，然同一官府也；事雖有久有近，然同一簡牘也。吏不得以非己之時而卻其訟，儒者亦豈以非己之時置其疑而不辨哉？

單伯為魯請子叔姬於齊，《左氏》無異辭，《公羊》、《穀梁》兩家以為單伯淫於叔姬，是以見執。從《左氏》耶，則單伯無毫髮之愆；從《公》、《穀》耶，則單伯有邱山之惡。此千載未斷之獄，待後儒之閱實〔一〕也。吾請以《經》為律，以《傳》為案，以同時之人為左驗，平反而昭雪之。今訴

〔譯文〕

前人未能判定的訟案，後人有判決的責任；前代學者未能辨清的疑點，後代學者有辨明的責任。官吏的職責是處理官府的訟案，學者的職責是辨清書本的疑點；官府的判決可能有冤枉，書本的記載也可能有曲筆。辨別當世冤枉的責任，屬於官吏；辨清異世曲筆的責任，屬於學者。人事雖然有去有來在變化，但判決還是同一個官府；事件雖然有遠有近在發生，但記載還是同一本書。官吏不能認為不是自己任期裏的事就推卻訴訟，學者難道能因為不是自己時代的事就把疑點放到一邊而不加辨明嗎？

單伯為魯國請求齊國遣回子叔姬，對這件事，《左氏》沒有異議，《公羊》和《穀梁》這兩家則認為單伯和子叔姬有姦情，所以纔被人拘執。若從《左氏》的說法，那麼單伯沒有絲毫的過錯；若從《公羊》和《穀梁》兩家之說，那麼單伯就有像山丘一樣厚重的罪惡了。這是千百年來未能判定的案件，等待後世的學者來查對核實。請讓我用《春秋》經作為準則，以《三傳》作為案情，以同時代的人物作為證人，來平反洗雪冤情，使真相大白。當今，控告他人罪狀，

人之罪者，所訴之牒，其氏族、爵位、鄉土猶不能知，則弗待訊鞫[二]而知其為誣。單伯實周臣，而《公》、《穀》乃以為魯之大夫。周、魯之辨，且復倒置，尚未辨其為何國人，則所言之罪，豈足信乎？吾非據《左氏》而指單伯為周臣也。《公》、《穀》方與《左氏》訟，《左氏》之言雖直，焉能折二家之口哉？吾之所以指單伯而為周臣者，蓋以《經》知之，非以《左氏》知之。

[注釋][一]閱實：核實[二]訊鞫：審訊。

畿內諸侯[一]見於《經》者多矣，「祭伯之來」[二]，「凡伯之伐」[三]，「毛伯之錫命」[四]，「召伯之會葬」[五]，考其書法，與單伯無少異。《公》、《穀》何所據而以彼為周，以此為魯乎？自周之外，《經》未

如果告訴狀裏連對方的姓氏、爵位、籍貫尚且不清楚，那麼不等審問就知道是誣告了。單伯實際上是周朝的臣子，但是《公羊》和《穀梁》卻認為是魯國的大夫。周、魯的辨別尚且都顛倒了，還不能分辨出他究竟是哪國人，那麼所說的罪行，難道可以相信嗎？我不是依據《左氏》來認定單伯是周朝的臣子。當《公羊》、《穀梁》和《左氏》爭訟之時，《左氏》的話即使有理，怎麼能使另兩家折服呢？我之所以認為單伯是周朝的臣子，是從《春秋》上知道的，不是從《左氏》那裏知道的。

周朝邦畿內的諸侯，出現在《春秋》上的很多。如「祭伯之來」、「凡伯之伐」、「毛伯之錫命」、「召伯之會葬」，考察其記載的筆法，和記載單伯沒有什麼差別。《公羊》和《穀梁》根據什麼認為他們是周臣而單伯是魯國大夫呢？除周王室之外，《春秋》上沒有記載過諸侯的臣子為「伯」的。粗略地列舉魯國國內的大夫來說明。如「翬、挾、柔、溺、豹、婼、

有書諸侯之臣為「伯」者。觕舉內大夫以明之，「翬、挾、柔、溺、豹、婼、意如」[六]之類，不氏而名者也；「叔孫得臣、仲孫何忌」之類，兼氏而名者也；「公子慶父、公弟叔肸」之類，配親而名者也；「仲遂叔老、叔弓叔詣」之類，配仲叔而名者也。二百四十二年之間，不書名者，獨「季子來歸」[七]一語而已，曷嘗聞內大夫不名而書「伯」者乎？《公》、《穀》之誣瞭然矣。政使如《公》、《穀》之說，以單伯為魯大夫，則聖《經》不名而書「伯」，亦當如「季子」之比。季友有討亂之略，有託孤之忠，以身為一國之安危[八]，故《春秋》不名以貴之。

[注釋][一]畿內諸侯：周朝直轄範圍內及其附近的諸侯國。[二]祭伯之來：見隱公元年。[三]凡

意如」之類，是不書寫姓氏只稱名字；如「叔孫得臣、仲孫何忌」之類，是兼稱姓氏和名字的；如「公子慶父、公弟叔肸」之類，是配合著親屬關係而稱名字的；如「仲遂、叔老、叔弓、叔詣」之類，是配合著「仲」、「叔」排行而稱名字的。《春秋》所載二百四十二年間，不稱名字的，只有「季子來歸」這一句話而已，又何曾聽說過魯國國內的大夫不稱名字，而稱「伯」的先例呢？《公羊》和《穀梁》的歪曲是很明顯的。如果真的按《公羊》、《穀梁》的說法，認為單伯是魯國的大夫，那麼聖人所作的《春秋》不稱名字而稱「伯」，也應當和「季子」一樣。季友有討平禍亂的謀略、有受君託孤的忠誠，一身承擔了國家的安危，所以《春秋》不稱呼他的名字是為了尊敬他。

伯之伐；見隱公七年。〔四〕毛伯之錫命：見文公元年。〔五〕召伯之會葬：見文公五年。〔六〕翬、挾、柔、溺、豹、婼、意如：皆魯國卿大夫之名。下面的叔孫得臣、仲孫何忌、公子慶父、公弟叔肸、仲遂、叔老、叔弓、叔詣等亦魯國卿大夫，他們在《春秋》的稱名方式不一。〔七〕季子來歸：季子即季友，因慶父作亂，出逃魯國後又回到魯國。見閔公元年。〔八〕有討亂之略，有託孤之忠，以身為一國之安危：指季友受莊公臨終託付，輔佐子般，後子般被慶父殺害。季友扶立閔公，二年閔公又被慶父殺害。最後季友扶立僖公，除掉了慶父。季友對魯國的功勞很大，《春秋》尊稱他為「季子」。

若單伯果魯大夫，聖《經》不名而書「伯」，必有大功大善居季子之右，安得反負淫齊之罪乎？負甚大之罪而得甚美之褒，則何以為孔子？何以為《春秋》？孔子是，則《公》、《穀》非；孔子非，則《公》、《穀》是。持二說以詰二家，雖秦、儀、代、

如果單伯果真是魯國大夫，聖人所作的《春秋》不稱其名字而稱「伯」，必定是其有莫大的功績超過了季友，又怎麼會反而蒙受在齊國私通子叔姬的罪名呢？若背負著很大的罪名，卻得到很美的稱讚，那麼又何以為孔子？何以為《春秋》呢？若孔子是對的，那麼《公羊》和《穀梁》就是錯的；若孔子是錯的，那麼《公羊》和《穀梁》就是對的。拿這兩種說法來詰問這兩家，即使是蘇秦、張儀、蘇代、蘇厲等人也

厲〔一〕亦未必能置對也。左《公》、《穀》者曰：「單伯之列於《經》，自請叔姬以前，如『逆王姬』，如『伐宋』，如『會鄄』，不絕於簡。至請叔姬之後，則載於策者有『單子』而無『單伯』，庸詎知書『伯』者非魯，書『子』者非周乎？」曰：「爵列升降，各隨其時。如滕前『侯』而後『子』，不聞其有兩滕也；杞前『伯』而後『子』，不聞其有兩杞也。是何足以病吾說哉？」

〔注釋〕〔一〕秦、儀、代、厲：指蘇秦、張儀、蘇代、蘇厲，他們都是戰國時的縱橫家，善於遊說。

或者又曰：「前古枉直未辨者，何可勝數？單伯之事，特牛一毛、倉一粟〔一〕耳。浩浩塵編〔二〕，子能盡發而細辨之乎？」曰：「人無故負冤，更百世而莫能雪，後之人又

未必能做出應對。贊成《公羊》、《穀梁》之說者認為：「單伯被記載於《春秋》，是在請求釋放子叔姬之前，如『逆王姬』，如『伐宋』，如『會鄄』等，不斷地出現在經書上。到了請求釋放子叔姬之後，那麼記載在經書上有『單子』而沒有『單伯』，怎麼知道稱『伯』的不是指魯國人，稱『子』的不是指周朝人呢？」回答是：「爵位的升降，各隨時代而有所改變。如滕開始是『侯』爵後來是『子』爵，沒有聽說有兩個滕國；杞開始是『伯』爵後來是『子』爵，也沒有聽說有兩個杞國。這怎麼能夠動搖我的觀點呢？」

有的人又說：「古代的事枉直不能辨別的，怎麼數得過來呢？單伯這件事，只不過是九牛一毛、滄海一粟而已。面對無盡的古書，你能全部揭示出來而且細細辨別嗎？」回答是：「若有人無辜地受到冤枉，經歷了千百年仍不能洗刷，後人又認為太瑣屑而不值

以為瑣屑而不足問，是終天地而無伸眉［三］之日矣。推是心以涖官臨政，則攬山積之文書、對麕至之黎庶［四］，必將厭其叢脞［五］，漫不復經意。抑不知我視之甚微，彼視之甚重；我視之甚緩，彼視之甚急。亦何愛頃刻之勞而使彼賫［六］沒身之恨乎？」肄於塾，聽於府，執筆之際，皆不可不思。

［注釋］［一］牛一毛、倉一粟：同九牛一毛，滄海一粟。［二］浩浩塵編：指眾多的古書。［三］伸眉：同「揚眉」，這裏指不平得到伸展。［四］麕（ㄑㄩㄣˊ）至之黎庶：指一群群到來的老百姓。麕，同群。黎庶，百姓。［五］叢脞：細碎，繁瑣。［六］賫（ㄐㄧ）：賫，獲得。

得過問，這就永遠都沒有揚眉吐氣的那一天了。若把這種心理轉移到為官從政上，當收到如山丘一樣的公文書信，或面對著成群而至的黎民百姓，必定會厭惡他們的繁瑣細碎，漫不經意的不肯用心了。卻不知道我認為很細微的，他們卻看得很重；我認為不要緊的，他們卻看得很緊急。為什麼要吝惜片刻的勞累，而使他們永遠承受著終身的遺恨呢？」不論在私塾學習課業，還是在官府聽訟判案，下筆之際，都不能不用心思量。

左傳原文

單伯請子叔姬 文公・十四年

襄仲使告于王，請以王寵求昭姬于齊。曰：「殺其子，焉用其母？請受而罪之。」冬，單伯如齊，請子叔姬，齊人執之。又執子叔姬。

季文子如晉 文公・十五年

十五年，春，季文子如晉，為單伯與子叔姬故也。

齊人赦單伯歸子叔姬 文公・十五年

齊人來歸子叔姬，王故也。

宋華耦辭宴

文公・十五年

君子之立言，待天下甚尊，期天下甚重。雖至奧至邈之理，未嘗敢輕視天下，逆料其不能知。故識雖在一世之先，而心嘗處一世之後，是非推遜不伐[一]而自託於謙退也。降衷在天，秉彝[二]在民，凡具耳、目、鼻、口號為人者，罔不備參贊化育之神、經緯幽明[三]之用。吾其敢以淺心隘量，大棄之於罷冗[四]無能之地乎？至於父母之邦，尤君子之所祗畏而不敢忽者也。「維桑與梓，必恭敬止[五]」，於一草一木猶嚴如是，況於人乎？

[注釋][一]不伐：不自誇。[二]秉彝：秉持法度常理。彝，常理，法度。[三]經緯幽明：經緯，輔佐；幽明，陰陽，指天地大事。[四]罷冗：廢置的、冗餘的。[五]維桑與梓，必恭敬止：意為桑樹和梓樹

[譯文]

君子所發表的言論，看待天下人十分尊崇，對天下人的期許也十分殷切。即使是非常深奧邈遠的真理，也未必敢輕視天下人，認為他們什麼都不知道。所以見識雖然在世人之前，但用心卻退處於世人之後，這並不是謙遜與不自誇耀，而是讓自己處於謙卑退讓的境地。降下誠善的雖是上天，秉承常理的卻是萬民，凡生有耳、目、鼻、口稱作人的，沒有一個不具備參贊天地、化育萬物的靈性，與參與天地間陰陽變化的功用。我怎麼敢用膚淺的心思和狹隘的度量，大膽地將萬民棄置於孱弱無能的境地呢？至於父母之邦，更是君子所敬畏而不敢忽視的。《詩》曰：「對父母種下的桑樹和梓樹，應有恭敬的態度。」對於家鄉的一草一木尚且如此看重，何況對於人呢？

都是父母種的，要對它們表示敬意。語出《詩經・小雅・小弁》。桑梓後來常用來指代故土和祖國。

左氏世傳以為魯史，則魯其父母之邦也。其載華耦來聘，無故揚其先人之惡以辭宴，乃繫之曰「魯人以為敏」。左氏之意，豈不以耦之辭令魯人之所誇，而非君子之貴乎？耦之言，少知禮義者皆知賤之。雖當時二三浮薄輩，妄相矜衒，然曲阜龜蒙[一]七百里之封，寧無一人知其非者？今概稱「魯人以為敏」，果哉！左氏之論也。概稱「魯人以為敏」，是謂魯空國無君子。抑不思所謂魯人者，誰非爾之黨友乎？誰非爾之姻戚乎？誰非爾之師長乎？一出言而盡置黨友、姻戚、師長於庸鄙之域，倨傲暴慢之氣，勃然可掬。歸之以不孫不弟[二]之名，吾意左氏不能辭也。

世傳左丘明是魯國的史官，那麼魯國是他的父母之邦了。他記載宋國華耦來魯國聘問，華耦無緣無故地張揚先人的罪惡以便辭謝宴飲這一件事時，竟然記載為「魯國人認為華耦聽敏達理」。左丘明的意思，難道不是認為華耦的言辭，只是魯國人所讚揚的，而不是君子所推崇的嗎？華耦的言辭，稍微懂得禮儀的人都知道是鄙賤的。雖然當時一些浮華淺薄的人，狂妄地競相誇耀，但是從曲阜到龜蒙，魯國七百里的封地中，難道就沒有一個人知道他的謬誤嗎？現在一概地稱說「魯國人認為華耦聽敏達理」，左丘明之論，果然是這樣的嗎！一概稱「魯國人認為華耦聽敏達理」，這是認為魯國全國都沒有君子。卻不想想所謂的魯國人，哪一個不是你的鄉黨朋友呢？哪一個不是你的親戚呢？哪一個不是你的師長呢？左氏一句話說出口，就把鄉黨朋友、親戚、師長全部放到庸俗鄙陋的境地了，傲慢而殘暴的氣焰十分囂張，明顯得可以用手捧起來。給他一個不謙遜不孝悌的罪名，我認為左丘明是推辭不掉的。

〔注釋〕〔一〕龜蒙：龜山和蒙山，均為魯國境內的山，這裏指代魯國。〔二〕不孫不弟：不謙遜不孝悌。孫，通「遜」。弟，通「悌」。

昔吾夫子亦嘗稱魯矣。曰：「魯無君子，斯焉取斯〔一〕。」是夫子一言，而待魯為君子；左氏一言，而待魯為小人。人心之不同如是哉！魯，一魯耳。夫子以夫子之心觀之，故見其可稱；左氏以左氏之心觀之，故見其可鄙。所存易於內而所觀變於前也。或謂左氏之言魯人，特蚩蚩〔二〕之流耳，至於閎達博雅之君子，敢名之以魯人哉！曰：「閎達博雅之君子，其材雖出人千百等，然履魯地，啜魯泉，服魯藥，食魯粟，苟不名之以魯人，豈九夷八蠻之人乎？」一為君子，而背鄉閭，蔑名教，不以魯人自命，是外父兄而耻與同類也。夫豈君子之所敢安

從前孔子曾經稱讚魯國，說：「魯國如果沒有君子，這個人（宓子賤）是從哪裏得到這麼好的品德呢？」這是孔子一句話把魯國人看作是君子，左丘明一句話就把魯國人當作是小人，人心是如此的不相同啊！魯國，同一個魯國而已。孔子用孔子自己的心來觀察它，所以看見它可以稱許的地方；左丘明用左丘明自己的心來觀察它，所以看見它可以鄙視的地方。在內心所懷想的已經改變了，那麼眼前所看到的也就跟著改變了。有人認為左丘明說的魯國人，只不過是指那些平庸之輩而已，至於淵博高雅的君子，怎麼敢稱他們為魯國人呢？回答是：「淵博高雅的君子，他們的才能雖然超出了一般人很多倍，但是他們踐踏的是魯國的土地，喝著的是魯國的泉水，服用的是魯國的藥材，吃著的是魯國的糧食，如果不稱之為魯國人，難道稱之為蠻夷之人嗎？」一旦成了君子就背棄鄉里，蔑視名教，不把自己當作魯國人，這是把父兄看作是外人，恥於和他們同類。難道君子敢安心這麼做嗎？我更加看到左丘明的錯誤了。

哉？吾益見左氏之誤也。

〔注釋〕〔一〕魯無君子，斯焉取斯：語出《論語．公冶長》，「子謂子賤：『君子哉若人！魯無君子者，斯焉取斯？』」〔二〕蚩蚩：平庸。

雖然，眾不可概言也，本不可忘也。左氏之失固不可復蹈也。迺若十人之聚，三家之市，凡鄙污下，皆無足取。斷之一言，不亦可乎？曰：至理均賦，先覺者為聖為賢，未覺者為庸為鄙。彼雖未覺，然是理洋溢往來於眉睫步趨間，屈伸俯仰，無非動人悟物者。吾方左酬右酢之不暇，慢心何自而生？人見吾與庸鄙接，而不知吾常與天理接也。終日與天理接，敢輕乎哉！

雖然這樣，凡事不可一概而論，不可忘記根本。左丘明的錯誤固然是不能再犯的。至於僅有十個人的村落，三戶人家的市場，平庸鄙俗，污穢低下，皆無可取。用一句話去概括他們，不也是可以的嗎？回答是：是天將真理公平地賦予人們，先覺悟者成為聖賢，未覺悟者就是庸俗平凡之人。那些人雖然沒有覺悟，但是所秉賦的天理卻洋溢於他們的眉目之間，表現在他們的往來行走之中，任何的屈伸俯仰，沒有不能動悟眾人萬物的。我正忙於左右應酬尚且無暇，如何會產生輕慢之心呢？別人看見我與平庸鄙俗的人在一起，卻不知道我常常和天理相交接。整天和天理相交接，怎敢輕慢呢！

【古評】

邱瓊山曰：深得排擊之體。

孫執升曰：責華耦者祇一二語，通篇就左氏魯人以為敏一句，反覆攻擊其非，左氏之罪定，則華耦自不得從輕。是文字避實擊虛之法，是論人責備賢者法。

朱字綠曰：世之巧詆者，可以知警。

張明德曰：左氏一言，關係魯庭多少名節，耦揚其祖罪而魯人以為敏，誠千古罪案，提此一語，左擊右攻今左氏無詞以對，而華耦之失言，又不辨自明矣。

左傳原文

宋華耦辭宴 文公．十五年

三月，宋華耦來盟，其官皆從之。書曰「宋司馬華孫」，貴之也。公與之宴，辭曰：「君之先臣督，得罪於宋殤公，名在諸侯之策。臣承其祀，其敢辱君？請承命於亞旅。」魯人以為敏。

公孫敖二子 文公・十五年

物之移人者，莫如權位。仰視其冠，昔鶡［一］今貂；俯視其服，昔緼［二］今貉；飢視其食，昔簞［三］今鼎；渴視其飲，昔瓢今卮［四］。是孰使之然哉？權位移之也。其移有大者焉，卑者可使倨，重者可使浮，樸者可使華，恪者可使慢。其移又有大者焉，貴者自處於尊未足駭，使尊者反安於卑可駭也；尊者反安於卑未足駭，使貴者併忘其尊可駭也。吾是以知權位之移者，不特其人，而又且及他人；不特移當時，而又且及後世。居權位之間者，可輕乎哉？

［注釋］［一］鶡（ㄏㄜˊ）：指鶡冠，這裏指代粗布帽子。［二］緼（ㄩㄣˋ）：亂麻，破絮。［三］簞：竹子做的食具。［四］卮（ㄓ）：酒杯。

始公孫敖生穀與難而出奔，復生二子

［譯文］

能使一個人改變的東西，沒有什麼比得上權位。抬頭看他的帽子，以前是粗布縫的，現在是貂皮做的；低頭看他的衣服，以前是粗劣的麻布衣，現在是貉皮裘；餓了時看他吃的東西，以前是竹器粗飯，現在是銅鼎美食；渴了時看他喝的東西，以前是用瓢勺，現在是用杯卮。是什麼東西使他如此呢？是權位使他轉變的。這種轉變還有更大的：謙卑的人可以變得傲慢，穩重的人可以變得輕浮，樸實的人可以變得奢華，謹敬的人可以變得輕慢。這種轉變又有更大的：高貴的人安於尊貴的地位沒有什麼好驚訝，假使尊貴的人反而安於卑賤的地位就會讓人感到驚訝；尊貴的人反而安於卑賤的地位沒有什麼好驚訝；假使尊貴的人忘記他的尊貴就會讓人感到驚訝。所以我知道權位轉變的不僅僅是他個人，而且還會影響到他人；不僅僅轉變他的現在，而且會影響到他的後代。處在權位之中的人，可以輕率嗎？

起初，公孫敖生了穀和難，然後出奔，到莒國

于莒。孟獻子實穀之子，其視公孫敖則祖廟也，其視在莒之二子則叔父、季父也。二子還魯，《傳》稱「孟獻子愛之，聞于國」。及有戕伐之譖，二子則曰：「夫子以愛我聞，我以將殺子聞，不亦遠於禮乎？」乃皆犯寇而死。味二子之言，反視孟獻子若大父行[一]，自處於孺子之列。左氏從而載之，亦忘二子之為叔父也。獻子雖地居宗主，位列國卿，然天屬尊卑，要有常分。愛而不敬，固已非禮，二子見人爵之尊而忘天屬之重。後人之載筆者，亦從而忘之。權位之移人，可畏哉！

[注釋][一]大父行（ㄏㄤˊ）：伯父輩。行，輩分。

本宗之親，長幼高下，雖牧圉皁隸，甚戇[二]而昏者，猶能數之。今一移於權位，卑者自視若尊，尊者自視若卑，繆亂舛錯，

又生了兩個兒子。孟獻子實際上是穀的兒子，他看公孫敖，就是祖父；他看公孫敖在莒國的兩個兒子，就是叔父和季父。這兩個人返回魯國，《左傳》稱「孟獻子愛他們，國都的人都知道」。後來有人誣陷他們要殺害孟獻子，這兩個人就說：「那人因愛我們而聞名，我們卻因要殺他而聞名，這不是遠離了禮嗎？」於是都以禦寇戰鬥而死。體味這兩個人的話，他們反而將孟獻子看作是伯父輩的，而自處於子侄之列。左丘明照著記載這件事，也忘記了這兩個人是孟獻子的叔父。孟獻子雖然處在宗主的地位，位列國卿，但是親屬關係的尊卑，是恆久不變的。愛戴長輩卻不尊敬，本已不合乎禮法，這兩個人只看見人的爵位尊貴，而忘記了親屬關係的尊卑。後世記載的人，也跟著忘記了。權位能轉變人，很可怕啊！

同宗親屬，長幼高下的輩分，即使是地位低下的僕役，十分愚魯昏昧的人，也能分得清楚。現在一旦被權位轉變，輩分卑下的人把自己看得很尊貴，而

不復能記，則他事遺落者，可勝計乎？父兄之所訓，師友之所詔[二]，其廢忘者不知其幾也；稚幼之所志，壯大之所習，其廢忘者不知其幾也；邦國之所係，朝廷之所紀，其廢忘者不知其幾也。凡吾前日之所學所聞，所講所畫，棊布派別，羅列胸次，皆坐聲利而汨陳[三]之，可不深懼耶？

[注釋][一]戇（ㄓㄨㄤˋ）：愚直。[二]詔：告訴，告誡。[三]汨（ㄍㄨˇ）陳：錯亂陳列。

嗚呼！孟獻子之沒，至於今將二千祀矣。其聲華寵利，蕩為太虛，不可控摶[一]，焉有氣焰之能移人哉？然讀其書者，習其章句，安其訓詁，尚有不寤二子之為叔父、獻子之為兄子者，況於身處其時，親當其地，乃欲卓然自覺於沉酣膠擾[二]之中，難矣哉！

[注釋][一]控摶：擊打，觸摸。[二]膠擾：擾亂。

輩分尊長的人就又把自己看得很卑賤，謬誤錯亂，不再能記得，那麼其他遺忘而忽略的事情，可以數得清嗎？父兄所教導的，師友所告訴的，被廢棄遺忘的不知道有多少；幼年時所記得的，成長後所學習的，被廢棄遺忘的不知道有多少；國家所賴以維繫的，朝廷所賴以綱紀的，被廢棄遺忘的不知道有多少。凡是我以前所學過的、所聽過的、所講求過的、所謀劃過的，有如棋子一樣分佈在棋盤上，像支脈一樣從主幹上分流，有秩序地陳列在我胸中，但而今幾乎都被名利所擾亂了，能不深以為懼嗎？

唉！孟獻子死後，到今天將近兩千年了。他的聲名和恩寵利祿，已經化為空虛，一點都觸摸不到了，哪裏還有氣焰能夠影響後人呢？然而研讀《左傳》的人，學習其中的文法章句，習慣於其中的文字解釋，尚且有人未能明白這兩個人是叔父，孟獻子是他們兄長之子的情況，何況身處其時，親處其地，卻想在沉迷錯亂中卓然自我醒悟，這很難做到啊！

左傳原文

公孫敖二子 文公・十五年

書曰「齊人歸公孫敖之喪」，為孟氏，且國故也。葬視共仲。聲己不視，帷堂而哭。襄仲欲勿哭，惠伯曰：「喪，親之終也。雖不能始，善終可也。史佚有言曰：『兄弟致美。救乏、賀善、弔災、祭敬、喪哀，情雖不同，毋絕其愛，親之道也。』子無失道，何怨於人？」襄仲說，帥兄弟以哭之。他年，其二子來，孟獻子愛之，聞於國。或譖之曰：「將殺子。」獻子以告季文子。二子曰：「夫子以愛我聞，我以將殺子聞，不亦遠於禮乎？遠禮不如死。」一人門于句鼆，一人門于戾丘，皆死。

齊人侵我西鄙

文公・十五年

言在此而觀在此者，眾人之觀也；言在此而觀在彼者，君子之觀也。兩訟在庭，甲操券契，乙奉質劑[一]，聱牙撐拒[二]，健吏閣筆不能下。他日偶視故府之牘，適聽道路之言，鏬開節解，舉無遁情。牘豈豫為此時設，言豈特為此事發哉？邈乎不相涉而其證甚的，寥乎不相及而其喻甚親。吾知其說矣。無心之言其言真，無心之見其見定。是故觀言有術，略其專而察其旁。堅白[三]乎求之惠、鄧[四]，清淨乎求之老、莊，刑名乎求之申、韓[五]，耕稼乎求之陳、許[六]，規規然自局於簡冊之內而不敢騁，君子謂之

〔譯文〕

說到此便只看到此，這是眾人的觀察；說到此卻看到彼，這是君子的觀察。兩方在法庭上訴訟，甲方持有契約，乙方執有合同，雙方互相指責，互不相讓，精明能幹的官吏也只好擱筆難以下判決。他日偶然翻閱到往日的官府文書，或恰巧聽到路人的談論，便突然茅塞頓開，毫無隱情。官府的文書難道是預先為此時制定的嗎？路人的談論難道是專門為此事而發的嗎？看似邈不相涉，但是作為證據卻相當明確；看似寥落不相接近，而喻事卻甚為貼切。我知道這樣的道理了。無意說出的話，是真話；無意看到的現象，是真相。所以觀察別人言語要有技巧，應捨棄那刻意要表達的而關注其餘部分。講堅白離析，只知向惠施、鄧析尋求；講清靜無為，只知向老子、莊子尋求；講刑名法術，只知向申不害、韓非子尋求；講稼穡農事，只知向陳相、許行尋求。這種規規矩矩地局限在書本之內，不敢有所跨越，君子稱這樣的人為俗儒。取守之論，歷來為儒者所爭議，卻沒有人知道是從什麼時

俗儒。取守之論，儒者之所爭，而未有知其所由始者也。自叔孫通、陸賈〔七〕之徒，進說於時，而逆取順守之說，浸淫於天下，後之人雖爭之強，辨之疾，終莫能泝其源而拔其根。殆觀其專而不觀其旁之病也。盜發於秦，盜獲於吳，眾人不察之地，可不少留意耶？

〔注釋〕〔一〕質劑：古代交易之契約，與現代的合同相當。〔二〕聱牙撐拒：雙方互相指責，互相抵制的樣子。〔三〕堅白：指戰國時名家公孫龍所著《堅白論》之說。〔四〕惠、鄧：惠，惠施；鄧，鄧析。二人為先秦時名家代表人物。〔五〕申、韓：申，申不害；韓，韓非子。二人為先秦法家代表人物。〔六〕陳、許：陳，陳相；許，許行。二人為戰國時農家代表人物。〔七〕叔孫通、陸賈：二人為漢初著名政治家。

齊懿公伐曹，入其郛。季文子非之，累數十言，其辭雖不一，大要皆為懿公發

候開始的。自從叔孫通、陸賈這些人向當時君主進言以後，逆取順守之說於是大肆流行於天下，後世的人即使用心去爭論，努力加以辯解，終究不能溯流討源而拔除其根本。這大概是因為觀察時只注意到主體而沒有注意到枝節的通病所致吧。就好像盜竊案件發生在秦國，而盜賊卻在吳國被捕獲一樣，眾人不曾覺察到的地方，怎能不稍加留意呢？

齊懿公討伐曹國，攻進入了外城。季文子認為齊國的做法不對，共計說了幾十句話，其言辭雖然不一

也。吾讀其語，至於「以亂取國，奉禮以守，猶懼不終」，然後知秦、漢取守之說其所從來遠矣。文子之言，本論伐曹，偶及於取守。寓意而非造意，泛言而非立言，從容游談，忽不自知判取守為兩事。吾是以知逆取順守之論，濫觴於春秋，而衰陵於秦漢也。吾請置叔孫通、陸賈之徒，而獨與季文子辨。取守，一道也。源涇而瀾渭，根蕕而葉薰[一]，古無是論也。取守之論，其分於春秋之際乎？

［注釋］［一］根蕕而葉薰：蕕，一種有臭味的水草，這裏指臭味。《左傳·僖公四年》：「一薰十蕕，十年尚猶有臭。」

吾於文子之言有見也。百年禮法之家，不幸而子弟欲敗其家，猶必徘徊猶豫，半出

樣，但大體上都是針對齊懿公而發的。我讀他的話，讀到「以亂取國，奉禮以守，猶懼不終」，然後纔明白盛行於秦漢的取守之說其來源已經很久遠了。季文子的言語，主要在於評論伐曹之事，只是偶然涉及到取守之論。原只是言外的寄意，而不是有意的表達；只是隨意提及，而不是有意的論說。在從容自在毫無顧忌地談論中，不知不覺就把取守分為兩件事。因此我知道逆取順守之論，起源於春秋而盛行於秦漢。請讓我把叔孫通、陸賈之徒先放在一邊，而獨與季文子論辯。取與守，來自相同的道理。若說源頭如涇水般清而波瀾如渭水般濁，或說根如蕕般臭而葉如薰般香，自古以來不曾有這樣的說法。取守不同之論，大概是分化於春秋之際吧？

我從季文子的話中得出了一些見證。一個有著百年禮法傳世的家族，若不幸後輩不肖，想敗家毀業，必定還徘徊猶豫，遮遮掩掩，不敢驟然力行己意。那是因為他離禮法還不遠，心裏還有所畏懼。自從堯、

半入，未敢奮然遽行其意。彼其去禮法未遠，其心猶有所畏也。堯、舜、禹、湯、文、武以來，取以是，守以是，未嘗斯須去禮，前聖後聖，相付甚嚴。至於春秋列國，正其隙方開之時，故文子之言猶若有所憚者，既曰「以亂取矣，以禮守矣」，復繼之曰「猶懼不終」。一語開之，一語閉之；一語招之，一語麾之。前語方脫口，而遽汲汲於自贖，豈非取守之論方分，而文子之心猶有所未安者耶？時寖遠，論寖廣，至於隋唐之際，所謂逆取順守，弄文墨者，往往道之，晏然不疑，若誤記以為六籍語者，尚奚言哉！此吾所以獨與文子辨，而竊意取守之論起於春秋之時也。

唐太宗並緣此義，手戕二昆[一]，臨朝

舜、禹、湯、文王、武王以來，取國據禮法，守國也據禮法，未嘗有片刻放棄過禮法。前後世的聖人相與交付禮法甚為嚴格。到了春秋列國，正是禮法剛剛有所開啟縫隙之時，所以季文子的話似乎還是有所忌憚，既然已經指出「以作亂的方式而取得國家，然後用奉行禮法來守護國家」，接著又說「仍然懼怕不能守護到最後」。前一句話剛揭開這個意思，後一句話馬上加以掩蓋；前一句話剛招來，後一句話即揮走。前一句話剛說出口，馬上又急切地為自己開脫，這難道不是取守之言論剛開始有所區分，而季文子心裏仍然有所不安嗎？年代愈久遠，取守之分的言論流行愈廣，到了隋唐之際，所謂逆取順守之說，那些舞文弄墨的人已經常提及，安然不疑，就像把它誤記為六經中的文字，還有什麼好懷疑的呢？這是我惟獨想與季文子辯論，並私下認為取守之論開始於春秋之時。

唐太宗就是假借這個理由，親手殺害了兩個兄弟，臨朝而毫無愧疚之色。等到出現貞觀之治的盛世，前代少有能超過的，於是世俗之人便以為季文子的話

而無愧色。第貞觀之治，前代鮮居其右者，世俗遂謂文子之言猶信。胠篋探囊[二]，而揖遜守之，謂之工於守財則可，謂之勇於改過則不可。為盜者棄其所攘，然後不謂之盜；逆取者捨其所取，然後不謂之逆。安有身擁盜物，而自名順守者乎？吾是以知取守之無二道也。

[注釋][一]手戕二昆：即史稱的「玄武門之變」，李世民殺害其兄李建成與弟李元吉，隨即奪得帝位，奉其父李淵為太上皇。[二]胠篋（ㄑㄩ ㄑㄧㄝˋ）探囊：胠篋，撬開箱子；探囊，掏袋子。語見《莊子．胠篋》。

還是可信的。撬開別人箱子探取別人口袋獲得財物，然後恭敬謙遜地加以守護，說這樣的人善於守財倒是可以，說他們勇於改過則不行。盜賊扔掉偷來的東西，然後纔能不稱為盜賊；以叛逆的方式取得國家的人放棄君位，然後纔能不稱為叛逆。可是哪裏有身擁盜取的財物，卻宣稱自己是奉行禮法來保有它呢？因此，我知道取和守的道理其實是沒有差別的。

左傳原文

齊人侵我西鄙 文公・十五年

齊侯侵我西鄙，謂諸侯不能也。遂伐曹，入其郛，討其來朝也。季文子曰：「齊侯其不免乎？己則無禮，而討於有禮者，曰：『女何故行禮？』禮以順天，天之道也。己則反天，而又以討人，難以免矣。《詩》曰：『胡不相畏？不畏于天。』君子之不虐幼賤，畏于天也。在《周頌》曰：『畏天之威，于時保之。』不畏于天，將何能保？以亂取國，奉禮以守，猶懼不終，多行無禮，弗能在矣。」

楚大饑庸人帥羣蠻叛楚

文公・十六年

豐歉在人，而不在天；強弱在人，而不在地。歸豐歉於天，閉口而俟死者也；歸強弱於地，束手而就亡者也。是故天時雖歉，以人而豐；地勢雖強，以人而弱。強弱、豐歉之權係於人而已。

楚地跨南服，威令行於諸侯。自蚡冒［一］以來，羈百蠻以長繩而鞭箠之，雖輿臺隸人，莫不氣吞缺舌之君。長歲小饑饉，庸人率羣蠻而叛之，正如蚊虻撲緣［二］，何足介意？而一國駭懼，聚謀徙都，仰視庸、濮，岌如泰山之將壓，慄慄危懼，朝不謀夕。當是時，楚國封疆豈削於前？輿賦豈減於舊哉？特主謀者弱，雖封疆輿賦之盛，不能使之強也。及蔿賈之言一發，大小老稚，皆有

［譯文］

收成的豐歉在於人為，而不在於天時；國力的強弱也在於人為，而不在於地勢。把收成豐歉歸於天時，如同是不事勞動閉嘴等死；把國力的強弱歸於地勢，則如同是束手待斃。所以即使天時不好導致作物歉收，因為人的努力也會豐收；即使地勢強大，因為人的原因也會衰弱。強弱、豐歉的權力，完全操持在人的手中。

楚國地跨南方五服之地，聲威號令行於諸侯各國。自蚡冒為君以來，用長繩羈縛群蠻並鞭笞他們，即使是奴僕賤役，沒有一個不是氣勢壓過群蠻君主的。一旦年歲小有饑荒，庸國人便率領各蠻族背叛楚國，猶如蚊蠅附緣於馬身，有什麼值得介意的呢？然而，楚國上下驚駭懼怖，君臣聚會作遷都的打算，仰視庸人、濮人，岌岌自危彷彿泰山將要壓下來，戰慄恐懼，朝不保夕。在這個時候，楚國的疆域難道比以前削減了麼？車馬難道比從前減少了麼？只不過是為首謀劃的人軟弱，雖然疆域廣闊、車馬盛多，也不能讓它強大起來。直到蔿賈的言論發出後，大官小民到老年稚幼都有了奮起之心，自結廬舍隨同前往，打開

奮心，自廬以往，振廩同食。見氣之盈，而不見困之竭；見師之飽，而不見歲之饑。潰蠻滅庸，四境如掃。

〔注釋〕〔一〕蚡（ㄈㄣˊ）冒：楚君。若敖孫，名熊眴，在位十七年卒。其弟熊通弒蚡冒子代立，是為楚武王。
〔二〕蚊虻撲緣：蚊虻附緣於馬身。語見《莊子・人間世》。

嗚呼！不有君子，其能國乎？蔿賈未謀也，則楚以強為弱；蔿賈既謀也，則楚以歉為豐。無其人，則山川形勢，地雖與之而不能全；有其人，則餫饋糧餉〔二〕，天雖奪之而不能病。人之權重矣哉！或曰：「楚之是役，有盧戢黎之兵，有子揚窗之諜，有師叔之謀，有子越、子貝之旅，合眾智，萃羣力，用集大勛。豈專蔿賈之功歟？」

倉廩軍民同食。只見士氣高漲，不見糧食喫完；只見兵員飽食，不見年歲饑荒。擊潰群蠻，消滅庸國，很快便掃平了四方邊境亂事。

唉！如果沒有君子，還能保住國家嗎？蔿賈未能謀劃之前，楚國以強國而自居弱勢；既經蔿賈謀劃之後，楚國反以歉收為豐年。倘若沒有這樣的人，就算贈與他們有利的山川形勢，也不能保全它；有了這樣的人，即便老天奪走他們的軍用糧餉，也不能使楚國陷入困境。人的影響力太重要了！有人說：「楚國這場戰役，有盧戢黎的軍隊，有子揚窗的情報，有師叔的謀略，有子越、子貝率軍助陣，集合眾人的智慧，發揮群體的力量，因而成就大功。這功勞怎能專歸蔿賈一人呢？」

〔注釋〕〔一〕餫饋糧餉：泛指用於軍事的糧餉。
餫，運糧。

曰：「至難回者，天下之勢。是勢一回，則風驅雷動，雲飛川決，雖僬僥戚施〔一〕，亦皆鳴劍抵掌，赴功名之會。故回大勢，號為天下之至難。有張良以決鴻溝之追，則參、勃、信、布〔二〕之徒不可勝用也；有邳彤〔三〕以決河北之留，則弇、異、漢、恂〔四〕之徒不可勝用也。天下患無張良，而不患無參、勃、信、布；天下患無邳彤，而不患無弇、異、漢、恂。當楚人策畫未定之際，使無蔿賈之一言，退自竄於阪高之墟，則雖有數子之智勇，不過崎嶇草莽間，其有匹夫之決者，不過先狗馬填溝壑耳。賈也昌言於庭，抉楚國頹仆之勢而起之，偏國中勃

回答：「最難挽回的，是天下大勢。形勢一旦挽回，則風起雷動，雲飛川決，就算身材矮小的殘廢之人，也都能拔劍擊掌，奔赴功名的盛會。所以挽回大勢，號稱為天下最難做到之事。楚漢相爭，因有張良在決定以鴻溝為界之後的獻策追擊，然後曹參、周勃、韓信、黥布這樣的人才，纔不可盡用；漢光武時，因有邳彤獻計，使劉秀決定留守河北，然後耿弇、馮異、吳漢、寇恂這樣的人才，纔不可盡用。天下只擔心沒有張良，而不怕沒有曹參、周勃、韓信、黥布；天下只擔心沒有邳彤，而不怕沒有耿弇、馮異、吳漢、寇恂。當楚國人的謀劃尚未決定的時候，假如沒有蔿賈的一席話，楚國人將退守逃竄到阪高荒野之間，那麼即使有上述數人的智謀和勇力，也不過是在崎嶇草莽之間苟延殘喘，即使有逞匹夫之勇的人決心殉國，也不過是先比狗馬填屍於溝壑中罷了。蔿賈在朝廷上曉明大義，使楚國從頹敗之勢中振奮起來，全國上下充滿勃勃生氣，打造戈戟磨利刀刃，惟恐上陣見晚了。就算沒有上述數人，難道就不能辦成這些了嗎？軍隊

勃皆有生意，淬戈礪刃，惟恐見敵之晚。雖無數子，豈無能辦此者乎？戰於外，鼓於中，籌於上。用力愈佚，受賞愈醲。昔之治兵，蓋未嘗無次第於其間也。」

〔注釋〕〔一〕僬僥戚施：指身體矮小、佝僂駝背者。古以之泛稱中國古代西南少數民族。《國語・魯語下》：「僬僥氏長三尺，短之至也。戚施，佝僂駝背的人。」〔二〕參、勃、信、布：指曹參、周勃、韓信、黥布，均為劉邦所用，成為劉邦的開國功臣。〔三〕邳彤：東漢名醫，能文善武。為漢光武帝劉秀手下二十八宿將之一。〔四〕弇、異、漢、恂：指耿弇、馮異、吳漢、寇恂，均為劉秀部下。

在外面作戰，將帥在軍中擊鼓指揮，謀士在最上層籌畫。用勞費力越輕，所受獎賞越豐厚。前人治兵領軍，大概其中未嘗沒有這樣的分工關係。」

左傳原文

楚大饑庸人帥羣蠻叛楚

文公・十六年

楚大饑，戎伐其西南，至于阜山，師于大林。又伐其東南，至于陽丘，以侵訾枝。庸人帥羣蠻以叛楚。麇人率百濮聚於選，將伐楚。於是申、息之北門不啟，楚人謀徙於阪高。蔿賈曰：「不可。我能往，寇亦能往。不如伐庸。夫麇與百濮，謂我饑不能師，故伐我也。若我出師，必懼而歸。百濮離居，將各走其邑，誰暇謀人？」乃出師。旬有五日，百濮乃罷。自廬以往，振廩同食。次于句澨。使廬戢黎侵庸，及庸方城。庸人逐之，囚子揚窗。三宿而逸。曰：「庸師眾，羣蠻聚焉，不如復大師，且起王卒，合而後進。」師叔曰：「不可。姑又與之，遇以驕之。彼驕我怒，而後可克，先君蚡冒所以服陘隰也。」又與之遇，七遇皆北，唯裨、鯈、魚人實逐之。庸人曰：「楚不足與戰矣。」遂不設備。楚子乘馹，會師于臨品。分為二隊，子越自石溪，子貝自仞以伐庸。秦人、巴人從楚師。羣蠻從楚子盟，遂滅庸。

鄭子家為書告趙宣子　文公・十七年

井有餘潤［一］，圃者不為之增畦；車有餘載，馭者不為之增槖。天下之理，惟厚於養而薄於求，然後可以相待而至於無窮。先王之有天下也，分地分民，以建諸侯。圭焉而朝，鼎焉而食，輅焉而趨，鼐焉而燕，臺其門，觀其闕，秋毫皆君賜也。雖旦薦幣，而暮奉籩，猶不足以答天地大德。而先王制為五服，六年一朝之典，夫豈欲佚諸侯而驕之哉！蓋在我者常欲有餘，在彼者常欲不足。使諸侯養其忠而不得盡展，蓄其力而不得盡施。此所以傳百世而無不軌不物之患也。

［注釋］［一］潤：雨水，水。

晉於鄭何益哉？嘗建置其社稷乎？未

［譯文］

即使井底還有多餘的用水，但種菜的人不會因此而多闢菜畦；即使車中還有多餘的空間，但車夫不會因此而多加行李。天下的道理，惟有多加養護而少加索求，然後纔可能平等對待而至於無窮無盡。古代天子保有天下，分封土地人民，以建立各個諸侯國。諸侯執圭朝覲，列鼎而食，輅車巡行，大鼎宴飲，城門前設臺，都闕前建觀，他們的一切都是天子所賜。即使白天呈薦禮物，晚上奉送籩餔，尚且不足以報答這天地般浩大的恩德。然而，先王製定五服制度，諸侯六年朝覲一次的典則，這些難道是想放縱諸侯而使他們驕傲不馴嗎？大概就我（天子）而言，總是想讓對方多留有餘地；就他（諸侯）來說，常想著回報得還不夠多。使諸侯培養他們的忠誠而不要發揮殆盡，蓄養他們的力量而不要全部施展。這就是為什麼可以相傳承百世而沒有犯法踰禮的禍患。

晉國對鄭國有什麼好處呢？曾經為他建置社稷了嗎？沒有。曾經擁立過它的國君嗎？沒有。雖然不時

嘗也。嘗擁立其君長乎？未嘗也。雖時有涓滴之惠，然干戈相尋，德不償怨。彼其所以龜塗著道，君臣相望於晉之郊者，豈得已哉？特畏其力焉耳。晉人猶不饜而多求於鄭，鄭不勝其求，移書以直之。晉人氣褫〔一〕神奪，僕僕然行成遣質，惟恐不及。以大國之尊而下行小國之事，甘受屈辱而不敢辭。蓋求之太甚，固有以招之也。周不能歲朝諸侯〔二〕而晉則能之，晉之拊循〔三〕諸侯過於周則可，不然，則執訊〔四〕之辱不發於鄭，亦必發於他國也。過任之事，父不能得之子；無已之求，君不能得之臣。況俱號為諸侯者乎？

〔注釋〕〔一〕褫（ㄔˇ）：褫奪，剝奪。〔二〕朝諸侯：使諸侯來朝拜。〔三〕拊循：安撫。〔四〕執訊：掌管通訊之官員。

雖然，晉、楚俱大國也，鄭介晉、楚

施予小小的恩惠，然而也常常挑釁用兵，干戈相見，德不償怨。而鄭國人所以卜筮行路的吉凶，君臣經常往來於晉國的道路上，難道是出於自己的意願嗎？只不過是害怕晉國的威勢而已。晉國仍舊不能滿足，而向鄭國索求更多，鄭國不堪晉國的索求，於是遞交書信直接表明態度。晉國人的神氣被褫奪了，急忙派人到鄭國達成和解，派遣人質，惟恐不及。以大國的尊嚴，而去從事小國纔有的行為，甘願忍受屈辱而不敢推辭。這大概是晉國過分地索求，必然招來這一侮辱。周王朝不能使諸候每年來朝覲而晉國卻能做到，要說晉國安撫諸侯超過了周王朝的話，這是可以的。不然的話，這種遣信使來質問的恥辱即使不發生在鄭國，也必定會發生在其他國家。若超出了負擔，即使是父親也不能從兒子那裏得到；沒有止境的索求，即使是國君也不能從臣子那裏得到。何況彼此都是號稱諸侯的國家呢？

雖然如此，晉國和楚國都是大國，鄭國是處在晉

之間者也。鄭之於晉，其抗辭以對者，蓋非一端。如壞館登陴，爭承問後之類，行行然每不肯為晉下。至於事楚，則異是矣。飭車而朝，走幣而使，惟恐少忤其意，敢抗辭以對者，殆無幾何？其勇於晉而怯於楚乎？曰：「晉，中國也，可告語者也；楚，蠻夷也，不可告語者也。」鄭有晉憾，猶敢訴焉；至於楚，則不敢訴而敢叛。二者孰為得失哉？以迹而論，則楚恭而晉倨；以心而論，則晉親而楚疎。人徒見鄭之君臣入楚之境，貌恭心肅，遂以為畏楚；入晉之境，辭費說煩，遂以為慢晉。抑不知為晉、楚謀者，寧受其畏乎？寧受其慢乎？必知所去取矣。諫疏不至於朝，訴牒不至於府，晏然靖謐[一]，號為無事。以晉、楚之事格之，無乃猶有可察者乎？

[注釋][一]靖謐：同靜謐，安寧，平靜。

國和楚國之間的小國。鄭國對待晉國，以嚴辭來應對的事情，並不只是這一次，例如毀壞賓館牆垣、授兵登城、爭論貢賦次序，不按時聘問等，每每不肯屈居於晉國之下。至於侍奉楚國就不一樣了，整備車馬，前往朝見，厚攜幣帛，派使進貢，擔心忤逆其意，敢於嚴辭以對的情形，大概沒有過幾次。這難道是鄭國能勇於與晉抗爭卻怯於與楚國抗衡嗎？回答是：「晉國是中原禮義之邦，可以用言語相告；楚國是蠻夷之邦，不可以用言語相告。」鄭國對晉國有怨恨，尚且敢據理爭訴；至於對楚國，不敢有所申訴，然而卻敢於背叛。這兩種情況哪個是得，哪個是失呢？按形跡來說，鄭國對楚恭順，而待晉傲慢；按心跡來說，則是對晉親近，而待楚疏遠。人們只看到鄭國的君臣進入楚國，外表恭敬，心存敬肅，就以為是害怕楚國；進入晉國，互相爭執，喋喋不休，就以為是待晉傲慢。卻不知道，替晉國和楚國考慮的人，寧願接受鄭國的畏懼呢？還是寧願接受鄭國的傲慢呢？想必會知道如何去取捨吧。若諫疏不出現在朝廷，訴狀不出現在官府，安然靜謐，一般就號稱太平無事。但如果用晉、楚兩國的上述事情來比較，恐怕還有可以省察的地方吧？

左傳原文

鄭子家為書告趙宣子 文公．十七年

晉侯蒐于黃父，遂復合諸侯于扈，平宋也。公不與會，齊難故也。書曰「諸侯」，無功也。於是晉侯不見鄭伯，以為貳於楚也。鄭子家使執訊而與之書，以告趙宣子，曰：「寡君即位三年，召蔡侯而與之事君。九月，蔡侯入于敝邑以行。敝邑以侯宣多之難，寡君是以不得與蔡侯偕。十一月，克滅侯宣多，而隨蔡侯以朝于執事。十二年六月，歸生佐寡君之嫡夷，以請陳侯于楚，而朝諸君。十四年七月，寡君又朝以蕆陳事。十五年五月，陳侯自敝邑往朝于君。往年正月，燭之武往，朝夷也。八月，寡君又往朝。以陳、蔡之密邇於楚而不敢貳焉，則敝邑之故也。雖敝邑之事君，何以不免？在位之中，一朝于襄，而再見于君。夷與孤之二三臣相及於絳。雖我小國，則蔑以過之矣。今大國曰：『爾未逞吾志。』敝邑有亡，無以加焉。古人有言曰：『畏首畏尾，身其餘幾？』又曰：『鹿死不擇音。』小國之事大國也，德，則其人也；不德，則其鹿也，鋌而走險，急何能擇？命之罔極，亦知亡矣。將悉敝賦以待於鯈。唯執事命之。文公二年六月壬申，朝于齊。四年二月壬戌，為齊侵蔡，亦獲成於楚。居大國之間，而從於強令，豈其罪也？大國若弗圖，無所逃命！」晉鞏朔行成於鄭，趙穿、公壻池為質焉。

邴歜閻職弒齊懿公

文公・十八年

事有出於常情之外者，非人之所不能及，則必不能及人者也。肘腋怨讎，腹心仇敵，曠懷大度，高出於常情之外，夫豈常人所及哉！智不踰於常人而欲為非常人之事，則必愚者也，闇者也，發褚以示盜者也，決隄以俟溺者也，跣足於雄虺之榛而裸身於餓虎之蹊者也。至於姦雄凶猾之人，每持「寧我負人，無人負我」之語，睚眦之怨，必削株拔根，無噍類[一]乃止。彼豈不知含洪光大為盛德事哉？蓋思其上者，慨然以為不可學；至其下者，輾然[二]以為不足學也。

[注釋][一]噍（ㄐㄧㄠˋ）類：指活著的人。[二]輾（ㄔㄢˇ）然：笑貌。

齊懿公奪閻職之妻、刖邴歜之父，而

[譯文]

有人行事超出於常情之外，如果不是一般人所不能達到，那麼必定是行事者做不到一般人所做得到的事。左右的人都是怨仇，心腹之人都是仇敵，卻能胸懷曠達，超出常情之外，這難道是常人做得到的嗎？智慧沒有超出常人，卻想做一些非常之事，那麼必定是愚蠢的人、闇昧不明的人、敞開褚囊給盜賊看的人、掘開堤壩來等待溺水的人，要不就是赤著腳行走在滿是毒蛇的榛莽中的人、或是不穿衣服而置身於餓虎出沒的路上的人。至於那些奸詐、梟雄、兇險、狡猾的人，每每執持「寧可我負人，不可人負我」這樣的言語，哪怕是再小的怨恨，也一定要將對方斬草除根，消滅殆盡纔肯罷休。他們難道就不知道寬宏大度是很偉大的美德嗎？大概是思考上一種情況，滿懷感慨而認為這不可以效仿；至於下一種情況，則笑著認為那不值得去學習。

齊懿公霸佔了閻職的妻子，砍掉了邴歜父親的

復親近二人者，與之狎昵，卒屠其軀。意者懿公豈不分菽麥[一]者耶？則戕君竊國，機略初不在人後，乃於人情易見之利害舛錯如此，世未有知其說者。抑不知懿公之事，他人視之若不近人情，而懿公實未嘗不用其情也。彼懿公身為公族而弒其君，於其父子親族之間亦已薄矣；至於宗族殘忍鷙暴，慹然[二]無情。推己之情而謂人皆然，此其所以日親歜、職而不料其果於復讎也。人怪懿公之不近人情，而不知懿公之禍正坐以己之情而度人之情也。

[注釋][一]不分菽麥：不能分辨豆和麥，形容弱智。[二]慹（ㄓㄜˊ）然：不動貌。

請以太子劭[一]之事實之。劭與弟濬，俱謀逆。潘妃者，濬之母，而劭之所欲殺也。

腳，而又親近這兩個人，與他們親昵廝混，終遭殺身之禍。一般人會認為齊懿公難道是一個豆、麥不分的人嗎？然而，他殺君竊國，起初的機智謀略並不在人下，卻在常人容易發現的利害上犯下了如此大的錯誤，世上無人知道這其中的原因。卻不知道齊懿公這樣的行事，別人看來好像是不近人情，但齊懿公實際上未必沒有用他自己的感情。那齊懿公身為公族竟然弒殺國君，這在父子親族之間已夠薄情的了；至於對待宗族殘忍凶暴，則毫無感情。他用自己的情感去揣度別人，認為別人都和自己一樣，這就是他為什麼每天親近邴歜、閻職，卻沒有料到他們竟然會復仇。人們對齊懿公的不近人情感到奇怪，卻不知道齊懿公的禍害，正是犯了用自己的感情去揣度他人的感情的錯誤。

請讓我用劉宋太子劭的事情來證實這個道理。劉劭和弟弟劉濬一同陰謀造反。潘妃是劉濬的生母，而正是太子劭要殺的人。太子劭將要殺潘妃卻親近她的

劭將殺其母而親其子，疑若非人之情，抑不知劭、濬之情，同於悖逆。元嘉之變，潘妃既戮，而濬之附劭，有加於前。兄梟弟獍，何其異軀而同情也！商人[二]之待歜、職，正如劭之待濬，自謂人皆如己，不復置疑，此吾所以推懿公之禍，正在於用情也。吾攷《傳》之所載，二子既戕懿公，舍爵而行，略無所憚，而又竊有所感焉。當懿公謀逆之時，貸粟之際，曲澤私德，偽聲虛譽，營邱[三]之民，奔走而歌舞之，故能以支代宗[四]而竊其國。居位未幾，以凶虐而殺其身。向日之受其姑息者，竟無一人仗戈以赴其急，推刃之人緩步出郊，略無所憚，至於是。然後知區區之小惠，果不足恃也。齊懿公罪惡貫盈，本無足責，吾特表而出之，以為好行小惠者之戒。

兒子，好像不近人情，卻不知道太子劭、劉濬一心所想的同是悖逆。元嘉年間的政變，潘妃已經被殺害，但劉濬反比以前更加依附劉劭。兄弟二人，一個是梟，一個是獍，為什麼不同的身軀而有相同的情感呢！齊懿公對待閻職、邴歜，正如劉劭對待劉濬，自認為別人都和自己一樣，不再有疑慮。這就是我之所以推斷齊懿公的禍患在於按照自己的情感行事。我考察《左傳》的記載，這兩個人已經殺害了懿公，飲完酒後纔離開，沒有絲毫的畏懼，因而，我私下裏又有一些感想。當齊懿公陰謀篡位之時，私產用盡而向公家貸粟濟貧之際，布施一己曲私的恩德，從而虛偽的聲譽一時四起，營邱（齊都城）人民，奔走相告歌頌他的善舉，所以纔能以庶支取代正宗而竊得國家政權。但在位還沒有多久，就因為兇殘和暴虐而被殺。以前得到他姑息偏護的人，竟然沒有一個人操起武器來趕赴他的急難，持刀殺害齊懿公的人，緩步走出郊外，沒有絲毫的畏懼，事情竟然到了這種地步。我這纔知道小恩小惠，果真是靠不住的。齊懿公惡貫滿盈，本來不值得去責備，我特意拿出來說，以便作為那些喜好施行小恩小惠人的警戒。

〔注釋〕〔一〕太子劭：南朝劉宋太子劭。其異母弟為劉濬。「初，潘淑妃生始興王濬。皇后性妒，以淑妃有寵子，上恚恨而殂，淑妃專總內政。由是太子劭深惡淑妃及濬。濬懼為將來之禍，乃曲意事劭，劭更與之善。」（《資治通鑑》卷一二六）〔二〕商人：齊懿公的名字。〔三〕營邱：齊國都城之一，這裏指代齊國。〔四〕以支代宗：齊懿公是齊桓公的兒子，他殺死了齊昭公（他的兄長公子潘）之子而篡位，實際上是以庶支取代了正宗。

左傳原文

邴歜閻職弒齊懿公

文公・十八年

齊懿公之為公子也，與邴歜之父爭田，弗勝。及即位，乃掘而刖之，而使歜僕。納閻職之妻，而使職驂乘。夏，五月，公游于申池。二人浴于池。歜以扑抶職。職怒。歜曰：「人奪女妻而不怒，一抶女，庸何傷？」職曰：「與刖其父而弗能病者何如？」乃謀弒懿公，納諸竹中。歸，舍爵而行。齊人立公子元。

襄仲殺惡及視止立宣公

文公・十八年

天下之亂，無形者不可討，無志者不果討，無助者不能討，合是三無，亂之所以成也。匿機閉鍵，覆阱韜戈，城府高深，不見纖隙，是謂「無形」；視國傳舍[一]，視君弈棋，小寇不訶，大寇不禦，是謂「無志」；膽壯形羸，志強勢弱，孑然孤立，莫救危亡，是謂「無助」。發於彼者有形，立於我者有志，資於外者有助，亦何姦之不消？何難之不平哉？宜消而長，宜平而傾，此君子之所以深嗟而屢歎也。

［注釋］［一］傳舍：驛舍與可供行人休息的處所。

叔仲惠伯之禍，吾嘗三復其事而悲之。惠伯受遺輔政，履危疑之朝，固當蚤[二]警

［譯文］

天下的叛亂，還沒有露出形跡，不可以去討伐；沒有討伐叛亂的志向抱負，不會果斷去討伐；孤立無援的，不能完成討伐。這三者合起來，就是禍亂形成的原因。隱藏機密，關門閉戶，蓋上陷阱，藏好刀槍，城府高深，不露形跡，這就叫做「無形」；視國家如旅店，視君主如弈棋，小寇不責罵，大敵不抵禦，這就叫做「無志」；膽大體疲，志強勢弱，孤立無援，無法救亡，這就叫做「無助」。如果對方已經顯露叛亂形跡，我方已經立下堅定平亂的決心，向外部求援已有大力援助，還會有什麼奸惡不能消滅？什麼叛亂不能平定呢？應當消滅的反而滋長，應當平定的反而傾覆，這就是君子為什麼會屢屢深深感歎的原因。

對於叔仲惠伯所遭遇的災禍，我曾再三為此事感到難過。當時惠伯既然接受遺命輔佐國政，處在危機四伏的朝廷中，本來就應當早晚警戒，多佈置耳目，

暮戒，大布耳目，剪荊棘於萌芽之始，殪虎兕於蠕動之初。雖深譎沉隱之謀，猶必鉤考而披抉之，況襄仲親以殺嫡立庶之計顯語惠伯，不訊而承，不索而獲，是天發其姦，賜惠伯以討亂之機也。惠伯撫機不發，見亂之形，恬不為備。意者惠伯沉浮媕阿〔二〕，無狥國之志歟？惡、視之難，殺身就義，凜然不負其意。謂惠伯無狥國之志者，誣也。有狥國之志，而見逆國之形，是宜忠憤俱發，百舍一赴，如注坡〔三〕馬，如縱壑魚，如解縚鷹，靡容晷刻〔四〕之緩顧。乃束手待斃，噤無所為。殆惠伯困於無助，畏襄仲之多助而不敢發也。襄仲所恃為助者，獨齊耳。出姜實齊女，而子惡齊之自出也，齊所以不顧其親而從其請者，特以襄仲專政，欲以親魯耳。

在荊棘剛萌芽時就把它剪除，在虎兕剛要行動時就把它殺死。即使是隱藏得很深的詭譎陰謀，也一定可以通過探查考察而得以披露，何況襄仲親自把殺嫡立庶的計謀明白地告訴了惠伯，不用審訊就已承認，不用搜求就可獲得，這是上天揭發其奸謀，把討伐禍亂的機會賜給了惠伯。而惠伯只是按住了板機而不發動，看見了禍亂的形跡，卻滿不在乎地不做戒備。一般人以為，惠伯猶豫而無主見，不就是其沒有殉國之志的表現嗎？但子惡和子視被害時，惠伯能殺身就義，凜然不辜負其受遺命之志。那麼說惠伯沒有殉國的志向，這是誣衊。可是，有殉國的志向，且又看到了叛國禍亂的形跡，就應當忠勇、義憤一同爆發，即使路途再遠也要一口氣走到底，就像從斜坡上衝下來的馬匹，像從淵壑中剛放出的魚兒，像解開了繩索的鷹隼，不容許有片刻的徘徊遲緩。然而惠伯卻束手待斃，默然不語，一點作為也沒有。大概是惠伯困於無助，而又害怕襄仲有很多的援助，因而不敢行動吧。但是襄仲所依靠的援助，只是齊國而已。但嫁到魯國的哀姜實際上是齊國的女兒，因而子惡也是齊國的外甥，齊國之所以不顧親情而順從襄仲的請求，只不過是因為當時襄仲專政，齊國想討好魯國而已。

〔注釋〕〔一〕蚤：蚤，同早。〔二〕沉浮媕（ㄢ）阿：猶豫而無主見。媕阿，無主見的樣子。〔三〕注坡：斜坡。〔四〕靡容晷（ㄍㄨㄟˇ）刻：不容片刻。晷，古代計時器。

惠伯若亟遣使於齊，援姻戚之義，明利害之數，以感動齊侯，則齊未必不翻然改計。蓋棄至親之甥而即甚疎之人，齊必不為也；捨已立之君而待將篡之賊，齊又不為也；墮救患之名而取黨姦之謗，齊又不為也。惠伯徜如前所陳以曉齊侯，則齊知子惡有惠伯為之內主，又知襄仲不能專魯之權，則安肯捨此而助彼乎？襄仲既失齊助，則塊然几上肉耳。僑如倚晉傾魯，氣蓋一國，晉人朝悔，而僑如夕走。惠伯誠能厚結齊權，以孤襄仲之援，吾見臨淄之旜〔一〕未反，而東門〔二〕之室已虛矣。釋此不為，乃捐身命，

惠伯如果急忙派遣使者到齊國，援引姻親的大義，闡明利害關係，來感動齊侯，那麼齊國未必不會馬上改變計策。這是因為拋棄至親的外甥，而親近疏遠的外人，齊國必定不會這樣做；捨棄已經擁立的國君，而等待將要篡位的逆賊，齊國也不會這樣做；毀棄救助患難的美名，而獲取與奸賊結為朋黨的譭謗，齊國也是不會這樣做。惠伯如果像前面所陳述的那樣去曉諭齊侯，那麼齊侯知道子惡有惠伯在魯國國內為他作主，又知道襄仲並不能專擅魯國的政權，那麼怎肯捨棄惠伯而幫助襄仲呢？如果襄仲失去了齊國的幫助，那麼就會像案板上的肉一樣，只有任人宰割了。叔孫僑如依靠晉國傾軋魯國，就算氣勢壓倒整個魯國，一旦晉國早上反悔，而叔孫僑如就會在晚上被逐走了。惠伯若確能深交齊國的歡心，以孤立襄仲的外援，我看到齊國的使者還沒有返回，而魯國襄仲的家室就已經空了。放過這一機會不採取行動，卻丟棄

甘與草木同腐，此君子所以深為惠伯惜也。嗚呼！襄仲泄謀於人，在法當敗；公室連姻於齊，在法當親。惠伯可討不討，而使襄仲轉敗為成；可附不附，而使齊侯變親為怨。雖有區區之心，何救龜玉之毀乎？是以君子惡徒善。

［注釋］［一］臨淄之旜（ㄓㄢ）：出使到齊國的使者。臨淄，齊國都城，指代齊國。旜，赤色、無飾、曲柄的旗，這裏指代使者。《儀禮・聘禮》：「使者載旜，帥以受命於朝。」［二］東門：襄仲居魯東門，又稱東門氏。

性命，與草木一同腐朽，這就是君子為惠伯深深惋惜的原因。唉！襄仲向別人洩露計謀，在道理上本當失敗；魯公室和齊國是姻親關係，在道理上本當親近。惠伯可以討伐而不討伐，而使得襄仲轉敗為勝；可以依附齊國而不依附，而使得齊侯由親變為仇。在這種情況下，雖然一心一意為國，又如何能挽救危亡的大局呢？所以君子厭惡這種徒然無用的善。

左傳原文

襄仲殺惡及視止立宣公

文公・十八年

（註在十七卷）

季文子出莒僕

文公・十八年

魯道衰而權移於季氏，議者徒見其專權之禍，而不見其竊權之由。吾讀左氏書至季文子出莒僕之事，然後知季氏竊權之始，蓋在此也。權，君之所司也。堂陛甚高，扃鐍[一]甚嚴，操柄甚尊，豈人臣能一旦徒手而奪其權哉？必有隙焉，然後能乘之；必有名焉，然後能假之；必有術焉，然後能攘之。

［注釋］［一］扃鐍：門閂和鑰匙。

吾於莒僕之事，未嘗不三嘆文子之險且譎也。宣公簒立，大臣未附，國人未信，其權未有所屬，此千載一時之大隙也。以季文子之富強，投其隙而攫取其權，誰曰不

［譯文］

魯國政道衰弱因而權力下移到季氏，議論的人只是看到季氏專權的禍害，而沒有看到季氏竊取權力的緣由。我讀左丘明的書，讀到季文子逐出莒太子僕的事，然後纔知道季氏竊取權力大概開始於此時。一國大權，是國君所掌控的。國君所處的殿堂那麼的高大，防守又是那麼的嚴密，所執持的權力是那麼的尊貴，難道臣子可以一朝空手奪得其權力嗎？一定是先有了縫隙，然後纔能有可乘之機；一定是有了正當的名分，然後纔能以此為藉口；一定是先有了方法，然後纔能有機會竊取。

我對於莒太子僕的事情，未嘗不多次慨歎季文子的陰險狡詐。當時魯宣公依襄仲謀逆簒權而立為國君，大臣不依附，國人不信服，國君的權力尚未有歸屬，這正是千載難逢的大好機會。憑著季文子的富強，乘此機會攫取政權，誰說做不到呢？但是如果太過迫切地攫取，那麼國君就不能安於上位，百姓也會不滿

克？然取之太迫，則君不安於上，民不厭於下，雖劫而留之，其權終有時而還。故因莒僕之事，借其名，闕其術，嘿收一國之權於掌中而人不悟。深矣哉！文子之謀也。

莒僕弒君竊邑，宣公不惟納之，而又欲封之，是固群臣之所當爭也。文子託去惡之名，改君命而使司寇斥僕於境外，以嘗試宣公意。以謂君苟怒我耶，則吾固可自附於忠憤愛君之徒；君苟聽我耶，則魯之大柄自是歸我矣。退不失譽，進不失權。君有從違，我無增損。其自為計乃如此。自古之盜權者，皆覬成而惡敗。蓋成則受大福，敗則蹈大禍，未有如文子之計，不幸不成，猶不失蹇諤[一]之稱者，其為計可謂高出古人之右矣。

於下，即使奪取了政權且保留住，但這一權力終究有還回去的時候。所以纔藉莒太子僕這件事，假借此事的名義，隱藏自己的權術，悄無聲息地把一國之權收到自己手中，而別人還沒有明白過來。季文子的計謀是多麼的深啊！

莒太子僕殺害國君竊取城邑，魯宣公不僅想接納他，而且還想分封他，這本來是群臣所應當爭議的事情。季文子卻假託除惡的名義，篡改國君的命令，派司寇把太子僕拒於境外，以此來試探宣公的意圖。認為國君如果對我發怒，那麼我一定可以把自己歸為忠誠憤激的愛戴國君者；如果國君聽從我，那麼魯國的大權從此就歸屬於我了。後退不會失去聲譽，前進不會失去權力。國君聽從我或違背我，對我都沒有絲毫影響。他為自己所作的謀算竟如此周密。自古以來竊取政權的人，都是希望成功而討厭失敗。因為成功了就可以享用大的福祉，失敗了就要承受大的禍害。沒有像季文子這樣的謀算，即使不幸失敗了，仍不失為一個所謂的耿直之人，他為自己謀劃可以說超出古人之上。

［注釋］［一］謇諤：形容說話耿直。

既而，宣公果惑於史克之對，終莫能詰，一時上下，皆為所眩。君嘉其直，人誦其忠，而不知國柄已移於冥冥之中。更千百載，觀者猶以斥莒僕為文子之美，莫有辨其為竊權之始者。吁！死諸葛可以走生仲達，死姚崇可以算生張說。孰謂既死之文子，餘欺遺譎，尚能欺千百載之後乎？至其後世子孫，取卞、城費、舞佾、設撥［二］之類，狼縱之跡，若泥中之鬭獸，蓋得文子之麤者也。

［注釋］［二］舞佾、設撥：舞佾，指八佾舞，季氏以臣子身分僭用八佾違背禮法。設撥，於靈車上設紼，也是越禮的行為。

吾詳攷史克之對，歷數莒僕之罪言，

不久，宣公果然被史克的對答迷惑了，最終沒能有所質問，一時上下君臣，都被他弄糊塗了。國君嘉許他正直，人們稱頌他忠誠，卻不知道國家的權力已經暗暗地轉移了。經歷了千百年，讀者還認為斥逐莒太子僕是季文子所做的美事，沒有人能辨別出這是他竊取政權的開始。啊！死了的諸葛亮可以嚇走活著的司馬懿，死了的姚崇可以算計活著的張說。誰能料到已經死了的季文子，他遺留下來的欺詐譎術，尚能欺騙千百年之後的人呢？至於季文子的後世子孫，竊取卞邑、私築費城、僭用八佾舞、在靈柩上設紼等越禮的行為，那種兇狠放肆的劣跡，就像在泥濘中的鬬獸，大概只學得季文子的粗淺部分。

我詳細地考察史克的對答，他一一列舉莒太子

雖指僕而意譏宣公，宣公負篡弒之惡，實魯之僕耳。聞克之言，其顙能無泚乎？克內則陰中宣公之隱以脅之，外則盛稱文子之功以誑之。一脅一誑，捭闔箝制，真季氏徒也。然克之辭浮麗夸靡，學者或咀其華而忘其實，吾請摘其妄以示之。克首稱：「先大夫臧文仲，教行父事君之禮，行父奉以周旋，罔敢失墜，見無禮於其君者誅之，如鷹鸇之逐鳥雀也。」嗚呼！行父尚記文仲之教乎？前日襄仲之難，嗣主受弒，無禮於君，孰大於是？行父〔一〕乃恬若不見者，文仲之教何在也？不鷹鸇〔二〕於襄仲，而鷹鸇於莒僕。可憐哉！克之繆妄不情。若此類甚眾，姑發其一，以告學者，使無惑焉。

〔注釋〕〔一〕行父：即季文子，行父是他的字。〔二〕鸇（ㄓㄢ）：一種似鷂鷹的猛禽。

僕的罪惡，言辭雖然是指向莒太子僕，其用意卻在譏諷宣公，宣公背負著篡弒的罪名，實際上就是魯國的太子僕。當宣公聽到了史克的話，他的額頭能不冒汗嗎？史克在心裏已經暗中了宣公的隱痛並威脅他，表面上卻用盛讚季文子的功勞來欺騙宣公。一方面威脅，一方面欺騙，一開一合箝制宣公，真不愧為季氏的門徒。但是史克的言辭浮華而誇張，有的學者玩味著他的浮華言辭而忽略了其實質內容，請讓我摘錄他的妄言以告示大家。史克聲稱：「先大夫臧文仲教導季文子事君的禮法，季文子奉持禮法行事，不敢違背。看到對國君無禮的人，就像鷹隼追逐鳥雀一樣把他誅殺掉。」唉！季文子還記得臧文仲的教導嗎？以前襄仲作亂的時候，嗣位的國君被謀殺，對國君的無禮還有比這更大嗎？季文子卻毫不在乎地視而不見，臧文仲的教導到哪裏去了呢？不像鷹隼一樣對待襄仲，而像鷹隼一樣對待莒太子僕。真是可憐啊！史克的謬誤荒誕、不通情理。像這樣的事還有很多，我姑且只舉出其中一例，用來告示學習的人，使大家不再迷惑。

【古評】

袁中郎曰：古今姦臣竊權，莫不奉此為妙術，即過求文子，而伯恭胸中筆下，固凜凜自具一《春秋》矣。

朱字綠曰：行父黨於襄仲，身事叛亂而不能稍有異同，其罪難逭。然執此以罪文子，則文境平常，不能生色。特取其不納叛人一節立論，謂其陰奪君權，明示臣節，名實兼收，而人止覺其直，不覺其惡，便令境界迥別。然後在史克語中，斷出「不鷹鸇於襄仲，而鷹鸇於莒僕」，勢如轉石千仞之谿，萬壑皆震。知此可得文家佈置之法。○不納叛人，弼君以正，此自是大臣之事，但他人行之，則為以道事君，文子行之，則為盜君之柄，以其原與鷹鸇同黨耳。

張明德曰：誅姦雄之心，千百世後存為定案，向非東萊卓識，不能斷決。文生於情，此《春秋》快筆。總之出莒僕一事，在他人行之則為以道事君，自文子行為則為盜君之柄，明眼人不肯絲毫讓過。」

左傳原文

季文子出莒僕　文公・十八年

莒紀公子生太子僕，又生季佗，愛季佗而黜僕，且多行無禮於國。僕因國人以殺紀公，以其寶玉來奔，納諸宣公。公命與之邑，曰：「今日必授。」季文子使司寇出諸竟，曰：「今日必達。」公問其故。季文子使大史克對曰：「先大夫臧文仲教行父事君之禮，行父奉以周旋，弗敢失隊，曰：『見有禮於其君者，事之，如孝子之養父母也；見無禮於其君者，誅之，如鷹鸇之逐鳥雀也。』先君周公制《周禮》曰：『則以觀德，德以處事，事以度功，功以食民。』作《誓命》曰：『毀則為賊，掩賊為藏。竊賄為盜，盜器為姦。主藏之名，賴姦之用，為大凶德，有常無赦。在《九刑》不忘。』行父還觀莒僕，莫可則也。孝敬、忠信為吉德，盜賊、藏姦為凶德。夫莒僕，則其孝敬，則弒君父矣；則其忠信，則竊寶玉矣。其人，則盜賊也；其器，則姦兆也。保而利之，則主藏也。以訓則昏，民無則焉。不度於善，而皆在於凶德，是以去之。」

宋公殺母弟須及昭公子　文公・十八年

身後之愛憎，可以驗身前之臧否。聞其名而共慕之，見其嗣而共恤之，是人也，必有遺愛在民者也；聞其名而共詆之，見其嗣而共疾之，是人也，必有遺釁在人者也。故是非善惡之辨，必至於子孫而後定。以朱之淫而賓於虞，以盈之材而亡於晉［一］，非尚論其先，果何以致之哉？

［注釋］［一］以盈之材而亡於晉：謂晉欒盈。盈父即晉卿欒懷，在晉不得人心。

宋昭公之無道也，「不能其大夫至於君祖母」［二］，眾叛親離而殞其身者也。人亡而虐不亡，骨朽而惡不朽。其平日之所踐歷，猶將削其迹而去之，況所謂子孫者，豈有措足之地乎？然武氏道昭公子而為亂，雖

［譯文］

人死之後所受的愛戴或憎恨，可以驗證其人生前的善惡。聽到他的名字而共同仰慕，看見他的後代而共同關懷，這樣的人，一定是遺留了仁愛之心在民間；聽到他的名字而共同詆毀，看見他的後代而共同疾恨，這樣的人，一定是遺留了仇釁之恨在人間。所以對一個人是非、善惡的分辨，必定要到子孫後世纔可能鑒定。堯子丹朱這麼淫亂的人卻成為虞舜上賓，欒盈這麼有才能的人卻因同族之累而死在了晉國。如果不向上追論他們的先人，那究竟是如何造成的呢？

宋昭公是個無道的國君，甚至「不能獲得大夫和自己祖母的支持」，眾叛親離，最後被殺。可是人是死了，但他的暴虐卻沒有消亡；屍骨是腐朽了，但他的罪惡卻沒有腐朽。他生前平日經歷過的地方，凡留有痕跡，人們都要加以削除，更何況他的子孫，難道還會有立足之地嗎？武氏引導昭公的子輩作亂，雖然

不克成，然餘殃流毒，更三四年而後息。

［注釋二一］不能其大夫至於君祖母：《左傳》文公十六年宋昭公說的一句話，指不能獲得大夫和自己祖母的信任。君祖母，即宋昭公的祖母襄夫人。

使宋人果憾昭公，則眇然弱息，焉能搖民心，傾國勢，震盪讙［二二］動，一至於此？殆未有知其說者也。生而向，死而背者，世固嘗有是矣。曷嘗聞生則厭之，死則懷之者乎？彼昭公果何以得此於民哉！君，天也。民之於君，固有不可解於心者。昭公雖無道，然嘗託在君位矣。君民之間，蓋自有不膠漆而固者。前日之怨，豈民之本心哉？物有以迫之。鈇焉鉞焉，則怨；桁焉槢焉［二三］，則怨；畋焉游焉，則怨；臺焉囿焉，則怨。至於身沒之後，鈇鉞弊，桁槢朽，畋游弛，

沒能成功，但遺留下來的禍殃和流毒，經歷了三四年之後纔平息。

如果宋國人果真痛恨昭公，那麼一個幼弱的小孩，怎麼能夠動搖民心，使國勢傾頹，動盪嘩變，以至於到現在這個地步呢？大概沒有人知道其中的原因。世上固然有在世時被民心向著，死了後被民心背叛的人。但可曾聽說有在世時被民心厭惡，死了卻被民心懷念的嗎？他宋昭公究竟憑什麼在這時獲得民心的呢？國君，就是人民心中的上天。人民對於國君，在內心本來就有不可解釋的情結。宋昭公雖然無道，但曾經置身在國君的位置上。君民之間大概本來就有不用膠漆就能固結的力量。從前的怨恨，難道是人民的本心嗎？是外物強迫他們這樣的。對人民用鈇鉞酷刑，那就會有怨恨；對人民用桁槢大械，那就會有怨恨；役使人民田獵遊玩，那就會有怨恨；驅使人民建造樓臺園囿，那就會有怨恨。至於死亡以後，鈇鉞鏽壞了，桁槢腐朽了，田游廢弛了，臺囿荒蕪了。這樣，

臺囿荒；前日之怨，窅然空然，墮於渺茫，漫不見蹤跡。冰泮[三]則水生，塵盡則鑑澈，怨去則思來。斯民始恍惻悽慘，追惟疇昔君臣之義，見其遺嗣，惻怛興憐。故姦宄乘之，猶足疑誤羣聽。此真民之本心也。

[注釋][一]讙（ㄏㄨㄢ）：喧嘩。[二]桁（ㄏㄥˊ）焉槢（ㄒㄧˊ）焉：桁，房頂上的橫木。槢，堅木。這裏指架在犯人頸上或腳上的刑具。[三]泮：溶解。

惜乎！怨在身前，思在身後。昭公親當今日之怨，而不及待他日之思，此其所以履危亡而莫救歟？當昭公將弒之際，徬徨四顧，無非讎敵，塗窮勢極，自赴阬阱，抑不知民心本未嘗忘昭公，特奪於殘虐而不暇思耳。使昭公奮發悔悟，改前之為，則民將移其身後之思於身前，向之鴟鴞[一]皆鸞鳳也，

從前的怨恨，便都杳然不見，就像是墜入渺茫之空境，漫漫而不見蹤跡。冰溶化了就有了水，灰塵沒有了鏡子就清晰了，怨恨沒有了那麼思念就來了。這時人民開始沉痛悲傷，想念過去君臣之間的情義，看見了他的後嗣，而悲痛憐憫。所以奸詐的人乘著人民的這一心理謀反時（武氏引導昭公的子輩作亂），還能夠疑誤眾人的視聽。這確實是人民的本心啊！

令人惋惜啊！生前被人怨恨，死後卻被人思念。宋昭公親歷了當日的被怨恨，而來不及等到以後的被思念，這就是他身經危亡但沒有人相救的原因吧？當宋昭公被殺害的時候，彷徨四顧，無人不是仇敵，窮途末路，大勢已去，自赴阬阱，卻不知道人民心中本來就沒有忘記昭公，只不過被他的殘酷暴虐所侵奪，因而來不及思念他而已。如果宋昭公奮發向上，悔改前過，那麼人民就會把對他死後的思念轉移到他還活著的時候。這樣，先前的鴟鴞，都成了鳳凰；先前的堇草、葛藤，都成了人參、白朮；先前殘酷刑具，都

向之堇葛[二]皆參朮也，向之碪質皆几席也，向之讎敵皆姻婭也。遷善之門，飜手可闢；適治之路，舉足可登。乃延頸待斃，自謂無策，愚矣哉！

[注釋][一]鴟鴞（ㄔ ㄒㄧㄠ）：貓頭鷹。[二]堇（ㄐㄧㄣˇ）葛：堇草和葛藤。

成了几案坐席；先前的仇敵，都成了姻親。改過從善的大門，翻轉手掌就可以開闢；太平盛世的道路，抬腳就可以踏上。宋昭公卻伸長脖子坐以待斃，自認為沒有了計策，真愚蠢啊！

【古評】

王濟之曰：從本心揭出君民一體，悽然欲哭。可補性善注疏。

朱字綠曰：揭出「民之本心」四字，為一篇張本，說得可歌可泣。尤妙「怨去則思來」一句，作通篇筋脈。文無定見，何敢道隻字。

左傳原文

宋公殺母弟須及昭公子 文公・十八年

宋武氏之族道昭公子，將奉司城須以作亂。十二月，宋公殺母弟須及昭公子，使戴、莊、桓之族攻武氏於司馬子伯之館，遂出武、穆之族。使公孫師為司城。公子朝卒，使樂呂為司寇，以靖國人。

武氏之族以曹師伐宋 宣公・三年

宋文公即位三年，殺母弟須及昭公子，武氏之謀也。使戴、桓之族攻武氏於司馬子伯之館，盡逐武、穆之族。武、穆之族以曹師伐宋。秋，宋師圍曹，報武氏之亂也。

東萊博議卷二十四

晉不競於楚　宣公・元年

下流，固惡之所歸也。舉夏之惡皆歸桀，舉商之惡皆歸紂，雖有龍逢、比干[一]之徒，持一簣而障橫流，終莫能遏其歸也。君子不幸而立暴君之朝，蹙頞[二]疾首，坐視其君為惡之所歸而不能遏，則有之矣。怙[三]亂肆行，推惡於君，忍以其君為歸惡之地者，是誠何心哉？

[注釋][一]龍逢、比干：龍逢，夏桀時的賢臣；比干，商紂時的賢臣，商紂的叔父。[二]蹙頞（ㄘㄨˋ　ㄜˋ）：皺著額頭。[三]怙（ㄏㄨˋ）：依靠。

晉靈公之不君，固眾惡之所歸也。侈以敗國，貪以失鄰，皆靈公之實惡而非所

[譯文]

下流，本來就是罪惡的歸所。夏代所有的罪惡都歸向了桀，商代所有的罪惡都歸向了紂，即使有龍逄、比干這樣賢能的忠臣，就像是用一筐土來截斷橫流，終究不能遏止江水的歸向。君子如果不幸處在暴君的朝廷，皺著眉頭，痛心疾首，眼看著他的國君成為罪惡的歸所，而不能加以遏止，這樣的事例是有的。可是那些憑藉亂事而肆意橫行，把罪惡推給國君，忍心看著自己的國君成為罪惡的歸所之人，這究竟是什麼居心呢？

晉靈公不守君道，固然就是眾惡的歸所。由於奢侈而敗壞國家，由於貪婪而失去友鄰，都是晉靈公的實際罪惡，並不是別人歸咎給他的罪惡。我惟獨

謂歸惡也。吾獨怪荀林父當時號賢大夫，伐宋之役亦取賂而還，浸失鄭之助而成楚之強。意者迫於靈公之暴而不得騁耶？則林父是役秉鉞專征，本非有所牽制也，固宜指弒君之罪，以明大義於天下。顧乃怵[一]於小利，遷延[二]退卻。林父非不自愛重者，胡為而甘受貪惏[三]之名也哉？其心必謂：靈公之貪侈聞於天下，吾雖受賂而還，諸侯必以罪靈公而不罪我，幸有靈公以為歸惡之地，固可借靈公自解，以逃巽懦[四]苟得之責。此其所以取賂而無所憚也。不然，則林父前嘗事襄公矣，何為而不取賂耶？後嘗事成公矣，何為而不取賂耶？不前不後，而獨取賂於靈公之朝者，蓋襄、成之失德不聞於諸侯，於是時受賂，則惡名必歸於己。至於靈公，則素負貪侈之名，宜林父得以嫁其惡

對荀林父感到奇怪，他當時號稱是賢大夫，在討伐宋國的戰役中，也竟然收取了賄賂而回來，以致逐漸地失去了鄭國的幫助而促成了楚國的強大。因此有人以為他是不是迫於晉靈公的暴虐而不能施展自己的作為呢？但荀林父在這次戰役中，親自領兵作戰，專掌軍權，本來就沒有受到牽制，當然應該指明宋人弒君的罪行，向天下人申明大義。然而荀林父卻在小利面前受了誘惑，拖延時間，猶豫退縮。荀林父並不是一個不自愛不自重的人，為什麼甘受貪婪的罪名呢？他的內心必定認為：靈公的貪婪和奢侈聞名於天下，我雖然接受了賄賂而返回，諸侯必定會責備靈公而不責備我。幸好有靈公作為歸咎罪惡的地方，必定可以借助靈公來替自己解脫，以便逃脫怯弱和不當得而得的罪責。這就是他為什麼收取賄賂而無所忌憚的緣故。不然的話，荀林父曾經侍奉過晉襄公，為什麼不收取賄賂呢？後來又曾經侍奉過晉成公，為什麼不收取賄賂呢？不前不後，而惟獨在晉靈公當政時收取賄賂，大概是襄公和成公失德的地方還沒有被諸侯共知，荀林父如果在那個時候收取賄賂，那麼惡名必定會歸到自己頭上。至於晉靈公，則是平時就背負著貪婪奢侈的罪名，難怪荀林父可以將自己的罪名轉移給靈公。《左

也。《左氏》載晉失諸侯、不競於楚之由，亦不過歸罪靈公之侈，初無一言罪其臣，果不出林父之所料，則林父之為謀亦密矣。

〔注釋〕〔一〕怵：誘惑。〔二〕遷延：猶豫。〔三〕貪惏（ㄌㄢˊ）：貪婪。〔四〕巽（ㄒㄩㄣˋ）懦：怯弱，卑弱。

嗚呼！莊蹻為盜於楚，而楚之盜皆託之莊蹻，莊蹻宜得此名者也。己實為盜而歸莊蹻以盜名者，是亦一莊蹻也。靈公為惡於晉，而晉之惡皆託之靈公，靈公宜得此名者也。己實為惡，而歸靈公以惡名者，是亦一靈公也。況林父被服名教，習知君臣之義，而忍為此，其惡殆甚於靈公矣。鼯鼷〔一〕昏出，鴟鴞〔二〕夜號，乘闇妄動，物多有之。吾不意林父亦為此態也。

〔注釋〕〔一〕鼯鼷（ㄨˊ ㄒㄧ）：鼯鼠和鼷鼠，晚

傳》記載晉國失信於諸侯、競爭不過楚國的緣由，也不過是怪罪晉靈公的奢侈，當初並沒有一句話怪罪他的臣子，果然不出荀林父所料，那麼荀林父的謀劃也太周密了。

唉！莊蹻在楚國為盜賊，因而楚國的盜賊都託名莊蹻，莊蹻應該得到這樣的罪名。但自己實際上是盜賊，卻把盜賊的罪名歸到莊蹻身上，這也是像莊蹻一樣的盜賊。晉靈公在晉國作惡，因而晉國的惡人都託名晉靈公，晉靈公應該得到這樣的罪名。實際上是自己作惡，卻把作惡的罪名歸到晉靈公身上，這也是像晉靈公一樣的惡人。何況荀林父受到名教的教化，對君臣之間的大義很熟悉，卻忍心做這樣的事，他的罪惡大概超過了晉靈公。鼯鼷鼠類晚上出來，貓頭鷹晚上號叫，趁著黑暗而狂妄地活動，像這樣的東西固然很多。我沒有想到荀林父也做出這樣的醜事。

上出動。〔二〕鵋鶀：貓頭鷹，常常在晚上出來捕鼠。

或曰：「君淫亦淫，君奢亦奢，古之人固有自毀而分謗者。安知林父之不為此耶？」曰：「謗可止而不可分，分謗所以增謗也。君有失猶望臣正之，君有過猶望臣規之，苟同君之惡，自謂分謗，上下相濟，混然一體，則復何望焉？一君之侈縱，民且告病，諸臣又為侈縱以附益之，民何以堪乎？是其於謗不能分之使薄，適以增之使多也。一炬之火，炎岡燎原，鬱攸蓬勃〔一〕，或者乃分為數炬，欲以殺火之勢，有是理乎？故曰分謗者所以增謗也。」

〔注釋〕〔一〕鬱攸蓬勃：這裏形容火勢旺盛。

有的人說：「國君淫惡也跟著淫惡，國君奢侈也跟著奢侈，古時候本來就有自毀名聲來替人分擔怨謗的人。怎麼知道荀林父不是做這樣的事呢？」回答是：「怨謗可以阻止但不可以分擔，分擔怨謗恰好增加了怨謗。國君有了過失，還盼望臣子來端正他；國君有了過錯，還盼望臣子來規勸他。如果和國君一同作惡，自認為是在分擔怨謗，上下相互配合，渾然一體，那麼還有什麼希望呢？一個國君奢侈放縱，百姓尚且訴病，諸位臣子又做奢侈放縱的事情來繼續加重，百姓怎能忍受呢？這樣不能分擔怨謗從而使之減少，卻恰恰是使之增加。一把火炬燃燒了山岡和平原，火勢十分旺盛，有人卻要分為好幾把火炬，想以此來減輕火勢，有這樣的道理嗎？所以說，想要分擔怨謗的人反而增加了怨謗。」

左傳原文

晉不競於楚　宣公・元年

晉荀林父以諸侯之師伐宋，宋及晉平，宋文公受盟于晉。又會諸侯于扈，將為魯討齊，皆取賂而還。鄭穆公曰：「晉不足與也。」遂受盟于楚。陳共公之卒，楚人不禮焉。陳靈公受盟于晉。秋，楚子侵陳，遂侵宋。晉趙盾帥師救陳、宋。會于棐林，以伐鄭也。楚蔿賈救鄭，遇于北林。囚晉解揚，晉人乃還。晉欲求成於秦，趙穿曰：「我侵崇，秦急崇，必救之。吾以求成焉。」冬，趙穿侵崇，秦弗與成。

晉人伐鄭，以報北林之役。於是晉侯侈，趙宣子為政，驟諫而不入，故不競於楚。

鄭人獲狂狡

宣公·二年

君子之與邪說辨也，不得已也。喬宇嵬瑣[一]，一世皆傾，辨之則吾道存，不辨則吾道喪。此其勢不得不與之辨也。世皆知其非而吾猶辨焉，是得已而不已也。然天下之患，每自不辨始。一粟在地，有時而生；一說在世，有時而行。彼其說雖淺謬狂僻，夫人皆知其非，然要有是說存於世，今日棄之，安知他日無取之者乎？今日鄙之，安知他日無慕之者乎？君子徒見始之人不彼信也，遂不復置之齒頰間。抑不知是說在世，自根而芽，自芽而葉，浸長浸興，日以滋大，百年之外，數傳之餘，終必誤人而後止。吾是以知邪說果不可使有也。

[注釋][一]喬（ㄩ）宇嵬瑣：詭譎庸俗。語見《荀

[譯文]

君子參與辨別邪說，是不得已的事。如一些詭譎庸俗的言論，舉世皆為之傾倒，這時盡力去辨別，那麼我們的正道纔會保存，不去辨別，那麼我們的正道就會喪失。在這樣的形勢下，不得不要與之辨別。如果世人都知道那是錯的，我卻還要去分辨，這就是可以不辨的辨別。但天下的禍患，常常從不能辨別開始。一粒粟掉在地上，有時候會生長；一種主張留在世上，有時候會得到實行。那種主張雖然淺陋謬誤、狂妄偏頗，人人都知道那是錯的，但要是有這樣的主張留存於世，就算今日大家都拋棄了它，怎麼知道日後會沒有人會取用它呢？就算今日它被鄙視，怎麼知道日後會沒有人仰慕它呢？君子只看到起初無人相信它，就不去開口分辨。卻不知道這種主張留在世上，由生根而萌芽，由發芽而長出枝葉，漸漸生長旺盛，一天天壯大，百年之後，經過數代流傳，終究會到迷誤別人之後纔會停止。因此，我知道真的不可以讓邪說存在世間。

子・非十二子》。

宋襄公持「不重傷、不擒二毛」之說，以敗於泓。舉國皆咎之，其說不足以移人可知矣。襄糧坐甲，固敵是求，非我殺彼，則彼殺我。當是之時，反欲縱敵以為仁，其迂暗至此，尚足與之辨乎？況國人皆知咎公，必無肯蹈其覆轍者。是襄公之說，適以自誤而不足以誤人，固君子之所不必辨也。

三四世之後，乃有狂狡者生長於宋，聞襄公之風而悅之。大棘之役，與鄭人戰，不忍鄭人之入於井，倒戟而出之，反為鄭人所獲。祖襄公之餘論，自取俘虜。然則襄公之說，近不能移當時之國人，遠乃能誤後世之狂狡，是知邪說不足以惑當時者，未必不能惑後世。君子之與邪說辨，其可以當時之

宋襄公持有「不再傷害已經受傷的人、不抓捕生有白髮的老年人」的信念，因而在泓的這一戰中失敗。全國人都怪罪他，他的這一言論不足以讓人相信，這是可想而知的。帶著乾糧，披甲待敵，本來是為了擒獲敵人，不是我殺掉他們，就是他們殺掉我。在這個時候，宋襄公反而想放走敵人，做仁義的事情，他的迂腐昏聵到了這種地步，還值得與之一辨嗎？何況國人都怪罪宋襄公，必定無人再肯重蹈宋襄公的覆轍，所以，宋襄公的信念只可以誤導自己，卻不能夠誤導別人，這個道理君子本來不必去辨別指明。

哪知過了三四個世代之後，竟有一個叫狂狡的人，生長在宋國，聽到了宋襄公的這一作風很是喜歡。在大棘作戰的時候，與鄭國人交兵，不忍心鄭國人掉到井裏去，倒過戟將柄伸到井裏救出鄭國人，反而被鄭國人擒獲。遵信宋襄公的餘論，自己反而成了俘虜。既然如此，那麼宋襄公的主張，近的不能讓當代人相信，遠的卻能在後世讓狂狡犯錯，由此可以知道邪說雖然不足以迷惑當世，但未必不能迷惑後世。君子是否參與辨別邪說，難道可以按當時人們是聽從還是反

從違為斷乎？凡天地之間，有是物必有嗜之者，有是說必有從之者。動人之物不必真，動人之說不必異。昌歜〔一〕羊棗，品凡味劣，更千百年，未嘗得俎豆於柤梨橘柚〔二〕之間，忽有嗜之者，至終身不能忘。異端邪說之在天下，固有鄙陋乖誤不足以欺愚眩眾者，然安知世無偏好獨嚮若狂狡之於宋襄乎？

〔注釋〕〔一〕昌歜（ㄔㄨˋ）：即菖蒲根，可佐食，也可入藥。〔二〕柤梨橘柚：都是一些祭祀時上供的果品。

吾是以益知異端邪說果不可存於世也。自道術既裂，異端邪說，起如蝟毛，所聞者可得而攻，所不聞者烏乎而攻之？所見者可得而攻，所不見者烏乎而攻之？今欲禽獮草薙，使無一說之存於世，難矣哉！曰：「是

對來決定嗎？大凡天地之間，有這樣的事物，就一定有喜好的人；有這樣的主張，就一定有聽從的人。感動人的事物，不一定是真實的；感動人的言說，不一定是奇異的。菖蒲和羊棗，品質平凡，味道低劣，經歷了千百年，也不曾和柤梨橘柚一同被盛在俎豆中當祭品，哪知忽然有嗜好它們的人，甚至終身都不能忘懷。異端邪說存在於天下，固然有鄙陋錯訛而不能夠欺騙愚笨迷惑眾人的，但怎知世上沒有偏好而獨自嚮往的人，就像狂狡相信宋襄公這樣？

因此，我更加知道，異端邪說確實不可留存於世。自從道與術被分裂之後，異端邪說，就像刺蝟的芒針一樣興起，能聽到的可以加以辨別指正，聽不到的又如何辨別指正呢？能看到的可以加以辨別指正，看不到的又如何辨別指正呢？現在想要像捕殺野獸、芟除雜草一樣地消滅這些異端邪說，使它們沒有一說能留存於世，這很困難啊！回答是：「這不難。根本

不難。其本在正人心而已。」孟軻氏出與諸子辨，獨觕舉楊墨［一］一二家以例其餘，同時如列禦寇、莊周［二］者未嘗問也，同時如申不害、商鞅［三］者未嘗問也，同時如鄒衍、公孫龍［四］者未嘗問也。孟氏豈縱敵為吾道累哉？蓋人心一正，則詖淫邪遁之辭，殲蕩無遺，固不待歷詆而偏攻之也。一日既升，群陰皆伏；一雨既浹，群物皆濡。牖牖而燭之，畦畦而溉之，則天之為天也蓋勞。

［注釋］［一］楊墨：楊朱和墨翟。［二］列禦寇、莊周：為老莊學派。［三］申不害、商鞅：為法家人物。［四］鄒衍、公孫龍：前者為陰陽家，後者為名家。

在於端正人心罷了。」當孟軻挺身而出和諸子辯論，只是粗略地舉出楊朱、墨翟這一二家來類例其他各家，對同時代的列禦寇、莊周等人沒有過問，對同時代的申不害、商鞅等人沒有過問，對同時代的鄒衍、公孫龍等人也沒有過問。難道孟子是放縱敵人來拖垮我們儒家的道統學說嗎？大概他是認為只要人心一旦端正，那麼那些佞辭淫說、邪惡詭譎的言論，就會被消滅得蕩然無存了，本來就不需要一個一個地去詆訶和攻擊。如果太陽已經升起來了，各種陰暗就都藏了起來；雨水已經降下了，萬物就都得到了滋潤。假如要一個個地打開窗戶來照亮，一畦畦地去灌溉田地，那麼作為上天來說，這樣做也夠辛勞了。

左傳原文

鄭人獲狂狡 宣公・二年

二年，春，鄭公子歸生受命于楚伐宋，宋華元、樂呂御之。二月壬子，戰于大棘，宋師敗績，囚華元，獲樂呂，及甲車四百六十乘，俘二百五十人，馘百人。狂狡輅鄭人，鄭人入于井。倒戟而出之，獲狂狡。君子曰：「失禮違命，宜其為禽也。戎，昭果毅以聽之之謂禮，殺敵為果，致果為毅。易之，戮也。」

鄭伐宋囚華元

宣公・二年

天下之情，固有厚之而薄，薄之而厚者，不可不察也。子弟與鄉人，皆在席，觴酒豆肉，必先鄉人而後子弟，豈人情固厚於疏而薄於親乎？蓋疏則相責，故不可不與；親則相恕，故可以不與。其待鄉人，物至而情不至，所謂厚之而薄者也；其待子弟，物不至而情至，所謂薄之而厚者也。凡人情相與，至於無間，則用之不懌，置之不慍，予之不辭，奪之不怨，曠然相期於形骸之外，夫豈以薄物細故而遽為向背哉？

華元殺羊食士而其御羊斟不與，人皆以為待羊斟之薄，吾獨以為待羊斟之厚焉。元之意豈不以斟為吾御幾年矣？左執鞭，右奉轡，旦則偕出，暮則偕入，險阻寒暑，升

〔譯文〕

天下的情誼，固然有表面上顯得深厚而實際上是淡薄的，有表面上顯得淡薄而實際上是深厚的，不可以不看清楚。例如子弟和鄉人同席，飲酒吃肉，必定是先讓鄉人而後纔是子弟，難道人的情誼本來就是對疏遠的人深厚，對親近的人淡薄嗎？大概是由於疏遠常相苛責，所以不可不厚予；由於親近常相寬恕，所以可以不厚予。對待鄉人，在物質上固然招待到了，但情意上仍不可能達到，這就是所謂的表面上顯得深厚而實際上是淡薄；對待子弟，物質上雖然招待未盡，但情意上卻能達到，這就是所謂的表面上顯得淡薄而實際上是深厚。大凡人的情誼交往，如果達到了親密無間的地步，那麼任用我，我也不會因此而高興；把我放到一邊，我也不會因此而惱怒；給予我，我也不推辭；從我這裏奪走，我也不會怨恨，超然在形骸之外的情意精神上相互期許，他們難道會因為小物細故而突然互相背棄嗎？

華元殺羊犒勞士卒，但他的車夫羊斟卻沒有被犒賞，人們都認為華元對待羊斟太薄，我獨以為他對待羊斟很厚。華元的本意，難道不是認為羊斟作為我的

降驟馳，無不與吾俱，相悉已深，相信已熟。今日饗士，吾肘腋同體之人，豈計一杯羹以為輕重？姑及疏者、遠者可也。羊雖不及，然親厚之意固已踰百牢〔一〕而豐五鼎〔二〕矣。斟不知享其意，而徒欲享其食，忿戾勃興，驅車趨敵，投華元於死地，覆喪師徒而不顧。元待之以君子之心，斟報之以小人之行，非特負元，乃負國也。

〔注釋〕〔一〕牢：祭祀用的豬牛羊。〔二〕豐五鼎：比五個大鼎還豐厚。

議者或謂元御下寡恩，以起羊斟之怒。吾觀元之為人，樂易慈祥之氣溫然可挹〔一〕，其免於囚虜而歸，再與斟遇，猶慰解勉勞，若恐傷其意者；下至隸役之嘲誚〔二〕，亦逡巡退避而不校，則元豈寡恩者哉？元尚能恕

車夫已經好幾年了？左手執著馬鞭，右手抓著馬轡，早上一同出去，晚上一起回來，不論是艱難險阻，還是嚴寒酷暑，不論是上車下車，還是駐車馳騁，沒有不和自己在一起，相互之間已經十分熟悉、信任。今日犒勞士卒，我親近的形同一體的人，難道會用一杯羹來計算情誼的輕重嗎？姑且犒勞那些疏遠的人好了。羊斟雖然沒有得到，但親情厚意本來就已經超過了百牢而比五鼎還要豐厚。羊斟不知道享受華元對他的深厚情意，而只是想享用美食，憤恨之心勃然興起，驅車趕往敵陣，投華元於死亡的境地，置傾覆喪失軍隊師眾而不顧。華元用君子之心對待羊斟，羊斟卻用小人的行為來回報，不僅辜負了華元，還辜負了國家。

議論的人或認為華元對待屬下刻薄，所以纔激起了羊斟的憤怒。我看華元的為人，其和樂平易、慈祥溫和的氣度甚至可以用手掬挹，當他免於囚禁被放了回來，再與羊斟相遇時，還安慰勸勉羊斟，好像生怕傷害到羊斟的心意；甚至對下面僕人的嘲笑和責罵，也是徘徊退避而不去計較，華元難道是無情無義的人嗎？華元在發生變亂之後尚且能寬恕羊斟，卻不能在

斟於既為變之後，乃不能撫斟於未交兵之前，無是理也。此吾所以論元之待斟蓋厚而非薄也。

［注釋］［一］溫然可挹（ㄧ`）：溫和的樣子甚至可以舀取，形容人十分和藹。［二］嘲誚（ㄑㄧㄠ`）：嘲笑和責罵。

然元亦不能無罪焉。日與斟周旋，不知其肺腑，猶以君子待之，一罪也；簞食豆羹，見於色之人，乃與共載，託於死生，二罪也；情意未孚而遽忘彼我，以示無間，三罪也。明不足以燭姦，誠不足以動物，何適而不逢禍哉？惜乎！華元有君子之資而未嘗學也。

作戰之前撫慰羊斟，沒有這樣的道理。這就是為什麼我說華元對待羊斟很厚而不是很薄。

但是華元也不是沒有過錯。每天和羊斟共事，卻不知道他的心思，還把他當君子對待，這是一罪；為一點點食物就可以變臉的人，卻與他同乘一車，並把生死託付在他的手裏，這是二罪；情意還沒有獲得信服就忘記了你我之分，以展示沒有隔閡，這是三罪。華元的聰明不足以洞察姦佞，他的誠信不足以感動屬下，怎麼能不遭遇禍害呢？可惜啊！華元擁有君子的資質，卻是一個不知學習的人。

【古評】

孫月峰曰：掉轉最靈。

王鳳洲曰：立意溫厚，吐詞侃侃。

朱字綠曰：享羊不及，而以為厚，翻案之文，卻說得人情曲至。○季孫不納叛人，而以為竊權，是於好處看出他不好；華元不享羊斟，而以為親厚，是於無情處看出他有情。都從生平為人處下斷案，所以奇而確。

張明德曰：享羊不及，亦尋常事，卒以此受敗。文子至情中推勘元非薄於斟，大義凜然，真是絕處逢生。

左傳原文

鄭伐宋囚華元 宣公・二年

春，鄭公子歸生受命于楚伐宋，宋華元、樂呂御之。二月壬子，戰于大棘，宋師敗績，囚華元，獲樂呂，及甲車四百六十乘，俘二百五十人，馘百人。狂狡輅鄭人，鄭人入于井。倒戟而出之，獲狂狡。君子曰：「失禮違命，宜其為禽也。戎，昭果毅以聽之之謂禮，殺敵為果，致果為毅。易之，戮也。」將戰，華元殺羊食士，其御羊斟不與。及戰，曰：「疇昔之羊，子為政；今日之事，我為政。」與入鄭師，故敗。君子謂羊斟「非人也，以其私憾，敗國殄民，於是刑孰大焉。《詩》所謂『人之無良』者，其羊斟之謂乎！殘民以逞」。

晉趙盾侵鄭

宣公・二年

物以順至者，必以逆觀。天下之禍，不生於逆而生於順。劍楯戈戟，未必能敗敵；而金繒玉帛，每足以滅人之國；霜雪霾霧，未必能生疾；而聲色畋游，每足以殞人之軀。久矣！夫順之生禍也。物方順吾意，而吾又以順觀之，則見其吉而不見其凶，溺心縱慾，蓋有陷於死亡而不悟者矣。至於拔足紛華，寓目昭曠，彼以順至，我以逆觀，停筯〔一〕於大嚼之時，覆觴於劇飲之際，惟天下之至明者能之。

〔注釋〕〔一〕停筯（ㄓㄨˋ）：停下筷子。

鬬椒汰侈於楚，帥兵救鄭，晉趙盾乃退師示怯，以順適其意而益其疾。椒也遂謂趙盾真畏己者，憑恃其強，肆為悖逆，親集矢於其君之車，以覆其宗。盾投之以順，而椒

〔譯文〕

若事物以順順利利的狀態出現，必定要用不順利的眼光來看待。天下的禍害，不是在不順的時候發生而是在順利的時候發生。利劍、堅盾、長矛、畫戟，未必能打敗敵人，但金銀、絲綢、玉器、布帛，卻每每可以使國家滅亡；降霜、下雪、起霧、生霾，未必能使人生病，但歌舞、美色、田獵、遊玩，卻每每可以使人喪命。順境發生禍害的事情由來已久了！事物正順著我的心意，而我又用順境的眼光來看待，那麼只看到其中的吉利而看不到其中的兇險，以致於沉溺心性，放縱慾望，這樣大概陷於死亡之地也不能醒悟。至於從紛華的泥沼中拔腿而出，寓目於開朗豁達，事物順利到來時，我用不順的眼光來看待，在大嚼大咽的時候停下筷子，在痛飲的時候放下酒杯，只有天下最為明察的人纔能做到。

楚國鬬椒奢侈驕縱，他帥兵救援鄭國，晉國的趙盾用撤軍來示弱，以順應鬬椒的心意以增加他的驕縱。鬬椒於是就認為趙盾真的害怕自己，倚仗自己的強大，放肆地做出一些悖逆的事情，親自把箭接連

不觀之以逆，殆非盾之能誤椒，蓋椒之不能察盾也。然盾之為謀，於難察之中猶有可察者焉。豪奴悍婢，嚚頑狠戾，闔室之人皆畏避之；出而詈[一]市人，則必奮臂與之鬬。蓋其威行於家而不行於市，此殆易曉也。椒之跋扈，楚人素畏之爾。一出楚境，與敵國遇，則相視猶道路之人，何為遽下之哉？趙盾卷旆改轅[二]，未戰而卻，逡巡若有所懼者，此理之不當然也。理不當然而然，其必有所以然矣。椒於此曷不深致其觀乎？謂晉封略不如楚則否，謂晉謀臣不如楚則否，謂晉甲兵不如楚則否，反覆推考，莫知其端，是殆養我而納之於禍也。牛羊犬豕，醉於豢養，身日腯[三]而死日近。椒趾[四]方顱圓，靈而為人，乃坐受仇敵之豢養，侈增貫[五]盈，自赴刀刃，亦愚矣。

射向其國君的車子，致使自己的宗室覆滅。趙盾用順意投合他，但鬬椒卻不用逆意來看待，恐怕不是趙盾能迷誤鬬椒，而是鬬椒不能看清趙盾。但是，趙盾的謀略在難以觀察之中還是有可以看清的地方。豪奴悍婢，愚昧頑頓，兇狠暴戾，整個家庭的人都畏懼而躲避他們；可是當他們走出家門罵市人的話，那麼市人必定會奮力出手相鬥。他們的威風只能在家裏橫行卻不能在街市上橫行，這是很容易知道的道理。鬬椒飛揚跋扈，楚國人平時都怕他。一旦出了楚國國境，和敵人相遇，那麼相互就像過路人一樣，為什麼對方會突然表現出處於下風呢？趙盾卷起戰旗，調回車馬，沒有交戰就退卻，猶疑不前，好像有什麼害怕的，這按常理來說不可能會如此。按常理不應當如此卻如此了，其中必定有原因。鬬椒對於這種情況為什麼不深入地考察清楚呢？說晉國的土地比不上楚國是不對的，說晉國的謀臣比不上楚國是不對的，說晉國的兵甲比不上楚國也是不對的。反反復復地推敲考究，不知道其中的端由，這大概是趙盾想培養我驕氣，而把我納入到禍害之地。牛羊豬狗，沉溺於主人的豢養，身體一天天肥大，而死期也一天天接近。鬬椒腳方頭圓，具有靈性，是一個人，竟然坐受仇敵的豢養，來

〔注釋〕〔一〕詈（ㄌㄧˋ）：罵。〔二〕卷旆（ㄆㄟˋ）改轅：卷起戰旗，調回車馬，形容撤軍。〔三〕腯（ㄊㄨˊ）：肥碩。〔四〕趾：這裏指腳。〔五〕貫：衣食的供養。

向使椒獨肆其侈，不遇趙盾以養其惡，豈遽至於此極乎？曰：「意在於善，凡所遇者皆養吾善之物也；意在於惡，凡所遇者皆養吾惡之物也。豈必遇趙盾之設謀，然後能養其惡哉？」一雨露也，一寒暑也，梧檟得之，以養其柯條；荊棘得之，以養其芒刺。造物者何嘗有心厚梧檟之材而稔〔一〕荊棘之毒歟？咸其自養而未有養之者也。椒苟意於善，盾雖示弱而養其惡，未必不逆觀其詐，悚然儆懼〔二〕，而啟改過之門矣。盾本將以養其惡，椒反資以養其善，殆惟恐遇盾之不蚤也。

〔注釋〕〔一〕稔（ㄖㄣˇ）：成熟。〔二〕悚然儆懼：害怕的樣子，警戒的樣子。

加速自己的惡貫滿盈，自赴刀刃，也太愚蠢了！

如果鬬椒只是獨自肆意奢侈，而沒有遇到趙盾來培養他的罪惡，難道會突然到這種地步嗎？回答是：「本意在於善，凡所遇到的東西，都會培養我的善良；本意在於惡，凡所遇到的東西，都會培養我的罪惡。難道必定要碰到趙盾設下計謀，然後纔能培養他的罪惡嗎？」一樣的雨露，一樣的寒暑，梧桐和檟樹得到了，就用來滋養枝幹；荊棘得到了，就用來滋養芒刺。造物主何曾有私心偏厚梧桐和檟樹的大材，卻使荊棘的毒刺培育成熟呢？都是它們自己滋養自己，沒有其他東西滋養它們。鬬椒如果有心向善，趙盾就是示弱以滋長鬬椒的罪惡，鬬椒未必不會反觀趙盾的施詐，恐懼戒備，從而開啟改過的門徑。趙盾本來想滋長他的罪惡，鬬椒反而藉以滋養自己的善行，可能惟恐沒有早點遇上趙盾吧。

【古評】

朱字綠曰：意在於善，所遇皆養善之物；意在於惡，所遇皆養惡之物。此是一篇主意，而借以逆觀順作波瀾，迤邐而來，神注於此。否則，人有美意以順我，而概逆觀之，是逆詐億不信，又豈所以待物乎？

張明德曰：趙盾之謀，原非難察，彼椒自不能觀其微，故遇盾而為盾所制，順至逆觀二意，發揮自是透闢，且善為鬬椒地步。空中結撰，真拏雲手段。〇順至逆觀，乃千古不易之定論。故遇順則以為順者，無不立見其敗也。若謂人有美意以順我，而概以逆觀之，是逆詐億不信，非所以待物。此舍去《博議》中「察」之一字，而自為其說，並不知有不逆不億而能先覺者也。且全部《博議》，大半以反己為主，重在己而不重在人，逆詐億不信，固為君子所不取。然為人乎？抑為己乎？為己則人有美意以順我，當思我果有所以致順之道在先否，逆億云乎哉？徒舍己以徇人，似非東萊先生立論之本意也。

左傳原文

晉趙盾侵鄭

宣公・二年

秦師伐晉，以報崇也，遂圍焦。夏，晉趙盾救焦，遂自陰地，及諸侯之師侵鄭，以報大棘之役。楚鬭椒救鄭，曰：「能欲諸侯，而惡其難乎？」遂次于鄭，以待晉師。趙盾曰：「彼宗競于楚，殆將斃矣。姑益其疾。」乃去之。

楚滅若敖氏 宣公・四年

令尹子文卒，鬭般為令尹，子越為司馬。蔿賈為工正，譖子揚而殺之，子越為令尹，己為司馬。子越又惡之，乃以若敖氏之族，圄伯嬴於轑陽而殺之，遂處烝野，將攻王。王以三王之子為質焉，弗受。師于漳澨。秋，七月，戊戌，楚子與若敖氏戰于皐滸。伯棼射王，汰輈，及鼓跗，著於丁寧。又射，汰輈，以貫笠轂。師懼，退。王使巡師曰：「吾先君文王克息，獲三矢焉，伯棼竊其二，盡於是矣。」鼓而進之，遂滅若敖氏。

晉靈公不君

宣公・二年

天下之亂，常基於微而成於著。知微者謂之君子，知著者謂之眾人。《黍離》之嘆［一］，雖輿臺牧圉共悲之，至若見銅駝荊棘［二］於全盛之時，則非知幾者莫能也。

［注釋］［一］《黍離》之嘆：《黍離》為《詩經・王風》的第一首。西周遭犬戎侵犯，被迫遷都洛陽。西周的舊都鎬京遭遇劫難，詩人經過故都，觸景生悲。

［二］銅駝荊棘：西晉時的索靖，預測到晉朝將大亂，曾指著洛陽宮門前的銅駝感慨地說：「會見汝在荊棘中耳！」後西晉果然大亂。

晉靈公暴戾凶虐，觴趙盾而伏甲攻焉，人莫不以為駭。君臣，非敵國也；殿陛，非戰場也。長戈大戟，不用之於邊陲，而用之於宴席，弁冕毀裂，俎豆搶攘［一］，是非可駭之尤者乎？抑不知靈公素與爭臣為敵，彼其殿陛之間化為戰場亦已久矣，特其迹未

［譯文］

天下的禍亂，常始於隱微而成於顯著。能察知隱微的稱為君子，顯著時纔知道的是眾人。《黍離》式的哀歎，即使是僕從雜役也會一同感到悲哀，至於在全盛之時就預見宮門旁的銅駱駝將被廢棄在荊棘中，那麼如果不是見微知著的人是不會知道的。

晉靈公暴虐兇狠，宴請趙盾時卻埋伏兵甲攻殺趙盾，人們無不感到驚駭。君臣之間不是敵國關係，朝廷宮殿內也不是戰場。長矛大戟，不用在國家的邊陲，而用在宴席上，弁冕毀壞，杯盤狼藉，這不是極為可怕的事嗎？卻不知道晉靈公向來與進諫的大臣為敵，他把宮殿變成戰場已經很久了，只不過其中的行跡還不明顯，人們不能覺察出來而已。晉靈公亂政之

著，人不能深察耳。靈公失政之初，固已外其臣而讎敵遇之，竊取用兵之謀而為拒諫之計。隨會將入諫，屢進而屢不視，是制之以靜者也，深溝高壘以待敵者也，其在兵法名曰「形」；隨會將進說，迎為悔過以塞其口，是示之以弱者也，甘言卑辭以誘敵者也，其在兵法名曰「聲」。形之而不能禦，聲之而不能動，兵法既窮，則直搏戰而已。此趙盾繼諫於隨會之後，所以幽有鉏麑之賊，明有嗾獒之舉也。心攻不下，始以力攻；心戰不勝，始以力戰。人見其既動干戈，方矍然駭懼。自識者觀之，則靈公肺肝之內，念念舉兵，樽俎之上，日日流血。方臣主相際都俞吁咈[二]之時，固已使之寒心矣。盾也不知其君以讎敵遇己，尚譊譊[三]進說不止，迄致伏甲之變，何其見之晚也。

[注釋][一]俎豆搶攘：形容杯盤狼藉。[二]都

初，就已經把大臣當作外人而以仇敵相對待了，私自採取用兵的謀略來作為自己拒絕聽諫的計策。隨會想要進諫，屢次前進晉靈公卻屢次裝作沒有看見，這是以靜制動的方法，就好像挖深溝建高壘來等待敵人一樣，這在兵法上叫做「形」；隨會想要進言，晉靈公迎面就說自己悔過了，塞住隨會的口，這是向對方示弱的方法，就像用甜言蜜語和謙卑的言辭來引誘敵人一樣，這在兵法上叫做「聲」。當用「形」來應對卻不能抵禦住，用「聲」來對付卻不能使之動搖，兵法已經窮盡，那麼只好以搏戰相爭。這就是趙盾在隨會之後進諫，所以晉靈公在暗中有派鉏麑去刺殺趙盾，在明裏有嗾使獒犬咬趙盾的舉動的原因。從心理上攻打不下，就開始用武力攻打；用心理戰未能取勝，就開始用武力來戰。一般人們要看見他既已大動干戈，纔會感到驚惶恐懼。在明白人看來，晉靈公內心肺腑念念不忘的就是動用武力，所以在宴飲的樽俎之上，纔有日日流血的事件發生。當君臣間互相論政問答而發出可否的感嘆聲時，這本來已經使人感到寒心了。趙盾不知道國君已把自己當作仇敵來對待，還喋喋不休地不停進諫，終於招致了埋伏兵甲襲擊的變故，他怎麼發現得這麼晚呢？

俞吁咈：《書・益稷》：「禹曰：『都！帝，慎乃在位。』帝曰：『俞！』」又《堯典》：「帝曰：『吁，咈哉！』」都、俞、吁、咈均為嘆詞。以為可，則曰都、俞；以為否，則曰吁、咈。後因用「都俞吁咈」形容君臣論政問答，融洽雍睦。此則反用其意。[三]譊（ㄋㄠ）譊：吵鬧的樣子。

為盾謀者將奈何？曰：「二國相怨，一使可和；二壘相持，一騎可解。豈有讎敵尚可通，而君臣終不可通者乎？」情睽則君門萬里，情通則萬里君門。其相去一間耳，君臣固有復通之理。彼靈公之無道，殆未易以常法論，詎可責盾以必通哉？是又不然。靈公與盾本君臣，特以疑阻而視之若讎敵耳。若鉏麑與盾，風馬牛不相及，操刃而來，是乃真讎敵也。其入門伺隙之際，豈復有善意哉？一見其盛服假寐，形神俱肅，戢毒斂忿[一]，寧斃其軀而不敢損盾之毫芒，誠敬之動人也。如是讎敵之真者，猶可孚格，況

替趙盾考慮應當怎麼做呢？回答是：「兩個國家相互仇恨，一介使臣就可以和解；兩軍對壘，單騎臨陣就可以和解。仇敵尚且可以通好，難道君臣反而始終不可以通好嗎？」情意相違，那麼國君的門庭就像有萬里之遙；情意相通，那麼萬里國土皆為國君門庭。彼此相隔只有一點間隙而已，君臣本來就有相互通好的道理。但若說那晉靈公是個無道的國君，恐怕不容易按常理來論，怎麼可以要求趙盾必定要和他通好呢？這又不對了。晉靈公和趙盾本來是君臣關係，只不過因為靈公以懷疑、阻撓的心情來看待他纔像仇敵而已。像鉏麑和趙盾，本來風馬牛不相及，鉏麑持利刀而來，這是真正的仇敵。等到鉏麑進入趙盾的門庭窺伺時，難道還有善意嗎？一看到趙盾盛服將朝，尚早而閉目養神，神態莊嚴，於是鉏麑收起殺人的計劃，寧願自殺也不敢損害趙盾一絲一毫，這是趙

素號君臣，暫為讎敵者乎？使盾保養此敬，立朝之際常如將朝之時，未必靈公之意不回也。平旦之氣，真粹清明，如水未波，如空未雲，如玉未彫，如琴未鼓。當盾盛服將朝之頃，此時此境，前追唐虞於既往，後借洙泗於方來，豈復春秋爭奪之世哉？惜其出與物接，機械橫生，上不能救主失，下不能免惡名。視平旦真粹清明之地，駟奔電逝而不可還矣。雖然，春敷秋槁[二]者，眾木之性也；旦存晝亡者，眾人之氣也。喬松巨柏，貫四時而柯葉不改，其視春秋何有？氣之得其養者，昏晨晡昳，混混同流，亦安得旦晝之辨哉？故出乎木之類者，無春秋；出乎人之類者，無旦晝。

[注釋][一]戢（ㄐㄧˊ）毒蠲（ㄐㄩㄢ）忿：收斂怨毒，捐棄怨恨。[二]春敷秋槁：春天茂盛，秋天枯槁。

盾為國的忠誠恭敬感動了別人。像這樣真正的仇敵，還可以被誠敬感服，何況一向為君臣，只是暫時為仇敵呢？假使趙盾能夠保持涵養這樣誠敬的心情，在朝中的時候總是像即將上朝時的樣子，晉靈公的心意未必不會回轉。清晨之氣，純真清明，如無波之清水，如無雲之天空，如未琢之璞玉，如未奏之琴瑟。當趙盾盛服將上朝的那一刻，此時此境，可以上追至往昔的唐虞，可以下臨及將來的孔子，難道還是春秋爭奪的亂世嗎？可惜他走出家門，接人待物處理政事的時候，卻是滿腹心計，橫生機巧，上不能挽救君主的過失，下不能免於罪惡的名聲。回看他早晨上朝前那一純真清明的境地，猶如駟馬奔馳、閃電飛逝一樣不可復返。雖然如此，春天茂盛而秋天枯槁，這是一般樹木的本性；早上存在而白天消失，這是一般人的心氣。但高大的松柏，經歷一年四季而枝葉不變，哪裏有春天、秋天的分別呢？如果清氣果得其養，無論早晚晝夜，都是毫無差別一脈同流，又哪裏有早晨和白天的分別呢？所以出類拔萃的樹木沒有春天與秋天的差異，出類拔萃的人沒有早晨和白天的區別。

左傳原文

晉靈公不君 宣公・二年

晉靈公不君：厚斂以彫牆；從臺上彈人，而觀其辟丸也；宰夫胹熊蹯不熟，殺之，寘諸畚，使婦人載以過朝。趙盾、士季見其手，問其故而患之。將諫，士季曰：「諫而不入，則莫之繼也。會請先，不入，則子繼之。」三進，及溜，而後視之。曰：「吾知所過矣，將改之。」稽首而對曰：「人誰無過？過而能改，善莫大焉。《詩》曰：『靡不有初，鮮克有終。』夫如是，則能補過者鮮矣。君能有終，則社稷之固也，豈惟羣臣賴之！又曰：『袞職有闕，惟仲山甫補之』，能補過也。君能補過，袞不廢矣。」猶不改。宣子驟諫。公患之，使鉏麑賊之。晨往，寢門闢矣，盛服將朝。尚早，坐而假寐。麑退，歎而言曰：「不忘恭敬，民之主也。賊民之主，不忠；棄君之命，不信。有一於此，不如死也。」觸槐而死。

晉趙穿弒靈公

宣公・二年

手有高下，故委輕重於權；目有憎愛，故委妍媸於鏡；心有偏黨，故委是非於聖人。天下之所以歸誠委己，惟聖人之聽，何也？至公而可以裁天下之不公也，至平而可以揆天下之不平也，至正而可以服天下之不正也。中天下而立，並受萬世是非之訟，天高海澄，眾理自見，不為顏、閔而損毫髮之過，不為跖、蹻而增錙銖之惡。苟持衡不定，軒輊[一]靡常，則何以為萬世公議之主哉！

[注釋][一]軒輊（ㄒㄩㄢ ㄓˋ）：高低，優劣。

左氏載趙盾之弒君，託為仲尼之言，曰「為法受惡」。吾竊意非仲尼之言也。盾果有惡，豈容其辭？盾果無惡，豈容其

[譯文]

手有高低的偏差，所以用秤來衡量輕重；眼裏有愛憎的選擇，所以用鏡子來映照美醜；心有偏私的曲從，所以由聖人來判斷是非。天下的人之所以對人委以誠心，只聽從聖人，這是為什麼呢？最公正的人可以裁斷天下的不公正，最公平的人可以揆度天下的不公平，最中正的人可以折服天下的不中正。對天下人都保持中正的準則，並受理萬世是非的爭訟，就像天一樣高清，像海一樣澄清，眾理自顯，不會因為是顏回和閔子騫而減損他們一絲一毫的過錯，也不因為是盜跖、莊蹻而增加他們一點一滴的罪惡。如果所持的標準不確定，高低無常，怎麼可以作為萬世公正義理的主宰呢？

左氏記載趙盾弒殺國君，假託孔子的話，說「為法受惡」。我私下認為，這不是孔子的話。趙盾如果真的有罪惡，難道能容許他推辭？趙盾如果真的沒有罪惡，難道能讓他蒙受惡名？操持賞罰權柄的人，只

受？操賞罰之柄者，但當核其有無耳，豈論辭受之地哉？今言「為法受惡」，是盾本無弒君之惡，作史者為法而強加之，盾亦為法而勉受之耳。寧有聖人肯許秉筆者輒加之以惡乎？聖人果許秉筆者加人以惡，則萬世是非之衡至是而撓［一］矣。法為罪設者也。無疾則無方，無罪則無法。若謂盾非弒君特為法而受惡，則罪與法豈兩物耶？自斯言既出而趙盾之事始為後世所疑矣。盾之弒君本無可疑。靈公之殞，雖假手於趙穿，然桃園之難不作於盾未出奔之前，而作於盾方出奔之後。盾身朝出，穿變夕興。盾若不奔，穿亦不弒。是弒君之由實起於盾，穿特為盾役耳。

［注釋］［一］撓：彎曲，屈服。

應當核實事實的有無，哪有議論推辭和承受的餘地呢？現在說「為法受惡」，這就是說趙盾本無弒君的罪名，是記錄歷史的人因為筆法而強加給趙盾的，趙盾也是因為筆法而勉強遭受罪名而已。難道聖人容許執筆的人就這麼強加給他罪名嗎？聖人果真容許執筆的人把罪名強加給人，那麼萬世是非的標準，到這裏就被歪曲了。法是因為罪而設置。沒有疾病就沒有藥方，沒有罪就沒有法。如果說趙盾沒有弒君，只不過是因為筆法而蒙受罪名的話，那麼罪和法難道是兩種無關的東西嗎？自從「為法受惡」這話被提出來以後，趙盾的事情開始被後世的人質疑。但趙盾弒殺國君，本來就沒有什麼可懷疑的。晉靈公的死，雖然是借趙穿之手，但桃園之難不是發生在趙盾出奔之前，而是發生在趙盾出奔之後。趙盾早上逃出去，趙穿的叛亂晚上就興作。趙盾如果不出奔，趙穿也不會弒殺國君。這弒殺國君的原由，實際是起於趙盾，趙穿只不過是替趙盾動手而已。

使穿專弒君之謀，則事捷之後，當席其威而竊國靈〔一〕，何有於一亡大夫復推之秉大柄乎？則穿之弒為盾而不為己明矣。盾聞君弒而亟反，不惟不能討穿，又遣迎新君以固其寵，是德其為己用而陰報之也。卒為將犯陣，及其成功，必曰「將破敵」，而不曰「卒破敵」；奴為主推刃，及其論罪，必曰「主殺人」，而不曰「奴殺人」。穿既為盾弒君，盾雖欲辭弒君之名得乎？既不可辭，何名為「受」？董狐書之，仲尼因之，皆以正法而治。盾之實惡，不聞有所謂「為法受惡」者也。後世誤信左氏，遂以為真仲尼之言，迺謂聖人之筆，固有名誅而實貸、文抑而意揚者。

〔注釋〕〔一〕國靈：國命，國家的政權。

如果是趙穿獨自謀劃弒殺國君，那麼事情成功之後，應當趁著威勢竊取國家的政權，為什麼又把趙盾這樣一個已經逃亡的大夫推上了秉持大權的位置呢？那麼趙穿弒殺國君，是為了趙盾而不是為了自己，這是非常明顯的。趙盾聽到國君被殺就急忙返回，不僅沒有討伐趙穿，又派他去迎接新任的國君來加固他的恩寵，這是感激他為自己出力因而暗地裏報答他。士卒替將軍衝鋒陷陣，等到成功了，必定會說是「將軍破了敵陣」，而不說是「兵卒破了敵陣」；奴僕為了主子而殺了人，等到論列罪行，必定會說是「主人殺了人」，而不說是「奴僕殺了人」。趙穿既然是為了趙盾而弒殺了國君，趙盾即使想推脫弒殺國君的惡名，做得到嗎？既然推辭不掉，怎麼能說是「蒙受」呢？史官董狐這樣記載，孔子也因襲此說，都是按照正法來治趙盾之罪，趙盾實在真的有罪惡，當時沒有聽說過有所謂「為法受惡」這一回事。後人錯信左氏的說法，於是認為真的是孔子說的話，竟認為聖人的筆法，本來就有名義上是譴責而實際上是寬貸、文字上是貶抑而本意上是讚揚的情況。

沿及許世子止之事，亦意以其非親弒，附之於「為法受惡」之義。抑不知殺人之情，有謀有故，有戲有誤，謂之殺則同也；殺人之具，有刃有梃，有醪有藥，謂之殺亦同也。世有誤以藥殺人者，等之於戕、刼、屠、剝輩，刑辟輕重固有間矣，然不謂之殺人則不可。許止誤進藥，不幸而殺其君，雖視商臣、蔡般之惡，相去不啻千萬，至於弒君之名，安得而不與之同乎？書其弒君，蓋法所當然，亦非所謂「為法受惡」也。

左氏託為仲尼之言，誤後世如此。抑其間又有甚紕漏者，益知其非聖人之語焉。董狐責盾之兩言，深中其肝膈之隱，所謂「亡不出竟」者，蓋責其遷延宿留，潛有所待，以為與謀之證耳。曷嘗謂在竟內則有

延續到後世的許國太子止進藥毒殺其君這件事，也認為他沒有親自殺害國君，而把他附會到「為法受惡」的名義上。卻不知道殺人的實情，有出於預謀也有出於事故的，有出於戲弄也有出於誤會的，說它們是殺人則是一樣的；殺人的工具，有刀有棍，有酒有藥，說它們是殺人也是一樣的。世上有將進藥而誤殺人的人，等同於戕殺、刼殺、屠殺、剝殺之徒，他們所受刑罰的輕重固然不同，但認為這不是殺人卻是不可以的。許太子止進錯了藥，不幸殺害了自己的君父，雖然和商臣、蔡般的弒君之罪比起來，相去不止千萬里，至於弒君的罪名，怎能和他們不一樣呢？記載他弒殺了國君，就筆法來說是當然的，並不是所謂的「為法受惡」。

左丘明假託是孔子的話，誤導後人竟是這樣。不過這其中又有更大的紕漏，讓人更加知道那不是聖人說的話。董狐責備趙盾的那兩句話，深深擊中了他的隱衷。所謂「逃亡卻又不越過國境」，大概是責備趙盾故意拖延停留，暗中有所等待，認為這是參與陰謀的證據而已。哪裏是說趙盾在國境內就有罪，在國境外就沒有罪呢？左丘明不了解董狐的意旨，又假託

罪，在竟外則無罪乎？左氏不達孤之意，復託仲尼之言曰「惜也！越竟乃免」，審如是，則後有姦臣賊子如盾者，逆謀既定，從近關出，候於竟外，聞事克而徐歸，遂可脫弒逆之名矣。是為姦臣賊子畫逃罪之策也。夫豈聖人語耶！

孔子的話說「可惜啊！越過國境就可以免除弒君的罪名」，如果確實如此的話，那麼後世有奸臣賊子像趙盾這樣的，在叛逆的計謀已經擬定以後，從臨近的邊關出去，在境外等候，聽到事情成功後再慢慢地回來，就可以洗脫弒君的罪名了。這是為奸臣賊子籌劃逃脫罪名的計策。這難道會是聖人的話嗎？

左傳原文

晉趙穿弒靈公　宣公・二年

秋，九月，晉侯飲趙盾酒，伏甲，將攻之。其右提彌明知之，趨登，曰：「臣侍君宴，過三爵，非禮也。」遂扶以下。公嗾夫獒焉，明搏而殺之。盾曰：「棄人用犬，雖猛何為！」鬭且出，提彌明死之。初，宣子田於首山，舍于翳桑，見靈輒餓，問其病。曰：「不食三日矣。」食之。舍其半。問之。曰：「宦三年矣，未知母之存否，今近焉，請以遺之。」使盡之，而為之簞食與肉，寘諸橐以與之。既而與為公介，倒戟以禦公徒而免之。問何故。對曰：「翳桑之餓人也。」問其名居，不告而退。遂自亡也乙丑，趙穿攻靈公於桃園。宣子未出山而復。大史書曰「趙盾弒其君」，以示於朝。宣子曰：「不然。」對曰：「子為正卿，亡不越竟，反不討賊，非子而誰？」宣子曰：「烏呼！『我之懷矣，自詒伊慼』，其我之謂矣。」孔子曰：「董狐，古之良史也，書法不隱。趙宣子，古之良大夫也，為法受惡。惜也，越竟乃免。」宣子使趙穿逆公子黑臀于周而立之。壬申，朝于武宮。

許悼公飲太子止藥卒　昭公・十九年

夏，許悼公瘧。五月，戊辰，飲大子止之藥，卒。太子奔晉。書曰「弒其君」。君子曰：「盡心力以事君，舍藥物可也。」

興於治而廢於亂，法之良者也；興於亂而廢於治，法之弊者也。帝辛以暴侈毒天下，炮烙刳剔之刑，鉅橋鹿臺之賦，叢然並起。武王既事牧野，首反商政，還成湯、太甲、武丁之彝典於一日間，向者淫虐之法，悉芟悉鋤。本拔源塞，曷嘗深毒遺害以諉後之人哉？至於成、康之世，雖欲除弊，固已無弊之可除矣。後世有弊之可除，必前世除弊之未盡。其美在後，其責在前。吾見惠帝除挾書之律〔一〕，然後知高帝之緩於儒術也；吾見文帝除誹謗之令，然後知高帝之緩於忠言也。高帝伐秦，雖日不暇給，他事縱未能盡革，至於儒術之廢、忠言之壅，寧忍坐視沒身而不問乎？幸而惠、文刊除其弊，使亦

〔譯文〕

作於治世而廢於亂世，這是好的法律；作於亂世而廢於治世，這是壞的法律。商紂王帝辛以殘暴毒害天下人民，炮烙、刳心、剔骨這類的重刑，為鉅橋、鹿臺而徵收的重稅，同時大量出現。因此周武王在牧野完成大事後，首先回歸商代仁政，在一日之間就恢復了成湯、太甲、武丁遺留下來的法典，以前的暴虐法令，全部鏟除。拔根堵源，哪裏會將消除深毒遺害的責任推諉給後人呢？至於周成王、康王之世，即使想去除弊端，必定已經沒有弊端可以除了。後世如果還有弊端可以除去，必定是前世的弊端還沒有除盡。後世因除弊而為美政，而滋生弊政的責任則在前代。我看到漢惠帝廢除挾書令，然後知道漢高帝不重視儒術；我看到漢文帝廢除誹謗令，然後纔知道漢高帝不重視忠言。漢高帝討伐秦國，雖然每日都沒有空閑，其他弊端縱然不能全部革除，但對於儒家學術的廢馳，忠言的壅塞不能上達，怎可忍心漠視不理，直到老死都不過問嗎？幸好漢惠帝、文帝消除了這些弊端，如果也像漢高帝那樣不聞不問，那麼整個漢代四百年的基業，名義上是漢代而實際上仍是秦代的

如高帝之不問，則終四百年之業，名漢而實秦矣。

［注釋］［一］挾書之律：漢初繼承秦法，嚴禁私藏書籍。

後世因惠文之得而知高帝之失，吾亦因晉成之舉而知文公之闕焉。晉自驪姬之難，詛無蓄羣公子，晉於是乎無公族。至成公踐阼，而始復之。由成公上距驪姬之世，所歷者幾君矣。先文公而作者，如惠如懷，蓋不足責也；後文公而繼者，如襄如靈，亦不足責也。獨文公名列五霸，號稱明君，身受春秋賢者之責，乃循驪姬之約，宗族離析，曾不知恤，豈可舍此而他責乎？況驪姬之難，文公嘗親被之矣。其所以顛頓奔走，適狄適衛，適齊適曹，適鄭適楚，齒髮老於

了。

後世因為漢惠帝、文帝的成就，而知道漢高帝的過失，我也因為晉成公的舉措，而知道晉文公的缺失所在。晉國自從驪姬作難，盟誓不要蓄養群公子，晉國於是就沒有了公族。直到成公即位，纔開始恢復這一制度。從成公向上追溯到驪姬的時代，經歷了好幾位國君。先晉文公而為晉君的，如惠公、懷公，大概不值得責求；在晉文公之後而為晉君的，如襄公、靈公，也是不值得責求。惟獨晉文公名列五霸，號稱是明君，身負春秋賢君的責任，卻墨守驪姬時代的舊約，而宗族離析，竟不知救恤，難道可捨此而責求其他人嗎？何況驪姬所造成的災難，晉文公親身經歷過。他之所以顛沛流離，往狄、往衛、往齊、往曹、往鄭、往楚，不停奔走，在逃亡的路上齒髮都變老了的原因，正是受了驪姬誓約的牽累。幸好逃回晉國即位，何不警戒這樣的禍害，轉念想想公子公族們散落邊地已經

道路者，正坐驪姬之詛也。幸而反國正位，盍懲創[一]是禍，轉思公子公姓[二]，散在邊裔，多歷歲時，豈無駭懼危慄如吾之斬袪[三]者乎？豈無空乏餓憊如吾之乞食者乎？豈無慢侮陵辱如吾之觀浴者乎？以吾身前日之困悴，度他人今日之艱勤，是宜亟發號令，鳩集[四]撫摩，以盡惇敘之義。顧乃急於功利，不暇更革。時異事改，雖其諸子，如樂在陳、雍在秦，俱未免流離之患，再三傳之，後始克正之。吾是以為文公恨也。

［注釋］[一]懲創：警戒。[二]公子公姓：均指公族。[三]斬袪：斬斷其袖。借指舊怨。典出《左傳・僖公五年》：「（重耳）踰垣而走，披斬其袪。」[四]鳩集：同糾集，聚集。

天下之弊法，固有經千百年而不能廢者矣。衛鞅之阡陌[一]也，漢武之鹽鐵[二]也，

很長時間，難道沒有人驚駭恐慌就像我以前遭遇被斬斷衣袖一樣的危險嗎？難道沒有人困窮、飢餓、疲憊就像我當時在路上乞食一樣的情形嗎？難道沒有人被欺侮淩辱就像我以前被人觀浴一樣的時候嗎？以我以前所遭遇的困頓憔悴，來揣度他人現在的艱難辛勞，就應當盡快發號施令，將他們聚到一起，好好安撫他們，以盡到公族敦厚有序的道義。然而，晉文公卻急功近利，無暇做出改變。時代變了事情也變了，即使是他的諸位兒子，如公子樂寄居在陳國，公子雍寄居在秦國，都不能免於流離之苦，直到兩三代之後，纔能修正此事。所以我為晉文公感到遺憾。

天下的弊法，固然有經過千百年而廢棄不了的。例如商鞅的阡陌制度，漢武帝的鹽鐵制度，張滂的茶

張滂之稅茗[三]也，劉守光之沮兵[四]也，是雖知其弊，然或掣其前，或牽其後，未易以朝夕去。至若公族之制，復何所齟齬[五]哉？令出堂陛而法成有司矣。文公之猶豫不變，果何意也？善為文公辭者，吾將問之。

[注釋][一]衛鞅之阡陌：指衛鞅在秦國變法，廢井田，開阡陌。[二]漢武之鹽鐵：指漢武帝時鹽鐵由國家掌控，設立鹽鐵均輸官。[三]張滂之稅茗：唐德宗貞元九年，鹽鐵使張滂請求收取茶稅來充實國庫。[四]劉守光之沮兵：劉守光，唐末五代初的軍閥，割據燕地，北鄰契丹，曾自稱皇帝。沮，同阻。[五]齟齬（ㄐㄩˇ ㄩˇ）：不合，有矛盾。

稅制度，劉守光的沮兵制度，它們的弊端雖然為人所知，然而，有的被掣肘於前，有的被牽制在後，不容易一朝一夕除去。至於公族的制度，又有什麼牴觸不合的呢？只要朝廷發出命令，那麼法令就會在相關官員那裏制定了。晉文公猶猶豫豫，不思改變，究竟是什麼意思呢？那些善於替晉文公說好話的人，我將要請問他們。

左傳原文

晉成公為公族 宣公・二年

初，驪姬之亂，詛無畜羣公子。自是晉無公族。及成公即位，乃宦卿之適子而為之田，以為公族。又宦其餘子，亦為餘子；其庶子為公行。晉於是有公族、餘子、公行。趙盾請以括為公族，曰：「君姬氏之愛子也。微君姬氏，則臣狄人也。」公許之。冬，趙盾為旄車之族，使屏季以其故族為公族大夫。

楚子問鼎　宣公・三年

一夫而抗強敵，一言而排大難，此眾人之所喜，而識者之所憂也。楚為封[一]豕長蛇，薦食上國，陳師鞠旅[二]，觀兵周郊，問九鼎之輕重，其勢岌岌，若岱、華、嵩丘將覆而未壓。王孫滿獨善為說辭，引天援神，折其狂僭，使楚人卷甲韜戈，逡巡自卻。文昭武穆，鐘簴[三]不移，瀍水雒都，城闕無改。其再造周室之功，實在社稷，是固眾人之所同喜也，夫何憂？憂之云者，非憂其一時之功也，喜在今日而憂在他日也。

[注釋][一]封：大。[二]陳師鞠（ㄐㄩˊ）旅：陳兵誓師。[三]鐘簴（ㄐㄩˋ）：指鐘鼓之類的樂器。簴：懸掛編鐘、編磬木架上的立柱。

天下之禍不可狃[一]，而幸不可恃。問

[譯文]

一個人能抗拒強敵，一句話能排除大難，這是眾人所歡喜的，卻是有識之士所憂慮的。楚國就像大豬長蛇，不斷侵吞中原國家，陳兵誓師，在周王的郊外檢閱軍隊，詢問九鼎的輕重大小，這種形勢岌岌可危，就像泰山、華山和嵩山即將傾覆一樣，只是尚未壓倒在地面而已。只有王孫滿善於言辭，援引天命與神明，來挫敗他們的狂妄和僭越，使楚人收捲兵甲，自行退卻了。因而周宗廟昭穆次序、鐘鼓器樂得以不遷移，瀍水邊雒都的城闕建築得以不改變。王孫滿對周王室的再造之功，實際還在於整個國家社稷，這本來就是眾人所當歡喜的，有什麼可憂慮的呢？我所謂的憂慮，不是憂慮他一時的成功，而是擔心現在歡喜的，會不會導致將來的憂慮啊。

天下的禍患不可習以為常，僥倖也不可依賴。

鼎，大變也。國幾亡而祀幾絕，王孫滿持辯口以禦之，所以楚子退聽者，亦幸焉耳。周人遂以為強楚之凶燄如是，尚畏吾之文告而不敢前，異時復有跳梁[二]畿甸者，正煩一辯士足矣。是狃寇難為常而真以三寸舌為可恃也。由東遷以來，周之君臣上恬下嬉，奄奄略無立志，身不見驪、彘之釁[三]，口不誦《板》、《蕩》之詩[四]，玩於宴安，浸以媮墮[五]。君子猶意倘遇禍變，庶幾儆懼改前之為。今三代所傳之大寶鎮器，蠻夷跋扈，乃敢睥睨蕩搖，欲以腥膻污漫之，侈然有改玉改步之意，禍變孰大於此？使王公卿士怵惕祇畏，懷覆亡之虞，則后稷、公劉之業，猶有望也。適王孫滿之說偶行，其君臣相與高枕，遂謂吾舌尚存，寇至何畏？

問鼎的輕重，這是重大事變。國家幾乎滅亡，祭祀幾乎要中斷了，王孫滿憑著善辯的口才來抵禦楚軍，楚王聽取了王孫滿的言辭後退卻了，但這都是僥倖的事而已。周人就認為強大的楚國如此兇狠囂張，尚且害怕我們的文辭告誡，從而不敢前進，以後再有在京城附近跋扈的敵軍，只要煩勞一位辯士就足夠了。這就是對賊寇發難的習以為常，而真的以為可以倚靠三寸口舌。自周平王東遷以來，周的君臣，在上位的安於現實，在下位的嬉戲玩樂，渾渾噩噩，了無志向，既沒有經歷過慘烈的驪、彘之禍，也不再誦讀感傷王室式微的《板》、《蕩》之詩，在悠閒宴樂的遊玩中，漸漸地安於怠惰。雖然如此，君子還認為倘若遭遇災禍變亂，周應該會警懼戒備起來而改變以前的所作所為。如今上古三代流傳下來的寶鼎、鎮國的禮器，楚國蠻夷之邦，飛揚跋扈，竟敢有窺伺之心，想要用腥膻的手來玷污它，大有一改夷夏情勢的意圖，那還有什麼比這更大的災禍變亂呢？假如朝中的王公卿士們能對此怵然警惕敬畏，懷著國家將要滅亡的憂慮，那麼后稷、公劉的基業還有希望。但恰好王孫滿的言辭偶然得逞，君臣上下相與高枕無憂，於是以為只要我們的口舌還在，敵寇來了又有什麼可害怕呢？

〔注釋〕〔一〕狃（ㄋㄧㄡˇ）：習以為常。〔二〕跳梁：形容跋扈的樣子。〔三〕驪、彘之釁：周幽王時，犬戎攻破周都城，幽王在驪地被殺。周厲王三年，百姓反抗厲王，厲王逃到彘地，並最終死在那裏。〔四〕《板》、《蕩》之詩：指《詩經・大雅》中《板》和《蕩》，都是反映周王室衰微的詩歌。〔五〕婾墮：同媮惰。偷安怠惰。

狃其禍而恃其幸，開之者非滿歟？自是之後，相襲成俗。問其治國，則先文華而後德政；問其禦寇，則先辯說而後甲兵；問其撫邦，則先酬對而後信義。內觀其實，日薄日積；外觀其辭，日新日巧。典冊絢麗，尚如在成、康之間；形勢陵遲〔一〕，固已若夏、商之季矣。下逮戰國吞噬之際，猶用滿之餘策，虛張九九八十一萬之數以譎齊，左欺右紿，自矜得計。一旦秦兵東出，辯不能屈，說不能下，緩頰長喙，噤〔二〕無所施，稽首歸罪，甘為俘虜，始知浮語虛辭果有時而不

對禍患習以為常而依靠僥倖，開啟這個禍端的人不就是王孫滿嗎？自此以後，相互沿襲，成了習慣。問他們如何治理國家，則主張先文辭雕飾然後再施行德政；問他們如何抵禦敵寇，則主張先用辯說而後用甲兵；問他如何安撫邦國諸侯，則主張先行酬酢應對而後再講信義。從內部的實際來看，一天天變得薄弱和頹敗；從外部的言辭來看，一天天變得新奇巧妙。典籍書冊的絢麗華美，尚能像在成王、康王時代；而天下形勢的衰微，實已像是夏、商的末期了。直到戰國相互併吞的時代，還在用王孫滿的餘策，虛張九九八十一萬人的聲勢來欺詐齊國，欺左騙右，自誇以為得計。一旦秦軍出關而向東行進，辯辭不再使人屈服，巧說不再讓人後退，舒頰婉言長嘴善說，也變得啞口無言無所施用，只好低頭服罪，甘作俘虜，這纔開始知道浮語虛辭，有時候果真不可以憑恃。太

可恃也。晚矣哉！人有疾病者，偶得刀匕之劑而獲瘳，乃憑藉餘劑，酣縱跌蕩，以自投死地，是癒之於先，所以殺之於後也。故吾嘗謂：「王孫滿卻楚之功，不足償其怠周之罪。」

[注釋][一]陵遲：衰微。[二]噤（ㄐㄧㄣˋ）：不作聲。

晚了！有疾病的人，偶然得到了不用動刀手術就可以翦除疾病的藥劑而獲得了救治，於是就憑著剩下的藥劑，酣醉縱慾，放蕩不羈，以至於自投死地，這是先治好他，後來再殺掉他啊。所以我常常認為：「王孫滿使楚軍退卻的功勞，不足以抵償他使周朝怠惰的罪過。」

【古評】

王聖俞曰：曲盡周家弱景，可發一慨。

邱瓊山曰：初讀疑迂疑刻，殊覺不近人情。然徐繹之則真儒治國規模，已悠然言外矣。

朱字綠曰：喜在今日，憂在異日，禍不可狃，幸不可恃。祇此四語，盤旋到底，數百年大勢，約之方幅間，瞭然如見。〇周以文治，亦以文弱。襄王之時，禮樂征伐，不自天子出，其來已久。所謂朝覲、獄訟、命討之具，舉不可恃。舍文告亦更無他法可以退楚。雖王靈不可復振，然猶恃此綿綿延延，歷數百年而後亡，則勿謂文治不如武力也。〇《戰國策》秦興師以求九鼎，周君患之。顏率以九鼎市於齊，齊師來救，秦師退。齊人求九鼎，周君又患之，顏率赴齊言，九鼎輓者須九萬人。九九八十一萬人，乃能致於齊。齊人乃止。吾友李子固曰：「顏率之說，正所謂較量輕重大小，其詐偽之術，得罪於王孫滿甚矣。」東萊乃相提而論，不亦誣乎？王孫滿方幼而即能決秦師之敗，其折楚子數言，煌煌大義，可與《誥》、《誓》並傳。故能折其強悍，而使之自退。若欲先甲兵而後辨說，則稽首歸命，不俟赧王，而早見於春秋之世矣。〇南宋之季，聲容盛而武備衰，故東萊有激而為是言。然元始祖之初，實欲通好，此正先文告後甲兵之時也。乃聘問之禮不行，而徒拘留其使，卒致用為口實。興伯顏之師，而宗社以亡矣。君子傷之，是故宋之於金，患其不能戰，而於元又患其不能和。

張明德曰：起語雄渾，如轉石千仞之谿，萬壑皆震。中間言周室東遷之後，國勢既弱，又玩於宴安，為滿者不能警懼覆亡，而僥倖於口實之間，以啟他日無窮之禍。正不朽名論。觀結處王孫卻楚之功，不足償怠周之罪。屹如山岳，凜若風霜，即令起滿於九泉，亦不得不為心折。

左傳原文

楚子問鼎 宣公・三年

楚子伐陸渾之戎，遂至於雒，觀兵于周疆。定王使王孫滿勞楚子。楚子問鼎之大小輕重焉。對曰：「在德不在鼎。昔夏之方有德也，遠方圖物，貢金九牧，鑄鼎象物，百物而為之備，使民知神、姦。故民入川澤、山林，不逢不若。螭魅罔兩，莫能逢之，用能協于上下，以承天休。桀有昏德，鼎遷于商，載祀六百。商紂暴虐，鼎遷于周。德之休明，雖小，重也。其姦回昏亂，雖大，輕也。天祚明德，有所底止。成王定鼎于郟鄏，卜世三十，卜年七百，天所命也。周德雖衰，天命未改。鼎之輕重，未可問也。」

鄭公子宋公子歸生弒靈公　宣公・四年

養生之與養心，其同術而異效乎？

一息之差，一啜之誤，是其為病，朝作而夕瘳[一]者也。養生者兢兢而畏之者，非畏是病也，畏其相[二]之者也。寒止於寒，夫何足畏？然自是而相之，安知其不為瘵、為痞[三]、為厥、為癖[四]乎？熱止於熱，夫何足畏？然自是而相之，安知其不為躁、為渴、為疽、為瘍乎？當其相之，雖名醫不能前料其所往，養生者其敢不謹其始哉？養心亦猶是也。喜怒哀樂，稍失其正，以邪傳邪，轉而相之，合散起伏，出沒低昂，千態萬狀，莫知所終。善養心者所以戒儆恐懼，閑邪存

〔譯文〕

養生與養心相比，方法相同而效果不同嗎？

一次呼吸的差錯，一次啜飲的失誤，如果這會引起疾病的話，也不過早上發作晚上就痊癒了。但注重養生的人卻是小心翼翼地害怕這些差錯，不是害怕這一疾病，而是害怕因此而引發其他症狀。寒症如果僅僅是寒症，有什麼值得害怕呢？但寒症所引發其他症狀，怎麼知道它不會發展成為瘵、痞、厥、癖之病呢？熱症如果僅僅是熱症，有什麼值得害怕呢？但熱症所引發其他症狀，怎麼知道它不會發展成為躁、渴、疽、瘍之病呢？一旦其他症狀出現，即使名醫也不能預料它的發展，養生的人怎麼敢對它的開始不謹慎呢？養心也是如此。喜怒哀樂，稍稍偏失了它們的正常氣息，邪氣將再傳遞邪氣，轉而出現多種心相，聚散起伏，出沒徘徊，千態萬狀，不知所終。善於養心的人，之所以保持警戒和敬畏，防止邪惡，保存真誠，不敢絲毫偏離正軌，正是害怕這些纔如此的。

誠，不敢毫釐失正，畏此故也。

［注釋］［一］瘳（ㄔㄡ）：痊癒。［二］相（ㄒㄧㄤˋ）：觀察。指出現的變相。［三］為瘵（ㄓㄞˋ）、為痞：瘵，多指癆病；痞，指胸腹內鬱結成塊的病。［四］為厥、為癖：皆淤積之病。

鄭公子宋見宰夫解黿［一］，以指動之驗，顧公子歸生而笑，是特相與為戲耳。戲止於戲，不過抵［二］朝儀不肅之罰，其為愆也微矣。然是心一失其正，轉而相之，因公子宋之戲而召靈公之戲：獨不與食，以謬其指動之占。宋乃勃然慍怒，染指於鼎，嘗之而出。此其心之一變也。是心又轉而相之，因公子宋之怒而召靈公之怒，忿其傲很，將以為大戮。宋乃恐懼，與公子歸生謀行弒逆，為歸生所拒。此其心之再變也。是心又轉而相之，因公子歸生之拒而生公子宋之謀，反

鄭國公子宋，看見了靈公的廚師在宰殺大鱉，因食指動的應驗，而回頭朝公子歸生發笑，這只不過是相互戲謔而已。如果戲謔只維持戲謔，不過要受上朝儀態不嚴肅的懲罰，這種過錯很微小。然而若不維持是戲謔，心一旦失去正氣，就會出現另一種心相，因為公子宋的戲謔，招惹了鄭靈公的戲謔：惟獨不讓公子宋品嘗大鱉，以使他的指動之占驗出錯。公子宋於是勃然大怒，強行染指了鼎中的大鱉，品嘗完後就出去了。這是他內心的第一次變化。此種不正之心轉而產生另一心相，因公子宋的憤怒，而招惹鄭靈公的憤怒，對公子宋的傲慢固執感到異常氣憤，將要殺掉公子宋。公子宋於是很恐懼，與公子歸生謀劃為君，但被歸生拒絕了。這是他內心的第二次變化。此種不正之心再次產生另一心相，因公子歸生的拒絕而使公子宋萌生了陷害歸生的陰謀，他以在鄭靈公面前詆毀歸

譖歸生於靈公以脅之，歸生果墮其計，懼禍之及，卒相與共弒靈公。此其心之三變也。

［注釋］［一］解黿（ㄩㄢˊ）：宰殺大鱉。［二］抵：抵償。

宋與歸生始相與戲，豈自意其禍之至此極哉？一笑之失，誰能免此？蓋公卿、輿隸，人人犯之；而官府家庭，日日有是也。寧知是心三變之後，竟陷大逆乎？吾不特為往者懼，切為來者懼也。雖然，水流於下而止於高，火傳於燥而止於濕。宋也，歸生也，靈公也，三人之中，苟有一人者善養其心，情性素治，則向來惡念必有所止而不能逞矣。宋與歸生之竊笑，靈公苟知君臣不可相與為謔，則其禍必止；靈公之不與宋食，宋苟知區區口腹［一］不足累吾心，則其禍亦止；

生為要挾，使歸生果真墜入他的計謀，歸生害怕遭遇禍害，最終與公子宋一起弒殺了靈公，這是他內心的第三次變化。

公子宋和歸生起先相互戲謔，怎能料到禍害會到達這種程度？一次玩笑的過失，誰能夠避免不犯呢？大概公卿和平民，人人都犯過；官府和家庭，每天都有這樣的事。怎麼料到經過這樣三次的心態變化之後，竟然陷入大逆不道的深淵呢？我不僅為過去的人感到恐懼，也確實為將來的人感到恐懼。即使如此，水向下流而在高處停止，火綿延於乾燥之處而在潮濕之地停止。公子宋、公子歸生、鄭靈公，這三個人當中假如有一人善於養心，平素的性情得到了修養，那麼以前的罪惡念頭必定會在某處得到遏止，從而邪念便不能得逞。公子宋和歸生偷偷嬉笑，鄭靈公如果知道君臣之間不可以相互戲謔，那麼這次禍亂必定會停止；鄭靈公不讓公子宋品嘗大鱉，公子宋如果知道小小的口腹之欲不足以拖累我的內心，那麼這次禍亂也會停止；公子宋染指了鼎中的大鱉，靈公如果以為這

宋之染指，靈公苟稱罪薄，譴不至欲殺之，則其禍亦止；宋之謀弒，歸生苟義形於色，亟正其辭，則其禍亦止。不幸三人者情性俱不治，以亂遇亂，互相激發，斯其所以同蹈於大禍也。夫豈專一人之尤耶？

〔注釋〕〔一〕口腹：口腹之欲，這裏指品嘗大鱉。

只是小小的過錯稍微懲處而不至於想殺掉公子宋，那麼禍害也會停止；公子宋弒君的陰謀，假如歸生能大義凜然地拒絕並指正公子宋的邪念，那麼禍害也會停止。此三人之不幸在於性情都沒有得到修治，以亂遇亂，相互激發，這就是他們同蹈大禍的原因。這難道僅僅是一個人的過錯嗎？

左傳原文

鄭公子宋公子歸生弒靈公　宣公・四年

楚人獻黿於鄭靈公。公子宋與子家將見。子公之食指動，以示子家，曰：「他日我如此，必嘗異味。」及入，宰夫將解黿，相視而笑。公問之，子家以告。及食大夫黿，召子公而弗與也。子公怒，染指於鼎，嘗之而出。公怒，欲殺子公。子公與子家謀先。子家曰：「畜老，猶憚殺之，而況君乎？」反譖子家。子家懼而從之。夏，弒靈公。書曰「鄭公子歸生弒其君夷」。權不足也。

鄭討幽公之亂　宣公・十年

鄭子家卒。鄭人討幽公之亂，斲子家之棺，而逐其族。改葬幽公，謚之曰靈。

楚箴尹克黃不棄君命

宣公・四年

正其義而不謀其利，明其道而不計其功，此吾儒之本指也。自謀利計功之說行，雖古人之事，峻厲〔一〕卓絕，表表然〔二〕出於常情俗慮之外者，莫不以是心量之。其為害豈淺鮮哉？

楚之滅若敖氏也，箴尹克黃實其族裔，適出使於齊，幸而漏網。是宜委質諸侯，以逃其死，策無先於此者矣。伍員〔三〕在外，聞伍奢之囚，奔吳而免；李廣利〔四〕在外，聞李氏之獄，降胡而生。與箴尹之事正相類也。箴尹獨以君命為重，明知死地而直赴之，非審於義命一視死生者豈遽〔五〕能辨此乎？謀利計功者猶曰：「死地乃生地也。若敖既滅，歸則死而逃則生，人之所共知也。犯死以復君命，君必以為輕其死而重吾命，

〔譯文〕

端正道義而不為謀利，明瞭道理而不計功勞，這是我們儒家本來的宗旨。自從謀利和計功之說盛行以來，即使古人行事多麼高峻嚴正無與倫比、遠遠超出常情和世俗思慮之外，也無人不用謀利和計功的心思來揣度它。這樣的危害難道還輕淺稀少嗎？

楚國消滅若敖氏，箴尹克黃實際是他的同族後裔，當時正出使齊國，幸得漏網。他本應該委身於其他諸侯，以避免被殺，論策略這是他最好的作法。如伍子胥在外，聽到父親伍奢被囚禁的消息，就逃奔到吳國而免禍；李廣利在外，聽到李氏家族的牢獄之災，就投降了胡人而得以活命。這二人正與箴尹的事情類似。唯獨箴尹以君命在身為重，明知死地而堅決前往，如果不是深明道義而視生死如一的人，怎麼能突然辨別這點呢？謀利計功之人仍會說：「死地就是生地。若敖氏已經被滅，歸國則死，逃亡則生，這是人們都知道的。冒死以回復君命，國君必定會認為他看輕自己的死亡而看重我的命令，恐怕會赦免他，並

殆將赦之以勸事君者，是陽以死結君而陰取生之利也。吾固知死地之為生地也。」

〔注釋〕〔一〕峻厲：冷峻嚴厲。〔二〕表表然：突出的樣子。〔三〕伍員：即伍子胥。〔四〕李廣利：漢武帝李夫人的兄長，《史記・外戚世家》：「廣利為貳師將軍，伐大宛，不及誅，還，而上既夷李氏，後憐其家，乃封為海西侯。」〔五〕豈遽：亦作「豈渠」、「豈鉅」，猶怎麼，難道。

嗚呼！是說也，乃謀利計功者之心也。人如箴尹，尚可以汝之鼠肝蛙腹斟量之乎？箴尹之言曰：「棄君之命，獨誰受之？君，天也；天，可逃乎？」由其言以觀其心，明粹端直，固可對越〔一〕在天而無愧。使有一毫覬幸之心間之，則心聲所發，必有不可揜〔二〕者矣。箴尹知有君而不知有己，知就義而不知就生。雖不免於司敗〔三〕之戮，必以死得其所為幸，固瞑目而無憾也。豈預期楚子之宥哉？死與不死，在箴尹本無加損。

以此來勸勉那些事奉國君的人。這是假裝以死來結好國君，而暗地裏是為了取得生存的利益。我們本來就知道置之死地而後生的道理。」

嗚呼！這種說法只是那些謀利計功之徒的心思。像箴尹這樣的人，怎麼能用你們那狹小的老鼠肝腸、青蛙肚量來酌量呢？箴尹說：「拋棄國君的命令，還有誰能接受他？國君，就是天；天，可以逃脫嗎？」從他的言辭可以觀看他的內心，光明、純粹、端正、正直，本來就可以面對上天而無愧。假如有一毫希圖僥倖之心夾在中間，那麼他發出的心聲，就一定會有不可掩蓋的地方。箴尹只知道有國君而不知道有自己，只知道就義而不知道偷生。即使不能免於司法之官的刑戮，也必定會慶幸死得其所，固然會瞑目而無遺憾了。難道他會預先期望楚王的寬恕嗎？死與不死，對箴尹本來就沒有什麼益損。如果能憑藉箴尹

向若借箴尹一身之死，以塞萬世謀利計功者之口，身雖沒而道則彰矣。今適會楚子之寬宥，箴尹之心，有如白水，固不待辨。彼紛紛謀利計功之徒，以己度箴尹者，殆深可憐也。

[注釋][一]對越：答謝頌揚。[二]揜：遮蔽，掩蓋。[三]司敗：即司寇，司法之官。

吾又嘗深求其故矣。楚子之宥箴尹也，非嘉其復命也，蓋思子文之治楚也，憫子文之無後也。箴尹非子文之後耶？雖復命猶將殺之；箴尹果子文之後耶？雖在國猶將生之。是箴尹之死生，繫於[一]為子文後與不為子文後，初不繫於復命與不復命也。然則箴尹之歸死，豈求生之計耶？吾故發之以折[二]謀利計功者之說。

[注釋][一]繫於：取決於。[二]折：駁斥，折服。

個人的犧牲，來塞住萬世謀利計功者之口，那麼生命雖沒了但道義得到了彰顯。現在恰好得到楚王的寬恕赦免，箴尹的內心像白水一樣純淨，自然不需辯白了。那些忙忙碌碌地謀利計功之徒，以己之心去猜度箴尹的人，恐怕是很值得可憐啊。

我又曾深入探求其中的緣由。楚王寬恕箴尹，並不是嘉獎他回來復命，大概是思念令尹子文治理楚國的功勞，憐憫子文沒有後代。箴尹如果不是子文的後代呢？那麼即使復了命，還是會殺掉他；箴尹如果真的是子文的後代呢？那麼即使在國內，還是會放過他。這樣的話，箴尹的生死取決於是否是子文的後代，一開始就不取決於復命與不復命。既然這樣，那麼箴尹回來送死，難道是為了尋求活命嗎？因此，我把這一點揭示出來以駁斥那些謀利計功者的說法。

【古評】

唐荊川曰：原箴尹之心，何等公平坦易？固知他篇之深文苛詞，特誅小人於漏網也。

王鳳洲曰：心聲不可掩一語，大得觀人之法。

朱字綠曰：正大精深之文。

張明德曰：從正誼明道處引而入，文情紆徐不迫。中間數語，表明箴尹之為人，已定一篇大旨。生死二字，非所計也。末復結出楚宥箴尹，乃為子文，破前陽以死結，陰以取生意。東萊深為謀利計功者下一鍼砭。

左傳原文

楚箴尹克黃不棄君命 宣公・四年

初，若敖娶於䢵，生鬬伯比。若敖卒，從其母畜於䢵，淫於䢵子之女，生子文焉。䢵夫人使棄諸夢中。虎乳之。䢵子田，見之，懼而歸。以告。遂使收之。楚人謂乳穀，謂虎於菟，故命之曰鬬穀於菟。以其女妻伯比。實為令尹子文。其孫箴尹克黃使於齊，還及宋，聞亂。其人曰：「不可以入矣。」箴尹曰：「棄君之命，獨誰受之？君，天也，天可逃乎？」遂歸，復命，而自拘於司敗。王思子文之治楚國也，曰：「子文無後，何以勸善？」使復其所，改命曰生。

赤狄伐晉圍懷

宣公・六年

世未有事非而心是者。譬共、兜[一]者必非信，朋跖、蹻[二]者必非廉，入許、史[三]者必非正，屠袁、劉[四]者必非忠，見其事則其心固可不問而知也。事非心是，理所無有。

[注釋][一]共、兜：共工和驩兜，舜時凶頑之人。[二]跖、蹻：盜跖和莊蹻，古之名盜。[三]許、史：許，許伯，漢宣帝皇后的父親；史，史高，漢宣帝的外戚。二者在漢跋扈一時。[四]袁、劉：有二說，一指南朝宋、齊間劉延熙與袁標；二指袁粲和劉彥第。二袁劉皆忠於宋而被害於齊。

天下亦有事是而心非者乎？曰：「有。」赤狄伐晉圍懷之際，勢方強也；晉侯欲犯其強，荀林父欲待其衰；林父之策是也。赤狄酆舒殺伯姬之際，惡已暴也；晉大

[譯文]

世上沒有事情做錯了而心中反以為是的人。讚譽共工、驩兜的人一定不可信，與盜跖、莊蹻交朋友的人一定不廉潔，為許伯、史高所接納的人一定不端正，屠殺袁標、劉延熙的人必定不忠誠，看到這個人的行事，那麼他的用心固然不用問就可以知道了。事情做錯了而內心反以為是，絕無此理。

世上也有事情做對了而心中反以為非的嗎？回答：「有。」如赤狄攻打晉國包圍懷地之時，勢力正強大；晉侯竟想觸犯強敵出兵迎戰，而荀林父卻想等到它兵勢衰弱以後再打；荀林父的計策是對的。赤狄酆舒殺害伯姬的時候，罪惡已經暴露了；晉國的大

夫欲縱其暴，伯宗欲討其罪；伯宗之策是也。人觀其前，莫不非晉侯而是荀林父；人觀其後，莫不非晉大夫而是伯宗。孰知二子策雖是而心則非乎？圍懷之役，林父堅忍以待其衰，非怠也，非怯也，是固理之正也。避邠卜岐[一]，雖聖賢亦有所屈信[二]，林父何媿焉？事雖無媿，至於所以設謀者，則曰「使疾其民，以盈其貫，將可殪也」。嗚呼！是誠何心哉？酆舒之事，伯宗奮厲欲討其罪，非狂也，非輕也，是亦理之正也。征葛俘鬷[三]，雖聖賢亦有所誅伐，伯宗何媿焉？事雖無媿，至於所以設謀者，則曰「後之人或者將敬奉德義以事神人，而申固其命。若之何待之」。嗚呼！是誠何心哉？

[注釋][一]避邠卜岐：為了躲避敵人，周人在文王以及文王之前曾多次遷徙，輾轉邠、岐等地。[二]

夫想縱容他的殘暴，而伯宗卻想討伐他的罪惡，伯宗的計策是對的。一般人看前一件事，沒有不認為晉侯錯而荀林父對；一般人看後一件事，沒有不認為晉大夫錯而伯宗對。誰又知道荀林父、伯宗計策雖對而用心卻不對呢？圍攻懷地的戰役，荀林父堅持隱忍，等待敵勢衰弱，這並不是懈怠，也不是怯弱，這是正確的用兵之道。避開邠地而選擇岐山，即使是聖賢也需要屈伸，荀林父有什麼好愧疚的呢？事情雖然不必愧疚，但對於為什麼設這樣的計謀，卻說「使他繼續殘害百姓，以增加他的罪惡，這樣就可以滅了他」。嗚呼！這究竟安的什麼心啊！酆舒作亂的事發生後，伯宗極力想要討伐他的罪過，這不是狂妄，不是輕率，這也是正當的理由。征討葛國，俘虜鬷人，即使是聖賢也會有屠殺和征伐，伯宗有什麼好愧疚的呢？事情雖然不必愧疚，至於為什麼設這樣的計謀，卻說「假如繼酆舒為政的人或能恭行其德義並祭祀鬼神，使國家更加鞏固。（如果是這樣，那就討伐不了。）為什麼要等待呢？」嗚呼！這究竟安的什麼心啊！

屈信：同屈伸。〔三〕征葛俘朡（ㄗㄨㄥ）：商湯曾經討伐過葛國和朡國。

聞君子成人之美矣，未聞成人之惡也；聞君子懼人之亂矣，未聞懼人之治也。今林父則養人之惡，惟恐其不盈；伯宗則幸人之亂，惟恐其或改。處心積慮，可謂忍矣！此吾所謂事是而心非者也。論者安可信其事而略其心哉？人苟心不在於善，凡所遇之事，曲固曲也，直亦曲也；邪固邪也，正亦邪也。董仲舒〔一〕、公孫弘〔二〕同事武帝矣，仲舒治《春秋》，弘亦治《春秋》，世皆內仲舒而外弘，何耶？劉向〔三〕、谷永〔四〕同事成帝矣，劉向奏諫疏，谷永亦奏諫疏，世皆右向而左永，何耶？弘之《春秋》，人之所以羞道之者，心累其書也；永之諫疏，人之所

只聽說君子成人之美，沒有聽說成人之惡的；只聽說君子害怕別人發生禍亂，沒有聽說害怕別人太平安定的。現在荀林父卻培養別人的罪惡，惟恐還沒有罪大惡極；伯宗則慶幸別人發生了禍亂，生怕別人改正過來。處心積慮，可說是夠殘忍啊！這就是我所說的事是而心非的人。議論的人怎能只相信其行事卻忽視其用心呢？假如一個人心地不善，凡是所遇到的事情，曲的固然認為是曲的，就是直的也會認為是曲的；邪惡的固然認為是邪惡的，就是正義的也會認為是邪惡的。如漢代董仲舒、公孫弘同時事奉漢武帝，董仲舒治《春秋》，公孫弘也治《春秋》，世人卻採納董仲舒之說而排斥公孫弘之說，為什麼呢？劉向、谷永同時事奉漢成帝，劉向上奏進諫，谷永也上奏進諫，世人卻尊崇劉向而輕視谷永，為什麼呢？人們羞於談及公孫弘的《春秋》，是因為公孫弘的內心品德牽累了他的書；人們喜歡去攻擊谷永的上奏進諫，是因為谷永的內心品德牽累了他的進諫。像秣陵的辱井、交廣的貪泉，導致牽累的究竟是水井呢？泉水

以喜攻之者，心累其言也。井辱秣陵，泉貪交廣[五]，果誰為之累者，井耶？泉耶？人耶？

[注釋][一]董仲舒：漢武帝時名臣，曾建議漢武帝推行「罷黜百家，獨尊儒術」。[二]公孫弘：漢武時曾任丞相，為人阿諛趨附。[三]劉向：西漢末年人，為人正直，反對外戚王氏篡權。[四]谷永；與劉向同時，但親近外戚。[五]井辱秣陵，泉貪交廣：秣陵，即今之南京。南京有所謂的胭脂井，陳後主和張華在隋兵壓境之時躲藏於此。交廣，即現在的廣東、廣西、越南一帶。泉貪，相傳廣州有一口盜泉，飲後使人貪婪。

呢？還是人呢？

【古評】

王鳳洲曰：兩著「嗚呼」，兩束「是誠何心」，感慨嘆息中，揭出聖賢正派。以事是心非立論，詞旨甚嚴。末以風韻結之，如覺機趣橫溢。〇林父伯宗，用兵之霸術也；東萊，守正之王道也。然邊事之壞，多起於詐謀，故漢武之用王恢，不如漢文之報當戶。

張明德曰：事是心非，非東萊不能看破。有此論古之識，方可以作古文。中間引聖賢立論，申明所以心非之故，更見周帀。總之東萊胸中，止有王道二字，遇此種行徑，純是伯術，焉得不云爾。

左傳原文

赤狄伐晉圍懷 宣公・六年

秋，赤狄伐晉，圍懷及邢丘。晉侯欲伐之。中行桓子曰：「使疾其民，以盈其貫。將可殪也。」

晉敗赤狄滅潞 宣公・十五年

潞子嬰兒之夫人，晉景公之姊也。酆舒為政而殺之，又傷潞子之目。晉侯將伐之。諸大夫皆曰：

「不可。酆舒有三儁才，不如待後之人。」伯宗曰：「必伐之。狄有五罪，儁才雖多，何補焉？不祀，一也。耆酒，二也。棄仲章而奪黎氏地，三也。虐我伯姬，四也。傷其君目，五也。怙其儁才，而不以茂德，茲益罪也。後之人或者將敬奉德義以事神人，而申固其命，若之何待之？不討有罪，曰『將待後，後有辭而討焉』，毋乃不可乎？夫恃才與眾，亡之道也。商紂由之，故滅。天反時為災，地反物為妖，民反德為亂。亂則妖災生。故文，反正為乏，盡在狄矣。」晉侯從之。六月，癸卯，晉荀林父敗赤狄于曲梁。辛亥，滅潞。酆舒奔衛，衛人歸諸晉，晉人殺之。

鄭公子曼滿欲為卿

宣公・六年

內闇則外求，外求則內虛。是理也，樂內之君子不言而喻，慕外之士所當深省而力戒也。

在《易》豐之離〔一〕曰：「豐其屋，蔀其家，闚其戶，闃其無人，三歲不覿，凶」。萬物皆備於我，則吾室中之藏豈不夥哉？今歉然以其家為不足而屋是豐，捨內而求外，殆有蔀之者矣。使其家不為物所蔀，反視內觀，洞徹明白，必不卑吾道德之尊而外求爵位之尊也，必不貧吾禮樂之富而外求貨賄之富也，必不薄吾仁義之味而外求膏粱之味也。其所以皇皇〔二〕求外之豐，憂秩不高，憂權不專，憂勢不隆，憂祿不厚者，特以其內闇耳。內闇日深，外求日急。激水升陵，

〔譯文〕

內心愚昧就會向外索求，而向外索求就會內心空虛。這個道理，對那些內省修德的君子是不言而喻的，而對那些貪慕外求的人來說，就應當深刻反省且努力警戒。

在《周易》中，從豐卦變為離卦的上六爻辭說：「其屋華美高大，其家又外設棚席，而從其門戶窺探，卻寂然無人，若三年都看不到人影，必有兇險。」世上萬物無不具備在我心中，那麼我屋室所藏難道還不夠多嗎？現在還不滿地認為家裏的東西不夠，而豐大房屋，捨內而貪求外物，恐怕有被遮閉的危險。若其家不被外物所遮閉，而能反視觀內，必然透徹明白，必定不會輕視自己道德的尊貴，而向外去求取爵位的尊貴；必定不會以自己禮樂的富有為貧窮，而向外去求取財物的富有；必定不會鄙薄自己仁義的意蘊，而向外去求取肥美的食物。他們之所以急切地去求取外物的豐厚，擔憂官位不高，擔憂權力不能專有，擔憂聲勢不夠隆盛，擔憂俸祿不夠優厚，只不過是因為他們內心闇昧。內心闇昧一天天加深，向外求取也會一

其淵必涸；傾貲結客，其褚必單。吾耳，吾目，吾股，吾肱，吾心思，吾神氣，盡用於外，以求其所大欲，則其內安得不虛乎？將見如腹之枵[三]，如壁之立，如磬之垂，枵然而空無所有矣。此所以闚其戶，闃其無人，至於三歲之久，猶無所覿也。

［注釋］［一］《易》豐之離：指從《周易》的豐卦變為離卦。引文為豐卦上六之爻辭，是一個凶位。蔀（ㄅㄨˋ）：覆蓋草席。闃（ㄑㄩˋ），同闃，空。覿（ㄉㄧˊ）：見，顯現。［二］皇皇：急切的樣子。［三］枵（ㄒㄧㄠ）；空無貌。

亦嘗聞夫子之《繫》乎？曰：「『豐其屋』，天際翔也；『闚其戶，闃其無人』，自藏也。」外求之徒所以求非所求，望非所望，其心浮游猖狂，至欲翔於天際者，無他焉，昏蒙蔀塞，不見其胸中之天而已矣。

天天急切。把水激蕩到山陵，那麼深淵必定會乾涸；傾盡財產來結交門客，那麼他的囊袋必定會空。如果我的耳朵、我的眼睛、我的大腿、我的手臂、我的心思、我的神氣，都用來向外以求取所希望的大欲，那麼內心怎麼能不空虛呢？就像掏空了的腹部，像豎立的牆壁，像垂掛的鐘磬，空空然一無所有。這就是為什麼窺探他的門戶，寂然無人，以至於三年之久，還什麼都沒有看到。

也曾聽說過孔子的《繫辭》嗎？孔子說：「『豐其屋』，是在天際翱翔（得意非凡）；『闚其戶，闃其無人』，是說自己隱藏了起來（不敢見人）。」所以那些向外求取的人，求取的並不是他們所要求取的，期望的並不是他們所要期望的。他們的內心虛浮不實，變易情性，甚至想高高地飛翔到天際，沒有其

有能發其蔀而還其胸中之天，回翔上下，四
顧無極，安肯近捨吾天而思遠翔於天際乎？
「闚其戶，闃其無人」而釋之以「自藏」
者，此微言也。人之胸中何所不有？大與天
地並，明與日月俱，峻與山嶽齊，深與江海
埒〔一〕，顧乃闃之而一無所覿。向來之蘊蓄
運用，皆安所往，是豈他人之所能掩藏乎？
馳騖浮競，以汩其真，己有之而己蔽之，自
藏而非有藏之者也。《易》之戒，夫子之
《繫》，反覆切至，得非深憫慕外之士，將
拔之於聲利之塗歟？

〔注釋〕〔一〕埒（ㄌㄜˋ）：等同，比並。

嗚呼！室雖蔀未嘗隳也，人雖無未嘗
亡也。士也苟歛豐屋之心，反其明於內，則
徹其蔀而見前日之室矣，闚其戶而見前日之

他原因，只不過是因為昏聵閉塞，看不見自己胸中的
天性而已。如果能撥開他們的昏聵閉塞，還原他們胸
中的天性，上下飛翔，極目四顧，怎麼肯捨棄自有的
天性而嚮往飛翔於遠方的天際呢？「闚其戶，闃其無
人」，孔夫子用「自藏」來作解釋，這真是微言大義。
人們胸中什麼東西沒有？廣大處可以和天地並立，明
亮處可以和日月同光，高峻處可以和山嶽一樣齊平，
深邃處可以和江海一樣等同，放眼望去，竟空空蕩蕩
一無所見。以前所蘊藏和運用的東西，都到哪裏去了，
這難道是別人能夠掩藏的嗎？這是由於追逐奔走爭名
奪利，以至攪亂了本真，自己的本真卻被自己蒙蔽了，
自己所掩藏的卻不是應有的蘊藏。《周易》的告誡，
孔子的《繫辭》，反覆至切，如果不是深切憐憫那些
心慕外物的人，能把他們從聲名利祿的道路上挽救回
來嗎？

嗚呼！屋室雖然被遮閉，但還沒有傾圮；人雖然
沒有出現，但還沒有消亡。士人如果能收斂那豐大其
屋之心，反過來明察內心，那麼就會撤去覆蓋物而顯
露以前的屋室，窺探他的門戶就會看到以前的人了。

人矣。內闇除則外求息，外求息則內虛實，是特一反掌間耳。惜乎！士終鮮能自避此爻之凶。

如鄭公子曼滿欲為卿者，蓋項背相望[一]也。王子伯廖，舉此爻以摘其失，似中其病，然玩其辭意，不過取「三歲不覿」之語，以為曼滿將死之證，殆未盡其義，故吾本大《易》之指，附著於末。

[注釋][一]項背相望：形容人多。

內心的闇昧去除了，那麼向外求取就會停止；停止向外求取，那麼內心就會變得充實，這樣做只不過就像反轉手掌一樣容易。可惜啊！士人們終究很少能自動躲避這一爻的兇險。

像鄭國公子曼滿這樣想當卿士的人，大概到處都是。王子伯廖列舉這一爻來指摘他的過失，好像擊中了他的毛病。但玩味他的言辭，不過是摘取「三歲不覿」這樣的言語，來作為曼滿將死的證據，恐怕還沒有道盡其中的含義，所以我本著《周易》的主旨，附著於後。

左傳原文

鄭公子曼滿欲為卿　宣公・六年

鄭公子曼滿與王子伯廖語，欲為卿。伯廖告人曰：「無德而貪，其在《周易》豐之離，弗過之矣。」間一歲，鄭人殺之。

鄭伯敗楚

宣公・九年

片言而判者，議之易決者也。晉、楚爭鄭，載於史者詳矣，是非曲直皆片言而可定也。柳棼之勝，鄭激楚也；潁北之逐，晉侵鄭也；辰陵之盟，鄭負晉也；子良之言，前智而後愚也；圍鄭之役，討其罪也；哭陴之譎，紓其死也；皇門之退，哀其窮也；楚、鄭之事，小詐而大共也。先穀，愎也；中行，弱也；會，知彼也；首，知己也；厥，分惡也；書，察姦也；原、屏黨，而錡旃賊也；先濟之鼓，志不定也；舟中之指，軍無律也；敖前之覆，備有先也；築軍[一]汰而作宮，遜也；荀之宥，德掩眚[二]也；彘之滅，過作非也；蒐[三]之整，弱示強也；曲梁補過，而瓜衍導言也。凡晉、楚、鄭三國

〔譯文〕

用簡短的話就可以做出評判的，是容易做出決斷的爭議。例如：晉國和楚國爭奪鄭國，在史書上有詳細地記載，其是非曲直都可用簡短的話來評斷。鄭國在柳棼取勝，這是鄭國在激怒楚國；在潁北追逐楚軍，這其實是晉國侵略鄭國；在辰陵與楚國的會盟，這是鄭國背叛晉國；子良的話，前面說得很聰明而後面說得很愚蠢；楚國圍攻鄭國，這是討伐鄭國敗楚又求事晉的罪過；鄭伯用國人及守城人大哭來詭詐，這是為了紓解面臨的死亡；楚子從皇門撤退，這是哀憐鄭國已經窮途末路；鄭國和楚國的事情，雖常有小小的欺詐卻又有共同的利益。再如：先穀，剛愎自用；中行桓子，未免軟弱；士會，瞭解對方；荀首，瞭解己方；韓厥，能分擔別人罪過；欒書，能察覺奸詐；原同、屏括，結為同黨；魏錡、趙旃，皆為奸賊；桓子擊鼓賞先渡河者，這是士氣還沒有穩定下來；船上被砍下的手指可掬，這是軍中沒有紀律；在敖山前設下埋伏，這是事先做好了防備；楚王停止修築軍事高壘而修築祖廟，這是具有謙遜之德；荀林父戰敗卻被寬宥了，這是因為他的功德蓋過過錯；彘子（先穀）

之故，無慮數十條，皆可判於一言之下。是固稚壯之所厭聞，師生之所飫講，曾何足深論乎？

[注釋][一]築軍：修築軍事壇陵，炫耀武績。[二]眚（ㄕㄥˇ）：小過錯。[三]蒐：閱兵，顯示武力。

吾請掇[一]前人之未發者論之。晉、楚之相遇也，孫叔敖不欲戰而伍參欲戰。楚子違叔敖而聽伍參，卒有邲之勝。論者必將咎孫叔敖之無謀矣。抑不知叔敖，令尹也；伍參，嬖人也；三軍之進退，國政之大綱繫焉；今不出於令尹而出於嬖人，雖幸一時之勝，而一國之大綱自是而亂矣。以一勝而亂一國之綱，是以鴻毛易泰山，以敝屣[二]易天下，豈不甚可惜哉？使叔敖之謀果非，伍參之謀果是，猶不可長，況叔敖之謀未必不

所以被殺滅族，這是他的作為太過而罪有應得；晉國檢閱車馬隊伍整齊，這是弱國展示強大；荀林父大敗赤狄於曲梁，這是補救以前戰敗的過錯，而以瓜衍賜給士貞子，這是表揚他的勸導之言。所有晉、楚、鄭三個國家之間發生的事情，大概有十幾件，都可以用簡短的話做出評斷，這本來就是青少年所厭聽，師生之間所常講的，還有什麼值得深論呢？

請讓我拾取前人還沒有說過的來加以討論。當晉國與楚國的軍隊相遭遇之時，令尹孫叔敖本不想應戰，但是嬖臣伍參想應戰。楚王拒絕了孫叔敖的建議而聽從伍參的主張，最終有了邲之戰的勝利。就此事而言，論者必定會怪罪孫叔敖沒有謀略。卻不知道孫叔敖是令尹，而伍參只不過是嬖臣；三軍的進退，國政的大綱，全繫在他一身；而今軍令不出自令尹，而是出自嬖臣，雖然獲得了一時勝利，但一個國家的政綱從此就亂了。因為一次勝利而亂了國家的綱紀，這是用鴻毛交換泰山，用破鞋交換天下，難道不是十分可惜嗎？如果孫叔敖的謀略果真是錯的，伍參的謀略果真是對的，尚且不可以助長，何況孫叔敖的謀略未必不對呢？晉國和楚國不追求德行而用武力爭奪，如果能收兵而退，免除人民暴骨荒野的禍患，所能保全

是乎？晉、楚不務德而力爭，收師而退，免斯民[三]暴骨之患，所全者多矣。纍俘振凱，震威聲而示得意，庸人之所誇而慮遠者之所憂也。

[注釋][一]掇（ㄉㄨㄛˊ）：拾掇，拾取。[二]敝屣（ㄒㄧˇ）：破鞋。[三]斯民：百姓。

叔敖之謀其可厚非哉！吾嘗深繹[一]叔敖之心，見其炯然之誠，貫日月，洞金石，而後世莫或知焉。叔敖，主退者也；伍參，主戰者也。楚子既黜叔敖之謀矣，不忠者居叔敖之地，必幸師之敗以實吾謀；至於眾人亦將拱手熟視，置軍旅之事而不問也。及楚子之逐趙旃，叔敖亟畫先入奪軍之策，車馳卒奔，以乘晉師，惴惴然惟恐楚之不勝，反若主戰之尤者。獨何歟？蓋當是時叔敖之忠

的性命將會有很多啊！綁著俘虜奏著凱歌勝利歸來，聲威震耀而炫示得意，這是平庸之人所誇耀的，卻是深謀遠慮的人所擔憂的。

孫叔敖的謀略，難道可以非議嗎？我曾深入分析孫叔敖的用心，發現他那光明磊落的忠誠，可以貫行日月，洞貫金石，而後世卻無人知曉。孫叔敖，主張退兵的人；伍參，主張應戰的人。楚王既然不採納孫叔敖的謀略，如果不忠的人處於孫叔敖這一地位，必定會希望軍隊失敗，來驗證我的謀略；至於一般人，也會拱手站在一邊旁觀，把軍旅的事放到一邊而不過問。等到楚王追擊晉國的趙旃，孫叔敖急忙謀劃出先進攻謀取晉軍的軍事策略，車輛飛馳，士兵奔跑，乘機追擊晉軍，提心弔膽，生怕楚國打不贏，反而像是極力主戰的人。這究竟是為什麼呢？大概當時孫叔敖誠心奮起，只知道有自己的國君而已，個人的勝利或

誠奮發，惟知有吾君而已，己之勝與負，不暇恤也；參之中與否，不暇恤也。勝負中否，皆不入於胸中，獨吾君之是徇。

嗚呼！此真事君者也。此萬世為臣之大法也。吾惜其叢立錯列於重編沓簡之間，世不復異目視之，故出之以與學者共。

［注釋］［一］深繹：深入分析。

失敗，無暇顧及；伍參的謀略應驗與否，也無暇顧及。勝利和失敗是否被說中，我都不在意，惟獨知道為我的國君賣命。

嗚呼！這纔是真正事奉國君的人。這是萬世為臣的大法則。我憐惜他與眾人一起交錯地排列在厚重的簡冊之中，世人不再用不同的眼光來看待他，所以把他單列出來和學者共同探討。

左傳原文

鄭伯敗楚 宣公・九年

晉郤缺救鄭。鄭伯敗楚師于柳棼。國人皆喜，唯子良憂曰：「是國之災也，吾死無日矣。」

楚子伐鄭 宣公・十一年

春，楚子伐鄭，及櫟。子良曰：「晉、楚不務德而兵爭，與其來者可也。晉、楚無信，我焉得有信？」乃從楚。夏，楚盟于辰陵，

楚盟辰陵鄭徼事晉 宣公・十一年

厲之役，鄭伯逃歸，自是楚未得志焉。鄭既受盟于辰陵，又徼事于晉。

楚圍鄭楚敗晉於邲晉侯復荀林父 宣公・十二年

春，楚子圍鄭，旬有七日，鄭人卜行成，不吉；卜臨于大宮，且巷出車，吉。國人大臨，守陴者皆哭。楚子退師。鄭人脩城。進復圍之，三月，克之入自皇門，至于逵路。鄭伯肉袒牽羊以逆，曰：「孤不天，不能事君，使君懷怒以及敝邑，孤之罪也。敢不唯命是聽？其俘諸江南以實海濱，亦唯命。其翦以賜諸侯，使臣妾之，亦唯命。若惠顧前好，徼福於厲、宣、桓、武，不泯其社稷，使改事君，夷於九縣，君之惠也，孤之願也，非所敢望也。敢布腹心，君實圖之。」左右曰：「不可許也，得國無赦。」王曰：「其君能下人，必能信用其民矣，庸可幾乎！」退三十里，而許之平。潘尪入盟，子良出質。

夏，六月，晉師救鄭。荀林父將中軍，先縠佐之。士會將上軍，郤克佐之趙朔將下軍，欒書佐之。趙括、趙嬰齊為中軍大夫，鞏朔、韓穿為上軍大夫。荀首、趙同為下軍大夫。韓厥為司馬。及河，聞鄭既及楚平，桓子欲還，曰：「無及於鄭而勦民，焉用之？楚歸而動，不後。」隨武子曰：「善。」會聞用師，觀釁而動。德、刑、政、事、典、禮不易，不可敵也，不為是征。楚軍討鄭，怒其貳而哀其卑，叛而伐之，服而舍之，德、刑成矣。伐叛，刑也；柔服，德也。二者立矣。昔歲入陳，今茲入鄭，民不罷勞，君無怨讟政有經矣。荊尸而舉，商、農、工、賈不敗其業，而卒乘輯睦，事不姦矣蔿敖為宰，擇楚國之令典，軍行，右轅，左追蓐，前茅慮無，中權後勁。百官象物而動，軍政不戒而備，能用典矣。其君之舉也，內姓選於親，外姓選於舊。舉不失德，賞不失勞，老有加惠旅有施舍，君子小人，物有服章。貴有常尊，賤有等威，禮不逆矣。德立、刑行、政成、事時、典從、禮順，若之何敵之？見可而進，知難而退，軍之善政也。兼弱攻昧，武之善經也。子姑整軍而經武乎！猶有弱而昧者，何必楚？仲虺有言曰『取亂侮亡』，兼弱也。《汋》曰『於鑠王師，遵養時晦』，耆昧也。《武》曰：『無競惟烈』。撫弱耆昧，以務烈所，可也。」彘子曰：「不可。晉所以霸，師武、臣力也。今失諸侯，不可謂力。有敵而不從，不可謂武。由我失霸，不如死。且成師以出，聞敵彊而退，非夫也。命有軍師，而卒以非夫，唯羣子能，我弗為也。」以中軍佐濟。知莊子曰：「此師殆哉！《周易》有之，在師之臨，曰：『師出以律，否臧，凶。』執事順成為臧，逆為否，眾散為弱，川壅為澤，有律以如己也。故曰律。否臧，且律竭也。盈而以竭，夭且不整，所以凶也。不行謂之臨，有帥而不從，臨孰甚焉？此之謂矣。果遇，必敗。彘子尸之。雖免而歸，必有大咎。」韓獻子謂桓子曰：「彘子以偏師陷，子罪大矣。子為元帥，師不用命，誰之罪也？失屬亡師，為罪已重，不如進也。事之不捷，惡有所分。與其專罪，六人同之，不猶愈乎？」師遂濟。楚子北師次於郔沈尹將中軍，子重將左，子反將右，將飲馬於河而歸。聞晉師既濟，王欲還，嬖人伍參欲戰。令尹孫叔敖弗欲，曰：「昔歲入陳，今茲入鄭，不無事矣。戰而不捷，參之肉其足食乎？」參曰：「若事之捷，孫叔為無謀矣。不捷，參之肉將在晉軍，可得食乎？」令尹南轅、反旆，伍參言於王曰：「晉之從政者新，未能行令。其佐先穀剛愎不仁，未肯用命。其三帥者，專行不獲。聽而無上，眾誰適從？此行也，晉師必敗。且君而逃臣，若社稷何？」王病之，告令尹改乘轅而北之，次于管以待之。晉師在敖、鄗之間。鄭皇戌使如晉師，曰：「鄭之從楚，社稷之故也，未有貳心。楚師驟勝而驕，其師老矣，而不設備。子擊之，鄭師為承，楚師必敗。」彘子曰：「敗楚服鄭，於此在矣，必許之。」欒武子曰：「楚自克庸以來，其君無日不討國人而訓之，于民生之不易、禍至之無日、戒懼之不可以怠；在軍，無日不討軍實而申儆之，于勝之不可保、紂之百克而卒無後，訓之以若敖、蚡冒篳路藍縷以啟山林。箴之曰：『民生在勤，勤則不匱。』不可謂驕。先大夫子犯有言曰：『師直為壯，曲為老。』我則不德，而徼怨于楚，我曲楚直，不可謂老。其君之戎分為二廣，廣有一卒，卒偏之兩。右廣初駕，數及日中，左則受之，以至于昏。內官序當其夜，以待不虞。不可謂無備。子良，鄭之良也；師叔，楚之崇也。師叔入盟，子良在楚，楚、鄭親矣。來勸我戰，我克則來，不克遂往，以我卜也。鄭不可從。」趙括、趙同曰：「率師以來，唯敵是求。克敵、得屬，又何俟？必從彘子。」知季曰：「原、屏，咎之徒也。」趙莊子曰：「欒伯善哉！實其言，必長晉國。」楚少宰如晉師，曰：「寡君少遭閔凶，不能文。聞二先君之出入此行也，將鄭是訓定，豈敢求罪于晉？二三子無淹久。」隨季對曰：「昔平王命我先君文侯曰：『與鄭夾輔周室，毋廢王命。』今鄭不率，寡君使羣臣問諸鄭，豈敢辱候人？敢拜君命之辱。」彘子以為諂，使趙括從而更之，曰：「行人失辭。寡君使羣臣遷大國之迹於鄭，曰：『無辟敵。』羣臣無所逃命。」楚子又使求成于晉，晉人許之，盟有日矣。楚許伯御樂伯，攝叔為右，以致晉師。許伯曰：「吾聞致師者，御靡旌摩壘而還。」樂伯曰：

「吾聞致師者，左射以菆，代御執轡，御下，兩馬、掉鞅而還。」攝叔曰：「吾聞致師者，右入壘，折馘、執俘而還。」皆行其所聞而復。晉人逐之，左右角之。樂伯左射馬而右射人，角不能進，矢一而已。麋興於前，射麋麗龜。晉鮑癸當其後，使攝叔奉麋獻焉，曰：「以歲之非時，獻禽之未至，敢膳諸從者。」鮑癸止之曰：「其左善射，其右有辭，君子也。」既免。晉魏錡求公族，未得而怒，欲敗晉師。請致師，弗許。請使，許之。遂往，請戰而還。楚潘黨逐之，及熒澤，見六麋，射一麋以顧獻，曰：「子有軍事，獸人無乃不給於鮮？敢獻於從者。」叔黨命去之。趙旃求卿未得，且怒於失楚之致師者。請挑戰，弗許。請召盟，許之。與魏錡皆命而往。郤獻子曰：「二憾往矣，弗備，必敗。」彘子曰：「鄭人勸戰，弗敢從也；楚人求成，弗能好也。師無成命，多備何為？」士季曰：「備之善。若二子怒楚，楚人乘我，喪師無日矣。不如備之。楚之無惡，除備而盟，何損於好？若以惡來，有備不敗。且雖諸侯相見，軍衛不徹，警也。」彘子不可。士季使鞏朔、韓穿帥七覆于敖前，故上軍不敗。趙嬰齊使其徒先具舟于河，故敗而先濟。潘黨既逐魏錡，趙旃夜至於楚軍，席於軍門之外，使其徒入之。楚子為乘廣三十乘，分為左右。右廣雞鳴而駕，日中而說。左則受之，日入而說。許偃御右廣，養由基為右；彭名御左廣，屈蕩為右。乙卯，王乘左廣以逐趙旃。趙旃棄車而走林，屈蕩搏之，得其甲裳。晉人懼二子之怒楚師也，使軘車逆之。潘黨望其塵，使騁而告曰：「晉師至矣。」楚人亦懼王之入晉軍也，遂出陳。孫叔曰：「進之！寧我薄人，無人薄我。《詩》云：『元戎十乘，以先啟行。』先人也。《軍志》曰『先人有奪人之心』，薄之也。」遂疾進師，車馳卒奔，乘晉軍。桓子不知所為，鼓於軍中曰：「先濟者有賞！」中軍、下軍爭舟，舟中之指可掬也。晉師右移，上軍未動。工尹齊將右拒卒以逐下軍，楚子使唐狡與蔡鳩居告唐惠侯，曰：「不穀不德而貪，以遇大敵，不穀之罪也。然楚不克，君之羞也。敢藉君靈以濟楚師。」使潘黨率游闕四十乘，從唐侯以為左拒，以從上軍。駒伯曰：「待諸乎？」隨季曰：「楚師方壯，若萃於我，吾師必盡。不如收而去之。分謗生民，不亦可乎？」殿其卒而退，不敗。王見右廣，將從之乘。屈蕩尸之曰：「君以此始，亦必以終。」自是楚之乘廣先左。晉人或以廣隊不能進，楚人惎之脫扃，少進，馬還，又惎之拔旆投衡，乃出。顧曰：「吾不如大國之數奔也。」趙旃以其良馬二濟其兄與叔父。以他馬反，遇敵不能去，棄車而走林。逢大夫與其二子乘，謂其二子無顧。顧曰：「趙傁在後。」怒之，使下，指木曰：「尸女於是。」授趙旃綏以免。明日，以表尸之，皆重獲在木下。楚熊負羈囚知罃。知莊子以其族反之，廚武子御，下軍之士多從之。每射，抽矢菆，納諸廚子之房。廚子怒曰：「非子之求而蒲之愛，董澤之蒲，可勝既乎？」知季曰：「不以人子，吾子其可得乎？吾不可以苟射故也。」射連尹襄老，獲之，遂載其尸；射公子穀臣，囚之。以二者還。及昏，楚師軍於邲，晉之餘師不能軍，宵濟，亦終夜有聲。丙辰，楚重至於邲，遂次于衡雍。潘黨曰：「君盍築武軍而收晉尸以為京觀？臣聞克敵必示子孫，以無忘武功。」楚子曰：「非爾所知也。夫文，止戈為武。武王克商，作《頌》曰：『載戢干戈，載橐弓矢。我求懿德，肆于時夏，允王保之。』又作《武》，其卒章曰：『耆定爾功。』其三曰：『鋪時繹思，我徂維求定。』其六曰：『綏萬邦，屢豐年。』夫武，禁暴、戢兵、保大、定功、安民、和眾、豐財者也。故使子孫無忘其章。今我使二國暴骨，暴矣；觀兵以威諸侯，兵不戢矣。暴而不戢，安能保大？猶有晉在，焉得定功？所違民欲猶多，民何安焉？無德而強爭諸侯，何以和眾？利人之幾，而安人之亂，以為己榮，何以豐財？武有七德，我無一焉，何以示子孫？其為先君宮，告成事而已。武非吾功也。古者明王伐不敬，取其鯨鯢而封之，以為大戮，於是乎有京觀，以懲淫慝。今罪無所，而民皆盡忠以死君命，又何以為京觀乎？」祀于河，作先君宮，告成事而還。

是役也，鄭石制實入楚師，將以分鄭，而立公子魚臣。辛未，鄭殺僕叔及子服。君子曰：「史佚所謂『毋怙亂』者，謂是類也。《詩》曰：『亂離瘼矣，爰其適歸？』歸於怙亂者也夫！」鄭伯、許男如楚。

秋，晉師歸，桓子請死，晉侯欲許之，士貞子諫曰：「不可。城濮之役，晉師三日穀，文公猶有憂色。左右曰：『有喜而憂，如有憂而喜乎？』公曰：『得臣猶在，憂未歇也。困獸猶鬬，況國相乎！』及楚殺子玉，公喜而後可知也，曰：『莫余毒也已。』是晉再克而楚再敗也，楚是以再世不競。今天或者大警晉也，而又殺林父以重楚勝，其無乃久不競乎？林父之事君也，進思盡忠，退思補過，社稷之衞也，若之何殺之？夫其敗也，如日月之食焉，何損於明？」晉侯使復其位。

赤狄伐晉晉殺先縠 宣公・十三年

秋，赤狄伐晉。及清，先縠召之也。

冬，晉人討邲之敗，與清之師，歸罪於先縠而殺之，盡滅其族。君子曰：「『惡之來也，己則取之。』其先縠之謂乎？」

晉示鄭以整 宣公・十四年

夏，晉侯伐鄭，為邲故也。告於諸侯，蒐焉而還。中行桓子之謀也。曰：「示之以整，使謀而來。」鄭人懼，使子張代子良于楚。鄭伯如楚，謀晉故也。鄭以子良為有禮，故召之。

晉賞荀林父士伯 宣公・十五年

晉侯賞桓子狄臣千室，亦賞士伯以瓜衍之縣。曰：「吾獲狄土，子之功也。微子，吾喪伯氏矣。」

晉會狄於欑函

宣公·十一年

已服之民，不可過求；已馴之虜，不可過責。流亡之未集也，姦宄之未殄也，搶攘[一]之未定也，為人上者，懍懍乎[二]憂民之未服，手朽索而足淵冰，撫之摩之，顧之復之，游之泳之，如護元氣，如保赤子，惟恐有一髮之傷。至於寓內[三]清晏，怨誹息而謳歌升，為人上者遂謂民既服矣，何令不從？何索不獲？既攫其雛，又覆其巢；既捋其葉，又斧其幹。民始不勝其求，焦然思亂，殆求之之過也。

［注釋］［一］搶攘：混亂。［二］懍懍乎：小心而驚恐的樣子。［三］寓內：即宇內。

戎虜之禍，何莫由斯？平城之弩[一]，甘泉之烽[二]，嫚書之侮[三]，尺牘之倨[四]，

［譯文］

對已經歸服的百姓，不可以過多要求；已經馴服了的俘虜，不可以過多責備。在流亡的人還沒有聚集起來，奸詐的人還沒有殄滅，混亂動盪的局面還沒有平定的時候，在上位的人，會惶恐戒懼地憂慮人們還沒有歸服，就像手中握著腐朽的繩索隨時都有斷絕的可能，就像在深淵上踩著薄冰一樣隨時都有危險，會去安撫他們，眷顧他們，順從他們，如同呵護元氣一樣，如同保護幼子一樣，惟恐對他們有絲毫的傷害。等到天下清平安定，怨恨之聲平息了，讚美之音出現了的時候，在上位的人就認為百姓已經順服，還有什麼命令他們不會聽從呢？還有什麼樣的索求不可以獲得呢？於是既攫取幼鳥，又傾覆它們的巢穴，既捋取了葉子，又砍伐樹幹。百姓開始受不了他的索求，迫切地想著變亂，這恐怕是在上位的人索求得太過分了。

漢時匈奴的禍患，哪次不是由於這個原因引起？如漢高祖在平城被匈奴圍困，文帝時匈奴把戰火燒到

猖狂陵縱，驅引弓之民，南面與漢天子爭為長雄。當是時，雖欲左右當戶〔五〕之羣，解辮束衽，猶或難之，況欲屈單于之膝哉？逮至渭橋受謁之後，虜勢折矣。元、成、哀、平，接於新莽，主昏臣庸，徒恃虜之已馴而責之無已：阻其朝焉，丐其壤焉，制其條焉，奪其璽焉。虜不堪其責，背叛侵掠，故態復作。是非虜之不馴，殆中國虐之而不容其馴也。

〔注釋〕〔一〕平城之弩：漢高祖北伐匈奴，被圍困平城，後用陳平之計，賄賂匈奴王妃，並用強弩縛箭的辦法突圍，漢高祖纔倖免於難。〔二〕甘泉之烽：漢文帝時，匈奴威脅漢廷，一度把戰爭的烽火燒到甘泉。〔三〕嫚書之侮：漢孝惠、高后時，冒頓漸驕，乃為書使使遺高后，信內充滿侮慢之辭。〔四〕尺牘之倨：此謂匈奴單于遺漢書，牘長一尺二寸，印封亦比漢所用廣，言辭倨傲。當時漢遺匈奴單于書，牘長一尺。〔五〕左右當戶：應稱「左右大當戶」，匈奴官名，為

甘泉，冒頓對高后的侮慢，匈奴致書漢廷的倨傲，可說是野蠻猖獗，驕橫放縱，驅趕那些張弓的百姓，與漢朝天子爭著當面南而坐的統治者。當這個時候，即使想讓單于屬下的左右大當戶們，解辮束衽（歸順漢朝），尚且很難，更何況想讓單于屈膝降服呢？等到在渭橋接受匈奴王的拜謁之後，匈奴的勢力纔被摧折。從漢元帝、成帝、哀帝、平帝直到新朝的王莽，君主昏昧，臣下平庸，只不過是靠著匈奴人已經馴服了因而不停地向他們索求，既阻止他們來朝，又向他們索求土地，給他們制訂不平等條約，奪取他們的印璽。他們不能忍受這種苛求，只好背叛而侵擾擄略，故態復作。因此，這並不是匈奴人不馴服，恐怕是中國的虐待不容他們馴服吧。

單于重要輔臣。位在大都尉之下，其號世襲，各有分地。分別統軍，指揮作戰。為"萬騎長"之一。

先王之待戎虜，急其悍而緩其馴，故戎虜之困，必託命中國，以求息肩[一]之地。豈若後世為哉？悍則奉之，馴則責之，是長欲其悍而不欲其馴也。凡人之情，寧為人所奉乎？寧為人所責乎？戎虜雖愚，其亦知所擇矣。利害相形[二]，彼安得不以稱兵窺塞為大利，奉琛入貢為不祥哉？

[注釋][一]息肩：緩解，休息。[二]相形：相比較。

晉郤成子之論，其有見於此矣。眾狄附晉之始，諸大夫侈然驕溢，諱一動之勞，乃欲坐而召狄。

嗚呼！諸大夫忘眾狄未附之時乎？冒

先王對待戎狄急於制止他們的侵掠而緩於使他們馴服，所以當戎狄遇到困難的時候，一定以中國為託命之所，以求得到一個暫時安息的地方。哪裏像後代的作為呢？戎狄兇悍了就奉承他們，馴服了就苛求他們，這是希望他們長期兇悍而不希望他們馴服。大凡人的感情，是寧願被人奉承呢？還是寧願被人苛求呢？戎狄雖然愚昧，他們也是知道選擇的。利益和害處兩相比較後，他們怎會不認為舉兵窺伺邊塞是大利，而奉獻寶物入貢是不祥呢？

從晉國郤成子的議論中，可知他看到了這一點。當眾戎狄依附晉國之初，諸大夫自大驕傲，不願有行動的勞累，卻想坐等召見戎狄。

嗚呼！大夫們忘記了眾戎狄沒有歸附的時候嗎？

鋒鏑，蒙甲冑，面夷身創者未嘗絕也。其未附則不敢避攻戰之苦，其既附則遽欲憚行役之勤，何其志之易變耶？郤成子獨知馭眾狄之道，不可恃其馴而煩其責，遂以能勤有繼之說曉譬諸大夫，次於欑函以會眾狄。屈己而不勞彼，終得眾狄之懽心。向若從諸大夫之議，則眾狄必謂：「吾附晉屬耳。一之日已召我於會，庸詎知二之日、三之日不召我而征役之乎？庸詎知四之日、五之日不召我而翦剝之乎？」釁端亂兆未必不基於此時也。或曰：「戎虜之性，陵之則懾，柔之則驕。諸大夫之召狄，其或出於此歟？」曰：「陵之則懾，柔之則驕，固狄之性也。中國而戎虜云乎哉？」

冒著刀鋒矢鏑，穿著甲冑，身體的創傷從未間斷過。當戎狄沒有依附的時候不敢逃避攻戰的勞苦，他們依附了以後就畏懼行軍的勤苦，他們的心志怎麼這麼容易改變呢？惟獨郤成子知道駕馭戎狄的方法，不可因為他們馴服了就加多對他們的索求，接著又用能勤勞纔能繼續保有之說來譊喻諸大夫明白，而行軍在欑函駐軍以便會見戎狄。委屈了自己而不勞動對方，最終獲得了眾戎狄部落的歡心。如果先前聽從諸大夫之議，那麼眾戎狄必定會認為：「我們依附晉國，不過是附屬而已。第一天召見我們去會盟，怎麼知道他們不會在第二天、第三天召見我們去服役呢？怎麼知道不會在第四天、第五天不召見我們，而把我們消滅了呢？」爭端和戰亂的徵兆未必不是由此而萌生。有人說：「戎狄的本性，壓制他就懾服，懷柔他就驕傲。諸大夫欲召戎狄來會見，也許就是出於此種考慮吧？」回答是：「壓制他就懾服，懷柔他就驕傲，這固然是戎狄的本性。但中國人也要變得和戎狄一樣嗎？」

左傳原文

晉會狄於欑函 宣公・十一年

晉郤成子求成于眾狄。眾狄疾赤狄之役，遂服于晉。秋，會于欑函，眾狄服也。是行也，諸大夫欲召狄。郤成子曰：「吾聞之，非德，莫如勤；非勤，何以求人？能勤，有繼。其從之也。《詩》曰：『文王既勤止。』文王猶勤，況寡德乎？」

楚子從申叔時諫復封陳

宣公・十一年

凡言必有端。發端自我，則我輕而彼重；發端自彼，則我重而彼輕。臣之事君，則無彼我之間，亦非屑屑校輕重之地也。然自古善諫其君者，未嘗肯自發其端，必回翔容與，待其君之先發，始徐起而收之。是豈若戰國策士捭闔之為哉？蓋發之自我而不自君，則言者瀆，聽者慢，吾懼其諫之無力也。俯首而告人者，百拒而一從；仰首而答人者，百從而一拒。說豈有二哉？勢隨地而改，心隨聽而移也。是故君子將進諫於君，必自其發言之端始。

楚子之縣陳也，申叔時既知其非，曷為入見而不亟諫哉？入見亟諫，是叔時自發其端而求楚子之聽也。以卑而求尊之聽，其

〔譯文〕

舉凡言語都有話端。話從我這裏說出，那麼我的話份量輕而對方的話份量重；話從對方那裏說出，那麼對方的話份量輕而我的話份量重。臣子事奉國君，就沒有彼此之分，也不是瑣屑地較量輕重的地方。但是自古善於勸諫國君的人，沒有人肯自己先起話端，必定用回旋從容的方式，等待國君先發出話端，纔開始慢慢地就國君所問歸納回答進行勸諫。這難道像戰國謀士縱橫捭闔的所為嗎？一般來說，話端從我這裏說出而不是從國君那裏說出，那麼說的人就會顯得不夠莊重，聽的人也會慢不經心，我恐怕這樣的進諫就沒有力量。低頭勸諫的人，往往會遭到一百次拒絕而僅有一次聽從；昂頭回答的人，往往會有一百次聽從而只有一次拒絕。勸諫的內容難道有什麼不同嗎？只是情形會隨著環境而改變，思緒會隨著聽的內容而改變。所以君子想要向國君進諫，一定會從他說的話端開始。

當楚王要把陳國納為楚國的一個縣時，申叔時已經知道這是不對的，為什麼進去謁見時不去急忙勸諫呢？若一進去謁見就急忙勸諫，這是申叔時自己說出

聽其否皆付於不可知之中，疇能自必乎？於是不言縣陳之得計，亦不言縣陳之失圖。入見不賀，以生楚子之疑，以致楚子之詰推問端而使楚子自發之。楚子果懷不能已，遽詢不賀之由。

嗚呼！楚子之口一啟，而操縱予奪之柄已入叔時之掌握矣。乃從容進「蹊田奪牛」之喻，立談之間，主意開悟而復陳之封。用力省而成功速者，無他焉，蓋楚子渴聞叔時之言而非叔時企望楚子之聽也。向使入見之初即進此喻，則楚子之聽豈如是之捷哉？同是喻也，進之於楚子未問之前，則如土芥；進之於楚子既問之後，則如鼎鐘。毫釐之差，用捨判焉。吾是以知善進言者，又不若善知時者也。

話端，而要求楚王聽取。憑著卑微的身分而想要楚王聽從，聽從與否，都是未知的，誰能有一定的把握呢？申叔時於是不說把陳國納為縣是好的圖謀，也不說這是不好的圖謀。進去了卻不恭賀，以此來引起楚王的懷疑，以使得楚王來詰問原因，從而使得楚王自己發出話端。楚王心裏果然不能保持平靜，急切地詢問他不恭賀的原因。

唉！楚王一旦開了口，那麼操縱予奪的大權，就落入了申叔時的掌握中。於是從容舉出「蹊田奪牛」這件事來比喻，立談之間，君主就醒悟了，從而恢復陳國的封國。所用的力氣很少但是成功卻很快，這沒有什麼其他原因，大概因為楚王渴望聽到申叔時說的話，而不是申叔時盼望著楚王聽他的話。如果申叔時開始進去謁見時就舉出這個比喻，楚王難道會這麼迅速地聽從嗎？同樣是這個比喻，在楚王沒有詢問之前就舉出，那麼就會像土塊和草芥一樣不被重視；在楚王詢問之後舉出，那麼就像鐘鼎一樣貴重。毫釐的差異，採用或捨棄的結果迥然不同。因此，我知道善於進言的人比不上善於把握時機的人。

抑又有大者焉。楚子悔悟，將反陳之地，又問於叔時。使他人承此問，必躍然慶，欣然賀，螽[一]躍鰲抃[二]，不知措身之所矣。叔時之處此，何其甚暇而有餘也。曰：「可哉！吾儕小人所謂『取諸其懷而與之』也。」改如是之過，成如是之善，曾無一毫贊譽之辭，質略簡易，如家人父子相與語米鹽瑣事者，則叔時方寸之地，豈譾譾者所能窺哉？大憂不慄，大喜不搖，閎量遠度，雖委之六尺之孤，投之百里之命，殆未足為增損也。後世之士，豈無愛君憂國之志哉？所養不堅，為事所動，其志先昏，其神先沮，倉惶喘汗，顛倒弁冕，奔走而告諸君，氣竭語盡而其君纔以嘻笑遇之。幸而君意稍回，則不勝其喜，墮玉失舄[三]。君之言方一而獎之者已百，君之言方十而獎之者已千。淺中狹

或許這裏還有更進一層的。楚王後悔並醒悟了，將要返還陳國的土地，接著又向申叔時詢問。如果是其他人聽到這樣的詢問，必定會歡喜雀躍，高興地表示慶賀，欣喜若狂，歡欣鼓舞，不知道身處何地。申叔時處在這樣的境地，為什麼那麼從容不迫呢？他說：「很好！這就是我們小人所謂的『從別人懷抱中取出來又送還人家』。」糾正了這樣的過錯，成就了這樣的善舉，竟然沒有絲毫讚揚之辭，質樸簡略，就像家裏人父子之間談論柴米油鹽的瑣事一樣，那麼，申叔時的內心難道是那些淺薄的人所能窺探的嗎？面對大的憂慮而不恐懼，面對大的歡喜而不忘形，器量宏大，識見高遠，即使將輔佐幼君的重任託付給他，將國家政事讓他來總理，也不足以讓他的態度有所增減。後世的士人，哪裏會沒有愛君憂國的心志呢？只是涵養不夠堅定，被事物所動搖，自己的神志先行昏亂沮喪，匆忙急迫，氣喘汗流，甚至倒戴著帽子，迫不及待向國君稟告，直到氣力枯竭，言語說盡，而國君纔用嘻笑的態度對待他。如果幸好國君的心意稍有回轉，就喜出望外，高興得甚至掉落了玉佩走脫了鞋子。國君的話纔講了一句而臣子就誇獎了百句，國君的話纔講十句而臣子就會誇獎千句。心胸淺薄而氣量

量，驟諫倏喜，非特其心易滿，適所以驕其君而使之易滿也。噫！安得如申叔時者，與之論事君哉？

〔注釋〕〔一〕螽（ㄓㄨㄥ）：蝗蟲。〔二〕鼇抃（ㄅㄧㄢˋ）：形容歡欣鼓舞。〔三〕舄：鞋。

狹窄，驟然進諫，突然心喜，不僅僅是自己內心容易感到滿足，同時也會使國君驕傲而容易自滿。咳！如何纔能得到像申叔時這樣的人，和他一塊談論事奉國君的道理呢？

楚子從申叔時諫復封陳 宣公・十一年

冬，楚子為陳夏氏亂故，伐陳。謂陳人「無動！將討於少西氏」。遂入陳，殺夏徵舒，轘諸栗門因縣陳。陳侯在晉。申叔時使於齊，反，復命而退。王使讓之，曰：「夏徵舒為不道，弒其君，寡人以諸侯討而戮之，諸侯、縣公皆慶寡人，女獨不慶寡人，何故？」對曰：「猶可辭乎？」王曰：「可哉。」曰：「夏徵舒弒其君，其罪大矣；討而戮之，君之義也。抑人亦有言曰：『牽牛以蹊人之田，而奪之牛。』牽牛以蹊者，信有罪矣；而奪之牛，罰已重矣。諸侯之從也，曰討有罪也。今縣陳，貪其富也。以討召諸侯，而以貪歸之，無乃不可乎？」王曰：「善哉！吾未之聞也。反之，可乎？」對曰：「吾儕小人所謂『取諸其懷而與之』也。」乃復封陳。鄉取一人焉以歸，謂之夏州。

以物為惠，惠之麤；以城為守，守之下。楚師之圍蕭也，衣雖寒而三軍之士不寒；蕭人之受圍也，城未破而還無社之心先破。蓋以卒伍之賤而得勞拊[一]於其君，固已不啻重繭純綿之溫。至於士心內離，則雖雉堞天立，百倍於蕭之城，亦將隨之而潰矣。惠豈在物？而守豈在城耶？世儒習聞此說也，遂以謂善言煖於布帛，物皆可廢；人心險於金湯，城皆可隳。審如是，則武王大巡六師，慰藉獎勉，政煩《泰》、《牧》二誓矣[二]，而爵之五、土之三，財之散，粟之發，胡為汲汲繼之？彼周家積德累功，夫豈不得人心者？而《詩・雅》所載「城東方、朔方」[三]之類果何謂也？大抵惠有名有實，

〔譯文〕

把物當作恩惠，這是很粗淺的恩惠；用城池來守備，這是不高明的守備。當楚國的軍隊圍攻蕭國城池時，士兵的衣服雖然單薄，但三軍將士並不感到寒冷；蕭人受到圍困時，城池雖然還沒有破，但蕭國大夫還無社的內心已經先被攻破了。大概以低賤的兵卒身分得到了楚國國君的犒勞撫慰，肯定就已經像是穿了幾重蠶繭或者純棉製成的衣服一樣溫暖。至於蕭國士卒心志的離散，雖然有城牆高高屹立於天際，超過了蕭國城牆一百倍，也會隨軍心的離散而潰敗。恩惠難道在於物質嗎？而守備難道在於城池嗎？世俗的儒士常常聽到這樣的說法，於是就認為由於和善的言語比布帛還要溫暖，所以物質獎勵都可以廢棄；由於人心比金城湯池還要險要，所以城池都可以毀掉。果真像這樣，那麼周武王大舉巡視六軍，慰勞獎賞，政事就用不著《泰誓》、《牧誓》了，然而卻分五等爵位，分三級士人，散發財物、糧食，周武王為什麼要急切地接著做這樣的事呢？那周家文王、武王積德累功，這難道還不得人心嗎？但《詩經・大雅》記載「城東方、朔方」之類的話，究竟是說什麼呢？大概是恩惠

不可偏勝；守有本有末，不可獨遺。名實相資，然後其惠孚；本末並用，然後其守固。

[注釋][一]勞拊（ㄈㄨˇ）：犒勞撫慰。[二]武王……《泰》、《牧》二誓矣：武王伐紂，曾經誓師動員兵卒。見《尚書》中的《泰誓》和《牧督》。[三]《詩‧雅》所載「城東方、朔方」：見《詩經‧大雅‧烝民》：「王命仲山甫，城彼東方。」《小雅‧出車》：「天子命我，城彼朔方。」

楚王之勞拊，不待有實而人佩其惠者，以其方在塗耳。使其居國，左府右庫，坐視師人之寒，扃鐍而不肯發，徒欲以空言悅之，堂堂三軍豈可如嬰兒孺子紿之乎？蕭人既失心，苟又無數仞之城，則楚師一呼，魚潰鳥散，所以猶及明日而陷，寬一夕之期者，城之功也。向使眾心成城，與版築之城互相表裏，雖強如楚，豈能遽搖之哉？物固

有名義上的和實際上的，不可以偏向一方；守備的策略有主要的和次要的，不可以有所遺漏。名義和實際相符，然後這種恩惠纔可信；主要的和次要的並用，然後這樣的守備纔堅固。

楚王犒勞撫慰兵卒，沒有實惠，但士兵都感佩他的恩惠，因為當時正處在行軍路途中。如果楚王在國內，左邊是府，右邊是庫，卻眼看著戰士受凍，鎖住府庫不肯發放物品，僅僅用空言來取悅別人，堂堂的三軍將士，難道可以像嬰兒幼童一樣欺騙嗎？蕭人既然已經失去戰鬥的意志，但如果又沒有數仞高的城牆來抵禦，那麼只要楚國軍隊振臂一呼，蕭人就會像魚、鳥一樣的向四處潰散。之所以還能等到第二天纔被攻陷，延緩了一夜的時間，是因為城牆的功勞。如果蕭人上下一心，眾志成城，和所築的城牆互相依存，那麼即使強大如楚國，難道能突然動搖這座城池嗎？物

不可恃也，輔以誠意，則聖人之惠也；城固不可恃也，輔以人和，則聖人之守也。君子之論止於中而已矣。以誠為輕，物為重者，固不足責，若曰「我專任誠而廢物」，亦非中也；以人為輕，城為重者，固不足責，若曰「我專任人而廢城」，亦非中也。君子之論止於中而已矣。

唐德宗之狩奉天，嘗遣人諜賊，寒而請袴。求而不能得，憫默而遣之，士竟為之用。蓋哀其窮而感其誠，領憫默之意，固踰於五袴之賜矣。是人雖未有得袴之實，而深體德宗有無袴之實也。世謂德宗以名使人，吾獨謂德宗以實使人也。方德宗雄據都邑之時，犒軍少糲，遽致涇原之變[二]。食糲尚耳，況無袴乎？當其豐，則有食，猶足以生

質固然不可依靠，但如果能以誠意相輔，那就合於聖人的恩惠了；城池固然不可依靠，但如果能以人和相輔，那就是聖人的守備了。君子的議論不過是止於適中而已。把誠意看得很輕，把物質看得很重，固然不值得責備。但如果說「我專用誠意而廢除物質」，這也不是適中；把人看得很輕，把城池看得很重，固然不值得去責備。但如果說「我專用人和而廢除城池」，這也不是適中。君子的議論止於適中就可以了。

唐德宗逃到奉天，曾派士卒去偵察敵情，士卒寒冷，請求衣褲，請求了卻沒有得到。德宗憐憫而默默地送他去偵察，而士卒竟然願為德宗所用。大概是士卒體諒德宗的窮困境地，並被他的誠意所感動，士卒所感受到的憐憫心意，肯定超過了五條褲子的賞賜。這士卒雖然沒有得到褲子的實惠，但深深地體察到了德宗確實沒有褲子的實情。世人認為德宗是用聲名來使人服從，我獨以為德宗是用實情來使人服從。但當德宗強有力地佔據都城長安時，犒勞軍隊的米糧稍微有些粗劣，就立即導致了涇原的嘩變。吃粗劣的糧食尚且如此，何況沒有褲子呢？當物質豐富了，有了糧

亂；當其窮，則無袴，猶足以使人。信矣！人之不可欺也。奉天之難，雖渾瑊、韓游瓌[二]不二心之臣，盡死以扞社稷，當梯衝[三]並進君臣相泣之際，非前築奉天之城，則忠臣義士亦何所致力耶？吾又知得本果不可忘末也。世儒之論可盡信哉？昔孔門之論兵、食[四]，必曰「不得已而去」，未嘗得已而欲去之也，其亦異於世儒之論矣。

[注釋][一]犒軍少糲，遽致涇原之變：唐德宗建中四年，德宗派人犒勞涇原節度使所派來的軍隊，但士兵由於不滿意粗食，埋怨沒有得到賞賜，於是嘩變。德宗逃往奉天。[二]渾瑊、韓游瓌：都是當時忠於唐室的臣子。[三]梯衝：攻城用的器械。[四]孔門之論兵、食：見《論語‧顏淵》：「子貢問政。子曰：『足食，足兵，民信之矣。』子貢曰：『必不得已而去，於斯三者何先？』曰：『去兵。』」

食還會導致變亂；當物質窮匱的時候，沒有褲子還可以使用人。的確啊，人是不可以被欺騙的！奉天的禍亂，即使有渾瑊、韓游瓌這樣不懷二心的忠臣，誓死保衛國家政權，但是當攻城的梯衝前進、君臣相對哭泣的時候，如果不是以前修築了奉天城，那麼忠臣義士，將怎麼出力呢？我因此又知道即使有了主要的，也真的不可丟了次要的。世俗儒士的議論，哪裏可以盡信呢？過去孔子議論兵卒、糧食，一定會說「不得已纔取消」，從未有過在「得已」的條件下也要取消的情況，這與世俗儒士的議論也不一樣。

左傳原文

楚子伐蕭 宣公．十二年

冬，楚子伐蕭，宋華椒以蔡人救蕭。蕭人囚熊相宜僚及公子丙。王曰：「勿殺，吾退。」蕭人殺之。王怒，遂圍蕭。蕭潰。申公巫臣曰：「師人多寒。」王巡三軍，拊而勉之，三軍之士皆如挾纊。遂傅於蕭。還無社與司馬卯言，號申叔展。叔展曰：「有麥麴乎？」曰：「無。」「有山鞠窮乎？」曰：「無。」「河魚腹疾奈何？」曰：「目於眢井而拯之。」「若為茅絰，哭井則己。」明日，蕭潰。

公孫歸父言魯樂

宣公・十四年

舊國舊都，望之悵然，遲遲其行者，亦聖人去父母國之道也。土思者，聖愚之所共。

公孫歸父懷於魯，曷以獨為晏氏之所譏？曰：「去國而懷者，情之正也。」儀之琴居北而音南[一]，舄之吟身楚而聲越[二]。是固情之不可解，而仁人君子之所許也。因去國之悲，然後懷在國之樂，曷有居其國而知其樂者乎？獸在阱則思壙，當其走壙，未嘗知壙之樂也；鳥在籠則思林，當其棲林，未嘗知林之樂也。歸父方居魯而喋喋以魯樂告人，自非不安其常而嗜其利，何自而知其樂哉？岱之山，洙之水，五父之衢[三]，大庭之庫[四]，城闕井邑，物產土俗，呱而育

〔譯文〕

故國舊都，望著就令人惆悵，戀戀不捨，這也是聖人離開祖國的情懷。對故土的眷戀，是聖人和凡人所共有的。

公孫歸父懷念魯國，為什麼惟獨他被晏氏譏笑？回答是：「離開祖國而產生懷念之心，這是正常的感情。」楚國鍾儀被囚於北方的晉國，他彈琴時奏的卻是南方之樂；越國莊舄身在楚國做官，他病重時吟歎的卻是越國之聲。這本來是不可消除的情懷，而為仁人君子所稱許的啊！因為離開祖國後的悲傷，然後纔懷念在祖國時的歡樂，何曾有居住在自己的祖國而知道其中的歡樂的人呢？野獸掉進了陷阱纔思念曠野，當它們在曠野奔跑的時候，未必知道在曠野的歡樂；鳥困在了籠子纔思念樹林，當它們棲息在樹林的時候，未必知道在樹林的歡樂。公孫歸父正住在魯國，卻喋喋不休地把居魯之樂告訴他人，當然不是不安於其常職而貪圖其中的好處，但又從哪兒知道其中的歡樂呢？像泰山、洙水、五父衢、大庭之庫，城池村落，

焉，髫而嬉焉，弁而游焉，固非驟見而忽聞，胡為而誇語於人哉？日飯稻粱未嘗以告人，一得熊蹯牛心之饌則譽其珍；歲衣布帛未嘗以告人，一得霧縠文錦之服則譽其美。吾是以知歸父之譽魯樂，必棄常而嗜利也。棄常嗜利，乾沒[五]不已，雖非晏氏，固可指期而俟其亡矣。

[注釋][一]儀之琴居北而音南：楚國鍾儀，被囚於晉國，仍操南方之樂。事見《成公九年》。[二]舄（ㄒㄧˋ）之吟身楚而聲越：越國莊舄在楚國做官，病時所吟仍為越音。事見《史記・陳軫列傳》。[三]五父之衢：即五父衢。地名，在今山東曲阜東南約五里。見《襄公十一年》：「乃盟諸僖閎，詛諸五父之衢。」[四]大庭之庫：即大庭氏之庫。大庭氏，古國名，在魯境內。魯於其處作庫。見《昭公十八年》：「梓慎登大庭氏之庫以望之。」[五]乾沒：貪求。

至樂之地，人皆有之，惟不能有其樂

物產習俗，這些不就是他幼年時的出生之地，少年時的嬉戲場所，成年後的遊玩之地，本來就不是乍見或忽然聽到的，為什麼要向別人誇耀呢？每天吃的飯未必要告訴別人，但一旦得到了熊掌、牛心這樣的美味，就會讚美它們的珍貴；終年穿的布帛未必要告訴別人，但一旦得到薄紗織錦的華麗衣服，就會稱讚它們的華美。我因此知道公孫歸父稱讚居住在魯國的安樂，必定是捨棄了常職而貪嗜私利。棄常嗜利，貪求不止，即使晏氏不說，他的逃亡也一定是指日可待的。

最快樂的境地，人人都具有，只是不能夠享有

而樂移於物，故馳騖而忘反。權寵之樂，勃如也；詞華之樂，驕如也；聲色之樂，昏如也；畋遊之樂，蕩如也。是皆陋人之所樂，君子之所哀。哀之者，豈預憂其禍之至哉？鴟鴉嗜鼠，即且甘帶〔一〕，何等臭腐，而忻慕眈惑，以身償而不悔。此固達者之所甚憐也。歸父譽魯樂之時，固已可悲，奚必悲其將亡哉？

〔注釋〕〔一〕即且甘帶：即且，蜈蚣。帶，蛇。

吾嘗聞孔、顏之樂矣，蓋樂其樂而未嘗倚於一物也。「請問孔子之樂〔一〕？」曰：「飯疏食飲水，曲肱而枕之，樂亦在其中矣。」「請問顏子之樂〔二〕？」曰：「一簞食，一瓢飲，在陋巷，人不堪其憂，回也不改其樂。」然則「飯」也，「飲」也，「曲

這種快樂，而使這一快樂轉移到物質上，並因此一味追逐物質的享受而不知回頭。被權勢寵倖所帶來的快樂，可令人勃然變色；受華麗言辭讚美所帶來的快樂，令人得意忘形；享受聲色所帶來的快樂，令人昏惑不知；打獵遊玩所帶來的快樂，令人心蕩神疲。這些都是鄙陋的人所喜歡，而君子所悲哀的。對此感到悲哀的人，難道只是預料擔心災禍的到來嗎？貓頭鷹和烏鴉嗜好死老鼠，蜈蚣愛吃蛇腦，如此腐臭的東西，但牠們卻喜歡到迷惑的地步，甚至用性命來換取也不知後悔。這本來就是明白的人所非常憐憫的。公孫歸父稱讚在魯得其所樂時，本來已經很可悲了，又何必要去悲憫他即將到來的逃亡呢？

我曾經聽說孔子、顏回的快樂。大概樂其所樂，而不曾依賴任何一件東西。「請問孔子的快樂是什麼？」回答：「吃粗糧，喝白開水，睡時彎著胳膊當枕頭，快樂就在當中。」「請問顏回的快樂是什麼？」回答：「一竹筐飯食，一瓜瓢水，住在簡陋的小巷子裏，別人受不了那種苦憂，顏回卻不曾改變他的快樂。」既然這樣，那麼「粗飯」、「白水」、「枕手臂」並不是孔子的快樂所在，只不過樂在其中罷了；「竹

肱」也，非孔子之樂也，特樂在其中而已；「簞」也，「瓢」也，「陋巷」也，非顏子之樂也，特不改其樂而已。即六物而求孔、顏之樂，邈不可得。意者孔、顏之樂，果窅然而無物耶？彼所謂「樂在其中」者，「在」之一辭，必有所居也；彼所謂「不改其樂」者，「其」之一辭，必有所指也。「居」何「所居」，「指」何「所指」，吾黨盍共繹之。

［注釋］［一］孔子之樂：見《論語・述而》：子曰：「飯疏食、飲水，曲肱而枕之，樂亦在其中矣！不義而且富貴，於我如浮雲。」［二］顏子之樂：見《論語・雍也》：子曰：「賢哉！回也。一簞食，一瓢飲，在陋巷。人不堪其憂，回也不改其樂。賢哉！回也。」

筐飯」、「瓢飲」、「居陋巷」並不是顏回的快樂所在，只不過苦憂也改變不了他的快樂而已。如果就上述六種事物來尋求孔子和顏回的快樂，將邈遠而不可得。那麼，孔子和顏回的快樂，果真是那樣的深邃而空無一物嗎？孔子所謂的「樂在其中」，「在」這一字，一定是意旨的所在；顏回所謂的「不改其樂」，「其」這一字，也一定有所指。「在」是什麼「所在」？「指」是什麼「所指」？我們大家何不共同去尋繹？

【古評】

張明德曰：去國懷鄉，亦是人情常理，雖聖賢不免，然自歸父言之，又是一段肺腸，所以文於前半斷歸父湛樂之非，後幅言聖賢之樂，不繫於物。兩層意思，皆言之有本，非徒以設辨見長也。彼孔顏之樂，吾黨之樂，是二是一，又在意會之矣。吾於先生文每一讀過，輒欲起舞，可與商彝周鼎並傳，正不在區區文字間也。

左傳原文

公孫歸父言魯樂

宣公·十四年

冬，公孫歸父會齊侯于穀。見晏桓子，與之言魯，樂。桓子告高宣子曰：「子家其亡乎？懷於魯矣。懷必貪，貪必謀人。謀人，人亦謀己。一國謀之，何以不亡？」

附錄一：序跋

呂祖謙自序

《左氏博議》者，為諸生課試之作也。始予屏處東陽之武川，仰林俯壑，出戶而望，目盡無來人。居半歲，裏中稍稍披蓬藋，從予遊。談餘語隙，波及課試之文。予思有以佐其筆端，乃取《左氏》書理亂得失之蹟，疏其說於下。旬儲月積，浸就編帙。諸生歲時休沐，必抄寘褚中，解其歸裝無虛者。並舍媚黨，復從而廣之，曼衍四出，漫不可收。客或咎予之易其言，予徐應之曰：『子亦聞鄉鄰之求醫者乎？深痼隱疾，人人羞道而諱稱者，揭之大塗，惟恐行者不閱，閱者不播。彼豈靦然忘恥哉！德欲蓄而病欲彰也。予離羣而索居有年矣，過而莫予輔也；跌而莫予挽也；心術之差，見聞之誤，而莫予正也。幸因是書而胸中所存、所操、所識、所習，毫忽髮謬，隨筆呈露，舉無留藏，又幸而假課試以為媒，借逢掖以為郵。徧致於諸公長者之側，或矜而鐫，或慍而鐫，或侮而譙。一語聞則一病瘳，其獲不既豐矣乎？傳愈博，病瘉白，益愈眾，於予也奚損？』遂次第其語，以諗觀者。凡《春秋》經旨概不敢僭論，而枝辭贅喻，則舉子所以資課試者也。

乾道五年九月初四日，東萊呂祖謙伯恭序。

四庫全書總目提要

《詳註東萊左氏博議》二十五卷。浙江巡撫採進本。

宋呂祖謙撰。相傳祖謙新娶，於一月之內成是書。今考自《序》，稱：『屏處東陽之武川。居半歲，裏中稍稍披蓬藋，從予遊。談餘語隙，波及課試之文。乃取《左氏》書理亂得失之蹟，疏其說於下，旬儲月積，浸就篇帙。』又考《祖謙年譜》，其初娶韓元吉女，乃紹興二十七年，在信州，不在東陽。後乾道三年五月，持母喪，居明招山。學者有來講習者，四年已成《左氏博議》。五年二月，除母服。五月乃繼娶韓氏女弟。則是書之成，實在喪制之中。安有新娶之事，流俗所傳誤也。

書凡一百六十八篇，《通考》載作二十卷，與此本不同。蓋此本每題之下附載《左氏》傳文，中間徵引典故，亦略為注釋，故析為二十五卷。其注不知何人作，觀其標題板式，蓋麻沙所刊。考《宋史·藝文志》，有祖謙門人張成招《標注左氏博議綱目》一卷，疑當時書肆以成招標注散入各篇也。楊士奇稱，別有一本十五卷，題曰《精選》。黃虞稷稱，明正德中有二十卷刊本。今皆未見。坊間所鬻之本僅十二卷，非惟篇目不完併，字句亦多妄削，世久不見全書。此本有董其昌名字二印，又有朱彝尊收藏印，亦舊帙之可寶者矣。

清吟閣正本重刻《東萊博議》例言

一　《博議》原本為篇百六十有八，今世通行本僅八十六篇，讀者每以未窺全豹為憾，且刪節字句，改題篇目，殊失廬山真面目。今悉照宋刻登載標目序次，一字不易，以復舊觀。

一　《博議》在當時傳鈔者眾，輾轉沿訛，故雖宋元舊本，誤字甚夥。今參合明本、元本、文瀾閣本及平湖胡氏所藏宋槧本，悉心讎校，無慮數過。第各本訛謬，錯見不能定從一本，欲分載異同於逐句之下，又苦文繁，礙於循覽。且《博議》非周秦古書之比，字句得失，按文義而可知。故今參校諸本，舍短從長，衷於一是，不復分注，以便觀覽。其有字義可疑而各本皆同，無從質正，如苟惟不然，惟疑。作為《盜殺伋壽》篇末疑脱誤之類，悉仍其舊，不敢臆為竄改，以貽壯月牡丹之誚。

一　宋人避諱，如『桓』作『威』、『徵』作『證』、『貞』作『正』、『匡』作『康』之類，今悉改正。

一　宋本於篇目下詳載《左氏》傳文，今以文繁，且《左傳》在今日，人人習誦，不須贅列。惟標注某公某年，以便稽考。

一　宋本於每篇徵引史事，略為注釋，意在省讀者檢閱之煩。然遺漏甚多，且篇中所引皆正史中焯然顯著之事，非他僻書可比，似無庸注釋。且如引用《論》、《孟》事句，亦為注出處，而隱文僻句，如『碭而失水』『蚊宝撲緣』出《莊子》，『藩拔級夷』出昌黎《徐偃王廟碑》之類，反略而不釋。蓋《博議》在宋時為經生家揣摩之本，流行甚廣，坊肆間陋者謬加訓釋，名為詳注，用以標異投時，非呂氏之舊，故悉汰之。

一　宋本於篇目下用黑文白字標挈主意，如首篇論機心、次篇論天理、三篇論名分之類。今按，《博議》文筆奇幻，往往意終語竭，另闢異境，烏能以一二字括其一篇之命意乎？蓋亦陋者所施以為揣摩勦襲之地，以其無關本要，故亦從删。

瞿世瑛跋

宋東萊呂先生《左氏博議》，特譚餘語隙騁筆，以為課試者之資，非果於傳義，欲有所論辨糾正也。自序備言之矣。

古之世，無所謂時文者，自隋始以文辭試士，唐以詩賦，宋以論策，時文之號於是起。而古者立言必務道其所心，得即言，有醇有駁，無不本於其中心之誠。然而不肯苟以衒世，誇俗之意亦於是盡亡矣。蓋所謂時文者，至宋南渡後創製之經義，其法視詩、賦、論、策為勝，故承用最久。而要其所以名經義者，非誠欲說經，亦姑妄為說焉，以取所求耳。故其為文不必果得於經所以雲之意，而又不肯自認以為不知，必率其私臆，鑿空附會，粉飾非者以為是，周內是者以為非。有司者，亦不稔其所知之在於此，而姑命以在彼之所不知。於是微言奧旨，不能宿通，素悉於經之內，而枝辭贅喻，則可暫假猝辦於經之外，徒恃所操之機熟，所積之理多，隨所命而強赴之，亦莫不斐然可觀，以取盈篇軸，以僥倖得當於有司之目。噫！不求得於心，則立言之意亡；不求通於經，則說經之名戾。時文之蔽類然已。

東萊《左氏博議》，雖作於其平居暇日，苟以徇生徒之請，然既以資課試為心，故亦不免乎此蔽。其所是非，大抵出於方執筆時偶然之見，非必確有所低昂軒輊於其間，及其含意聯詞，不得不比合義類，引眾理以壯其文，而學者遂見以謂定論而不可奪，不知苟欲反其所非以為是，易其所是以為非，亦必有眾理從而附會之，而淺見者亦將駭詫之以為定論矣。又其書好抉摘古人之情偽，不免苛嬈文致之失。蓋東萊著作每傷太巧，朱子嘗病之，然以其稽古之博，畜理之多，觸機而出，持之必有故，而發之必有為精言奧論，往往震發於其中，足以箴切物情而裨助意智。抑其所為反復抉摘於古人之情偽者，雖不皆無失，亦足以見巧詐之不足恃，可飾當時，而不可掩後世，於學者正心正行之術，非小補也。獨惜其書之開於當時者，既不可得見，而宋元來重雕之本多脫文譌字，而今世通行本為明人所掇取者，尤闕略而不完。故為是正文字，重刊以惠來者，而並著其為書之得失於後，俾學者知所差擇，且眾知其非有意於立言說經之書，而毋徒駭於其博辨而過執之以為定論也。道光戊戌錢唐瞿世瑛跋。

胡鳳丹重刊《東萊博議》序

博議一書，舊本單行。刊《東來文集》者概未錄入，何也？先生家傳絕業，為中原遺獻，吾婺之言理學者祖焉。茲編特出其靈緒卓識，幻為風雲壯觀，舉業家羣，鑄金事之。乃自吾鄉突遭兵燹，羣籍蕩然，是書亦在銷委之例，余既獲先生文集付梓竣工，兒輩復以是書為請。顧坊間通行者為古絳張明德所訂本，去取未精，頗多闕略，幸有家藏錢唐瞿氏舊本，凡一百六十八篇，以載在行篋得存。發而讀之，歎其經緯世教，扶植人心，有裨於聖，學者正復不少舉業云乎哉！慨自文之難言也。工訓詁者鄙詞章為小道，騁汪洋者薄注疏為腐儒。余竊謂文無定規，亦求其愜心當理焉而已。坐清廟明堂而宣誦法言，穆然見先正遺範，而山水之娛、絲竹之樂，亦足以陶寫其性靈。布帛菽粟，治生者奉為至寶，而錦繡之爛、山海之饈，亦掌服尚膳者所不廢。間嘗取先生《文集》讀之，若《易》、《詩》、《禮》及論《孟》諸説，法言中之布帛菽粟也。《博議》一書，牖啟聰明，如山水絲竹之怡悦性情而膾炙人口、衣被來學，又何殊珍錯之有駝象、錦繡之有華袞也哉！餘生先生之鄉，有志私淑，義不當聽其書之就湮，爰命梓人重鋟壽世，而述其顛末如此。同治戊辰冬十月，郡後學胡鳳丹月樵甫序謹序。

王樹之跋

月樵都轉之來鄂也，司榷政總校讎。公餘之暇，猶講求載籍不勌。今年秋捐其橐重刊《龍川文集》、《東萊文集》，復取《東萊博議》，屬樹之而校對之。

特《博議》一書，乃呂成公屏處東陽之武川，談餘語隙，波及課試之文。當時傳鈔，輾轉沿譌，自宋及元、明，舊本舛謬疊見，疑者闕之，未敢臆斷也。呂成公為婺州理學之宗，都轉籍於婺，固所以闡揚先哲也，而即以嘉惠士林。蓋士之習舉業者，代聖立言，其託體最尊，其措詞貴達，無取乎卑靡龐雜也。

是書明乎天人義利之分，理亂得失之蹟，古今事為之變，典章名物之繁，英光浩氣，伸紙直書，按之聖賢，精微之奧不爽毫釐。得是書而讀之，於以擴其識、晰其理、啓其機，無卑靡龐雜之習，具海涵地負之觀，真升堂入室之階梯也。然則都轉之嘉惠士林，豈淺鮮哉？其將蕆，妄贅數言於末。同治七年歲次著雍執徐，月律應鐘，日值噬嗑，初九用事，江夏王樹之謹跋。

國家圖書館出版品預行編目(CIP)資料

東萊博議今譯 / 呂理胡主持編輯. -- 初版. -- 桃園縣中壢市 : 中華呂祖謙學術研究協會, 民103.05

冊 ; 公分

ISBN 978-986-90521-0-8(全套 : 平裝). --
ISBN 978-986-90521-1-5(上冊 : 平裝). --
ISBN 978-986-90521-2-2(下冊 : 平裝)

1.東萊博議 2.注釋 3.春秋史

621.737　　　　103004931

東萊博議今譯(下冊)

主持編輯　呂理胡
總 編 輯　陳年福
發 行 者　中華呂祖謙學術研究協會
出 版 者　中華呂祖謙學術研究協會
地址：桃園縣中壢市中央西路一段一號六樓
電話：(03) 4222325
傳真：(03) 4250813
E-mail：lawyer@chini.idv.tw
網址： http://chineselsa.pixnet.net/blog
http://blog.sina.com.cn/chineselsa
郵政劃撥帳號：50293442
戶名：中華呂祖謙學術研究協會呂理胡
印 刷 者　松鶴印刷
地址：新北市中和區中山路二段327巷10號1樓
電話：(02) 22423811
出版日期　初版一刷
西元2014年5月10日
定　　價　上下冊合計新台幣1,200元(不分售)